英国新马克思主义哲学研究丛书

乔瑞金 丛书主编

Study on
British New Marxism

英国新马克思主义思维逻辑研究

乔瑞金 著

Study on
the Thinking Logic of
British New Marxism

北京师范大学出版集团
BEIJING NORMAL UNIVERSITY PUBLISHING GROUP
北京师范大学出版社

总　序

　　承运时势，潜备十载，此系丛书，应习近平总书记召唤，借深研 21 世纪世界马克思主义之契机，得各方鼎力相助，终究面世，甚幸！所言英国新马克思主义，意指 20 世纪 50 年代以后，在英国新左派运动中勃发的一种新马克思主义类型，涵括诸多思想家、理论家和革命家，著述数百，笔耕不辍。他们关注社会形态变革，追求社会主义在英国的成功，对世事之历史、文化、社会、政治、经济诸领域给出理性理解，开展革命运动，所言所为，均以马克思的思想为基础，以人类解放为目标，以思想批判为手段，以重建符合人的社会生活秩序为己任，独树一帜，颇有影响，不失借鉴之意义。20 世纪末以前，中国对英国马克思主义的理论研究，几近空白，零星所见，也散落在文学评论、历史学或社会学中，不入哲学和马克思主义视域，究其原因，多半在于觉得英国学者似乎也没有写出像模像样的"哲学著作",而是以历史陈述代替了宏大叙事,以话语分析淹没了逻辑论断,以小人物抹杀了"英雄",其著作均缺乏哲学内涵。20世纪末期,情势反转。苏东巨变,全球化的冲突与斗争不断发生,金融危机引发的世界经济危机和社会危机,提出诸多亟待解决的重大问题,马克思主义必须对此做出正确的判断和回答,而英国新马克思主义联系历史和现实,在"回归马克思"的意识指引下,于20世纪50年代中叶以来开展的对发达资本主义和苏联教条主义的两方面批判,理论建构,多有启迪意义,与我们先前的理解大相径庭,促使人们聚焦目光于该领域,迄今,已取得可观的研究进展和成果,集中反映于此系丛书中。此系丛书的面世,必将有助于激发更深入的理论研究,有益于马克思主义的时代发展,有功于推进中国特色社会主义现代化强国建设。

乔瑞金
2019年仲夏于山西大学

目　录

导　言　/ 1

第一章　聚焦文化批判的新历史主义思维　/ 41

一、本真思维作为文化批判的基点　/ 42

二、生长思维反映文化自身的发展内涵与价值意义　/ 87

三、"对话"思维体现文化的存在意义与发展模式　/ 112

四、小结　/ 146

第二章　变革社会秩序的新理性主义思维　/ 158

一、互存思维引领社会批判的科学解释导向　/ 159

二、合法思维规范对现代主义意识的社会批判　/ 194

三、聚合思维凝聚变革社会秩序的发展动力　/ 246

四、小结　/ 300

第三章　实现社会制度革新的新人道主义思维　/ 305

一、人本思维夯实社会制度革新的政治基础　/ 307

二、民权思维规范社会制度革新的核心理念　/ 368

三、合作思维成就社会主义的和谐政治　/ 442

四、小结　/ 524

结　语　／536

参考文献　／543

后　记　／565

导　言

　　在世界马克思主义阵营中，英国马克思主义以其历史久远、思想深刻、着眼现实、问题广泛和特色鲜明等特点越来越为学界所瞩目。它以历史主义的文化意识、理性主义的话语表达、现实主义的生命关怀和社会主义的政治诉求，表现出鲜明的哲学思维特色。受马克思晚年在英国伦敦长期居住和著书立说的影响，也受当时工人阶级革命的强烈冲击，早在19世纪就有一批英国学者开始研究马克思的思想，成果颇丰。总体来看，英国马克思主义经历了三个发展阶段，即早期的科学理性主义阶段、中期的历史主义阶段和20世纪下半叶的新马克思主义阶段，这些理论研究共同形成英国马克思主义的系谱。

一、理性主义和历史主义的思想品格与学术传统

麦克莱伦是英国马克思主义的杰出代表，他在其著作《马克思以后的马克思主义》中认为："尽管在英国还没有基础广泛的马克思主义政治运动，但他们对马克思主义理论却做出了重大的贡献。"[①]英国新马克思主义研究者麦肯也在其撰写的《理论与历史：E. P. 汤普森的政治思想》一书中认为，早在19世纪80年代，英国共产主义历史学家们就开始关注研究不同类型的社会斗争，主要包括早期农民斗争的历史、阶级形成时期的社会关系、封建制度灭亡而造成的社会经济的影响以及资本主义的起源等问题，形成了涵盖范围广泛的理论，这些理论构成了英国马克思主义在其起点上与众不同的特征。[②]

研究表明，早在20世纪之前，英国共产党内部的思想家们，就从科学的理性观和启蒙思想中得到启示，并尝试在马克思主义内部把二者联系在一起，承认历史进步的必然性，并且把它描绘成向着资本主义的灭亡不断运动的过程。20世纪20年代，英国马克思主义研究者就已经形成一个较为庞大的学术群体，他们强调资本主义形成时期的重要性，强调物质增长的意义以及马克思主义的时代性和科学性，并通过他们民众的历史意识得到表现。[③] 那时，包括绝大多数英国共产党在内的马克思主义者，接受了苏联马克思主义对历史唯物主义的解释，形成了马克

---

① ［英］戴维·麦克莱伦：《马克思以后的马克思主义》，李智译，344页，北京，中国人民大学出版社，2004。

② Gerand McCann, *Theroy and History*, London：Ashgate Publishing Ltd, 1997, p. 9.

③ Ibid. , p. 9.

思主义是社会进化论的基本看法，尤其接受了格奥尔基·普列汉诺夫的思想，认为"在生存竞争中，达尔文对动植物物种起源的解决是成功的。马克思则解决了在人的生存斗争中引起社会组织的不同种类是如何起源的问题。……马克思主义是进化论在社会科学当中的应用。"①普列汉诺夫认为，如果我们概括马克思和恩格斯所论述的"经济基础"和"上层建筑"之间关系的观点，将会得到以下关于什么是马克思主义的重要结论：(1)生产力状况；(2)以这些生产力为条件的经济关系；(3)建立在既定的经济基础之上的社会政治制度；(4)人的心理状态，部分是由经济条件直接决定的，部分是由基于经济基础之上的整个社会政治制度决定的；(5)反映这种心理状态的各种各样的意识形态。这些结论充分全面地包含了关于历史发展的所有形式。② 显然，这是一种以理性的科学态度看待马克思主义的思想，尽管把马克思主义看成是社会进化论从根本上是错误的，但这一观点也催生了对马克思主义的科学主义立场的认识。在这一理性主义的马克思主义认识中，历史进步的规律、科学技术创新及其社会意义得到特别的重视，复杂化的"科学与社会的关系"问题成为思想的重要内容。③ 到 20 世纪 30 年代早期，随着贝尔纳的巨著《科学的社会功能》的出版，英国马克思主义的理性主义思想品格基本形成，马克思主义是"科学主义"的思想，在共产党内部已经成为大多

① Georgy Plekhanov, *The Development of the Monist View of History*, Moscow: Progress Pub, 1974, p. 24.

② Georgy Plekhanov, *Fundamental Problems of Marxism*, New York: International Publishers, 1969, p. 76.

③ Gerand McCann, *Theory and History*, London: Ashgate Publishing Ltd, 1997, p. 16.

数知识分子的理念，乃至成为一种英国式的学术传统。

20世纪20年代，随着全球经济危机的暴发和法西斯主义的出现，在社会主义者当中再度产生了资本主义行将崩溃的普遍看法。在许多人看来，社会主义的春天即将到来，这一点也部分地说明了在整个欧洲普通大众对共产党越来越多的支持。时代的精神状况似乎表明，科技能力、政治与意识形态结构是相适应的，随着工人阶级革命斗争热情的高涨和马克思主义得到越来越多的人的重视和支持，似乎高效的社会主义的生产方式以及美好的苏联式的社会主义代替过时的、腐朽的资本主义的生产方式和社会制度指日可待。在这样的社会历史背景下，马克思主义阵营中的历史学家开始把他们的历史研究聚焦于工人阶级和无产阶级的现实的革命运动，日益远离对古代、对早期资本主义和原始共产主义的研究，直接把工人阶级界定为"一种'客观'进步的历史角色"①加以研究，从而推动了英国马克思主义的历史研究趋向，并形成了英国式的历史主义思想品格和学术传统。

不难看出，20世纪前30年是英国马克思主义发展的一个关键时期，正是在这一时期，英国发展了自己不同于欧洲大陆的马克思主义理论，形成了理性主义与历史主义的马克思主义的哲学思想和学术传统，这种思想和传统受到苏联式的马克思主义和社会主义的深刻影响，但在其起点上，也表现出与苏联式的马克思主义的很大不同，尤其是它结合英国的科学技术和社会发展的历史所做的研究和思考，有着强烈的科学主义

---

① Gerand McCann, *Theory and History*，London：Ashgate Publishing Ltd，1997，p. 17.

和历史主义意识，有着根深蒂固的经验主义哲学传统的因子和血脉，而不是在空中楼阁中勾画乌托邦式的图画。

然而，在 20 世纪 20 年代末期和 30 年代早期，国际共产主义运动陷入低谷，欧洲各国的无产阶级革命基本被资产阶级压制下去，理论和思想不可避免地发生转向。受当时政治和经济环境的影响，英国的马克思主义科学家和历史学家们也开始了对当时无产阶级和工人运动的反思，如何真正实现社会主义以及现实的无产阶级革命运动是否可行等问题被提了出来。信奉经验主义的理性主义、历史主义的英国马克思主义者们认识到，如何在英国实现社会主义是英国人自己的事，因此，只有在英国寻求革命的动力，并找到可行的实现社会主义的道路，把马克思主义与英国现实结合起来，才能达到目标，这是当时形成的一个共识。于是，理性主义的科学家们进一步发展了科学技术与社会变革相结合的思想，甚至创立了科学社会学这门在今天非常重要的科学。而秉持历史主义思想的历史学家们则尝试从英国自身的历史中寻求革命的力量，他们继续了早期的研究，试图把共产主义与过去和现在的阶级斗争表达联系起来，研究的主要领域是农民起义、再洗礼论者、内战、清教徒、人民宪章运动直到共产主义，其目的是重建历史和阶级意识，借用人们以往的经历来使当代工人阶级的激进冲动得以复苏。在这一过程中，所完成的第一项重要工作，是从文化批判视角清理理性科学主义者的狭隘观念，并"着手破坏机械论的马克思主义的顽固偏见"①。

---

① Gerand McCann，*Theory and History*，London：Ashgate Publishing Ltd，1997，p. 11.

历史主义涉及非常广泛的研究领域,例如,莫里斯·多布主要关注经济历史;克里斯托弗·希尔继承了早期历史学家的兴趣,分析中世纪史和农民斗争史,其贡献主要体现在对英国革命的研究上;霍布斯鲍姆擅长研究劳工和农民的历史;汤普森对英国工人阶级作了深入研究。正如哈维·凯伊所指出的,对于这一学派本身而言,它的"集体的贡献"代表了一个马克思主义的理论学派。也如尤金·热那亚所指出的,英国马克思主义者的目标是"超越狭隘的阶级的经济观念",即那种曾统治马克思主义理论的教条的经济决定论。这些活动的目的是复兴历史唯物主义,发展能够理解马克思的理论遗产的历史学的方法。马克思主义的历史学是要经过对机械决定论的怀疑,从而发展一个综合体,它能够反映英国工人阶级的历史愿望和经历。到 20 世纪 40 年代,英国马克思主义历史学派已经完全成形。

英国马克思主义历史学派的研究计划主要由莫里斯·多布和唐娜·托尔拟定,他们二人推进了这一计划的实施,形成了英国马克思主义历史学派的理论方向和研究特点。多布在坚持更广泛地理解马克思主义上的影响尤为巨大。他本来是一个社会主义的经济学家,但是为了对资本主义进行全面批判,在 1946 年完成了《资本主义发展研究》一书,成为英国马克思主义历史学派的重要参考文献,从他的最初的《资本主义事业和社会进步》(1925)一书的出版算起,《资本主义发展研究》是一个进行了 20 年修改完善的文本,书中充满了具有争议性的理论问题。正如他在《资本主义发展研究》的导言里所表明的,他要保卫一个可信的、辩证的历史解读而反对那些经济简化论者。

英国共产党的创始人之一唐娜·托尔使许多人认识到了历史分析的

重要性。托尔在介绍她的《汤姆·曼恩和他的时代》一书时，用战斗的口吻展开对汤姆·曼恩的分析：他应当是我们的任务，我们的责任，保持对我们制度的记忆的活力，记录他的斗争，突出他的胜利，指向新的征服，并从失败中汲取成功的因素。托尔怀疑历史学界的科学主义和实证主义观念，强调民主发展观念中阶级斗争的意识形态和工人阶级的创造性角色及其作用。在托尔的影响之下，英国马克思主义历史学派的理论研究从历史的经济领域转向文化和社会领域，把"人民"看作是历史运动的主要动力，阶级斗争被定位为这一逻辑论证的起点。

随着理论重心从机械论的历史唯物主义观上移开，第二次世界大战后，英国和欧洲大陆的马克思主义者开始重视诸如社会结构、社会主体以及阶级斗争等概念，这些概念在历史唯物主义中起到了至关重要的作用。随着马克思的早期著作的流传（尤其是《1844 年经济学哲学手稿》），和他在著作中对黑格尔等前辈思想家的批判与分析为更多学者所知，许多马克思主义者在 20 世纪四五十年代以前就进入了先前未曾触及的领域。这种基于历史意识的马克思主义的复兴，开始了它对文化、政治、历史和哲学等领域的分析研究。在英国，随着"从下往上看历史"的观点的提出，英国马克思主义史学家们将马克思的唯物史观和历史学进行了独特的综合，他们把历史"进步"的动力放在了下层社会身上，从而抛弃了历史发展的精英决定论，而把历史发展解释为工业和技术决定论，体现出英国历史主义的马克思主义的思想意识和历史主义的学术传统。这样，在英国的马克思主义的学术氛围中，理性主义和历史主义就构成了其关于马克思主义的两种基本看法和学术传统，同时，这二者之间又有着内在密切的关联。

二、新左派运动与新马克思主义的勃发

1956 年，赫鲁晓夫在苏共二十大上的秘密报告、苏联入侵匈牙利的政治事件、英法联手对苏伊士运河的占领以及英国社会的经济危机和政治危机，引起了巨大的政治动荡，激发了英国的新左派运动。英国共产党内部的青年一代共产党员，不能把苏联的所作所为与他们心中的共产主义理想相提并论，许多在 20 世纪 30 年代人民阵线时期入党的党员，再也无法接受由莫斯科强加的独裁主义。通过对 1956 年事件的认真反省，英国新生代的马克思主义者们开始反对英国共产党，并最终与之决裂。按照埃里克·霍布斯鲍姆的说法，这种决裂和反叛经过了三个阶段。第一个阶段是由约翰·萨维尔和汤普森在 1956 年开展的大辩论，向英国共产党发起挑战，为此，党的领导层威胁要取消他们的党员资格并导致他们后来的退党，产生了很大的影响。反叛行动采取了用刊物进行反抗的形式，把《理性者》刊物变成了《新理性者》并最终形成了《新左派评论》。第二阶段的反叛主要是英国青年共产党员因英国共产党对莫斯科顺从态度的不满而采取了在《新政治家》上发表文章的方式，这导致了对这些人是否忠于英国的共产党领导层以及对他们政治动机的怀疑。最后阶段，批判出现在具有重大影响的《关于党的民主政治的少数派的报告》中，这一报告发表于英国共产党第 25 次代表大会上。20 世纪 50年代，英国新的历史学派和新左派已经形成，并且逐渐吸纳了大部分卓越的持异议者。

新左派通过宣传他们的马克思主义的内容和"从下往上看历史"的方法，试图呼唤大众意识，倡导作为合法政治力量的民族的、开放的、共

产主义的自由主义。在 1956 年 11 月，总共有 33000 名党员的英国共产党中有超过 7000 人退党。正如佩里·安德森在《50 年代的左派》一文中所指出的，"英国在 1956 年的分裂是非常着魔的"，1956 年 10 月和 11 月，大批成员脱离了英国共产党。然而，分裂暴露了英国马克思主义内部的更深层的危机。由于"冷战"，民众的拜金主义和资本主义的显而易见的复兴，资本主义的生产方式会即刻消亡的看法似乎并没有变成现实。新左派所开展的关于重新认识马克思主义危机的必要性以及如何把社会主义变成适应于"人类活动的整个范围"的争论，吸引了大批学者加入到这次争论中。安德森认为，这次争论其实是一场运动，其最大成果就是英国马克思主义的理论重建，就是形成了英国新左派。新左派明确要对社会主义是否失败、如何改变资本主义实现社会主义、共产党应该代表谁的利益等重大问题作出回答。

英国新左派研究者麦肯认为，由于新左派的出现，在 20 世纪 50 年代末的一段时期，英国发展了一种批判的社会主义，一种包括了知识分子、自由职业者和一些工人阶级参与者的松散的、平等的联合，英国新左派抓住了那一时期（1956 年）的精神，以便组织对资本主义的全面批判。新左派围绕着核裁军、苏伊士事件和公众"冷漠"等问题开展了持续热烈的争论，使得对早期新左派运动的支持得到了加强。在 1957 年至 1958 年很短的一段时间内，英国新左派造就了一种激进的、利用舆论的批判方法，在各种辩论中，"人民""资本主义""社会主义"等问题越来越走到了中心地位，在"冷战"环境中，表现出为民主进步和真正社会主义事业而斗争的特征。英国新左派的形成也使英国马克思主义进入新马克思主义时代，进入学术思想进口、学术理念多元的时代。[①] 这标志着英国新马克思主义作为学术派别已经形成，其中尤以新历史主义的形成为标志。

英国新左派的兴起及新左派运动，无论是对于英国的理论界和社会，还是对于世界，都是史无前例的。直到今天，新左派运动仍然在持续中，其标志就是它的代表性刊物《新左派评论》70 多年来一直在定期出版着，直到今天仍然如此，而它的思想的研究和传承也在不断地进行中。

在新左派运动中勃发的新马克思主义具有更重要的意义。与欧洲大陆形形色色的马克思主义不同，英国新马克思主义在其起点上就是在两面作战，一方面，它秉持马克思主义的一贯传统，深入批判资本主义；另一方面，它也猛烈地批判苏联式的教条主义的马克思主义和僵化的社会主义。事实上，这两个工作是同时进行的，是一个整体工作的两方面。在这一历史状况下，如何坚持马克思主义和社会主义、英国新马克思主义的理论基础和核心思想理念在哪里等问题，越来越受到关注，"回到马克思"的口号也由此提出。"回到马克思"对于英国新马克思主义者们来说具有特殊的指向，它不仅是一个响亮的口号，而且是基本的哲学和政治主张。所谓"回到马克思"，就是带着现实的和历史的紧迫问题回到马克思的经典著作，来整体理解和掌握马克思的科学思想和认识，回到作为科学的历史唯物主义，回到科学社会主义，并结合英国实际，形成能够指导英国工人阶级革命的思想和理论，形成新的社会主义思想

---

① Antony Easthope, *British Post-Structuralism Since 1968*, London and New York: Routledge, 1988, pp. 8-12.

意识。这是一个重起炉灶的工作，是一场思想认识的革命。

新马克思主义的新历史主义的旗手是爱德华·汤普森。作为新生代的历史学家，他对马克思主义的阐释关涉了许多主题，这为推动整个 20 世纪后半叶英国的共产主义热潮起到积极的作用。汤普森对历史唯物主义的独特阐释是通过三个关键概念来实现的，即阶级斗争、工人阶级的生活经历和道德感。通过严厉的批判态度和激烈的论辩手段，他要移去存在于当时社会主义思想当中的某种武断成分，主张一种新的社会主义思想，认为新的社会主义社会"将使人的关系彻底改变，以尊重人来代替尊重财产，并且以公众福利来代替营利社会"。汤普森自认他追寻的全部目标就是以"社会主义的人"来代替作为资本主义（以及指令性经济的共产主义）象征的"经济的人"，远离立基于经济的社会而迈向立基于需要的社会。这一思想表明，英国新历史主义的核心理念是变革社会秩序，使英国这个看上去很发达的资本主义社会转向一种新的不同于苏联式的社会主义的社会。

总体来看，英国新历史主义者把他们所理解的马克思的人道主义思想作为社会主义的行动原则，把马克思所主张的科学社会主义作为思想和理论基础，把工人阶级和科学技术作为变革社会秩序的主导力量，把解决现实社会的各种不公平、不正义的问题作为变革世界的切入点，把争取无产阶级的权利作为民众斗争的具体目标，把改变生活方式、生存方式和生产方式作为人的解放的基本内容，从而形成了代表着新的马克思主义的价值取向、新的斗争目标和新的文化创新的思想理念和思维方式。

英国新马克思主义是一个庞大的学术群体，包括罗德尼·希尔顿、克里斯托弗·希尔、莫里斯·多布、艾瑞克·霍布斯鲍姆、唐娜·托尔、雷蒙德·威廉斯、理查德·霍加特、约翰·萨维尔、多萝茜·汤普森、布莱恩·帕尔莫、哈维·凯伊、加雷斯·史蒂曼·琼斯、戴维·伊斯特伍德、凯特·索珀以及佩里·安德森、汤姆·奈恩、柯亨、比尔·施瓦兹、理查德·约翰逊、斯图亚特·霍尔、特里·伊格尔顿等人，这些学者来自不同的专业，有着不同的研究领域，思想理念也并不完全一致，但总体的学术倾向和对待马克思主义与社会主义的学术立场基本一致，由此也代表了一种独特的英国式的新马克思主义的思想意识和思维方式。

由此可见，英国的新马克思主义是指 20 世纪 50 年代以后在英国形成的一股新的研究马克思主义的思潮，其研究从 20 世纪 60 年代进入活跃期，逐渐产生了一些重要代表人物，并显示出其研究的基本方法和特色；20 世纪 70 年代以后，其基本的代表性著作先后出版，从而极大地推进了西方国家马克思主义的研究。历史主义学派在继续他们的工作；结构主义沿着分析的路子向前发展；受法国后结构主义的影响出现了后结构主义的马克思主义，同结构主义相对立；文化唯物主义的大众文化意识备受瞩目；以柯亨为代表的技术批判形成了联结美国学者的分析的马克思主义学派，成为马克思主义在当代别具影响的一种潮流；以分析苏联解体和东欧马克思主义为核心的后社会主义的马克思主义也逐步形成，并产生了新的思想和影响。英国新马克思主义把人道主义和民主与和平作为理论分析的基础，把追求人类幸福和美好理想作为目的，基于经验主义的现实研究和理性分析是它的主要研究方法，解决人的现实困境是它关注的焦点，追求社会主义在英国的成功是其根本的理论目标。英国新马克思主义表现出一些最基本的思想特征：强调马克思思想的

"革命性"和"科学性"，突出唯物史观的现实性和实践性，注重学术思想的融合性和独立性，强化科学认识的批判性和建构性等。

英国新马克思主义作为一种有别于欧洲大陆和苏联的马克思主义传统的学术倾向，形成了具有英国特点地对马克思主义的研究和理解：经验主义的理性主义，关注现实与历史的历史主义，关爱人的个性自由与生存质量的人道主义以及建立在个体基础之上的和谐社会与社会良性发展的种群意识，表现出其独特的哲学理念。经验主义、理性主义、历史主义、话语分析方法、个案研究、结构主义以及乌托邦式的理论构造方法等，是其基本的研究方法。批判意识和建构意识并重，历史主义与结构主义从对立走向融合，技术批判与文化批判并行，政治批判与社会批判内在统一，构成英国新马克思主义的认识论与方法论的特点，同样也是其价值论追求的深刻表现。英国新马克思主义内部没有形成像法兰克福学派那样的学术群体，而是体现为个性化的和多样性的理解与表达，思想与看法比较分散与零碎，但却包含了很多真知灼见，在其产生的时代背景、指导思想、研究范式以及目的诉求等方面，基本上具有内在的一致性，存在一些明显可辨的历史传承和内在特质，因此，可以用"新马克思主义"来指称它。英国学者玛德琳·戴维斯在《英国新左派的马克思主义》一文中认为，在英国产生的这种新左派的马克思主义是一种"独立的"马克思主义或"新马克思主义"，① 这个论断同我们的看法基本上是一致的。

---

① ［英］玛德琳·戴维斯：《英国新左派的马克思主义》，9 页，见张亮编：《英国新左派思想家》，南京，江苏人民出版社，2010。

三、英国新马克思主义思维方式变革的一般进路

黑格尔在《精神现象学》中认为，在科学研究里，重要的是把概念的思维努力担负起来。恩格斯则认为，随着各门具体科学从哲学中分化出去，哲学本身就成为关于思维的科学了。因此，关注和研究思维的逻辑，是哲学的核心内容和哲学创新的基本要求。正是本着理解、把握和创新现代哲学的目的，在先前研究工作的基础上，我们将努力揭示英国新马克思主义的思维逻辑，从而形成系统的、逻辑的关于英国新马克思主义的理论认识，在澄清一些基本概念的思维努力中，推进哲学自身的发展。

我们知道，英国新马克思主义是在理性主义和历史主义传统的基础上形成的。英国新马克思主义学者在回归经典、深入研究马克思主义的过程中，在思维范式上发生了根本性转换，这种转换首先表现为从旧的历史主义向新历史主义的跨越，其中汤普森、霍布斯鲍姆、威廉斯等人的工作起了主导性作用，从而形成了在"当代西方颇有影响的史学流派"和科学的马克思主义思想认识，这些学者试图把英国知识分子中的马克思主义历史学家的传统和观点，与工人运动中产生的新思想结合起来，并自称为"新马克思主义史学"①。

英国新马克思主义把历史活动看成是一个过程，主张回归历史的"本体"，在历史自身的总体性存在的高度，建构人与客观世界的关系，通过深入历史的本质来关照现实的问题，找到解决问题的一般方式方法。英国新历史主义的最主要的推动者是汤普森和霍布斯鲍姆（霍布斯

---

① 何兆武，陈启能主编：《当代西方史学理论》，433—434 页，上海，上海社会科学院出版社，2003。

鲍姆甚至被人们认为是"当代西方头号马克思主义历史学家"①）。新历史主义的大多数成员都自觉地运用历史唯物主义的观点和方法进行研究，并把历史研究和现实分析紧密结合起来。他们抱着共产主义的政治信仰，时刻关注当代社会主义运动的发展进程和前进方向，并直接参加了现实的政治斗争。从社会主义人道主义观点出发，对下层民众的悲苦命运充满同情，把人的自由和解放作为终生奋斗的目标，相信"一个正义而人道的未来社会的根源可以在英国过去的大众性民主斗争中发现"②。

　　英国新历史主义在思维范式上首先坚持社会主义人道主义的历史观，通过还原历史的本来面目，使人民从尘封的历史中走出来。他们要从历史中为现实政治斗争寻找动力和根据，找到使英国等西方发达资本主义国家变革为社会主义所依靠的力量。正如霍布斯鲍姆所指出的那样："使马克思主义渗透进历史科学的主要动力是政治上的动力。几乎所有成为马克思主义者的知识分子，以及所有成为马克思主义历史学家的历史学家，这样做的时候最初都是由于政治信念吸引他们去从事跟马克思结合在一起的事业。马克思主义及其在知识上的影响的历史的出发点是群众性社会主义运动和知识分子政治化的历史。"③整体上看，英国历史学派运用马克思主义进行历史研究彰显出一种"从下往上看"的研究理念和批判视角，其中最具影响力的著作是汤普森的《英国工人阶级的

---

　　①　何兆武，陈启能主编：《当代西方史学理论》，461 页，上海，上海社会科学院出版社，2003。

　　②　Edwin A. Roberts, "From the History of Science to the Science of History: Scientists and Historians in the Shaping of British Marxist Theory," in *Science and Society*, 2005(4), pp. 529-558.

　　③　［英］霍布斯鲍姆：《马克思和历史》，易克信译，85 页，《第欧根尼》，1985(1)。

形成》、霍布斯鲍姆关于"四大年代"的系统阐述等。

英国新历史主义者坚持马克思的文本精神，突出工人阶级的社会自觉性，强调阶级意识之于阶级形成和阶级斗争的重要性。在批判"经济决定论"和教条主义的过程中，强调了意识形态的相对独立性，并在强调主观能动性和意识形态相对独立性的过程中，同样也强调经济基础的作用，始终未忽视经济结构对工人阶级生活的决定性影响。汤普森在强调阶级是一种处于发生状态的历史现象时，同时也指出，"阶级是一种文化的和社会的形成，不能孤立地、抽象地而必须按照与其他阶级的关系来给它下定义"①。文化是意识形式的概括，社会是生产关系的总和。阶级是文化意识和社会生产共同作用而形成的晶体，天然地处于一定的、必然的、不以任何人的意志为转移的生产关系之中，受到物质生活的生产方式的制约。虽然生产关系是由人创造的，但它一经被创造出来，就成为既有的、现实的客观存在物，它也会反过来制约和改造人。在此意义上，我们说，社会存在决定社会意识，而不是社会意识决定社会存在，这正是历史唯物主义的立脚点。以此为前提，唯物史观才强调社会意识对社会存在的反作用，从而使二者之间形成了互动关系，社会历史也变成了整体的历史。社会历史是整体的历史同样也是霍布斯鲍姆所坚持的一个基本观点，在《从社会史到社会的历史》一书中，霍布斯鲍姆明确指出，从根本上说，真正的历史应该是全部的历史，即"总体史"，应包括人类生活的各个层次，应是从整体上来理解的历史。汤普

---

① E. P. Thompson, *The Poverty of Theory and Other Essays*, London: Merlin Press, 1978, p. 295.

森和霍布斯鲍姆的史学思想凸显了整体论的思维模式。

佩里·安德森是在英国新历史主义传统影响下成长起来的新生代马克思主义者的代表。由于接受了西方马克思主义者葛兰西和结构主义者阿尔都塞等人的思想，安德森等人开始对新历史主义进行批判性的扬弃，更多地继承了理性主义的思想，形成了英国式的结构主义的马克思主义和新理性主义，推动英国新马克思主义思维范式的重大转向。安东尼·伊斯茹普认为，这种阿尔都塞式的马克思主义，是一种"试图寻求理论的、科学的和理性主义的"[1]马克思主义。安德森在马克思主义理论和学说遭到种种质疑和危机的时刻，始终坚持站在马克思主义经典的立场上维护着它的纯粹性和必要性，而且他也是经典的革命马克思主义者，始终坚守着马克思的革命设想，期待着马克思主义理论和工人阶级实践的完美结合，期待着社会从"必然王国"向"自由王国"的转变。

安德森认为，马克思主义就是"历史唯物主义"。历史唯物主义首先是一门关于历史的科学，是有关过去的历史事件、历史事实、历史过程和历史活动的记录，尽管如此，却不能把历史唯物主义完全等同于"历史编撰学"，因为历史唯物主义的目的在于从历史的编撰和书写中发掘出历史发展的一般规律和机制，从而为人类历史的发展提供一种因果解释，因此，历史唯物主义就不应仅仅聚焦于过去，而应主要关心现在和未来。正如安德森所明确表述的："理解过去的核心目的之一就是提供

---

① Antony Easthope, *British Post-Structuralism Since 1968*, London and New York: *Routledge*, 1988, p. 2.

对于历史过程的一种因果解释，它能够为当前充分的政治实践提供基础，以便把现存的社会秩序变革为一种人们期望的、民众的未来，这就是《共产党宣言》的抱负。"①在此意义上，历史唯物主义就是一种"科学社会主义"，或者换言之，历史唯物主义就是一种理解当前和把握未来的事业，一种带有无产阶级革命理想的社会主义的政治工程。

安德森把社会主体和社会结构这两大问题看成"是解释人类文明发展的历史唯物主义最重要和最基本的问题"②。有关社会主体的问题，马克思早在1848年的《共产党宣言》中就指出："至今一切社会的历史都是阶级斗争的历史。"③这就把历史变革的动力归因于阶级之间的冲突和斗争。有关社会结构的问题，马克思则在1859年《〈政治经济学批判〉序言》中表述："社会的物质生产力达到一定阶段，便同它们一直在其中运动的现存生产关系或财产关系发生矛盾，于是这些关系并由生产力的发展形势变成了生产力的桎梏。那时，社会变革的时代就到来了。"④这就把历史变革的动力归因于生产力和生产关系之间的矛盾。对于这两种因果解释机制，马克思本人并没有作出统一而完美的解决，这就为那些想要实现社会主义伟大事业的当代马克思主义学者造成了一种理论困境：一方面，社会主义的实现无须工人阶级（无产阶级）的任何参与和斗争，只需坐等资本主义自身的新陈代谢即可；另一方面，社会主义的建立需

---

① Perry Anderson, *Arguments within English Marxism*, London: Verso, 1980, p. 85.

② ［英］佩里·安德森：《当代西方马克思主义》，余文烈译，39页，北京，东方出版社，1989。

③ 《马克思恩格斯全集》第4卷，461页，北京，人民出版社，1965。

④ 同上书，8—9页。

要工人阶级的长期不懈的斗争，最终打破资本主义的国家机器。因此，社会结构与社会主体之间的关系问题就成为安德森首先要解决的核心理论困境。

在社会结构与社会主体的理论博弈中，安德森试图对阿尔都塞的结构主义马克思主义和汤普森的意志主义的马克思主义加以整合，在社会结构与社会主体之间进行协调和架构，他在《英国马克思主义的内部争论》一书中明确表述，所有社会的变革机制的最根本的因素都是由生产力和生产关系之间的矛盾，而不是由生产关系所产生的阶级冲突或对立所引发的，前者包含了后者，因为生产力的首要因素就是劳动者，它同时也是作为由生产关系所规定的阶级而出现的。但它们并不完全等同，生产方式的危机并不等同于阶级的冲突，在某个历史时刻，它们也许可以结合，也许无法结合。一方面，任何重大的社会经济危机，无论是封建主义的还是资本主义的，都十分典型地吸收了所有无意识的社会阶级；另一方面，这一危机的解决也一直是长期阶级斗争的结果。总之，从一种生产方式向另一种生产方式变革的时代，实际上就是阶级斗争的特权领域。因此，在社会秩序的维持和颠覆中，生产方式和阶级斗争总是相互作用的。① 一方面，安德森怀有一种深层的结构主义和理性主义的思想意识，认为社会结构是社会主体的根本存在方式和存在状态，它不单单只是理智的创造和构想，而是对社会现实的深层表现和反映。在马克思本人所给出的诸如生产力/生产关系，经济基础/上层建筑这样的

---

① Perry Anderson, *Arguments within English Marxism*, London：Verso，1980，pp. 55-56.

社会结构中，其中生产力和生产关系之间的变革是社会变革最根本的动力机制。安德森认为，"显然，马克思的理论具有一个原则，带有一种独有的清晰的力量——生产力和生产关系之间的矛盾是长期历史变革最深层的动力"①。另一方面，安德森怀有一种主观主义的意识，强调了社会主体的积极作用，认为阶级斗争是解决结构危机的根本方式，因而通向社会主义的道路依旧需要通过阶级斗争来实现。正如他所诘问的："当今世界上任何主要的发达国家，如果没有武装冲突或内战就不可能取得胜利。然而，从封建主义向资本主义的经济变迁仅仅只是从一种私有制转向另一种私有制，那么，从私有制转向公有制这一更巨大的历史变革必然会使权力和财富的剥夺更加剧烈，它将会担负起更少伤害的政治形式么?"②因此，安德森对于历史唯物主义这一难题的解决，就是一种深层结构主义基础之上的温和主义和折中主义的解决，从而给出了一种"从上向下看"的社会历史解释范式，突出了空间结构在社会认识中的特殊作用，从而使新理性主义具有与新历史主义异曲同工的妙用。

随着英国新马克思主义的发展，把历史主义的时间过程和结构主义的空间构造结合为一体而形成新的研究范式的热情越来越高，哈维从地理学的思维出发，把地理的空间性与社会历史发展的时间性密切联系起来，构造了一种全新的思维范式，使英国新马克思主义自身在社会和历史认识中达到一种辩证法的高度。

哈维从经济全球化的时代背景出发，认为人们在思维方式上转向

---

① Perry Anderson, *Arguments within English Marxism*, London: Verso, 1980, p. 81.

② Ibid., p. 195.

空间是必然的。因此，作为时代精神的活的灵魂的马克思主义，就必须适时调整策略和内容，充分彰显出马克思、恩格斯文本中丰富的空间思想。哈维正是以此为出发点，把在传统马克思主义理论研究中被忽视的空间发掘出来。他始终认为，在当代西方资本主义社会"后现代"的语境之中，马克思主义理论的批判武器并没有丧失有效性和锋芒，历史唯物主义依然可以用来解剖各种争论不断的，从表面上看来令人眼花缭乱的现象。因为马克思主义是关于资本主义的理论，只要资本主义存在，马克思主义就具有理论价值和意义。更具体地说，资本主义并没有放弃它掠夺的本性，只是以隐形的方式，实施着它的掠夺，它以经济全球化的方式展开着对全球的殖民扩张，"全球化成为帝国主义的同义词"[1]。

在哈维看来，在历史唯物主义的传统中，空间的重要性一直被时间的维度所遮蔽，使得康德哲学中的时空双维世界成为只强调时间的单维世界，只有强调历史—地理双重含义，才能完整地表达资本主义社会，"资本主义历史地理学必须成为我们理论研究的对象，而历史—地理唯物主义则是我们研究问题的方法"[2]。哈维对早期的新左派给予了强力批判，认为新左派放弃了对历史唯物主义的信任，转而向文化政治上去推进，某种程度上，这脱离了批判观点，从根本上说，也就脱离了马克

---

[1]　[埃及]萨米尔·阿明：《资本主义，帝国主义，全球主义》，见[美]罗纳德·H. 奇尔科特编，《帝国主义政治经济学：批判的范式》，217 页，北京，社会科学文献出版社，2001。

[2]　David Harvey，*The Urbanization of Capital*，Oxford：Blackwell and Baltimore & MD：Johns Hopkins University Press，1985，p. 144.

思主义。这是由于大多数人错误地理解历史唯物主义，片面地认识历史唯物主义。

　　基于这样的分析，哈维提出了历史—地理唯物主义，他以空间为切入点，重新定义和塑造马克思主义的当代价值和意蕴，并提炼出以空间为中心的新的思维范式，明确提出了这一思维范式的四重原则，即差异性原则、象征性原则、内在性原则与开放性原则。

　　差异性原则是指在进行社会批判时，必须考察事物间的多元性特征，它由空间的异质性和关系性特征决定；象征性原则是空间分析所内含的原则之一，它强调"地理学想象"，这指对场所、空间和景观在构成和引导社会生活方面的重要性的一种敏感；内在性原则是指在理解社会问题时必须从结构性的角度出发；而开放性原则则是指历史—地理唯物主义是一种无限制的和辩证的探究方法，而不是一种封闭的和固定的理解实体，这也是马克思主义哲学最鲜明的特征之一，"我们的理论是发展着的理论，而不是必须背得烂熟并机械地加以重复的教条"①。显而易见，当今的资本主义社会发生了根本变化，"客观的时空必须发生变化以适应社会再生产这一崭新的物质实践"②。一旦提及空间，立刻就会想到封闭性，然而这是对空间的狭隘解读。在哈维看来，这种空间是牛顿、笛卡尔所说的绝对空间。他把空间分为：绝对空间、相对空间和关系空间。在社会生活中，关系性空间发挥更多的作用和影响，其最大的特征就是开放性。"关系性的空间观点认为，在界定空间或时间的过

---

① 《马克思恩格斯选集》第2卷，681页，北京，人民出版社，1995。

② David Harvey, *Between Space and Time: Reflections on the Geographical Imagination*, in *Annals of the Associate of American Geography*, vol. 80, No. 3, 1990, p. 419.

程中，没有空间或时间这样的东西存在（如果上帝创造了世界，那么也是在许多种可能性之中，选择要创造特殊类型的空间和时间）。"①关系空间主要包括内在关系的观念，也就是说，理解一个事物时，不可能仅仅依靠事物本身来理解，还取决于环绕着那个点而进行的一切其他事物。关系空间可以表达更多的内容和含义，可以驾驭更为丰富的内容，"唯有在最后这一种架构里，我们才能开始掌握当代政治的许多方面，因为那是政治主体性和政治意识的世界"②。

历史—地理唯物主义正是借助关系空间实现对资本主义社会的政治解读。资本主义社会是不断发展变化着的，这也是社会再生产和转化的内在需求。作为解释其内涵的方法论，历史—地理唯物主义也必定是开放和发展的，只有这样才能从本质上理解资本主义，而不是仅仅局限在一定时期。

历史—地理唯物主义是哈维重新构建马克思主义的元理论。差异是无所不在的、基本的、社会的辩证法。象征性与内在性是社会生活的基础部分，开放性原则是社会再生产和转变的基础，这四个方法论原则相互牵制，互相影响，共同构成了解释资本主义世界的总方法。总之，历史—地理唯物主义实现了地理学与唯物主义研究的结合、地理学与马克思主义的结合，实现了时间与空间的双向互动，正如苏贾所言："这种历史—地理唯物主义并不仅仅是空间上对经验结果的追溯，也不仅仅是在时间上对社会行为在空间上的诸种制约与限制进行描述，而是一种振

---

① David Harvey, *Spaces of Neoliberalization*: *Towards a Theory of Uneven Geographical Development*, Weisbaden: Franz Steiner Verlag, 2006, p. 96.

② Ibid. , p. 100.

聋发聩的呼喊，呼吁对总体上的批判社会理论，……以及对我们审视、定义、阐释事物的许多不同的方法进行一次彻底的改革。"①

英国新马克思主义者在其发展过程中，不断地进行着思想的自我更新，不断地提炼和创造着新的思维范式。我们看到，英国新马克思主义者在思维方式上首先从关注时间开始，从历史事实入手，承继了经验主义的英国传统，把马克思主义哲学的基本精神和英国实际联系起来，找寻英国走向社会主义的合理路径，进而他们又批判地吸收了法国结构主义马克思主义的思考方式，突出了空间的重要性，从横向上把英国同现实的整体世界关联起来，尝试取得时间和空间的统一，即历史与结构的统一，并在这样一种整体主义的努力中，看到了历史—地理的重要性，通过对历史和地理问题的综合思考，初步达到了一种辩证的和整体的思维高度。

总体而言，英国新马克思主义者在思维方式变革方面有了新的突破。他们在继承经典马克思主义的基础之上，拓展了马克思主义哲学的论域，提升了它的理论创造力；在马克思主义思想与英国本土传统相结合的基础上，形成多样性的新的思维范式，推进了对当代资本主义现实的认识和对社会主义的本质理解；在丰富唯物史观内涵的基础之上，以"从下往上看"的历史主义、"从上往下看"的结构主义、时间与空间内在统一的历史—地理唯物主义以及语言分析等为标志的研究方法，在思维方式方面发生了重大的变革，展现了在认识论和方法论上的创新。所有

---

① ［美］爱德华·W. 苏贾：《后现代地理学——重申批判社会理论中的空间》，王文斌译，69 页，北京，商务印书馆，2004。

这些，对于我们丰富和发展有中国特色的马克思主义，具有难得的借鉴
意义。

然而，英国新马克思主义由于受自身经验主义哲学和西方马克思主
义传统的深刻影响，在对马克思主义思想的理解方面也表现出很大的不
足与错误，如唯物主义方面的经验主义、政治立场上的妥协、对苏联马
克思主义采取彻底否定的态度、具有抽象的人道主义的思想倾向以及从
绝对个人主义甚至相对主义的立场来对待马克思的思想等，所有这些都
是我们在研究英国新马克思主义者的思想和思维方式时应以批判的态度
时刻关注的。

四、英国新马克思主义的思维逻辑精要

发端于20世纪50年代的英国新马克思主义是在继承英国马克思主
义传统的历史主义和科学主义的基础之上，在回到马克思的思想意识指
导下，通过历史批判、文化批判、社会批判、技术批判和政治批判的研
究过程，形成的丰富的具有英国特色的哲学思想和新的思维范式。总体
来看，这种新的思维范式表现为一种整体的变革，并由三个基本的要素
构成，即聚焦文化批判的新历史主义思维（包含本真思维作为文化批判
的基点、生长思维反映文化自身的发展内涵与价值意义以及"对话"思维
体现文化的存在意义与发展模式等），变革社会秩序的新理性主义思维
（包含互存思维引领社会批判的科学解释导向、合法思维规范对现代主
义意识的社会批判以及聚合思维凝聚变革社会秩序的发展动力等），实

现社会制度革新的新人道主义思维（人本思维夯实社会制度革新的政治基础、民权思维规范社会制度革新的核心理念以及合作思维成就社会主义的和谐政治等），其中，聚焦文化批判的新历史主义思维构成其思维逻辑的起点，变革社会秩序的新理性主义思维是其思维逻辑的核心内容，实现社会制度革新的新人道主义思维是其思维逻辑的落脚点，深刻反映了其思维方式的内在逻辑。

聚焦文化批判的新历史主义思维是英国新马克思主义思维逻辑的起点。20世纪50年代以来，伴随对帝国主义的资本主义和苏联式的社会主义的批判，在英国兴起并得到持续发展的新马克思主义，构成当代唯物主义的典型代表。英国新马克思主义继承英国马克思主义的科学理性主义和历史主义传统，坚持马克思主义的基本立场和核心理念，把追求社会主义秩序取代资本主义制度作为目标，形成了独具特色的新历史主义的思维方式，通过聚焦文化批判，深入人的社会生活和社会实践的深处，为实现其人类解放的政治目标奠定了基础。

英国新马克思主义的新历史主义哲学思维和学术倾向，以其关于历史即文化的基本论断，形成了本真思维、互存思维和对话思维等具体的思维形式，凸显出新历史主义的思想要旨和思维特质。在英国新马克思主义者看来，历史即是文化的存在，因此，准确把握现实意味着准确理解作为客观和文化存在的历史，这是一种本真思维，它构成英国新马克思主义在思维方式变革上的基本特点。新历史主义认为，作为文化的历史是生长的，是一种有机体的自我发育，如同生命有机体的自我生长一样，因此，理解历史就是理解文化的本质特征和生长规律，即通过文化的生产和发育过程理解现实社会的基本特征。这是一种生长思维，如同黑格尔曾经指出的那样，是把现实转化为历史来理解的思维方式。作为客观存在的、生长着的历史或文化，是一个生命有机体，是一个开放的有机系统，在不断吸收各种外在"营养"的过程中得到发展，但并不失去自身存在的基本特质，这就是说，历史的自我发育、文化的历史发展以及现实的文化存在，在同各种各样的"文化"的"对话"中获得养分，获得阳光，获得生命发育的动力，这是一种"对话"思维，是开放式的思维方式。

本真思维作为英国新马克思主义文化批判的基点，构成英国新马克思主义者进行技术批判、社会批判和政治批判的切入点。英国新历史主义者把文化看作人民大众社会实践的反映，把人道主义看作马克思主义文化意识的核心，把人的生活方式看作文化的精髓与本真，把文化看作是人民共享共有的，认为文化是人民的文化，推动文化发展不能陷入以打造精英文化为目的的现代主义的意识形态中，而应以文化的本真意义为基础，发展大众文化，使文化回归日常生活，以此重构人民的文化。

英国新历史主义认为，推动文化发展不能放弃对意识形态的重视，必须掌握意识形态领导权。英国新马克思主义认为，现代意义上的"文化"这个词语本身就意味着对资本主义的批判，文化的概念是作为对资本主义社会的批判成长起来的。文化关涉的是价值而不是价格，是道德而不是物质，是高尚情操而不是平庸市侩。"文化"批判的是工业资本主义厌恶的价值观念和活力。正是在文化活动中，人民大众的思想和立场表现出来，大众所拥有的文化体现为人们为公正而呐喊，关注自己的局部利益以外的整体利益，使文化与对弱势群体的公正联系起来。因此，文化发展深刻地包含着阶级利益和价值取向，它是意识形态的表现形式。从这个意义上讲，意识形态所包含的价值取向和政治立场，必然是文化评判的重要标准，而铸造共同体文化是走出现代文化危机的唯一选择，因此，建设共产主义共同文化是唯一的文化价值观。

英国新马克思主义者把文化看作是生成的，文化的发展是一个有机体的自我发育过程。运用生长思维来把握文化的产生和发展过程，揭示文化自身发展过程中的一些基本特征，使英国新马克思主义跨越了欧陆马克思主义对文化本性的相对静止的描述，使文化作为人类的一种实践方式与人的整体实践活动密切关联在一起，体现出马克思主义把人的一切活动都看作改造世界的活动的思想内涵，体现出马克思主义改造世界的精髓。他们把文化看作社会实践的一种基本形式，一种生成、一种创造性的理智活动、一种人类的价值追求、一种解放的启蒙过程，并由此把文化创作主体、文本制作与阅读以及文化的价值意义关联起来。他们主张，文化以文本生成及阅读体现其存在，文化生成的创造主体存在于社会实践中，文化的生成不能脱离人的现实活动，文化是从事实际活动的人、现实历史的人的感性活动。通过文化活动的生成，文化成为所有人可以从事的活动，使得普通人真正成为文化的主体，成为创造物质生产和精神生产的关键性力量。文化生成作为一个整体性的过程，包括文本编码和文本阅读等发展阶段，再返回到文本编码的原点，从而形成一个完整的生产机制，不断丰富着文化的内涵和价值意义，增加了人类生存的物质力量和社会力量，使人的生活更加多样和丰富。无论是文化生成的各要素，还是生成的过程都具有复杂性，不能简单地或割裂地看待文化。文化不仅是一种表征系统，更是一种具有内在规定性的实践系统，文化生成具有整体性。

英国新马克思主义者把人的解放看作文化生成的价值旨归，强调文化的精髓在于社会实践批判，文化的本质是人的社会平等。在他们看来，创造文化并不只是为了自我欣赏的审美满足，而是为了推进人的自我发展，提升生活质量。在更高的目的旨归层面，则是为了"克服资本主义社会的现实异化，使人从支离破碎的境况中解放出来，做有意义的工作，过有意义的生活"。"人的解放"是大多数人的解放，是人民的解放，甚至是"类"的解放。因此，他们强调要聚焦人道主义的价值观，倡导新文化生存方式，强调普遍的民主和人民更广泛地参与社会公共事务，尝试打破传统的文化分析方法，把文化的政治化纳入主要理论分析范畴，从而开创了独特的理论话语，赋予文化更为宽阔而丰富的价值和用途。

英国新马克思主义的新历史主义强调要在"对话"中发展文化，通过对话过程改进和丰富文化内涵，强化人们创造文化的能力，从而使人类拥有越来越好的生活方式，提升人的生活质量，过一种自由自在的生活。然而，对话是有前提的，这个前提就是文化的整体存在。换句话说，对于特殊的文化存在形式来说，对话是发展自身文化的必要手段，不对话就没有文化的发展。但无论开展什么形式或内容的对话，一种文化所拥有的内在特质都不会有根本性的改变，正如任何一种生物在适应环境的过程中都不会改变自身作为种的性质一样，文化也是如此，因此，文化对话的前提是文化的整体存在。这就是说，文化的发展是特殊文化的整体存在和在对话中发展的有机统一。文化的整体存在是文化对话的前提。文化批判在本性上是一种文化"对话"，马克思主义的文化意识则是形成正确认识的对话基础。

英国新马克思主义的新历史主义者在聚焦文化批判的过程中，创造性地实现了在思维方式上的变革，他们以本真思维、生长思维和对话思维的方式，使新历史主义的文化批判同人的历史发展和现实实践活动密切关联在一起，基于人类实践的历史和现实，发展了文化批判的致思路径。其中本真思维作为文化批判的基点，深入讨论了文化是人民大众社会实践的反映、人道主义是马克思主义文化意识的核心、人的生活方式构成文化的精髓与本真等问题；生长思维则反映了文化自身的发展内涵与价值意义，集中回答了文化生成的创造主体存在于社会实践中、文化以文本生成及阅读体现其存在、人的解放是文化生成的价值旨归、文化的用途在于自身意义的体现以及人类文明必然会走向共同文化等问题。

总体而言，英国新历史主义凸显了整体主义的思维模式，突出了本真思维、生长思维和对话思维对于理论和实践创新的功能与价值。

变革社会秩序的新理性主义思维是英国新马克思主义思维逻辑的内核，这一思维以科学理性地认识社会存在及其发展的规律为标志，把英国新马克思主义推进到基于科学的社会认识来变革社会秩序的学术前沿，从而也把英国新马克思主义者所强调的解放的政治、启蒙的政治与和谐的社会主义政治的统一置于科学认识和科学实践一致的基础之上。

英国新马克思主义的群体意识是与英国传统马克思主义所主张的科学主义的马克思主义密切联系在一起的，借历史主义的历史意识和来自欧洲大陆的结构主义的马克思主义思想，形成了它自己的特色，即一方面强调马克思思想的"科学性"、社会认识的科学性和思维活动的科学性；另一方面又突出历史发展的整体性和现实社会存在的结构性，从而把马克思在《共产党宣言》中所主张的借社会结构与历史过程的整体性来科学理性地认识社会作为一种方法论主张，不仅形成了自己有别于欧陆马克思主义的思想意识，也形成了自己独具特色的新理性主义的思维方式。

英国新马克思主义者在其逻辑思维的起点上是通过新历史主义的思维方式的变革，聚焦文化批判形成了本真思维、生长思维和对话思维等特点，通过文化批判的过程形成了一系列表现新马克思主义的基本思想。然而，文化批判先行只是他们学术活动的基始点，在此基础上，他们跨越到社会批判的领域。英国新马克思主义的社会批判是其文化批判的一种跟进形式，其意旨在于变革社会秩序，使社会现实的秩序能够从混乱转变到有序，在这一点上，英国新马克思主义者深受法国结构主义的影响，但又不同于法国的结构主义，因为他们自己用英国的科学主义、求得改造世界的马克思主义来改造结构主义，同时又展现英国自身的经验主义的理性基础，从而形成了具有英国特色的关于变革社会秩序的新理性主义的思维方式。新理性主义的变革社会秩序的内涵在于强调社会变革与解释必须基于科学理性主义之上、创新是变革社会秩序的思想源泉以及变革社会秩序要正确把握社会发展的动力等几个方面，在思维方式方面则创造性地提炼出互存思维、合法思维以及聚合思维等方式，通过思维方式的创新，推进社会批判向着科学理性的方向发展。

英国新马克思主义者在社会批判过程中所形成的新理性主义的思维方式，内在包含着一组具体的思维形式，即互存思维、合法思维以及聚合思维等方式。所谓互存思维是指他们从社会存在决定社会意识的立场出发，认为社会结构是由诸多构成元素集合而成的，这些构成元素相互依存、相互作用，从而决定了社会存在的基本特性和社会有序发展的方向，因此，科学认识社会存在及其发展的规律，要通过研究社会构成元素之间的相互依存的关系来实现。所谓合法思维是指他们坚持认为社会从一种存在形式到另一种存在形式的转化以及对现实社会有序程度的评价，要以合法性为基础，但不是资本主义社会所谓主流学术思想所主张的合法性，而是以体现人民的共同意志、科学理性的内在要求以及维护社会有序存在和人道主义为基础的合法性，革除社会弊端、推进社会秩序从混乱走向有序，使社会结构发生根本性的转换，从旧秩序中产生出新秩序。所谓聚合思维是指他们强调要把各种影响社会变化的因子聚合成一个整体，尤其是要把推进社会变革的各种动力，即坚实的物质力量和高尚理性的精神力量聚合在一起，形成合力，从而推进社会秩序的转换，形成新的社会秩序。英国新马克思主义在社会批判过程中阐释的秩序转换的科学思想以及形成的思维方式的特点，有力地把马克思主义关于社会存在与社会意识的关系的认识，把消除社会混乱，走向新的社会秩序的理性认识，推进到一个新的高度。

英国新马克思主义者所主张的互存思维是引领他们的社会批判的科学解释的向导。对人类社会的现实存在和历史发展做出科学理性主义的解释，是由新马克思主义者安德森在吸收历史主义思想的基础上开启的。新理性主义主张人类社会是一种整体性的存在、社会变迁具有多样性、唯物史观内含"类型学"的思想意识、社会是以系谱的形式发展的以及思想创新需以思维方式创新强化社会批判等思想，认为对人类社会的正确认识，包含了历史学和社会学两个根本维度，包含了历史分析和社会分析两种基本方法，而马克思主义就是这二者的有机统一，从而形成了一种融历时性与共时性、时间性与空间性为一体的关于社会的科学解释，突出了社会存在的独立性和自主性，相互作用性和依存性以及社会存在的整体性。他们试图通过创立一种新理性主义的马克思主义社会理论，在互存思维的导引下，对历史的本体论、动力学和进化论思想做出新的解读。

英国新马克思主义者主张以合法思维来规范对现代主义意识的社会批判。在他们看来，社会存在与发展是可以在理性认识的高度得到科学解释的，犹如自然科学能够对自然世界给出科学解释一样。然而，社会的存在和发展是非常复杂的，其中人的主体性、能动性和不同的文化传统、社会制度以及社会的生产力水平和生产关系状况，对社会的有序发展产生巨大影响，因此，仅仅以互存关系为基础对社会存在与发展进行解释是远远不够的。这就是说，社会认识还必须把人的因素、物的因素以及一般社会环境纳入科学理性认识的范围，才能在更深层次上揭示社会存在和发展的规律，才能在科学认识的基础上尽可能地消除社会混乱，使社会进入有序发展的轨道。对此，英国新马克思主义者把合法性推到进行社会评价和认识的中心位置，甚至把对社会的合法性研究上升到思维方式的高度。然而，与西方主流社会科学的所谓合法性研究不同，英国新马克思主义者秉持马克思主义的基本立场，把人民大众的意志和科学理性作为合法性的评判标准，借此不仅规范对现代主义意识的社会批判，同时强化对资本主义社会制度的科学批判，展现社会主义的社会秩序意识和内涵，为实现其社会目标奠定思维基础和思想基础。

在英国新马克思主义者看来，消弭现代主义思想意识所带来的现实社会混乱，必须采取积极改造现实世界的实践活动，舍此，人类就会一直处在灾难之中。改造现实世界的实践活动要以对社会的正确认识为指导，要理性地对待事和物，要改变我们关于社会认识的思维方式，在这个意义上说，互存思维和合法思维就是至关重要的。然而，仅仅改变思维方式求得对现实社会的理性认识还是不够的，因为对现实世界的改造还必须聚合精神的与物质的力量，因此，他们主张社会力量的整体聚合，把人类在认识世界和改造世界的过程中形成的各种力量有效地凝聚起来，由此也就形成了新理性主义的聚合思维，借此凝聚变革社会秩序的物质力量和精神力量。

英国新马克思主义在追求社会秩序变革的过程中，把马克思的思想与现实社会的发展结合起来，坚持科学主义，不断创新和变革思维方式，不断实现着思维方式的革命，在社会批判活动中，形成了新理性主义的思维方式，凸显了互存思维、合法思维和聚合思维对于社会认识、消弭社会混乱、变革社会结构、推进社会从无序向更高层次的有序方向发展，所做出的积极探索，不仅为马克思主义的科学性做出辩护，而且尝试在把马克思主义有效运用于社会变革和改造世界的过程中，推进思想和理论的发展，这十分有助于改进我们自己的思维方式，提升我们的社会批判能力。

英国新马克思主义围绕变革社会秩序的新理性主义思维，首先探寻引领社会批判的科学解释导向的思维方式，形成了互存思维的基本形式，包含人类社会是一种整体性的存在、社会变迁具有多样性、唯物史观内含"类型学"的思想意识、社会是以系谱的形式发展的，以及思想创新需以思维方式创新强化社会批判等认识，系统地回答了人类社会以互存为基础的问题，为科学理性地认识社会存在及其发展规律提供了思维和思想导向。借此提炼引导社会有序发展的思想和规则，形成了现代社会的无序集中体现为现代主义的合法性危机、思维范式变革提示了合法性危机的考量方向、重塑大众意识表征着合法性危机批判等学术指向，以及合法思维的基本原则是科学理性主义等思想，深刻阐释了合法性与社会有序发展之间的关系，尝试解决建设一个合法性社会的基本理念和合理路径这一关涉形成良好社会秩序的关键问题。

英国新马克思主义的理论研究工作表明，思想创新要以变革思维方式为前提。我们知道，英国新马克思主义在历史主义传统的基础上形成了新历史主义的思维方式，强调本真思维、生长思维和对话思维的重要性，突出过程和整体在科学认识中的价值意义，是一种整体主义的思想意识和思维方式。在英国历史主义和新历史主义传统影响下成长起来的新生代马克思主义者们，继承了新历史主义的思想精髓和内在特质，继承了马克思主义和英国马克思主义坚持科学理性的传统，形成了新理性主义的思维方式，突出了互存思维、合法思维和聚合思维的意义，在思维方式方面做出了突破性的进展。

实现社会制度革新的新人道主义思维是英国新马克思主义思维逻辑的落脚点。英国新马克思主义不仅仅是一个学术团体，更是一个政治共同体，它的兴起，不仅有力地推动了英国马克思主义的发展，而且升华了其政治意识和思想，并形成了鲜明的政治追求的特色，其着眼点即在于探求在经济高度发达且矛盾重重的英国以及其他资本主义社会，如何实现社会主义制度，如何克服人的现实异化与社会异化，从而彻底实现人的解放。作为一个整体，英国新马克思主义者从历史和文化对于人的现实生存的意义着手，从追求有利于人的全面发展的社会秩序的建设深入，逐步把思想聚焦于马克思所主张的科学的社会主义，逐步把目标追求投射到如何实现新的不同于苏联和东欧的社会主义上来，从而产生了一系列新的理论和思想，在人类关于社会主义本质理解与践行的历史上，留下了一笔值得严肃对待和深入研究的思想财富。

英国新马克思主义持一种微观政治学的思想，即意欲通过多种形式的微观革命行动，用马克思的科学社会主义思想原则和基本理念为指导，积极推动向资本主义抗议和争取权利的各项斗争，尽管这些微观活动的作用是有限的，比起疾风暴雨式的暴力革命似乎微不足道，但还是产生了很大的影响，对于推进马克思主义在英国的本土化，对于推进英国社会从资本主义向社会主义的过渡，对于人的身体解放、思想解放、政治解放，对于人的自由获得，都是必不可少的环节。

英国新马克思主义的新人道主义的思维方式内在地包含了人本思维、民权思维和合作思维等具体的思维形式。人本思维包含着一切社会认识和社会行为的出发点和目的都是为了人的一般理念，是基于生活方式是人的根本特征的文化本真思维的延续，它包含了如何从人出发来认识社会，人的政治存在、经济存在和共同体存在的一般特征，人的政治解放的内涵及本质等问题；民权思维直抵作为制度的国家权力基础、规范和运用形式等问题，英国新马克思主义者基于现实的社会基础，结合科学社会主义的一般原则和英国以及全球近代以来社会发展的历史过程，一方面强化了对资本主义国家权力思想和现状的批判，另一方面深入揭示新社会主义制度下人民权利的内在特质、权力运作方式和表现形式等问题；合作思维则是新理性主义思维方式的聚合思维的拓展，强调社会主义的新秩序不仅需要聚合各种社会发展动力，更需要全体人民的合作意识和共同努力，甚至把平等、合作、团结看作社会主义制度生命力的根本特征，认为其体现出和谐政治的基本内涵。英国新马克思主义者实现制度革新的新人道主义思维方式通过人本思维、民权思维和合作思维等形式，反映了他们关于实现社会主义理想的基本思想和认识。

英国新马克思主义者把人本思维看作夯实社会制度革新的政治基础，认为社会主义的至善性、合理性和普遍性首先表现为建立以人为本的社会主义政治，把人从资本主义现实的政治压迫、经济剥削和文化异化的现状中解放出来，实现社会制度的彻底变革，以人本思维为导向，强化对资本主义的政治批判，塑造社会主义的主体，消除资本主义在经济上对人的剥削，伴随民族解放的过程，使人过一种富裕而自由的生活，在实现社会主义民主政治的基础上，建设一个政治和谐的自由幸福的社会。在他们看来，实现社会制度变革必须强化政治批判，塑造有尊严的社会主体是政治解放的基本要求，同时需要从经济平等、民族解放以及生存环境改善等方面，为人的发展提供最好的条件。

如果说人本思维是英国新马克思主义思考和认识社会制度革新的基点，那么，民权思维则构成其把握社会制度革新的内核。在英国新马克思主义者看来，如果说破除资本主义的统治形式是社会主义的基本任务，那么，如何获得国家的领导权则是学术工作的核心内容和根本目标。英国新马克思主义者认为，就获得国家的领导权来说，马克思从阶级动力学的角度出发，把社会历史变迁和赢得社会权力的力量归结为无产阶级和人民大众，是极其重要的论断。汤普森在《英国工人阶级的形成》一书的《前言》中认为，阶级作为一种历史现象，既不是一种"结构"，更不是一个"范畴"，而是在人与人的相互关系中确实发生的某种东西。阶级是共同利益和生产关系的表现，它以阶级觉悟的形式体现在传统习惯、价值体系、思想观念和组织形式中。阶级是有历史使命的，这个使命对于无产阶级来说，就是实现社会主义。正因为如此，汤普森在发表于《新左派评论》的文章中把新左派的主要任务确定为宣传和深化工人运动，掌握文化传播工具为工人运动内外的重要的社会主义团体提供直接交流的渠道，复兴社会主义理论，形成社会主义共同体观念，改变人民的价值观和态度，通过对现存社会的乌托邦批判来激发人民进一步改变的渴望，发起无产阶级的革命运动，为掌握国家和社会权力而斗争。他们把领导权问题看成是社会制度革新的核心问题，把平等看成是社会主义的核心价值观，把民主看成是社会主义掌控领导权的唯一形式，把社会主义的民权基础看成是全体人民意志的体现，从而形成了系统的民权思维方式。

英国新马克思主义者主张合作思维，认为只有合作思维才能成就社会主义的和谐政治。他们特别强调作为制度的社会主义以建立互惠性共同体文化和合作意识为基础、以全体人民和社会整体的积极合作和社会实践为导向，因为共同文化和合作意识在社会主义思想中具有理论和战略中心的地位，他们把社会主义看作一种能够很好地治理社会的社会制度，并把这种制度的优越性和活力，归于社会主义共同体文化和合作意识的建设。共同体文化与合作意识是共同体全体成员具有真诚合作的意愿，是互惠性文化，它的首要特质是某种意义上的财富均等和合作共事，意味着生命平等，体现着人民的根本意志。在他们看来，共同体文化与合作意识是社会主义具有活力的基础，民族国家的解放与社会主义制度建设期盼人民的合作共赢，通过技术批判，促进工业进步，使之成为人类合作发展的有效工具，与此同时，社会主义的权力必须得到有效监控，从而建设起社会主义合作共赢的人道主义的权力机制，推进社会的政治、经济和文化和谐发展，真正建立一个人道主义的社会主义社会，使人获得彻底的解放，过自由自在的生活，实现马克思关于科学社会主义的伟大理想。

实现社会制度革新的新人道主义思维是英国新马克思主义者思维逻辑的一种自然结果，是他们在对资本主义批判和对社会主义的思考过程中形成的思维方式上的重大变革，其人本思维、民权思维和合作思维集中反映了社会主义制度下人的存在与实践的解放的政治、启蒙的政治和和谐的政治意识，把人本、民权与合作提炼到社会主义制度的核心价值理念和社会制度的思想基础的高度，从而尝试科学地回答社会主义制度建设和秩序规范面临的一些重大主题，不仅在思维方式上有了突破，更在思想理念方面有了一个革命性的进展。

英国新马克思主义者主张社会主义的人道主义理念，他们不是把希望寄托于未来，而是强调现实的社会行动，主张通过消灭现存状况实现社会主义的预期，在克服人的异化过程中完成人的本质的回归，从抽象的人回到现实的人，从虚构的历史回到真正的历史，发挥主体的主观能动性，改变不合理的现实，建立自由、平等、团结合作和有利于人的全面发展的社会制度，恢复人的真正本质。英国新马克思主义强调，社会主义的基本特征是"民主、人人平等和合作"，必须形成新的具有社会主义规范的社会秩序，这是与资本主义制度完全不同的、一种崭新的社会秩序。在这个崭新的社会中，人与人之间实现了真正的平等，除了基于性别、身体条件等不可避免的差别外，不再存在其他人为的、不合理的差别；各种必要的权力仍将存在，但却受到了广泛的监督和制约，确保权力真正为人民服务；人与人之间是一种真正的互补和合作关系，能够充分发挥人的主观能动性和积极作用。真正的社会主义必然是人道的社会主义，它的主体是现实的、具体的人，社会主义关怀的对象也是现实中的"男人和女人"。社会主义之所以是人道的，"是因为它再一次将现实的男人和女人，而不是那些抽象概念置于社会主义理论和抱负的中心位置"。正是基于对这个处在中心位置的具体的、现实的人的人本、民权和合作的系统分析和认识，英国新马克思主义者们深信，在科学社会主义的旗帜下，人道主义的社会主义制度的革新，一定能够实现。

肇始于文化，深入于社会秩序，落脚于制度革新，这或许就是英国新马克思主义者的思维逻辑。在他们看来，任何社会制度，从本性上看，都是一种政治建设，国家就是政治共同体的表现形式，而社会主义的政治所追求的是人的根本性的解放。人的解放必须以提升人的政治意识为基础，缺乏拥有高度社会主义政治意识的人的参与和斗争，社会主义革命和制度实现就是一句空话，因此，必须对工人阶级和人民大众进行政治启蒙，通过革命斗争的过程，实现从资本主义向社会主义的制度转换，建立一个和谐政治的社会。就此而言，英国新马克思主义关于社会主义制度实现的政治似乎可以概括为解放的政治、启蒙的政治与和谐的政治的统一体，这是一种新人道主义的思维方式，它以人为本，追求人民的权利，号召聚合全社会的力量形成合力，铲除一切腐朽的、压迫人的和非正义的社会疾瘤，实现社会主义的美好理想。

第一章 ┃ 聚焦文化批判的新历史主义思维

英国新马克思主义者是当代唯物主义者的典型代表，他们秉持英国科学主义和经验主义传统，推崇马克思关于社会存在决定社会意识的唯物史观的核心理念，把人的现实的社会存在作为哲学思考的基点，把推进社会变革作为手段，把追求社会主义秩序取代资本主义现实作为目标，形成了独具特色的新马克思主义的哲学思维范式，其中，新历史主义思维构成其最基本的表现形式。

在英国新马克思主义的新历史主义哲学思维和学术倾向中，基于本真思维的文化意识是其思想的精华。英国新马克思主义认为，现实的客观存在是特定社会历史发展的必然结果，是历史的积淀，是社会历史发展的整体表现，因此，要准确理解和把握现实，必须从历史来反观现实，从现实来透视历史，用从下往上看的方法，把握历史和现实的真谛。历史即文化，这是英国新历史主义的核心理念。在其看来，尽管历史非常复杂，包含着一系列影响历史发展的客观和主观因素，但历史终究是以文化的形式得到表现的。这就是说，历史既是客观的存在，也是文化的存在，因此，准确把握现实意味着准确理解作为客观和文化存在的历史，我们把这种思维方式看作是一种本真思维，它构成英国新马克思主义在思维方式变革上的基本特点。英国新历史主义认为，作为文化的历史是生长的，是一种有机体的自我发育，如同生命有机体的自我生长一样，因此，理解历史就是理解文化的本质特征和生长规律，即通过文化的生产和发育过程理解现实社会的基本特征。这是一种生长思维，如同黑格尔曾经指出的那样，是把现实转化为历史来理解的思维方式。作为客观存在的、生长着的历史或文化，是一个生命有机体，是一个开放的有机系统，是在不断吸收各种外在"营养"的过程中得到发展的，但并不失去自身存在的基本特质，这就是说，历史的自我发育、文化的历史发展以及现实的文化存在，是在同各种各样的"文化"的"对话"中获得养分，获得阳光，获得生命发育的动力，这是一种"对话"思维，是开放式的思维方式。由此表明，英国新历史主义的思维方式是由三种具体的思维形式构成的，体现为一种对历史和现实的整体理解和思考。

一、本真思维作为文化批判的基点

英国新马克思主义者在文化领域的思想变革，是以文化批判的形式出现的，以新历史主义和文化唯物主义思想意识，凸显出在文化研究中的理论创新和思想创新。在他们看来，正是在文化活动中，人民大众的思想和立场表现出来，大众所拥有的文化体现为人们为公正而呐喊，关注自己的局部利益以外的整体利益，使文化与对弱势群体的公正联系起来。因此，在历史主义意识中形成的体现本真思维的文化批判思想，构成他们进行技术批判、社会批判和政治批判的切入点。

在西方发达国家实现现代化的过程中，以发展生产和追逐利益为根本目的的生产方式和价值理念，造成了巨大的环境污染、生态恶化、资源贫瘠以及战争和社会冲突。在这样一个背景下，直到 20 世纪中期，人们才真正开始关注文化建设问题，在 20 世纪六七十年代，才迎来文化研究和发展的关键时期。英国新马克思主义的新历史主义与文化唯物主义思维及其思想，也正是在此背景下提出的，并以威廉斯出版的《文化与社会 1780—1950》和汤普森出版的《英国工人阶级的形成》为标志，进入文化哲学理论建设的新阶段。英国新马克思主义明确提出以马克思主义哲学为指导思想，结合英国本土历史和现实，批判资本主义和现代主义的意识形态，发展社会主义的文化意识，以实现共产主义的共同文化为目标。

(一)文化是人民大众社会实践的反映

英国新历史主义认为，文化是人民的文化，推动文化发展不能陷入以打造精英文化为目的的现代主义的意识形态中，而应以文化的本真意义为基础，发展大众文化。文化唯物主义的代表威廉斯指出，不能把文化看成是世界上最好的思想和言论，不能把文化简单地区分为高雅文化与通俗文化，尤其不能把文化只看成是上流阶层所拥有的高等文化，视下层民众为没有文化的群体。这就要求马克思主义者应该在"整个生活方式"的意义上理解和使用文化概念，要把文化从传统的精英文化定义中解放出来，使文化不只是思想家头上的理想光环，也不仅仅是精英人士倍加推崇的传统经典，而是要使文化回归日常生活，以此重构人民的文化。

历史上对于"文化"的定义众说纷纭，尤以阿诺德和利维斯为代表。阿诺德认为，文化既是抽象完美的一种理想，又是努力实现这一理想的不完美的历史过程。① 利维斯将文化主要定位为优秀的文学传统，即精英文化，强调文化必须具有真实的生活价值，能够解决一定的社会危机并赋予其使命感，将民族意识、道德和历史主义以及侧重于文学自身美感的有机审美结合在一起。

英国新历史主义思想家威廉斯在考察了以上两种关于"文化"的定义后，另辟蹊径进行"文化"研究，他先从界定"文化"这个词开始，然后深入浅出地表述他的文化概念是人民大众社会实践所反映的思想，并形成了一系列关于文化的唯物主义的认识，这些思想集中反映在他的《文化与社会 1780—1950》《关键词》《现代主义的政治》等著作中。著名学者史蒂文森认为，威廉斯的学术研究及其思想"是英国马克思主义内部文化批评最丰富的源泉之一"②。在威廉斯诸多杰出的思想中，文化唯物主

---

① ［英］马修·阿诺德：《文化与无政府状态》，韩敏中译，16 页，北京，生活·读书·新知三联书店，2002。

② ［英］尼克·史蒂文森：《认识媒介文化》，王文斌译，23 页，北京，商务印书馆，2001。

义起到了核心的作用。

在《文化与社会》中，威廉斯列举了文化的四种特殊定义：作为个体的思想习惯，作为全社会的智力发展状况，作为艺术和作为一个人群的整体生活方式。① 此后，在《漫长的革命》中他又进一步把文化界定为三种类型：第一种是理想型的，即文化是人类追求完美的一种心灵状态；第二种是文献式的，文化是知性和想象作品的整体；第三种是生活类的，文化是一种特殊生活的描述。②

经过这样的定义后，文化不再单纯是一种文本式的概念，不仅仅反映社会实践，文化也使社会实践合法化，将逐渐成为对工业资本主义批判的一种武器，它开始对人的能力的整体性、均匀性、创造性和全面发展做出肯定。

如果说欧洲重视"文化"（一种伪宗教的意义）这一观念，与之相对，美国更多的却是谈"文明"（一种完全世俗的意义）这个词。文化是对早期工业资本主义的浪漫主义的批判名称，文明则是一个交际性的术语。

首先，文化开始转向文明的反义词方向。文化需要一定的社会条件，这些条件可能关系到国家以及政治维度，在19世纪末，"文明"不可避免地附和了帝国主义的声音，开始显得掠夺成性和本质低劣，文化概念不得不被迫争取一种批判的态度而不与之认同。

其次，自德国唯心主义者赫德尔以降，文化开始呈现出现代意义，

---

① ［英］雷蒙德·威廉斯：《文化与社会》，吴松江，张文定译，16页，北京，北京大学出版社，1991。

② ［英］约翰·斯道雷：《文化理论与通俗文化导论》，杨竹山，郭发勇，周辉译，2页，南京，南京大学出版社，2001。

即有特色的生活方式。在赫德尔看来，文化指的不是关于普遍人性的某种宏大的、一贯的叙述，而是多样性的特定生活方式，提出对"文化"这个术语的"复数化"观点。① 这样的后果直接导致文化形态多元性的诞生，诚如爱德华·萨义德所指出的："所有的文化都是彼此相关联的，没有任何文化是单一的，纯粹的，所有文化都是混杂的，异类的，非常不同的，不统一的。"②

文化最后一种重要的派生意义即是艺术，艺术发现自己具有重要的社会意义，但实际上却无力使之持久，因为一旦被迫维护上帝、幸福或政治上的公正，它们就会从内部崩溃。文化的两面性是自我文化与大众文化，它意味着一种自我区分和自我治疗，文化并没有游离于社会，也并不是完全与之统一。随着工业革命的进程，文化开始表现出它另一面的社会意义，那便是与弱势群体公正地联系起来，从而进入到文化发展的一个新阶段。《文化与社会》这本伟大的著述描绘了自 1780 年到 1950 年英国本土版本的欧洲文化哲学，从评述柯尔律治那一节中，我们看到"文化"这个概念不可避免地沿着人性运动—文化—政治这一历史轨迹发展，文化在道德教育学的意义上，开始发挥解放我们每个人身上潜在理想或集体自我的作用，使得我们能够与政治公民的身份相称。

柯尔律治曾谈到，需将文明置于培养中，置于"构成我们人性之特

---

① Johann Gottfried von Herdel, *Reflections on the Philosophy of the Philosophy or Mankind*(1784-1791), Chicago: *Palgrave Macmillan*, 1968, *p. 49*.

② Edward Said, *Culture and Imperialism*, London: Vintage, 1993, p. 407.

征的那些品质与才能的和谐发展中，为了作公民我们必须成为人"①。这样将文化提升到政治高度上的倾向便显而易见了，我们必须先成为人而后再作公民，国家让文化得到具体的体现，而文化则具体表达了我们共同的人性。

文化作为社会生活的一个主导层面，意义即在于：首先文化是一个其他行为在其中有渗透力的媒介；其次文化表现为商品的美学形态，政治的壮观化，生活方式的消费主义，形象的集中性，以及将文化变成一般商品生产的综合。文化或许可以被认为是一个前现代或者后现代的观念，但绝不是现代的观念。但如果它繁荣在现代性的时代，其主要的意义就是作为对过去踪迹或未来期望的描述而存在。

文化开始进入到我们的普通生活当中，所以有必要重新回头审视一下文化的概念，从"对自然生长事实管理"词源学的发端开始②，文化就一直是中心消解的意识方式。如果文化在狭义上指人类历史上最出色、最高雅的意识产品，那么它更为普遍的意义则是表示其反面，即大众文化。

英国新历史主义认为，文化是人民大众在社会实践过程中创造的，是人的社会实践的反映，推动文化发展不能局限于理论家的创作文本，而应使之真正成为民享和民有的。既然文化作为整体的生活方式而存在，那么，它必然是民享和民有、为民喜闻乐见的东西。文化是民享和民有的思想使文化的等级被取消了，大众文化不再被视为洪水猛兽。这意味着不能

---

① S. T. Coleridge, *On the Constitution of Church and State*, London: Brouwer Press, 2013, pp. 42-43.

② ［英］雷蒙德·威廉斯：《关键词——文化与社会的词汇》，刘建基译，81页，北京，生活·读书·新知三联书店，2004。

简单地将"文化"看作是从社会环境中抽象出来的文本，而应把它看成是一种已经"固定的、实际的制度"的体现，这表明在任何情况下，文化研究都应与现实的社会历史状况发生碰撞和交融，反映大众的社会实践。

更进一步来看，文化与社会经济发展是协调一致的。推动文化发展不能忽视生产活动和发展经济，而是要把二者有机地结合起来。英国新马克思主义认为，反驳那种认为恩格斯把唯物史观经济决定论化了的观点是合理的。唯物史观表明，社会发展中经济因素和其他因素的关系是复杂的，但经济的首要地位是基本原则，只是要反对"唯一因素"的绝对化。经济发展在社会发展和文化观念的变革中有着根本的作用，工业的发展是"民主、阶级、艺术和文化"发展的前提，经济结构的事实以及由经济结构所决定的社会关系是一种导线，文化在这条导线上编织起来，因而可以沿着这条导线去理解文化。

英国新历史主义认为，推动文化发展不能放弃对意识形态的重视，必须掌握意识形态领导权。英国新马克思主义认为，现代意义上的"文化"这个词语本身就意味着对资本主义的批判，文化的概念是在对资本主义社会的批判中成长起来的。文化关涉的是价值而不是价格，是道德而不是物质，是高尚情操而不是平庸市侩。"文化"批判的是工业资本主义厌恶的价值观念和活力。正是在文化活动中，人民大众的思想和立场表现出来，大众所拥有的文化体现为人们为公正而呐喊，关注自己的局部利益以外的整体利益，使文化与对弱势群体的公正联系起来。因此，文化发展深刻地包含着阶级利益和价值取向，它是意识形态的表现形式。从这个意义上讲，意识形态所包含的价值取向和政治立场，必然是文化评判的重要标准。但是，意识形态也不是文化评判的唯一标准。

　　在英国新历史主义看来，铸造共同体文化是走出现代文化危机的唯一选择。英文中的 Mass Culture 和 Popular Culture 都可中译为"大众文化"，但二者却是两个完全不同的概念。就早期的 Mass Culture 而言，它具有明白无误的贬义，用以指商业利益驱动的文化产品，特别是电影、电视、广告等大众传播产业的典型产品。

　　无论是费希特还是赫德尔，无论是霍克海姆、阿多诺还是利维斯都从各个层面上对大众文化加以强烈的批判，霍克海姆甚至用"文化工业"一词来描述大众文化产生的过程和产品来表达其不满。

　　然而，对大众文化正本清源贡献最大的是伯明翰学派代表人物之一的雷蒙德·威廉斯。他先在《文化与社会》一书中追溯了工业革命以来"文化"一词含义上的变化，重新界定它的定义，将文化看作一个整体全部的生活方式，拉近了文化与普通生活的距离，也奠定了其文化思想的平民化倾向。然后，他用 Popular Culture 替代包含太多贬义的 Mass Culture，在《出版业和大众文化》一书中区分了"大众"（Popular）一词的三层意思：第一层"为民众"是这个词激进的传统意义；第二层是生机勃勃的大杂烩；第三层是对市场的依赖。在 1976 年出版的《关键词》一书中他开门见山地称大众文化是民有、民享、为民所喜闻乐见的文化形式。雷蒙德·威廉斯以"文化即生活"的观念取消了文化等级，大众文化不再被视为洪水猛兽，而开始"替代过去民间文化所有的地位所负的职责，它开始有了一种很重要的现代意识"①。这样使得对大众文化的"能动"地接受就成为可能。

───────────────

　　①　陆扬，王毅：《大众文化与传媒》，13 页，上海，上海三联书店，2000。

威廉斯还极力推崇德国历史哲学家赫德尔"复数的文化"观念，并用这个概念为大众文化做合法性的辩护，在对大众文化的解释中暗示其多元主义和相对主义的价值维度。而大众文化也在一定程度上包括了最基本、最普遍的社会过程和实践意义，甚至成了工人阶级在新时期代表其利益，有其自身地位的"符号"。然而随着时代的发展，文化渐渐地开始出现一些危机，主要有以下表现形式：文化的膨胀、文化政治化、一般文化和具体文化的冲突。

文化的膨胀主要是指由于文化内容的扩充所带来的负面影响。威廉斯将文化的范围看作"通常与一种语言的范围成比例，而不是与一种退休费范畴成比例"①。文化的膨胀成了一个被世俗化了的时代历史的组成部分。亚文化、后现代文化等文化种类的产生，意味着作为同一性的文化和作为商业的文化，由于内容的扩充和形式的混杂，将不可避免地陷入冲突和危机当中。

文化政治化是指文化与权力的联结，柯尔律治提出先成为人，将文化提到政治层面上再做公民的观念，这意味着政治必须存在于一个更深层次的伦理尺度之内。对于文化来说，"人性"意味着一个没有冲突的共同体，所以产生的危机不仅是文化对于政治的优先权，而且是文化对某种特定政治的优先权。在许多批评家看来，这种文化向政治的转移具有震撼性效果——重点不是文化政治（cultural politic），而是文化的政治（the Politics of Cultural），文化在政治性与非政治性之间摇摆是它与

---

① ［英］雷蒙德·威廉斯：《文化与社会》，吴松江，张文定译，307页，北京，北京大学出版社，1991。

政治关联后产生危机的根源。

一般文化和具体文化的冲突是指工业社会使浪漫意义上的文化变成一种"科学的"文化。原始的、自然的文化开始与大众文化接轨，不同的价值取向必然导致文化的另一种危机的诞生，即一般文化与具体文化的冲突。爱德华·萨义德认为文化是一个战场，"文化远远不是具有古典美的上流阶层的一个平静的领域，而甚至可以是各种动机自我暴露在光天化日之下并彼此斗争的战场"①。文化不再是阿诺德崇高意义上对生活的批评，而是一种外围文化对主导或多数派生活形态的批判，对文化美学的标准化倾向及其精英主义怀有敌意。社会由各种文化组成，我们所提及的这种对文化冲突的定位是一种全球性的斗争，而不是文化内部的不和。

因此，只有在交叉和统一中铸造共同文化才能走出困境。遭遇到各种危机之后的文化急切需要摆脱当下这种窘境，基于不可以程序化地给文化下定义，威廉斯指出走向一种共同的文化是解决文化危机的出路，反唯理论的艾略特也认同理念屈从于物质生活的观点，一直坚持一种共同文化的理念。威廉斯所认同的共同文化是由社会成员的集体实践不断再创造、再界定的，而不是其中少数人制定的价值观然后被许多人接受并被动体验的一种文化，所以他更倾向于将之称为共享文化（Culture in Common）。

对于威廉斯来说，一种文化永远不能获得完整的自觉，因为它从来没有获得完整的实现。所以与艾略特的共同文化相比，威廉斯的共同文

---

① Edward Said, *Culture and Imperialism*, London：Vintage，1993，p. xiv.

化既是自觉的又是不自觉的。之所以说是自觉的，是因为它包括所有成员的积极参与；之所以说是不自觉的，是因为这种合作产生的东西既不能事前设计，又不能在生产过程中完全得到了解。威廉斯将共同文化和统一文化相比较，强调任何实际文化都有其不平衡性与多元性，任何个体完全参与整体文化是不可能的，但一种共同文化的多样性是许多行为者参与的结果。我们可以期待的并不是一个简单的文化共同体（同一性意义上的），而是专门化产物的复杂的体系——其整体将会形成整体文化，但是不会作为一个整体有效并且自觉于生活在其中的任何个体或团体。

虽然威廉斯认为文化的共同性主要在于政治形式，因为这种共同的参与形成不仅与文化经验的多样性保持一致，而且共同性在逻辑上也需要共同参与，但是他更提醒人们注意工人阶级运动，因其合作制度的伦理预示一种更具包容性的文化。

威廉斯在提出并肯定共享文化的同时，在其标志性的作品《马克思主义与文学》一书中，探讨了从马克思本人到卢卡奇、葛兰西、阿尔都塞、戈尔德曼等关于文化的马克思主义的论述，首创性地谈到将马克思主义关于语言、文学和文化实践理论融为一体的"文化唯物主义"。他提出将作品放在产生和接受它们的物质条件中进行研究的方法，他并没有将马克思主义逻辑推向极端，一并抹掉物质基础与上层建筑的区别，从而保留了一定的研究距离。相反，威廉斯的文化观在起始点便大力宣扬"文化即生活"这一使文化最自然、最日常的态度，从词源学、历史主义的角度逐渐将文化从传统的文学经典与高雅文化中解放出来，取消了文化的等级观念，开始面对日常普遍的东西——那些对我们的存在产生了巨大影响而被我们以为是理所当然的生活方式。威廉斯通过对"大众文化"这一观念的重构与解析，指出"大众文化"具有多元性、现时性等丰富的特点，进一步阐明了他所坚持的走向一种共同文化观念的初衷：文化不仅仅是我们赖以生活的一切，在很大程度上，它还是我们为之生活的一切。威廉斯要求把唯物主义不折不扣地扩展到文化实践中去，即文化生产的物质方式，协作的社会规约制度等，拉近了与马克思主义的联系。所以他最得意的学生特里·伊格尔顿这样评价："看样子不是他最终被马克思主义占有，反倒是他冷静地占有了马克思。"①

文化是社会过程本身，是一切生活习惯的总和。威廉斯强调从人性深处来进行文化研究，本质上是对人的能力的发扬，对人性的理解，承认文化和意识形态具有相对独立性，进一步肯定了大众具有批判接受能力的创造性主体地位，取消了以往的阶级差异，把思想和习惯，文化与生活的研究联系在一起，将对大众社会的同情渗透在思想探索当中。

威廉斯抓住了 20 世纪人类精神生活的核心问题——文化问题，结合其历史背景与现实环境，更为生动地将文化与政治的关系结合在一起。深入浅出全面地将伯明翰学派所做的工作导入社会问题研究的文化学转向上来。而他所代表的"文化唯物主义"的诞生标志着马克思主义思想研究在英国文化研究当中的一个新的高度，也预示着英国新马克思主义理论的诞生。

英国新马克思主义者以严肃的方式对待大众文化，同时也坚持文化

---

① ［英］特瑞（特里）·伊格尔顿：《文化的观念》，方杰译，10 页，南京，南京大学出版社，2003。

研究的社会批判维度，试图将大众文化放在与社会相关联的政治框架中加以分析。他们基于本土的社会、文化经验，对片面强调经济决定作用的观点提出修正，强调文化主体与文化生产在当代社会中的突出作用，表明"文化在本质上是实践，是生产，文化研究的根本目的不是为了解释文化，而是为了实践地改造和建设文化"。正是由于认识到文化的整体性和具体的实践性，所以，他们提出"文化是文明生活右书页的无意识的左书页"的看法，强调建设共产主义共同文化的思想，倡导将其确立为大众的文化价值观。

(二)历史意识是马克思主义文化意识的核心

文化意识的核心是历史意识，这是由英国新马克思主义的杰出代表汤普森最早倡导的，开启了英国马克思主义把历史与文化合为一体的先河。爱德华·帕尔默·汤普森（Edward Palmer Thompson，1924—1993)是英国新马克思主义历史学派的主要代表人物，在历史学、政治学、哲学和教育学等领域做出重要贡献，汤普森同时也是著名的政治活动家和工人运动的组织者。汤普森的人道主义思想集中反映在《威廉·莫里斯：从浪漫主义到革命》《透过布达佩斯的烟幕》《社会主义的人道主义》《英国工人阶级的形成》《理论的贫困及其他》等著作中。

在汤普森看来，历史学并不是一个生产"伟大理论"的工场，而是理解和探寻人类发展的现实实践。汤普森是在英国经验主义传统的浸润中成长起来的，其历史研究不可避免地带有浓重的经验主义色彩。他极为重视英国民族自身的思维习惯、文化传统、历史发展过程和阶级意识，认为马克思主义必须与英国的历史和现实相结合，才能在英国实现社会主义的过程中真正发挥理论的指导作用。汤普森强调，历史学的任务主要是整理历史材料和事实，在此基础上进行分析并得出特殊的结论，这种结论并不具备普遍的适用性，它只能用来解释和理解特殊的历史事实。"历史学并不是一个生产'伟大理论'的工场。历史学的任务是要发现、解释和理解它的客体：即真实的历史。"①汤普森甚至反对把历史学当作一门科学，因为"把历史学称为一门'科学'的企图，总是无益的并且容易引起混乱"②。历史永远不可能提供同一经验的条件。因而，历史的特殊性决定了历史学永远只能用证据和事实说话。正如汤普森所说，"在我的史学著作当中，并没有很大的理论篇幅。我有意避免这一点"③。历史学不同于物理学，可以在相同的条件下进行实验并得出相同的实验结果。历史条件总是特殊的，永远不会有相同的条件，当然也不会产生相同的结果。"尽管在把某些国家的发展进行比较时，我们可能会观察到某些类似的经验，但我们永远也不可能回到这些实验室，把我们的条件强加于它，并把这些经验重演一遍。"④

汤普森强调应该从下往上看历史，而不是相反地看历史。历史本身具有流变性和特殊性，历史中的诸多偶然性意味着绝不可能出现完全相同的历史事件，也不会产生相同的历史条件和环境，这与理论概念的稳固性和

---

① E. P. Thompson, *The Poverty of Theory and Other Essays*, London：Merlin Press，1978，p. 46.

② Ibid. , p. 231.

③ 刘为：《有立必有破——访英国著名史学家 E. P. 汤普森》，载《史学理论研究》，1992(3)。

④ E. P. Thompson, *The Poverty of Theory and Other Essays*, London：Merlin Press，1978，p. 46.

普遍性具有不相适应的一面。因此，绝不能只拿固有的理论来解释历史，而是要用历史的事实来发展理论，使历史和理论相一致，使理论和现实相一致。汤普森把社会历史看作具有继承性的、不断流动变化的过程，拒绝宏大的叙事方式，强调归纳和实证方法的重要性，强调个体的主观能动性和历史发展的偶然因素，突出关系——过程思维的意义。

"历史学家没有理论，马克思主义的历史学家也没有理论，历史理论必然是有别于马克思主义历史理论的其他东西。"①这是汤普森常说的一句话，但他并不是要完全取消理论和概念，而是反对从理论和概念出发进行历史研究。在他看来，理论更应该作为一种分析工具，而不应该是现成的固定结论。"哲学对于每一种科学文化的新领域来说，不应该像一个沿街叫卖的推销员，向人们提供虚假的、似乎在各地可以普遍通行的银行券，它应该像一个清醒的兑换机构那样来行使职权。"②事实上，汤普森常常把马克思主义的分析方法运用于他的历史研究中，并且也常常用马克思主义的范畴来分析历史。他说："我深受马克思主义理论的影响，极大地得益于马克思主义史学传统，我的理论语汇相当大的一部分来自这一传统。"③汤普森反对用理论和原则随意裁剪事实，他认为，唯物史观与辩证法是马克思主义者"共同实践的场所"④。甚至还认

---

① E. P. Thompson, *The Poverty of Theory and Other Essays*, London: Merlin Press, 1978, p. 12.

② Ibid., p. 47.

③ 刘为：《有立必有破——访英国著名史学家 E. P. 汤普森》，110 页，载《史学理论研究》，1992(3)。

④ E. P. Thompson, *The Poverty of Theory and Other Essays*, London: Merlin Press, 1978, p. 44.

为，"真正的历史的重要性不仅仅是验证理论，它还能重构理论"①。马克思主义的理论和方法并不是通过抽象得来的，而是在学术实践中通过培养获得的。它不是抽象的、僵硬的、教条的，而是能够跟随事实随机应变，具有"特殊的适应性"和"应有的弹性"，是一个"机动系数"②。

汤普森特别强调英国自身存在的特殊性、历史事件的特殊性与偶然性，拒绝普遍适用性，反对把外来理论强加于英国之上。在代表新历史主义的经典著作《英国工人阶级的形成》中，汤普森通过对历史材料的分析和研究，认识到在阶级形成过程中，英国工人继承了激进主义的革命传统，他们有独立的阶级意识，能够依靠自身的力量解放自己，独自完成革命，最终赢得革命的胜利。汤普森很推崇恩格斯《英国工人阶级的状况》的创作方式和研究理路，甚至可以说，汤普森的《英国工人阶级的形成》是对恩格斯《英国工人阶级的状况》的延续，只不过汤普森是对客观历史材料进行分析，而恩格斯是在实地调查取证的基础上进行的研究。但是，他们都主张从客观事实出发得出结论，反对从抽象理论出发而进行演绎，所遵循的原则是一致的。在《英国工人阶级的状况》一书的"序言"中，恩格斯说明了在英国工人中进行实地走访调查以及写作此书的意义。他写道："描述不列颠帝国无产阶级状况的典型形式，特别是在目前，对德国来说尤其具有重大的意义。德国的社会主义和共产主义比任何其他国家的社会主义和共产主义都更多地是从理论前提出发的。我们德国的理论家们对现实世界了解

---

①　Michael Merrill，*Interview with E. P. Thompson* in *Radical History Review*，1976(12)，p. 106.

②　Perry Anderson，*Arguments within English Marxism*，London：Verso Press，1980，p. 9.

得太少，以致现实的关系还不能直接推动我们去对这个'丑恶的现实'进行改革。"①从中我们可以看到，恩格斯对德国理论家们的批判与汤普森对英国理论家们的批判是何其相似。不难看出，汤普森不仅承认马克思主义史学思想对于他的重要性，而且贯彻到他的历史研究中。

总之，汤普森的新历史主义史学思想，具有如下一些基本特征：(1)强调历史事实、阶级和国家的特殊性和个性，认为历史研究不是证实理论，而是发展理论；(2)强调事物的流动变化和继承性，注重历时性研究的价值意义；(3)表现出强烈的经验主义色彩，多采用归纳和实证方法，很少用理论去判断或解释历史事实；(4)突出历史学再现和理解过去的意义，理解历史自身的进步过程；(5)强调主体意识的能动性。

汤普森把文化看作是思想对立的斗争体。

1963 年，汤普森先声夺人地出版了《英国工人阶级的形成》一书，为英国新马克思主义大规模开展社会历史批判树立了典范，展现了一种全新的历史研究的文化批判的视角，即以下层民众的日常生活作为主要探讨对象。

在以文化视角切入社会时，汤普森借用了葛兰西的文化霸权概念，但侧重于从文化的斗争性来理解文化。他认为，统治阶级的文化与被统治阶级的文化，存在根本的差异和对立。"历史记载不是一种中性的和必然发生的技术变革的简单记录，它也是剥削和抵抗剥削的过程，在于价值观在得到一些东西的同时又失去了一些东西。"②汤普森主张文化并

---

① 《马克思恩格斯文集》第 1 卷，386 页，北京，人民出版社，2009。

② ［英］爱德华·汤普森：《共有的习惯》，沈汉，王加丰译，421 页，上海，上海人民出版社，2002。

不是相容的共同体，而是相互对立的斗争体。在《18 世纪的英国社会：没有阶级的阶级斗争》一文中，通过对英国 18 世纪社会历史材料的仔细分析，汤普森得出一个结论，贵族和平民处于相互对立的文化体系中，两者之间并不是时时处于激烈的战斗状态，而是处于一种紧张的对峙状态。文化表现为一个体系，在体系中存在着对立和同一，对立双方相互依存，又相互斗争，但对立是绝对的，同一是相对的。正是由于斗争性的存在，使文化表现为不断运动发展的过程，而并非一个稳定的具有结构和层次的静态体系。

在汤普森看来，阶级关系是经济、政治与文化的综合关系，不只体现在经济关系上，同样它也体现在文化与道德上。"只有在一个日常存在似乎被耗尽价值的社会里，'文化'才能够排除物质的再生产。"①所以，不能仅仅从经济层面来考察经济危机，还应该从文化和政治层面进行解读。当统治阶级的经济压迫触碰到了民众道德经济学的底线，即超过人们道德承受的阈值，暴动的导火索就会被点燃。在《道德经济学的再考察》这篇文章中，汤普森论述了经济与政治的直接关系。他写道："面包的高价格对富人几乎没什么关系，给中等收入家庭带来了不便，使长期从事雇佣劳动的人感到痛苦，但会威胁穷人的生存。这就是为什么高价格马上就成了一个'政治'问题。正是为了反对靠钱包来'分配'的社会不平等，粮食骚动成为一种抗议手段，及一种可能的救治方法。"②

---

① ［英］特瑞·伊格尔顿：《文化的观念》，方杰译，24 页，南京，南京大学出版社，2003。

② ［英］爱德华·汤普森：《共有的习惯》，沈汉，王加丰译，301 页，上海，上海人民出版社，2002。

所以，道德经济学也是民众调节与统治阶级关系的工具。

汤普森认为，"工人阶级对任何一个资产阶级民主国家机关要发挥影响，它同时必须作为一个合作者(甚至是一个敌对的合作者)参与驱动这部机器"①。同样，工人阶级与资产阶级的关系也是一对矛盾的统一体，既存在相互对立的关系，又存在同一关系；既相互斗争，又相互依存。所以，汤普森主张工人阶级不应该独立于资本主义社会之外，而要在系统内部发挥作用，推动社会向前发展。汤普森把阶级看作一种历史现象，属于社会历史当中的一个局部。而社会是复杂关系的总和，不仅仅是阶级与阶级之间的关系，它还包括阶级内部人与人之间的关系。因为，阶级是由不同的有差异的人组成的，并不是由同质的人组成。工人阶级内部存在种族、性别、地域、工种等差异，有差异就会有对立和矛盾，有矛盾才会有发展。因此，阶级关系只是社会关系的局部，并不能为社会有机整体提供充足的动力，个人关系是社会整体中普遍存在的关系，社会发展的动力应该存在于每个从事生产活动的人身上，存在于拥有不同特质的文化的人身上。

(三)人的生活方式构成文化的精髓与本真

文化是希望之学，是人的生活方式，是物质生产的一种形式，这是英国新马克思主义文化思想深刻性和创新性的集中表达，并以文化唯物主义思想为标志由威廉斯首先倡导。

---

① E. P. Thompson, *The Poverty of Theory and Other Essays*, London: Merlin Press, 1978, p. 281.

我们知道，英国新马克思主义的文化批判是在当代文化反思的过程中通过思维方式的变革实现的。这一文化批判思想深受卢卡奇、葛兰西等西方马克思主义者直接或间接的影响，正是在众多西方马克思主义理论家的思想互动中，英国新马克思主义者突破了传统的、单一的解释方式，从反对经济决定论出发，立足于社会现实和社会历史进程的总体性，坚持认为文化必须放在总体的社会关系和系统内把握其内涵与意义。与法兰克福学派把当代文化看成低级民众的文化工业，否认人民的主体能动性不同，英国新马克思主义者将文化视为一种整体的生活方式、一种社会物质实践，力图在文化实践领域重塑当代社会的革命主体。

对 20 世纪 20 年代西欧革命失败原因的反思是早期西方马克思主义者们理论探索的直接起点。他们的探讨克服了苏联所谓正统马克思主义机械决定论的错误，揭示了社会现实和社会历史进程的总体性，凸显马克思思想的主体性维度，强调当代无产阶级主体意识的重要性，其中尤以卢卡奇和葛兰西的思想为代表，对后世的新马克思主义者的文化批判影响最大。

卢卡奇基于对第二国际所倡导的"经济决定论"和资本主义的物化现实所做的批判，试图恢复总体性在马克思著作中方法论的核心地位，并从共时性和历时性两个角度对总体性进行了规定。但是，"在卢卡奇那里，真正意义上的总体性与人的主体性有着本质的关联，它首先是人的存在的总体性"[①]。而人存在的总体性是通过主客体统一的辩证法体现出来的。卢卡奇把辩证法限定在社会历史领域的做法凸显了他对人的主

[①]　衣俊卿：《西方马克思主义概论》，31 页，北京，北京大学出版社，2008。

体性，特别是无产阶级主体性的极大关注。他认为，无产阶级能否实现其能动性和创造性关键在于其革命意识地恢复或重新生成，而后者有赖于无产阶级的"内在转变"和"自我教育"，具体讲就是要无产阶级突破资本主义意识形态的控制，摆脱资本主义生活方式以及资产阶级文化的影响。当然，这并非易事，卢卡奇指出："无产阶级的自我教育是一个长期的和困难的过程，只有经过这个过程，无产阶级才能成为成熟的革命阶级，因为无产阶级受着资本主义生活方式的影响，所以一个国家的资本主义，以及资产阶级的文化越是高度发展，那么无产阶级的自我教育过程就越是一个艰巨的过程。"[①]

面对发达资本主义国家无产阶级革命的失败，葛兰西则通过对东西方社会结构差异的比较，揭示了市民社会的存在对于统治和革命的重要性，提出了文化领导权理论。葛兰西不仅指出"'领导权'强调了那种'整体的社会过程'同权力和影响的分配状况密切相关"[②]，而且进一步明确指出"领导权从最根本的意义上来讲就是一种'文化'"[③]。这一理论"提供了一种完全不同地看待文化活动（既作为文化传统又作为文化实践）的方式"[④]。当代社会无产阶级革命的关键就在于获得文化领导权。

卢卡奇和葛兰西观点的形成是对相同的文化和政治情势的反映，他们用不同的方式把对马克思主义的讨论转移到了文化领域。英国新马克

---

① ［匈］卢卡奇：《历史与阶级意识》，王伟光，张峰译，267 页，北京，华夏出版社，1989。

② 同上书，116 页。

③ 同上书，118 页。

④ 同上书，119 页。

思主义者一方面借助于卢卡奇的"总体性"方法，批判了传统马克思主义的"经济决定论"，开始以"整体的、过程的"视角来审视本国资本主义的现实，将现实看作一个由各要素在相互联系中形成的有机的整体；另一方面，受葛兰西文化领导权理论的启发，他们也首先把关注点聚焦于文化，用文化来指称上面提到的"整体的社会过程"；同时，葛兰西的文化领导权思想还启发了英国新马克思主义者对革命的理解，他们认为革命不仅强调政治经济权力的转移，而且强调革命推翻的是一种完整的阶级统治形式，这种形式不仅仅存在于政治、经济的制度和关系中，而且也存在于生动活泼的经验和意识形式中。只有创造出另一种崭新的、优势的实践与意识，革命才能成功。由此，英国新马克思主义者试图重新定义社会斗争，阐明其与发达资本主义国家的政治相适应的新的抵抗形式。在这一目的地指引下，英国新马克思主义者把研究的视野转向了文化，因为"它一方面指示了这种政治被重新思考的领域，另一方面认识到这个领域是政治斗争的场所"[1]，并建构起了一种独特的文化批判理论。

当然，英国新马克思主义文化批判理论的提出也有其独特的现实背景。众所周知，英国新马克思主义的理论探讨直接源于英国社会主义和传统左派危机的出现，这些危机既破坏了传统马克思主义对工人阶级的设想，也质疑了传统左派对政治和经济范畴的绝对依赖。于是英国新马克思主义者不得不重新反思英国社会主义的复兴问题。这种反思除了借鉴西方马克思主义的相关理论外，更尝试直接借助马克思主义经典作家

---

① ［美］丹尼斯·德沃金：《文化马克思主义在战后英国》，李凤丹译，5 页，北京，人民出版社，2008。

的论述来重新阐述马克思主义理论。例如，他们关注体现马克思和恩格斯具体历史思想的《通信选集》，认为这一文本包含了马克思和恩格斯对历史唯物主义最重要的理论反思。恩格斯警告说，唯物主义历史观是"对研究的指导"，而不是被严格运用的准则，社会经济结构是对历史结局的根本的、但不是唯一的影响。此外，晚年的马克思和恩格斯还根据新的事实不断修正自己的观点，致力于研究文化斗争的政治形式，关注历史特殊性，这些都在不同程度上激发了英国新马克思主义者的文化批判思想。

在深入论及文化是人民大众社会实践反映的核心思想的过程中，威廉斯把人的文化活动看作是一种物质生产形式。在《文化与社会》一书的导言中，威廉斯认为，英语中一些举足轻重的词语是在 18 世纪末期和 19 世纪初期开始经历变迁的，可以将这样的变迁视为一张特殊的地图，这张地图中囊括了思想生活的变迁。在这张地图中有些重要的词语，分别是艺术（Art）、阶级（Class）、工业（Industry）、民主（Democracy）、文化（Culture），其中文化被他称为"英语中两三个最为复杂的词汇之一"。文化从最初指"对自然生长的事实管理"这种对作物培育的词源开始，随着工业革命的进程而逐渐被引申为对心灵的培育以及成为物质生产形式的一种活动。

通过这种"历史语义学"即以文化与社会理论为视角的分析，威廉斯首次做出自己关于"文化"这个概念的阐释，指出文化具有四个层面的含义：心灵的普遍状态或者习惯，人类追求完美的理念；整个社会中知识发展的普遍状态；各种艺术的普遍状态；文化是物质、知识与精神所构成的整个方式。而他本人则最看中第四种定义，这意味着威廉斯摒弃了狭义的文化概念，认为文化不应该仅仅是一个时代高级的精神和艺术产品，而从根本上来说应该是一种新的物质生产方式。

正是最后一种定义揭示了文化主义的决定性意义。文化的"社会"定义引入了思考文化的三个新方法：第一，"人类学"认为，文化是对某种生活方式的描绘；第二，文化表达了某种意义和价值观念；第三，文化分析的作用应该是澄清某种生活方式和某种文化中清晰和含蓄的含义和价值。

马克思认为，生产永远是在文化框架范围内进行的，它是一种具有创造力的正面价值，然而它又是资本主义文明发展到一定程度的拜物教，它应该是受物质和历史条件所局限，威廉斯把马克思的唯物主义观点扩展到文化实践当中去，即文化生产的物质方式、协作的社会规约制度等，从而拉近了与马克思主义的联系。他提出的"文化活动是物质生产形式，只有理解了这一点，人们才能考虑它们的真实社会关系——只有一种关联性的第二秩序"成为他后来提出"文化唯物主义"理论的基本观点，也成为威廉斯大众文化思想的一个理论立足点。威廉斯强调文化的物质性，全面审视物质媒介和意义之间的复杂关系，在历史唯物主义中探讨文化、文学生产的特征，驳斥唯心主义把文化当作抽象的观念和价值的理论。

威廉斯并不完全相信庸俗马克思主义的"经济决定论"，坚决反对精英文化把艺术、文化与社会生活截然分割开来、把历史的发展和变革拒斥在外的观点，倡导在历史唯物主义的语境中研究特定的物质文化和文学生产，强调上层建筑的各种活动并不仅仅是经济基础的反映或者结果，而其本身就具有物质性和生产性。威廉斯运用马克思主义的历史唯物主义观点对"文化与社会"的关系这一问题进行了全面研究，从而开辟了写作的第二条道路，将文化从形式主义那里拯救出来，把文学和文化研究置于广阔的社会生活领域之中。正如伊格尔顿所说，威廉斯的贡献在于对剑桥文学研究两个迥然不同的学派（细致的文本分析和"生活与思想"研究）以一种全新的方式做了整合。①

威廉斯所提出的"文化唯物主义"理论，主要从"意识形态"的能动性、在文化中遵循唯物主义思想来打破精英传统所带来的枯燥的形式主义，以及对文化物质性的强调三方面来展开论述，目的是把唯物主义扩展到文化实践活动中，但他又力图取消"基础"和"上层建筑"两个命题之间的明确划分，这看起来似乎远离了马克思主义，但实际上威廉斯的文化唯物主义观并没有"超马克思化"，而是在文化活动领域坚持和发展了马克思主义哲学。对威廉斯来说，对文化的理解必须是在物质生产和物质条件的背景中，通过日常生活的表征和实践来进行；文化是鲜活的经验，作为文化研究对象的文本是一切人的生活实践以及意义，文化不可能脱离我们的物质生活条件，恰恰相反，文化实践无论服务于什么目的，它的生产意义永远无可争辩地是物质性的。因此，在生产条件的语境中来探讨活的文化的意义，即文化作为一种整体的生活方式的形构过程体现了"文化即生活"的内涵。

威廉斯强调要从整体上和本真意义上来理解文化，突出文化是人的整体的生活方式的意义。如上所说，威廉斯在《文化与社会》一书中，从词源学上对"文化"一词的含义作了分析，列举了文化的四种特殊定义：

---

① ［英］特里·伊格尔顿：《纵论雷蒙德·威廉斯》，398 页，南宁，广西师范大学出版社，1998。

作为个体的思想习惯、作为全社会的智力发展状况、作为艺术和作为一个人群的整体生活方式,① 对文化的含义作了全面的分析。后来,在《漫长的革命》一书中,他又对其文化定义进行了完善,认为文化有三个主要组成部分:一是理想型的,"理想"的文化是根据某种绝对的或者普遍的价值使人类完美或走向完美的过程;二是文献型的,"文献记载"的文化是记载下来的教科书和实践,在这个定义中,"文化是知识和想象力的载体","人们的思想和经验被详尽地记载下来";三是生活类的,关于文化的"社会"定义,"文化是一种独特生活方式的描述","它表达一定的意义和价值,这种意义和价值不仅存在于艺术和学习领域中,也存在于风俗习惯和日常行为中","对文化的分析应该以澄清某种特定生活方式的隐义和确切的意义和价值为目标"②。威廉斯坚持对三个定义之间的关系进行整体论的解读,"在这三种定义中,每一种都有着独特的指称,它们之间的关系应该引起我们的关注。在我看来,任何充分的文化理论应包括这些定义所指的三个领域的事实,任何一种归类,任何特定的定义,如果排斥了其他种类的指称都将是不充分的"③。

不难看出,威廉斯对文化的三个层次的定义,都是在批判性地继承前人文化定义的基础上提出的。他认为,无论是"理想的"还是"文献的"文化定义,都无法反映文化的真实存在,而"社会的"文化定义及其分析

---

① [英]雷蒙德·威廉斯:《文化与社会》,吴淞江,张文定译,16 页,北京,北京大学出版社,1991。

② Raymond Williams, *The Long Revolution*, London: Chatto & Windus, 1961, p. 35.

③ Ibid., p. 43.

方法，更真实地反映了文化的实际。根据这个看法，文化是对一种特定生活方式的描述，这种描述不仅表达艺术和学问中的某些价值和意义，而且也表现制度和日常行为中的某些意义和价值。

从这样一种定义出发，威廉斯的文化内涵指的是一种特定生活方式或一种特定文化含义，具有公开的意义和价值。这种文化分析方法包括历史批评，在历史批评中，联系特定的传统和社会来对理性和想象的作品进行分析，它也包括对生活方式中诸因素的分析，这些因素在其他文化定义的追随者那里，根本就不是"文化"，它们包括：生产组织、家庭结构、表现或制约社会关系的制度结构、社会成员交流的典型形式等。此外，这种文化分析涉及的范围"从'理想的'过程开始，即发现某些绝对的或普遍的、或至少是高级或低级的意义和价值，中途经过以阐明一种特定生活方式为主要目标的'文献式的'过程，直到这样一种过程——它研究特定的意义和价值，其目的不在于对它们进行比较以确立一种标准，而是通过研究它们的变化方式，去发现某些一般'规律'或'趋向'，通过它们可以更好地从总体上理解社会和文化的发展"[1]。不难看出，威廉斯的文化概念涵盖了文化从"理想"到"文献"到"社会"的所有内涵，他的文化分析包括文献分析、历史批评，更包括一种文化社会学的分析方式。他的文化界定是一种生活方式的深度介入，涵盖了广义的整个生活方式中的各个因素以及它们之间的关系。

文化是"文明生活右书页的无意识的左书页"，这是威廉斯的学生伊

---

① Raymond Williams, *The Long Revolution*, London: Chatto & Windus, 1961, pp. 41-42.

格尔顿提出的看法。伊格尔顿在其关于文化内涵的研究中，不仅张扬了其文化是民享和民有的思想，而且进一步从历史唯物主义理论和词源学等方面深化了对"文化唯物主义"的理解。伊格尔顿是一位在当今学界享有国际声誉的马克思主义文学理论家、文化批评家以及马克思主义文化理论家，他以其独特的批评风格在马克思主义理论界享有广泛影响。

伊格尔顿深受威廉斯文化理论的影响，认为威廉斯的民享和民有思想是比自由理想主义文化思想"更丰富、更多样、更开放、更灵活"的文化。因为这种文化不是被完成了的静物，而是社会各个阶层和阶级在集体实践中"不断重新创造和重新定义的整个生活方式"。概括地讲，伊格尔顿认为："文化在本质上是实践，是生产，文化研究的根本目的不是为了解释文化，而是为了实践地改造和建设文化"，"文化不是高高在上的、不着边际的能指，而是具体的、实在的、与我们的日常感觉紧紧联系的政治现实问题"。伊格尔顿坚持文化研究的方法必须与实际政治紧密结合起来，认为文化本身就是问题的一部分，而不是解决问题的方法，文化就是政治斗争的场所。

伊格尔顿用英国哲学特有的经验主义和分析手法，对"文化"一词进行了剖析，从而把对文化唯物主义的研究推向新的高度。如同威廉斯一样，伊格尔顿对文化的理解也是从词源学入手考证的。他认为，"Culture"这个词的拉丁语词根是"Colere"，可以表达耕种、居住、敬神和保护当中的任何意义。一方面，"Culture"追溯了重要的历史变迁，另一方面，这个词也编码了许多关键性的哲学问题。在这个单一的术语中，关于自由与决定论、主体性与持久性、变化与同一性、已知事物与创造物的问题得到了模糊的凸显。同时，它也暗示了人造物与天然物、我们对世界所做的与世界对我们所做的事情之间的辩证法，是词源学意义上的"现实主义的"概念，暗示了在我们自己之外一种自然或原料的存在。它也提供了一种"构成主义的"维度，因为这种原料必须被加工成人工的形态。"文化作为一种有特色的生活方式"这个观点的起源，与对受压迫的"异国"社会的浪漫主义的反殖民主义倾向紧密联系在一起。这种异国情调在 20 世纪以现代主义的原始主义的特征重新浮出水面，而这种原始主义与现代文化人类学的发展并驾齐驱，它将在相当晚的时候突然出现，并使民间文化浪漫化；这种通俗文化现在正扮演"原始"文化先前曾经扮演的有表现力的、自发的、准乌托邦式的角色。①

伊格尔顿把文化看成是非常真实的社会力量，认为对文化复杂历史的探讨，可以区分出该术语三种主要的现代意义。

首先，文化意味着礼貌、文明等，意指一种普通的知识精神和物质进步的过程。作为一个概念，文明等同于举止和道德，具有描述性和规范性的性质，它要么可以中立地标示一种生活形态，要么可以暗示性地赞颂一种生活形态的人性、启蒙和净化。文明是指艺术、城市生活、公民政治、复杂技术等所发生的一切的进步。文明意味着我们所了解的生活，暗示这种生活是超越野蛮的。它将事实与价值统一起来，表明事物的任何现存状态都暗示价值判断，诸如礼貌、高雅、教养、礼仪和温文尔雅的交往等。文明因此既是个人的又是社会的，而教养则是指人格的和谐、全面发展，但是任何人都不能孤立地去做。当然，正是由于开始

---

① ［英］特瑞·伊格尔顿：《文化的观念》，方杰译，3 页，南京，南京大学出版社，2003。

认识到了不能孤立地去做，这才促成了文化从其个人意义向社会意义的转变。①

其次，文化呈现出有特色的生活方式的现代意义。文化不是关于普遍人性的宏大叙事，而是多样性的特定生活方式，有自己独特的发展规律。它属于种族的，而不是世界的，是在远比思想更深的层面上靠情绪生存的现实，因此，对于理性的批评是封闭性的。甚至表现出描述"野蛮人"生活形态的一种方法，而不是表示文明人的术语。这意味着，文化具有描述"原始的"社会秩序的功能，它具有批判的秉性。从生活方式的意义上看待文化，实际上是将文化的概念复数化，尽管不那么容易使文化与其自身积极的职责相容，但对于作为人文主义的自我发展的文化来说，却赋予文化复杂的特征，使其丰富多样的存在形式和多姿多彩的人生经历凸显出来。这表明没有任何文化是单一的、纯粹的，所有的文化都是混杂的、异类的、非常不同的、不统一的，甚至是异质共存的。

再次，伊格尔顿指出，如果"文化"这个词语的第一个重要的派生意义是反资本主义的批判，第二个是这种概念缩小并对整体生活方式复数化，那么，第三个就是逐渐专门用于艺术。这种意义上的文化含义大到可以包括一般的智力活动，小到指称那些更为"想象性的"追求，比如音乐、绘画和文学。这个词语在这种意义上还显示一种戏剧性的历史进步。它首先暗示科学、哲学、政治和经济学不能再被认为是创造性的或想象性的。艺术发现自己具有重要的社会意义，但它们实际上无力使之

---

① ［英］特瑞·伊格尔顿：《文化的观念》，方杰译，10 页，南京，南京大学出版社，2003。

持久，因为一旦被迫维护上帝、幸福或政治上的公正，它们就会从内部崩溃，陷入自我毁灭的境地；文化通过对人的能力的整体性、均匀性和全面发展的肯定，实现对工业资本主义的批判。但是，如果文化是实现所有人的自由、自悦的精神游戏，那么，它也是一种坚定地反对党派偏见的概念。表示效忠就意味着没有开化。只有让思想不受任何狭隘、错乱、宗派性事物的侵扰，文化改善社会的功能才能实现。因此，文化可以是对资本主义的批判，不过它还同样是对反对它的承诺的批判。文化要求人们为公正而呐喊，关注自己的局部利益以外的整体利益，使文化与对弱势群体的公正联系起来。

伊格尔顿主张，文化的三种截然不同的意义是紧密相关并内在地统一在一起的。他认为，如果作为批判的文化不过是一个无用的幻想，它一定指向现在的那些实践，这些实践预示着它所向往的那种友谊与满足。一个理想的未来必须是一个切实可行的未来。将自己与这些其他意义的文化联系在一起，更具乌托邦标志的文化因此可以变成一种形式的内在批判，通过用现在所产生的标准来衡量现在，以判断现在之不足。在这种意义上，文化还可以统一事实与价值，既作为对现实的说明，又作为对理想的预示。伊格尔顿强调了辩证思想对于理解文化本质和进行文化批判的作用与意义，认为辩证思想之所以产生，其原因在于文明在实现某些人类潜能的行动中也压制了其他潜能。正是在这两个过程之间内在的关系中产生的矛盾，使辩证法对于文化的意义凸显出来。那么，如何才能使文化的社会功能得以有效开发呢？伊格尔顿认为，诀窍是要知道如何开发这些能力。在伊格尔顿看来，马克思关于社会主义的回答是重要的，因为他在历史的积极与消极方面完成了如此紧密的联系，这是一种惩戒性的思想，同样也是一种鼓舞人的思想。

正是由于认识到文化的整体性和具体的实践性，伊格尔顿写道："文化是文明生活右书页的无意识的左书页，是必须模糊地在场以便我们能够行动、被想当然接受的信念和爱好。它是自然出现的，是在骨头中产生，而不是由大脑孕育的。"①伊格尔顿坚持在唯物主义的立场上理解文化，坚持文化意义的辩证性质，强调了共同文化的概念，提供了一种整体论的视角，用以批判相对主义和精英主义文化立场；同时在分析的和整体论的研究文化过程中，强调对文化现实的重视，尤其强调对不良文化现象的批判，倡导大众的文化价值观。他说，当我们"面对这种文化的繁荣局面，需要重申一个严峻的事实。我们在新千年面临的首要问题——战争、饥饿、贫穷、疾病、债务、吸毒、环境污染、人的易位——根本就不是特别'文化的'的问题。它们首先不是价值、象征、语言、传统、归属或同一性的问题，而最不可能是艺术的问题。作为具体文化理论家的一般文化理论家，不能为这些问题的解决做出多少可贵的贡献"。"文化不仅是我们赖以生活的一切，在很大程度上，它还是我们为之生活的一切。"正是在大众生活的意义上，伊格尔顿提出了文化应关注的层面，那就是感情、关系、记忆、亲情、地位、社群、情感满足、智力享乐、终极意义感等，认为正是这些东西比人权宪章或贸易协定离大多数人更近。因此，现在到了让文化回归其原有位置的时候了。

威廉斯认为，文化是以复数形式存在的。威廉斯总结了历史上"大

---

① ［英］特瑞·伊格尔顿：《文化的观念》，方杰译，31 页，南京，南京大学出版社，2003。

众"的三层含义：第一，传统上大众包含了"乌合之众"的含义，有趣味低下、反复无常、容易受骗等特点。第二，社会关系层面上的大众，是指工业化过程中，由于大规模集体生产而形成的劳动关系的集合，也是工人阶级的社会性政治集合。第三，在现代社会中的多元化用法，"大众"多指"大量""一大群"的意思，如"大众生产""大众传播""大众媒体"。

基于对"大众"概念的词源学上地详细分析，威廉斯将其定位到社会意义上的"大众"界定，认为"大众是他者"。"事实上没有大众，只有把人们看作大众的方式。在一种城市工业社会里为这样一种观察方式提供了许多机会。……一种观察其他人的方式已经成为我们这种社会的一个特征，是为了政治剥削或文化剥削的目的而受到重视的。折衷地看，我们看到的是其他人，许许多多的其他人，是我们不了解的其他人。实际上，我们根据某种方便的方式，把他们聚集成群并加以分析诠释……但是，我们应该检验的是这个公式，而不是群众。如果我们记住我们自己也一直被其他人聚集成群，将会有助于我们进行这种检验，只要我们发觉这种公式不足以诠释我们自己，我们也可以承认，它不足以诠释那些我们不了解的人。"①

基于这样的"大众"解读，威廉斯对大众文化做了进一步解析："大众文化不是因为大众，而是因为其他人而得其身份认同的，它仍然带有两个旧有的含义：低等次的作品（如大众文学、大众出版商，以区别于高品位的出版机构）；可以炮制出来以博取欢心的作品（如大众新闻，或

---

① ［英］雷蒙德·威廉斯：《文化与社会》，吴淞江，张文定译，378 页，北京，北京大学出版社，1991。

大众娱乐）。大众文化更现代的意义是为许多人所喜爱，而这一点，在许多方面，当然也是与在先的两个意义重叠的。近年来，事实上是大众为自身所定义的大众文化。作为文化，大众文化的含义与上面几种都有所不同，它经常是替代了过去民间文化占有的地位，但它亦有很重要的现代意识。"①可见，威廉斯所言说的大众文化，是出现于工业社会，并与精英文化相对的一种文化。在当时，这种文化的主体部分是工人阶级的文化，工人阶级因为其特殊立场，没有制造一种狭隘意义上的文化。工人阶级所提供的文化，是一种集体性的民主机制，或者说，工人阶级文化首先是社会的而不是个人的。

　　威廉斯强调的是人的社会生活和体验的多元化，对大众文化的接受或许更多地表现为一种具有社会意义的集体性文化活动，从中传达出人们对现实生存状况的评价和愿望，对价值和意义的体认和取向。显然，这种文化观念（工人阶级的文化观念）的立足点，不是基于美学趣味上的划分，而是建立在人们能否进行有效交流这一意义的基础上。② 威廉斯提出，整体的传播或者交流是创造性的活动，因而，我们创造了生活中的共同的现实。各种机制最好被看作是各种交流的形式，体现了对特定现实的观察。在威廉斯看来，没有什么完全不同的秩序，只有我们所生活的现实，在其中我们可以以不同的形式进行反应和行动。③

---

　　① Raymond Williams, *Keywords: A Vocabulary of Culture and Society*, London: Fontana, 1976, p. 199.

　　② 吴冶平：《雷蒙德·威廉斯的文化理论研究》，95 页，兰州，甘肃人民出版社，2006。

　　③ Raymond Williams, *The Long Revolution*, London: Chatto &·Windus, 1961, p. 435.

威廉斯借用赫尔德"复数的文化"这一概念为大众文化的合法性作辩护。德国历史哲学家赫尔德在《论人类的历史哲学》一书中提出"复数的文化"概念，用以指"各种不同国家、时期里的特殊与不同的文化，而且是一个国家内部，社会经济团体的特殊与不同的文化"①。"复数的文化"体现的是多元主义和相对主义的价值维度，是尊重各种文化，并赋予其平等存在权利的文化观念。可以说，威廉斯将大写的"CULTURE"改写为小写的"Culture"；将单数的"Culture"改写为复数的"Cultures"。这也是他的文化民主主义思想的具体体现，"复数的文化"成为其文化整体观的重要内核。

文化也是知识和想象力的载体。威廉斯唯物主义文化观的另一个重要理论来源是马修·阿诺德所提倡的"文化与文明"传统，这也是伯明翰学派的英国文化主义传统的发端。

马修·阿诺德是英国诗人和批评家，可以说是自觉对文化进行理论思考的第一人。在他的代表作《文化与无政府状态》一书当中，他赋予文化两种特别的意义：第一，文化是知识；第二，文化"使上帝的智慧和意志广为流传"。这样，文化的作用便凸显出来：首先它是"世界上最好的思想和言论"，其次文化是要努力认识最美好的东西，并为了全人类的利益而广为传播这种知识。

这样文化就摆脱了它以往单纯的文本意义，开始与现实生活接轨，不再是悬浮于社会之上的东西，而变成社会的一个有机组成部分。这样

---

① [英]雷蒙德·威廉斯：《关键词：文化与社会的词汇》，刘建基译，105 页，北京，生活·读书·新知三联书店，2005。

的生活不仅仅是简单意义上的生活方式，而最主要是指一种物质生产活动，从而突出了文化自身的能动积极的作用。

在《文化与社会》一书中，威廉斯分析了英国文学史和思想史上的一些代表人物对"文化"这一概念的争议，追述了从工业革命以来到20世纪中叶，"文化"随社会含义而演变的过程。他认为英国文化与文学传统有两大分野：一派是对资本主义现代性持保守的反抗态度的人物，如边沁、华兹华斯、柯勒律治以及T. S. 艾略特；另一派则持积极的态度，他们抱着对发展和超越资本主义现代性的向往，其代表人物包括布莱克、拜伦、雪莱、莫里斯，当然还有奥威尔和考德威尔。这两大文化传统的共同特点都与文化主义有关，强调捍卫英国传统文化价值观，不向资本主义和工业化所产生的机械化和物质化的文明妥协。

在他为"文化"一词的重新定义中，也涉及了关于真正文化的讨论，"理想"的文化是根据某种绝对的或普遍的价值使人类完美或走向完美的过程；"文献记载"的文化则是记载下来的教科书和实践等。这些文化都是作为人类历史意义上有用的优秀知识而存在，因而，文化成为知识和想象力的载体。

作为共享共有的大众文化是民主社会的表现。威廉斯认为，伴随着工业化的扩张和与日俱增的商业化，文化将其两面性（自我文化和大众文化）中的后者更多地表现出来，开始展露出它社会意义的一面，并与弱势群体联系起来，使文化研究进入到一个新阶段。

大众文化和其他文化形式一样是历史发展过程的必然产物。基于整个人类文化前途的立场上看大众文化的发展，必然会提到阿诺德、霍克海默、利维斯和T. S. 艾略特等人有关大众文化的批判理论。阿诺德认为大众文化预示了社会与文化的衰落——一种社会和文化权威的崩溃；霍克海默将大众文化斥责为"文化工业"；有着强烈怀旧情绪和精英意识的利维斯对大众文化更是充满敌意；在 T. S. 艾略特看来，文化属于具有"出身优先权"的人，而普通大众根本不配谈文化。

威廉斯首先对英文中的"Masses"（大众）一词进行了探析和解构，他指出："群众（大众）观念已经被人们习以为常地使用，但带有严重的偏见'大众'是乌合之众的新名词，保留了乌合之众的传统特征：容易受骗、反复无常、群体偏见、兴趣和习惯低级。"对于这种情况，雷蒙德·威廉斯认为，所谓 Masses 本身并不存在，存在的只是一种偏见的视角，这种大众观念的实质是英国精英分子用以证明少数人文化的合法性，维护精英和传统体制，对大多数人实行统治和控制的一种手段，所以后来当大众文化（Masses Culture）被等同于工人阶级文化（Workirng Class Culture）时，雷蒙德·威廉斯同样认为这是错误的。因为以传媒为载体的低级庸俗的文化形式并不只是由工人阶级消费，这些文化形式本身也不是工人阶级自身创造，所以根本不能称之为工人阶级文化。工人阶级的确在消费由文化工业制造的文化垃圾，但其根源是资本主义生产的唯利是图。文化工业实际上利用了社会造成的无知，从中赚取巨额利润。

威廉斯驳斥了对"大众文化"的偏见，并揭示出"大众"一词所隐含的意识形态功能和社会控制功能。在他看来，"大众"应当被赋予一种价值关系，即"大众"不是一个固定的实体，而是具有一定社会关系、政治立场和利益关系的群体。"大众"是具有主体性和能动性的，是工业化社会导致的一种自然的组合，它的出现和迅速发展是人类文化历史上的重大变化。

然而，这种"大众文化"更多是商业意义上的而不是出自民众自身的，严格地说，并不是民众自己的文化，不能满足民众的需要，其本身即是一个消极的术语，因为，"大众文化"是相对于"少数人"而言的，这同时意味着存在另一种与之相对立的文化，即"精英文化"。因此，威廉斯试图寻找一条真正的出路，建立一种人民大众共同参与形成的强有力的通俗文化，他将这种进程描述为"漫长的革命"(The Long Revolution)。

威廉斯理想中的文化不是"少数人"所掌握的精英文化，而是被共同占有、平等参与创造和共同控制的共同文化。这种文化不仅为社会精英所理解，更重要的是在人民大众日常生活中得以完整的体现。他的这种文化批判的目的在于通过社会和政治变革，将由少数人把持的文化(Minority Culture)变成为多数人服务的文化(Majority Culture)，并同时改变这种文化，促使英国社会向更加民主和公正的方向变革。

在实践中，威廉斯曾长期从事成人教育，通过职业培训的平民教育来实现文化的启蒙的作用，文化的训练本质上是民主素质的训练，这种文化大众性参与的目的就是要保存工人阶级文化，提升大众的文化素质以对抗文化商业化的侵蚀以及抵御美国消费文化的侵略。他认为，工会和其他劳工组织是参与文化民主进程并形成共同文化的重要力量。一个有创造性的、民主的、富有活力的"共同文化"可以由"大众"创造出来，这里我们可以看出他明显的社会主义倾向。

威廉斯通过对"大众文化"这个观念的重构与析解，认为"大众文化"具有多元性、现时性等丰富的特点，进一步阐明了其所坚持的走向共同文化观念的初衷，他站在人类文化发展前途的前景上，提出应创造一种富有活力的、共同参与和建设的"共同文化"(Culture Inmmon)，这种温和而又渐进的文化平等观念，其实正是对国家民主化的真正设想和期望。文化不仅仅是我们赖以生活的一切，在很大程度上，它还是我们为之生活的一切，这样的文化才是真正意义上的民主社会的表现。

文化是人民共享共有的。在威廉斯之前，英国最具代表的文化观，是阿诺德提出的"文化是世界上最好的思想和言论"，以及其后以利维斯主义为标志的精英主义文化观。他们基本上都采用了高雅文化与通俗文化的二元对立思想，把通俗文化视为对高雅文化及道德的一种威胁。在这种观念中，文化显然是指那些为上流阶层所拥有的高等文化，而下层民众往往被视为没有文化的群体。

威廉斯不同意对文化的这些看法，他试图从"文化"这个词的内涵来理解文化本身，强调马克思主义者应该在"整个生活方式"的意义上使用文化概念。正是在这个基础上，威廉斯把文化作为一种生活方式来处理，大有把文化从传统的精英文化定义中解放出来的意蕴，并且成为英国文化研究的理论基础，从而使文化不只是思想家头上的理想光环，也不仅仅是精英人士倍加推崇的传统经典，而是与日常生活同义。正是从日常生活或生活方式的视角出发，他一直强调文化是"一种整体的生活方式"，于是一切社会实践都可以从文化的视点加以主观地审视。与此对应，文化研究也并不是一个新学科，而是若干个学科的集合。关于文化的这一认识不但体现了对于传统文化定义的反动，而且重构了大众文化讨论的前提。威廉斯选择了"文化"这一关键词，对其历史进行梳理，对其内涵进行拓展，从而以一种全新的视角确定了文化研究的合理性，重写文化是文化研究得以发展壮大的基石。

　　既然文化作为整体的生活方式而存在，因而，它必然是大众的。威廉斯在《文化与社会》一书中，追溯了工业革命以来"文化"一词含义上的变化，他不同意利维斯视文化为少数人专利的观点，认为文化首先是"民众的"，这是这个词激进的传统意义，如宪章运动时期和 20 世纪工党运动时的报纸；其次，文化反映社会的政治倾向和大众的欣赏趣味；再次，文化对特定经济时代市场有依赖性。在《文化与社会关键词》一书中，威廉斯开门见山地称文化是民有、民享，为民喜闻乐见的东西。文化是民有和民享理念的提出，使文化的等级被取消了，大众文化不再被视为洪水猛兽。既然大众文化没有等级的划分，而且大众文化本来就产生于大众、接受于大众，因此，对于大众文化"能动"地接受也就成为可能。在这一点上，威廉斯的观点除了与法兰克福学派的针锋相对，还体现了与利维斯传统的决裂。

　　文化内涵是与文化研究方式密切关联的。在文化研究方式上，英国新马克思主义者采用内容分析和经验主义方法来研究大众文化。他们不是把文化简单地看作从社会环境中抽象出来的文本，而是把它看成是一种已经"固定的、实际的制度"的体现。威廉斯认为，如果不分析这些制度的形式，我们就无法对现代社会中一般传播的程序进行研究。因此，文化研究具有一般方法论的特征，它强调文化生产与知识生产的历史性、地方性和实践性，反对普遍主义，反对任何理论话语的权威化。在任何情况下，文化研究都不得不与当地的社会文化发生碰撞交融。在南非，文化研究是新社会运动的斗争武器之一。在日本，文化研究体现为左翼学术传统与新兴社会运动的结合。

　　在对文化内涵的分析中，威廉斯特别强调了德国历史哲学家赫尔德的"复数的文化"观念。所谓复数的文化，指的是"各种不同国家、时期里的特殊与不同的文化，而且是一个国家内部，社会经济团体的特殊与不同的文化"①。威廉斯推崇"复数文化"，并用这个概念为大众文化和民间文化作合法性辩护，批判传统的精英文化观。在他看来，像电影、广告和流行音乐这些大众文化的组成部分都该得到肯定，它们都是"建构工人文化经验的重要部分"。威廉斯以严肃的方式对待大众文化，同时也坚持文化研究的社会批判维度，试图将大众文化放在与社会相关联的政治框架中加以分析。他基于本土的社会、文化经验，对正统马克思主义经济决定论提出修正，强调文化主体与文化生产在当代社会中的决定性作用，并对大众传媒进行了较为深入地研究，对贬损、混淆大众文化的精英主义进行了分析，表明一切皆是大众的，体现出"文化唯物主义"的基本立场。基于大众文化、复数文化以及文化的整体性特征，威廉斯强调"任何文化在整体过程中都是一种选择、一种强调、一种特殊的扶持。一个共同文化的特征在于这种选择是自由的、共同的或者是自由的、共同的重新选择"②。这样，威廉斯就从对文化概念内涵的深层理解推进到文化的社会功能与价值，展现出文化的意识形态意义。

文化唯物主义的理论前提是马克思的历史唯物主义。事实上，一直以来威廉斯都是在按照历史唯物主义的要求进行文化、文学研究，从某种意义上讲，文化唯物主义就是将历史唯物主义的一般方法在文化领域

---

① [英]雷蒙德·威廉斯：《关键词：文化与社会的词汇》，刘建基译，105 页，北京，生活·读书·新知三联书店，2005。

② [英]雷蒙德·威廉斯：《文化与社会》，吴松江、张文定译，416 页，北京，北京大学出版社，1991。

中的具体化。作为一种研究范式，文化唯物主义的重点不在于理论本身，而在于实践问题、实际问题的解决。

威廉斯和伊格尔顿对文化概念的深层理解，表现为对文化作为生活方式和意识形态的相对独立性的强调，反对经济决定论，凸显文化及文化主体的作用，以一种动态的观点看待大众文化，始终坚持积极的批判立场。他们不同意站在精英主义立场来研究文化，反对漠视大众社会的文化存在，尤其是反对漠视人民大众作为文化主体的创造作用。从文化概念的历史和现实的内涵及其含义演变的历史与社会背景出发来理解文化，找到了文化自身的本质所在，从而引导了在历史唯物主义层面认识文化的特质，为大众文化的研究奠定了基础，他们称之为文化唯物主义。从根本上讲，伯明翰学派的文化意识是大众文化意识，他们把文化看成是一种特殊的生活方式，特别强调了人民大众，尤其是工人阶级在文化创造中的作用，在文化批判的主导意识上体现了马克思主义的基本立场，为在实践层面研究文化提供了诸多新的视角。

在英国新马克思主义者看来，文化研究"不仅关注我们习惯上说的'文化问题'，而且关注政治乃至经济（文化研究视野中的'经济'问题从来同时是政治问题）。或者说，文化研究本身所说的'文化'本身就散发着强烈的政治气息，它总是与社会关系的再生产问题结合在一起，它要么起着维护现存社会关系的作用，要么挑战和质疑这种社会关系"[①]。

历史地看，法兰克福学派的文化研究延续了卢卡奇、葛兰西等早期

---

① 陶东风：《文化研究：西方与中国》，3—4 页，北京，北京师范大学出版社，2001。

西方马克思主义学者开启的文化批判之路，但它的文化批判更多地体现为一种意识形态的批判，认为大众文化已经彻底异化为一种成功的意识形态统治，从而完全否定了大众文化的消费者——底层人民的主体性和反抗潜能。英国新马克思主义者的文化批判正是要突破上述解释，他们之所以拓展文化概念，并将其理解为日常生活的生产和再生产过程，其目的就是为了突出当代资本主义社会中革命的主体依然存在。他们强调，在日常生活中，工人阶级和底层大众并不是消极被动地适应资产阶级的文化与统治，而是能够自主地表达自己的思想与情感，创造自己的文化和价值。虽身处资本主义的文化控制中却仍然具有能动地解码实践的可能。有了这样一种理论预设和政治立场，英国新马克思主义者接下来的任务就是在复杂的大众文化生产实践中去寻找或者说重塑社会变革的政治主体。

理查德·约翰逊曾用"文化主义"一词来描述第一代新左派理论家文化研究方面的一致性。他们都强调文化的阶级基础，探讨文化与阶级权力的关系，特别注重对工人阶级和底层阶级的文化研究，坚持认为大众具有主动地、创造性地建构有意义的共享实践的能力。汤普森关注工人阶级的经验和文化，致力于恢复从属阶级的经验，他认为工人阶级文化中有鲜明的革命传统，只要善加引导，革命就会再次降临；威廉斯则关注当代文化的发展，重构大众文化讨论的前提，为工人阶级文化的合法性辩护，认为大众文化产生于大众，接受于大众，强调大众作为文化主体的能动性。尽管汤普森和威廉斯在文化是"整体的斗争方式"还是"整体的生活方式"这一问题上有争论，但他们都重视阶级或大众与文化的关系，将工人阶级文化看成是对统治性文化的抵抗，研究目的最终都指向社会主义政治。

不幸的是，第二次世界大战后英国社会的残酷现实消除了英国新马克思主义者早期基于人民主体意识的人道社会主义的根基。他们逐渐意识到构建真正的、不受干扰的、来自民众自己的"大众文化"是不现实的。于是，以安德森为代表的第二代新左派的文化研究者们纷纷扬弃文化主义的思维范式，转向理论化程度较高的结构主义思维范式。与文化主义强调文化的解放潜能不同，这一范式开始解码文化的意识形态功能。

在结构主义者看来，文化是生产和体验意义的领域，通过文化社会现实被建构、被生产、被阐释。或者说，文化不仅仅是经验的表现，更是产生经验的前提，是意识和经验的基础。所以，文化是问题的一部分而非解决问题的办法。如安德森认为，当代英国资本主义已经实现了对文化领域的统治，其文化生产不过是文化商品的生产与再生产过程，大众文化与主导意识形态几乎可以等量齐观。这种文化研究范式的主要政治使命就是分析大众文化的形式和实践，揭示其内部主导意识形态的运行机制，从而警示主体在有关的实践中反对类似机制的发生。可见，文化研究的这一转向并不是对人民主体意识的否定和放弃，而是在现实的发展冲击了人民主体意识同质性的情况下，试图重塑人民主体意识的一种努力。

面对"撒切尔主义"对人民革命意识的消解这一现实危机，与安德森的反应不同，威廉斯、伊格尔顿以及霍尔等一些新马克思主义者认识到，文化是不断变化的意义网络，虽然每个人都可以参与其中，但是，这并不意味着每个人可以用同样的方式参与其中，与所有其他的社会活动一样，意义的创造是跟象征性权力纠缠在一起的，文化就是权力斗争和冲突的场所。于是他们的分析开始转向并借鉴包括葛兰西文化领导权理论在内的诸多理论资源,最终为文化研究打开了一个全新的视野。他们致力于揭示文化的建构特质以及深植于其中的各种神话和意识形态,专注于社会关系与意义之间的关系,或者更确切地说是专注于社会划分被赋予意义的方式。显然,这种文化研究的取向迥异于文化批评家,因为它不是参照内在或永恒的价值,而是参照社会关系的全景图来说明文化的差异与实践。因此,任何从文化批评的精英传统上对"文化"与"非文化"进行的区分,现在都被按照阶级的话语来对待。这种区分本身以及与之相关的评价和歧视,都被分析为意识形态的表述。如伊格尔顿就认为:"为我们的事实陈述提供信息和基石的隐蔽的价值结构,就是所谓'意识形态'的组成部分。我所说的'意识形态',粗略说来,是指我们的说话和信仰与我们所生活的社会的权利结构和权力关系的联结方式。"①他们以争取文化领导权为目的,在知识领域进行政治批判,希望借此创出有能力反抗自身被支配地位的主体。可见,文化研究的兴起使得新左派的论题得以持续。

后期的威廉斯和以霍尔为代表的亚文化研究者们认识到现实的社会过程是相当复杂的,蕴含了社会整体的各种因素的变化。因此,他们力图将结构主义与文化主义结合起来,揭示文化领导权的动态发展过程。他们认为,文化领导权是一种动态结构,是由统治者和附属阶级以及一些动态联合体共同维持的:一方面,处于从属地位的群体或阶级虽不拥

---

① [英]特里·伊格尔顿:《文学原理引论》,刘峰译,18页,北京,文化艺术出版社,1987。

有主导权，但却仍能在文化内部表达和实现其从属地位的生存；另一方面，主导文化将自身再现为整个社会的文化时，也必须面对来自从属阶级文化的挑战，后者在从属于主导文化的同时，还要与主导文化协商和斗争，要改造、抵抗甚至推翻主导文化的领导权，即文化生产在提供支配工具和力量的同时，也为抵制和斗争提供资源。因此，大众文化被视为从属阶级反对统治阶级领导权的场所，它不是直接的社会主义文化，但社会主义却有可能通过大众文化确立起来。

二、生长思维反映文化自身的发展内涵与价值意义

英国新马克思主义认为，文化是生成的，文化的发展是一个有机体的自我发育过程。运用生长思维来把握文化的产生和发展过程，揭示文化自身发展过程中的一些基本特征，使英国新马克思主义跨越了欧陆马克思主义对文化本性的相对静止的描述，使文化作为人类的一种实践方式与人的整体实践活动密切关联在一起，体现出马克思主义把人的一切活动都看作是改造世界的活动的思想内涵，体现出马克思主义改造世界的精髓。

把文化看作是一个自我发育系统并展现其发展过程的基本特征的思想，主要得力于理查德·霍加特的工作。霍加特立足于文化的实践维度，关注文化生成的内在特质，推进了文化作为表征系统和社会实践形式的研究。霍加特整体的文化生成系统打破原有精英主体的文化霸权地位，把普通人的文化实践活动作为首要前提；不局限于特定的文本编码模式，建立文本生成与文本阅读的双向互动过程；拒绝文化商业化的价值取向，回归

文化价值的本质旨归，即人的解放。以上三个方面，使得文化不再是某种支配与强制的关系，而是一种生成过程，体现出文化发展进程中，精英与大众、传统与现代、价值多元与价值标示之间的张力结构和辩证关系。

在霍加特看来，文化是社会实践的一种基本形式。在思考文化实践时，与把文化看成一种生产的功能主义不同，霍加特更关注文化的内在特质，把它看成一种生成、一种创造性理智活动、一种人类价值追求、一种解放的启蒙过程，并由此把文化创作主体、文本制作与阅读以及文化的价值意义关联起来。在《识字的用途》《生活与时代》《我们现在的生活方式》《相对主义的暴政》等著作中，霍加特基于英国自身的经验主义传统和马克思主义哲学实践的辩证立场，进行了多样而深入的讨论，从而建构了较系统的马克思主义文化生成理论，产生了广泛影响，对于理解文化的本质及其意义"具有强大的启示性作用"[1]。文化是在文化实践中生成的，包括了三个方面的含义，即有其创造主体、文本生成是一个过程以及文化生成是体现价值意义的。

(一)文化生成的创造主体存在于社会实践中

霍加特赞成唯物史观的基本理念，并借此来研究和理解文化。他也是从批判以利维斯为代表的文化精英主义的主体思想入手来理解文化的，同时坚决反对以阿尔都塞等为代表的文化无主体理论，倡导文化是人的基本实践活动，是生成的过程，把文化创造的主体归于人民，也包

---

[1] Hall，M. S.，*"Preface"*，*in Richard Hoggart Culture and Critique*，Critical：Cultural and Communications Press，2011，p. 2.

括社会精英。

霍加特认为，在英国文化思想传统中，以利维斯为代表的主流思想家把文化创造的主体局限于少数精英分子，意指在传统的文化谱系学中，将没有达到精英群体标准的人视为"缺少文化"，主张"文化应掌握在少数人手中"。① 他们对工人阶级的生活持鄙视的态度，频繁使用"粗鄙、低级、琐碎"等词来描述工人群体的文化。然而，伴随着19世纪工业化的发展，产生了新型工业资本主义生产关系，使文化生成发生了新变化，尤其是通俗文化的出现，一举打破了传统文化谱系学的范畴。现实文化场景的转变，虽然也促使精英主义者看到在大众识字能力和大众媒体的发展之下，"文化使得普通人民受到歧视要困难得多"，"彼此之间标志性的东西已经转移，区别和分割线已经模糊，界限都消失了"②，但他们始终认为，"半文盲的公众正在干预图书市场，并威胁少数人的判断能力"，这样的"文化前景很黑暗"③。尽管精英主义者已感受到通俗文化的威胁，但他们竭力维护旧秩序和精英主体的地位，试图将文化掌控在自己手中，成为自己的拥有物，按照其主体意识去"占有或挥霍，控制和改变，想象和塑造"文化。④

第二次世界大战以后，英国社会呈现出整体上升的繁荣景象，"巨大的城市工人群体开始离开黑暗、肮脏的穷街陋巷，他们生活的经济状

---

① Leavis, F. R. and Thompson, D., *Culture and Environment: The Training of Critical Awareness*, London: Greenwood Press, 1977, p. 3.

② Leavis, F. R., *Mass Civilisation and Minority*, Cambridge: Culture Minority Press, 1933, p. 31.

③ Leavis, F. R., *Fiction and the Reading Public*, Oxford: Pilmlico, 2000, p. 146.

④ [英]齐格蒙特·鲍曼：《作为实践的文化》，郑莉译，83页，北京，北京大学出版社，2009。

况得到明显改善，加之教育体制的重大改变促使他们获得过去难以想象的视野"①。在这样的时代背景下，工人阶级创造文化的热情高涨起来，通俗文化更加流行，形式更加多样，对传统文化的反抗更加强烈。霍加特敏锐地看到了这一变化，他从唯物史观的视角认识到，随着社会生产力的发展，文化与社会之间会产生新的共变关系。

霍加特基于文化的丰富性与内在规定性的辩证关系，看到了人存在的具体性和社会发展总体趋势间的有机结合。他从文化的特殊性与一般性的内在张力结构看到，文化的特殊性尤其表现在文化与文学，特别是伟大文学之间的关系中。他写道："我珍重文学，因为它以一种特殊的方式，探索、再造、寻求人类经验的意义；因为它探索（个体的人、群体的人、与自然世界相关的人）经验的多样性、复杂性、奇特性；因为它再造经验的本质；因为它带有公正的（我特别强调）热情（并非讨好、抱歉、欺凌），追求自我探索；我珍重文学，因为在文学里，人们以他们可以支配的所有弱点、诚实、渗透力来洞察生活……并借助语言与形式之间特殊的关系，戏剧化他们的见解。"②他强调实践的文化，突出文化与生活世界、文化与社会之间的直接相关性，特别关注工人阶级的文化创作，认为他们在俗语、绰号以及幽默的话语中，反映了生活经历、共同情感、爱恨情仇以及对现实的各种压制的反抗，体现了文化的能动性和目的性。

霍加特认为，文化的生成不能脱离人的现实活动，文化是从事实际

---

① Hoggart, H. R., "A Sense of Occasion", in *Speaking to Each Other*, *Volume One*: *About Society*, London: Penguin Book, 1973, p. 29.

② Hoggart, H. R., "Why I Value Literature", in *Speaking to Each Other*, *Volume Two*: *About Literature*, London: Penguin Book, 1973b, p. 11.

活动的人、现实历史的人的感性活动。在此意义上，通过文化活动的生成，使文化成为所有人可以从事的活动，使得普通人真正成为文化的主体。同时，霍加特推崇马克思的历史主体思想，将词源学上"文化"意义的耕种和衍生意义的精神活动结合起来，在文化唯物主义的意义上提出了文化主体的概念，认为文化不仅包括物质生活还包括精神生活，所以，文化主体不仅包括物质生活的创造者——一线的产业工人，同时还包括精神财富的创造者——知识分子、艺术家、创作家。实际上，随着社会的发展，劳动变得更加复杂，不能将劳动简单地划分为物质劳动和精神劳动。随着社会经济的发展和教育总体水平的提升，社会关系结构发生了一定的变化，普通人成为创造物质生产和精神生产的关键性力量。

(二)文化以文本生成及阅读体现其存在

霍加特认为，文化生成来源于文化实践。文化实践是指人们从使用文本到自主建构文本，最终达到改造社会和自我的目的。文化生成作为一个整体性的过程，包括文本编码和文本阅读等发展阶段，再返回到文本编码的原点，从而形成一个完整的生产机制。

在霍加特看来，文本编码是文化生成的起点。文本编码过程可以再造生活的即时性，是对过去或现在所有事物按照不同的次序一一呈现的过程，它体现了人类生活在一定历史和道德语境中发展的意义。文化编码的内容非常丰富和复杂，"它永远不可能纯粹地用来审美或抽象地沉思"①。

①　Hoggart，H. R.，"Why I Value Literature"，in *Speaking to Each Other*，*Volume Two*：*About Literature*，London：Penguin Book，1973b，p. 13.

"文化的生成体现了人们对特定历史和经验的关注，可以帮助我们为了一定的生活而在特定地点和时间做出相应的决定。"①"文化不仅能够追溯在物质生活和社会生活复杂关系下所产生的个人行为，而且在文化的生成中也建立了人与人彼此之间的关系，并且以文化的改变而改变着彼此。"②

文化生成不仅意味着创作一部作品、一本书、一部电影，还暗示着阐释社会存在的方式，由形式多样的社会文本或被编码的文本构成。文本编码承载着一定的价值秩序，一方面，文本自身创造着一定的秩序；另一方面，文本通过自身价值秩序反映或拒绝现存价值秩序，揭示现存文化的价值秩序是否合理，或提出新的秩序。文本编码是"一种文化中的意义载体，它有助于再现这个文化想要信仰的那些事物，并假定这种经验带有所需求的那类价值。它戏剧化地表现了人们是如何感受到延续着的那些价值的脉搏，尤其是如何感受到源于这一延续的是什么压力和张力"③。

霍加特根据文本生成的来源，把文本分为"经典文本""生活文本"和"加工文本"。在这几种不同文本的划分中，表现出文化内在张力结构和多重维度文化空间，它们彼此间相互纠缠、斗争、并存。

经典文本是"社会健康的标志，是促进社会健康的养料"④。经典文本代表了文化价值取向，赋予文化总体指向和发展方向。尽管文化呈现

---

① Hoggart, H. R., "Literature and Society", in *Speaking to Each Other*, *Volume Two*: *About Literature*, London: Penguin Book, 1973c, p. 20.

② Ibid., p. 21.

③ Hoggart, H. R., *Contemporary Cultural Studies*: *An Approach to the Study of Literature and Society*, Birmingham: University of Birmingham Press, 1978, p. 15.

④ Ibid., 1978, p. 9.

出丰富多样的姿态，但文化所崇尚的价值取向应当明确。文化具有的价值标示意义不能回避，"'伟大'文学作品极大地体现着文化的内涵；它敏锐而诚实地探讨和再造社会的本质和人类的经验；'伟大'作品通过创建自身秩序承载意义，因而有助于揭示社会价值秩序，无论审视或抵抗社会秩序，通常倾向于提出新的秩序；所以，有表现力的艺术，尤其是文学，为社会所承载的价值内涵提供独一无二的导向作用"①。在霍加特看来，对于日益商业化的今天来讲，提升文化的价值内涵尤为重要。"好的文学可以用一种独特的方式向社会展示其自身。"②

　　生活文本为众多普通人提供文化平台。霍加特关注文化文本的"生活特质"或"生活肌质"的分析。"生活文本"具有人类学的意义，并非限于文字语言的形式，而更多萦绕在日常生活之中，甚至它的存在形式常先于文字文本的出现。"生活文本"献给很多普通人、平凡劳动者、分散的个人，他们为自己的生活和存在方式低声吟唱，而这种微弱的声音对于喧嚣的权威人物的话语体系的影响微乎其微。普通人被精英主义者无情地排挤在文化圈定的范围之外，但是，"生活文本"赋予无名者表达自我文化的权利。"生活文化承认所有经验的多样性和特殊性"③。霍加特以具体的工人阶级文化生活作为参考，使理性化的文化自觉地回归生活世界，不再一味地强调某一文化的重要性，或孤立地探究某类文化，而

---

①　Hoggart，H. R.，*The Way We Live Now*，London：Chatto & Windus，1995，p. 87.

②　Hoggart，H. R.，*Contemporary Cultural Studies：An Approach to the Study of Literature and Society*，Birmingham：University of Birmingham Press，1978，p. 9.

③　Hoggart，H. R.，"Why I Value Literature" in *Speaking to Each Other*，Volume Two：*About Literature*，London：Penguin Book，1973b，p. 130.

是把所有日常生活世界的文化、具体文化事件，作为文化实践的对象加以研究和审视。文化研究的对象延伸到生活世界的每个角落，并与具体的社会生活、现实语境结合。霍加特认为："真正文化的本质、独特性、品质在于再创造富有丰富经验的整体生活，包括：个体生活、社会生活、对象世界的生活、精神生活、真情实感的生活。文化创造出来的是彼此相互结合、相互渗透的事物，因为这些事物存在于我们现实的生活之中。"①文化是丰富的、具体的、现实的。

加工文本是商品时代的产物，使得文化主体失去行动张力。霍加特将日渐商业化的文化世界或"加工文本"称为"来自虚幻世界的诱惑""邀请来到棉花糖式的世界"②，认为普通人原有的自给自足的文化与日俱增地受到文化商业化地粗暴掠夺，并进一步加深了文化主客体之间的深层断裂。"加工文本"的生成动力遵循资本逻辑的运转，使得文化主体"失去行动张力"③、丧失文化的判断意识。所以，不仅文化成为一种商品的存在，而且文化主体也彻底沦为文化商业化的对象。受到同质化和变幻不定的商业文化的冲击，昔日家庭式的娱乐方式逐渐在大众文化娱乐方式的影响下消失殆尽，大众娱乐成为源源不断被量化群体的聚集地。生活赋予人们的特质、姓名、面孔变得模糊不清，人们从家庭、社团为主的存在形式中走出来，变成媒体时代一道道闪动着的数字流。

---

① Hoggart, H. R., "Why I Value Literature", in *Speaking to Each Other*, *Volume Two*: *About Literature*, London, Penguin Book, 1973b, p. 20.

② Hoggart, H. R., *The Uses of Literacy*: *Aspects of Working-Class Life*, London: Chatto & Windus, 1967, p. 157.

③ Ibid., p. 127.

霍加特把文本阅读看作文化生成的关键。文本阅读分为两个方面，即"品质阅读"和"价值阅读"①。"品质阅读"是从语言角度进行阅读，最大限度地把握文本的内涵。在阅读时关注语言中的各种要素，如重音和非重音，重复和省略，意象和含混等因素。在品质阅读中人们应特别关注审美因素、心理因素和文化因素，从而更好地实现品质阅读。通过有效的"品质阅读"才能达到文本的文化和社会功能，即"价值阅读"。"价值阅读"是尽可能敏锐而准确地发现文本所承载的价值，并从文本中汲取提升人的判断能力和道德修养的营养，从而形成良好的人格。文本编码与文本阅读之间的关系往往体现着一种不平等性。文本编码意味着文本的生成和创作，而文本阅读暗指消极的融入，即尽可能不留下任何读者印记地全然接受所阅读的文本。霍加特试图消解两者之间的不平等性，恢复文本阅读的可塑性。文本编码并不意味着文化生成的终结，文本阅读是文化生成内在机制中关键的实践环节。霍加特对文本编码与文本阅读之间的不平等性做出两方面的分析和揭示：一方面，文本编码与文本阅读的不平等性由社会等级关系所限定；另一方面，文本编码与文本阅读的不平等呈现出单一维度的"生产与消费"关系。

文本与阅读之间的关系微妙而复杂，文本可以唤醒读者，但不能操纵读者；反过来，读者可以产生对文本自身的理解，但永远不可能完全成为文本的拥有者。文本阅读具有可塑性和分层性，它不仅是眼睛的快速流动过程，而且是读者对文本内在化保持距离的文化实践过程。"品

---

① Hoggart, H. R., *Contemporary Cultural Studies: An Approach to the Study of Literature and Society*, Birmingham: University of Birmingham Press, 1978, p. 11.

质阅读"和"价值阅读"向人们提供了恰当阅读的途径和方法。从"品质阅读"到"价值阅读"是一个连续的、整体性的过程。在这样的阅读过程中，读者尝试尽可能从文本的阅读中，发现文本向读者所表达的观点态度，以及产生对这种观点态度的认同或批判，从而实现价值阅读。霍加特认为，文化分析的重要性在于它探讨了在物质力量和社会力量的作用下，个体生活和行为的多样性和复杂性。

无论文化生成的各要素，还是生成的过程都具有复杂性，不能简单地或割裂地看待文化。文化不仅是一种表征系统，更是一种具有内在规定性的实践系统，文化生成具有整体性。在霍加特全新的文化生成系统中：文化、文化主体、文化客体之间不再是支配与强制的关系，而是自然的生成过程，彼此之间的作用力非常微妙，体现出一种和谐共生的关系。文化生存构成了一种双重权利，它是内在规定性与个体生命力辩证统一的合力。

(三)人的解放是文化生成的价值旨归

创造文化并不只是为了自我欣赏的审美满足，而是为了推进人的自我发展，提升生活质量。在更高的目的旨归层面，则是为了"克服资本主义社会的现实异化，使人从支离破碎的境况中解放出来，做有意义的工作，过有意义的生活"[①]。

霍加特认为，有关文化的所有领域都不能回避价值判断，属于人民自身的文化价值都必须得到捍卫，否则民主主义就会被滥用。他试图让

---

① 乔瑞金：《英国新左派的社会主义政治至善思想》，21 页，载《中国社会科学》，2014(9)。

工人阶级认识到，要树立人民自己的价值判断，而不是由教会、国家和资产阶级强加给人价值理念。[①] 霍加特对文化价值问题的思考具有双向维度：一方面，霍加特从人类学的维度探究文化的生成，打破传统文化对个体生命的限制，使得普通人得到解放和获得自由。霍加特把文化作为表征生活意义的方式，强调"自力更生"的文化，强调以人类独特生活方式生成文化的价值。但是，文化一直以来被文化精英主义者所操控，文化精英主义者始终在扼杀文化生成价值的多样性和丰富性。不仅如此，精英主义者利用文化的强势地位，把文化精英者的单一价值作为文化的终极价值，武断地干涉和强制普通人的文化自由。霍加特关注人的生活世界，从人的现实生活探寻文化生成的意义和价值，使文化代表"最好的思想和言说"。[②] 文化不是精英主义者的专利，文化的生成源于生活，文化具有生活的肌质感。另一方面，他从价值论的维度，探究文化作为价值判断的意义。霍加特强调文化作为一种意义和价值行为，而不仅仅是一种单纯的现实表征状态。他主张作为艺术的文化和作为实践的文化之间充满张力结构的关联。文化的价值内涵既不能停留于传统精英主义的抽象领域，对普通人的文化价值视而不见；也不能盲目地为了工业化的文化扩张，割裂文化本应承担的价值与意义。为此，霍加特特别关注文化的价值内涵，认为文化价值的丧失会使未来社会深陷危机，文化的相对主义会使文化的价值内涵失效，价值判断标准丧失，造成文

[①]　Hoggart，H. R.，*An Imagined Life：Life and Times*，Vol. 3：1959-1991. Oxford：Oxford Letters&Memoirs，1993，p. 240.

[②]　Matthew Arnold，*Culture and Anarchy*，Cambridge：Cambridge University Press，1960，p. 6.

化意义的混乱，使其陷入极端的怀疑主义之中。在商业化的文化秩序中，文化的泛化和无意义，迫使占有特权地位的文化、唯一大写的文化难以获得继续存在的可能性，导致人们愈发对传统文化、文化价值失去信心，产生文化的疏离感和非真实感。

在霍加特看来，"人的解放"是大多数人的解放，是人民的解放，甚至是"类"的解放。精英主义者竭力维护的文化是少数人的文化，他们通过文化来压制多数人的自由，从而维护统治阶级的利益，而一个正义的社会就在于让更多的人感到快乐和幸福。霍加特以"类"的意义提倡人的解放，认为不仅精英文化有意义，普通人的文化也同样具有意义和价值。其目的不是把"精英文化"或一个时代优秀的文艺作品消除掉，而是把它们从少数人手中解放出来，变成全社会参与的共同文化。文化的多样性、丰富性就在于它能打破现实世界的某种垄断，使人们通过各自不同的文化确定自我存在感。同时在培养文化意识的过程中，伴随社会物质生活和精神生活的发展，人们将重塑、创作出新的文化形式。例如，人们在物化的世界中创作出歌曲、民谣、舞蹈，同样可以表达自己的存在，或者与物化的世界进行斗争。英国新马克思主义认为，社会主义的核心价值不是确保每个人得到他们道德上的东西，而是创造出一个共同体，建立一个具有内在特质的文化共同体。而文化共同体"是一种兼容了诸多'不同'的共同，是一种异质的和谐共存状态，绝非一种同质的同一状态"①。霍加特倡导文化是平常人的文化的观念，就是要打破精英文化与大众文化的界限，提倡文化共存，使一切文化成果为人们共同享

---

① 乔瑞金：《英国的新马克思主义》，38 页，北京，人民出版社，2013。

有、共同创造，最终建立具有共同意志的文化共同体。

综上所述，作为英国新马克思主义文化学派的开创者和奠基人，霍加特关于文化生成的思想，占据重要位置，起到了基础性和纲领性的作用。

文化主体思想是霍加特文化生成理念的核心。霍加特对文化研究的贡献主要集中于对精英主义文化观的批判、文本阅读的有效途径和跨学科的研究方法、成人教育与文化研究的关系、现代传播媒介批判、文化政治实践、相对主义的暴政批判等方面，这些都体现出文化主体的决定性作用。他将文化的主体是人民的理念作为深入社会的研究视角，冲破了当时一直由精英主体把持的一家独大、单调僵化的文化，使得精英主体"大写单数的文化"发展为人民主体丰富多彩的"小写复数的文化"。文化主体的建构使人民认识到文化作为资产阶级的统治工具，压制了人民的文化意识，进而压制了人民的政治意识。自此，霍加特开展了文本有效的阅读和成人教育的文化实践活动，目的在于呼唤人民的文化批判意识，实现人民自身的文化价值判断。在对现代传媒的批判和相对主义暴政的批判中，霍加特认为"撒切尔主义"奉行的"市场决定论"，现代传媒表现出来的民粹主义，以及浅薄琐碎的文化节目，带来的是相对主义的暴政，使得人民失去了主体的文化判断能力，造成了价值和道德判断标准的缺失。

霍加特强调了文化多元价值的意义。他以具体的和生活的文化作为研究的对象，将捕捉日常生活文化作为文化实践的重要任务。在自然经济为依托的传统社会中，文化拥有自发的规定体系，表现为分散化、地域性的特征。但是，随着现代化进程的深化，文化受到宏观的、中心化的权力支配和控制，文化的差异性、异质性、具体化逐渐被替代。现代性的文化抛开了文化细致的事实判断，而转向权威式的价值判断。但事实上，文化生成的路径并非唯一的或线性决定的必然结果，而是由充满着任意性、偶然性的文化事件构成。霍加特认为，现代性的文化更多呈现出特定的态度或精神气质，表现出一种筛选化、简单化、专断性的选择，而忽略了文化的生活化特征，所以，应当将文化置于更为丰富的历史进程和多元差异的现实中。霍加特否定文化唯一性、统一性的概念，借助现实生活的多样性和丰富性的特征，集中于微观世界和微观逻辑的文化概念。可以看出，他以人类学的方式强调不同文化的特质，而非局限于某一文化特定的结构中，珍视源于普通人生活的文化价值。

霍加特也强调了文化作为价值判断的意义。他不仅强调文化的社会实践功能，而且突出文化价值内涵的重要性。他把文化作为一种意义和价值行为，而不仅仅是一种单纯的现实表征状态。他主张作为艺术的文化和作为实践的文化之间充满张力结构的关联。文化的价值内涵既不能停留于传统精英主义的抽象领域，对普通人的文化价值视而不见；也不能为了工业化的文化扩张，割裂文化本应承担的价值与意义。

霍加特作为英国新左派文化研究的开创者之一，他聚焦人道主义的价值观，倡导新文化生存方式，强调普遍的民主和人民更广泛地参与社会公共事务，尝试打破传统的文化分析方法，把文化的政治化纳入到主要分析范畴，从而开创了独特的理论话语，赋予文化更为宽阔而丰富的价值和用途，不仅引起并促进了英国左派对文化研究的转向，而且以其文化生成思想，推进了文化唯物主义的发展。

（四）文化的用途在于自身意义的体现

聚焦文化在历史和现实中的价值和作用，是英国新马克思主义者致力回答的问题，在这一方面，霍加特在其撰写的《识字的用途》一书中阐述了文化价值的真正内涵，并由此奠定了他的学术地位。理查德·霍加特在《识字的用途》一书中，选取了英国第二次世界大战后的工人阶级作为研究对象，确立了工人阶级的政治与文化身份；他立足于马克思主义，把文化研究置于广阔的社会生活领域加以考察；立足于问题意识，使文化与普通人日常生活相联系；立足于文化平等观，表达对现实的关怀及理想社会的诉求，体现了文化研究的价值和意义。

理查德·霍加特（Richard Hoggart）是英国文化研究的主要创始人之一，在文化研究历史上，霍加特无疑是一个无法绕开的名字。当然，作为 20 世纪以来英国比较重要的文化批评家，霍加特的重要性不仅体现在他对工人阶级文化的理论分析上，同时还体现在对文化研究的范式以及研究指向等方面的引领性作用上。因此，霍加特通常也被看作是文化研究的开山鼻祖，是伯明翰学派的奠基人之一。《识字的用途》（*The Uses of Literacy*）一书是霍加特的代表作，这本书创建了文化研究的雏形，奠定了霍加特在英国文化研究中的先驱者地位，是英国新马克思主义之文化唯物主义的奠基性作品。

文化体现着工人阶级的政治与文化身份。霍加特的《识字的用途》是一本以作者亲身体验写就的书，全书结构鲜明地分为两个部分。在第一部分，霍加特生动地描绘了 20 世纪 30 年代英国工人阶级社区的生活，充分调动自己童年时代的记忆和印象，重点描绘了工人阶级的家庭日常生活以及他们的邻里关系、社区氛围，为读者展现了一幅工人阶级文化生活的和谐景象。这些属于记忆中的被霍加特毫不吝啬赞扬的工人阶级公共文化，与第二部分霍加特所描绘的第二次世界大战后受美国式流行文化影响的工人阶级的文化与生活迥然有别，二者形成了鲜明的对比。在第二部分，霍加特则重点讲述了第二次世界大战后随着美国式的流行文化的不断涌入，对身处 20 世纪 50 年代的工人阶级所带来的强烈冲击。尽管霍加特本人对这种快餐式的流行文化深恶痛绝，但却并未对深受这种文化影响的工人阶级丧失信心。他相信对于形式众多的文化产品，工人阶级完全有能力作出自主的选择，并且相信工人阶级也能够创造出符合自身与社会需求的大众文化。

霍加特之所以要撰写这样一部著作，与第二次世界大战后工人阶级自身所发生的变化有关。首先，在第二次世界大战后的各种福利政策下，工人有了收入保障，随着社会发展和教育水平的整体提高，工人阶级对文化生活有了更高的诉求，而与此同时，社会对其成员的教育培训要求也相应提高。其次，第二次世界大战后英国社会经济产业结构调整以及人们的社会流动性增强，传统的工业工人的数量不断减少，"工人"一词的内涵发生了实质性的变化。面对工人阶级的诸多变化与诉求，包括霍加特在内的很多文化研究者开始思考：新形势下工人阶级是否还存在，抑或成为中产阶级的一部分而存在？第二次世界大战前不同阶级之间泾渭分明的社会是否在战后转变成为一个在文化和民族上更加多元、基本无阶级差别的社会？对此，自由主义者以及旧左派持截然相反的观点。前者主张工人阶级正在逐渐中产阶级化，而后者则坚持认为工人阶级的内涵与组成仍是僵化的、不变的。霍加特并不站在这二者中的任何一方，他的主张跟当时新左派的理论有直接的关系，认为工人阶级的生活既有连续性又有变化性，既有承接性又有递增性。新左派这一时期力图在新的历史文化条件下重新确认工人阶级的政治和文化身份，《识字的用途》一书既可以算作是受此影响的一个产物，也可以看作是霍加特本人对工人阶级身份认同所做的一部分努力。

　　文化研究必须在广阔的社会生活领域加以考察。如果说第二次世界大战后的社会时代背景为霍加特的文化研究提供了一个独特的历史契机，那么马克思主义，特别是马克思的唯物史观，则成为霍加特文化研究的立足点和支撑。第二次世界大战后英国国内无论是政治，还是经济、文化都发生了一系列的变化，这使得英国左派的文化理论家们开始思考，工人阶级是否已经晋升为中产阶级，而不再作为工人阶级存在；工人阶级是否能够自主地选择自己的文化形式，是否能够创造出反映工人阶级社区日常生活的大众文化；工人阶级是否能够胜任推动社会前进的发展动力，传统的斗争是否已经被新的斗争形式取代。对此，对蕴藏着马克思主义思想的英国文化研究有深入探讨的丹尼斯·德沃金认为，文化成为了反映两种阶级不同生活方式的场所，即文化成为了"一整套斗争方式"[1]，文化与社会政治密切相关。霍加特在进行文化研究的过程中，创设了文化研究与马克思主义历史学相结合的研究路径，意识到工人阶级在经济水平提高之后对文化有了新的需求，意识到工人阶级文化是其社会生活实际的反映，并且也应当反映工人阶级的生活状况。虽然在对这种文化价值进行评价的过程中，霍加特倾向性十足地把对理想文化的追求投射到早期的工人阶级文化中，显示出妥协与逃避的态度，

---

　　[1] ［美］丹尼斯·德沃金：《文化马克思主义在战后英国》，李丹凤译，5—6页，北京，人民出版社，2008。

并持有经验主义的立场，但这依然无法抹杀霍加特立足于马克思主义唯物史观及其方法论，并将文化研究置于广阔的社会生活领域的独到之处及开拓性意义。

研究伯明翰学派早期文化研究的代表作，我们很容易发现研究者受马克思唯物史观的影响，并进而投射到以工人阶级文化、大众文化为主要研究对象的英国文化研究的理论基础以及研究视域。马克思历史唯物主义认为，人类社会是一个有机整体，社会意识是社会存在的反映，人民群众是社会物质财富和精神财富的创造者。在进行文化研究的过程中，霍加特也深刻认识到文化研究理应要面向大众，植根于社会日常生活，要立足于以工人阶级为代表的大众平民从而全面而广泛地把握文化研究。他自觉不自觉地将马克思主义理论运用于自己的文化研究，敏锐地发现文化与社会有着密不可分的关系，把文化研究从高高在上的、精英主义的框架中拯救出来，并置之于鲜活的现实生活中，置于广阔的大众实践中。这样的研究视角在当时缺乏马克思主义文化传统的学术背景下，对比当时高高在上的、完全脱离现实生活的精英文化传统，是具有开创性及历史性意义的。

文化的价值意义存在于普通人的日常生活方式中。霍加特提出，文化现象广泛地存在于普通人的日常生活中，学者们应当通过分析大众日常生活中所反映出来的各种问题，去挖掘隐藏在文化背后的社会意义与现实意义。霍加特认为，文化是人们在社会生活中生存的重要支撑，是人的整体意识在错综复杂的社会生活中的一种反映。文化可以分为两个层面：第一是指人们在接受教育时所具有的识字的能力，它是基础性的、同时也是被动接受型的文化；第二是指人们在社会体系中处理各种问题、事情的能力，它是带有评判性、功能性的文化，体现了人们对各种问题和事情的判断与分析能力。很显然，在遇到问题的时候，我们需要利用第二种层面的文化，对各种错综复杂的社会现象进行评析。霍加特正是基于通过对大众文化现象的分析和研究，在纷繁的社会问题中找到让工人阶级提升文化意识，并且对各种问题现象进行分析与评判的方法，找到使工人阶级在社会中得以立足的思想支撑点，即符合自身的、反映日常社会生活的传统工人阶级文化，而这样一种思想或价值取向是贯穿于霍加特的整个文化研究乃至整个学术领域的。

霍加特立足于问题，打破学科界限的拘囿，为文化研究的多重理论以及研究方法视域的形成奠定了理论基础。在这一点上，文化研究更多地表述为一种文化经验，体现出一种对日常生活现实的反映。在《识字的用途》一书中，霍加特充分再现了工人阶级的日常生活，包括家庭生活、社会角色、邻里关系等。这些日常生活是他表达的重点，更是他进行工人阶级文化探讨的基石。它们反映了工人阶级普遍的文化倾向和价值观，反映了工人阶级的日常生活以及共同的理想诉求。在霍加特看来，文化是一个重要的概念，它有助于我们认识到，一种特定群体的生活实践不能摆脱由政治伦理、贫富差异、文化教育、家庭关系等各种社会要素所组成的大的网络，文化问题需要在文化与社会和普通人的日常生活的联系中来考察。

文化的精髓在于社会实践批判。斯图亚特·霍尔曾指出，《识字的用途》一书"在很大程度上试图以实践批判的精神去阅读工人阶级文化，以探明、寻求工人阶级文化的价值和意义"①。在霍加特之前，精英主义者的观点是社会文化只能由精英阶层领导，并且以自上而下的方式传播。而霍加特则旗帜鲜明地认为，文化应该植根于最普通的人民大众，坚持文化是普遍的、平等的，特别是作为社会最广泛存在的阶层之一的工人阶级也有权利拥有自己的文化。霍加特让更多人了解到工人阶级这个群体，在这一过程中，他意识到工人阶级并不仅仅是简单地被引导，而是一群拥有自己独立见解和思想的人。所以霍加特在文化研究中始终强调工人阶级的自主能动性，这是非常难能可贵的。霍加特坚持工人阶级文化的合法性，认为工人阶级有能力创造属于自己的文化，并且也应当创造出反映自身日常生活的文化，这种认识是他与其他精英主义者分离的标志。《识字的用途》一书以其鲜明的实践批判精神，"将工人阶级作为拥有自身文化的群体而不是中产阶级阅读的对象放置到了文化的地图上"②。尽管霍加特对受美国流行文化影响、被商业化了的大众文化充满了排斥，但他相信，工人阶级在创造自己的文化的同时，也会对大众文化产品做出自主的选择，而非仅仅只是被动地接受。霍加特在书中还将文化实践作为分析的重点，"以强烈的实践批评精神，尝试去阅读工人阶级文化，以寻求显现在其模式和结构中的价值和意义……是一种真正彻底的开端"③。霍加特反对将文化还原为精英主义者所把持的理

①　Stuart Hall, "Cultural Studies: Two Paradigms", in *A Cultural Studies Reader*, *History*, *Theory*, *Practice*, Ed by Jessca Munns and Gita Ra-jan, London and New York: Routledge, 1995.

②　Richard Hoggart, *The Uses of Literacy*, London: Penguin, 1990.

③　罗纲、刘象愚：《文化研究读本》，52 页，北京，中国社会科学出版社，2000。

想化的经典著作，也反对将其还原为简单的历史和经济的过程，而是主张把文化视为一种社会生活的实践，将文化置于一个更广阔的领域加以研究和探索。

文化的本质是人的社会平等。负载社会评判的学术研究是在社会学领域开始进行的。大概从 19 世纪晚期开始，美国、法国和德国先后确立了在社会学领域范围内进行社会批判，试图对社会运行的方式有所警示；而当时的英国学术界故步自封，无视社会变化，面对社会现象的层出不穷，无暇顾及也无力解释社会的变化。霍加特希望所有教育者能够意识到这一点，指出文化研究者理应把对现实的关照放在首位，理应将文化研究同现实世界相联系，理应保持批判性的力量与自信，"试图尽力反抗一个不真实的、冷酷的和泯灭个性的社会"①。

霍加特潜心研究大众文化，尤其是其中的工人阶级文化，同时积极拓展其地位，使其与传统的高雅文化、精英文化分庭抗礼。这里其实表达了霍加特的理想文化诉求，即文化理应是平等的、面向大众的。促使霍加特以文化平等观为指引和导向的原因，一是在于英国的文学批评一直有针砭时弊的传统，这显然会在一定程度上影响到霍加特的文化理论导向。面对精英主义与工人阶级文化的背离，他很自然地宣扬工人阶级文化，力图使广大平民发出自己的声音。二是第二次世界大战后随着资本主义经济的进一步发展，国家的社会福利制度得到前所未有的保障，工人阶级开始有暇把目光投向精神层次的追求上，对文化的需求日益上升，这进一步促使文

---

① Hoggart. H. RF. , *Speaking to Each Other：About Literature V. 2 Harmond-sworth*，London：Penguin Books，1973，p. 237.

化研究学者提出关注大众文化诉求的现实要求。总之，霍加特使文化研究始终与社会现实和时代激变以及历史变革紧密结合，在注重平等文化的基础上，保持对现实的批判以及对理想文化体系的关怀。

从如上的讨论不难看出，正如斯图亚特·霍尔所说，人们大多认为"没有霍加特就不会有伯明翰的当代文化研究中心；没有《识字的用途》就不会有文化研究"①。《识字的用途》一书立足于工人阶级所处的社区以及日常的生活行为，对大众文化的关注点，随着第二世界大战后政治、经济、社会的急剧变化而发生变化，始终将文化现象置于更广阔的社会历史背景中加以考察，分析了20世纪50年代英国的工人阶级文化在受美式流行文化大肆影响下发生了怎样的变化，把文化聚焦在工人阶级的日常生活方面，对普通民众的文化大加赞扬，从而与传统的文化精英主义路线分庭抗礼。面对美国流行文化的汹涌侵入，霍加特求助于成人教育，认为提高工人阶级的受教育水平可以保护其自身的文化优势，不随波逐流。霍加特的这一开创性的研究也深刻地影响了之后文化研究的整体价值取向，为20世纪中期文化的重要转向埋下了种子，为推动人类的思想进步做出了自己的贡献。我们有理由相信，消解不平等的文化，方能实现文化共享，最终为共同文化的构筑与实现提供坚实的后盾。

(五)人类文明必然会走向共同文化

人类文明必然会走向共同文化。共同文化是威廉斯提出的一个重要

---

① Stuart Hall, *Cultural Studies and the Centre: Some Problems and Problematics*, in S. Hall, D. Hobson, A. Lowe & P. Willis, ed., Culture, Media, Language, London: Hutchinson and the Centre for Cultural Studies, 1980.

的文化概念，在这一概念中体现的不仅只是威廉斯的文化观念，最重要的是这一概念体现了威廉斯文化关怀的实质，即一种全人类的关怀，而远不止是简单的"平民情结和大众情结"。威廉斯所说的文化是一种现实的生活方式，而共同文化则是各种不同生活方式共在并存的一种多元化生活方式。通过对共同文化的解析，可以看出威廉斯文化理论中丰富而深刻的民主思想。

共同文化的文化观念是自然成长的观念与扶持自然成长的观念的结合。文化观念有一个比喻：扶持自然的成长。人类也确实在努力实现着文化的这一观念。但这种观念体现的是一种支配模式的精神，是我们认识人类成长、理解共同文化的最大障碍。在威廉斯看来，工业与民主是人类改变世界的两大力量，而这些改变的实现，都依赖于一种支配的气氛。工业的发展取决于人类对自然的支配，而民主的发展则是人类对自身的支配。人类从对自然的征服中获得物质收益与满足，但却对自身生存条件的破坏而导致自身生存的危机。

人类的很多民主做法，都是固有的支配模式在精神上的重现。无论是保守主义者企图延长各种旧形式的做法，还是社会主义者企图规定新的人类的样子的做法，都是这种支配性思维模式在精神上的具体表现。正如威廉斯所说的，"我们试图掌握其他人，用我们自己的结构去决定他们的走向，并认为这样做是一种美德"，而这也正是通向民主路上最大的障碍。共同文化的观念以一种特殊的社会关系形式，使自然成长的观念与扶持自然成长的观念结合在一起。威廉斯对这一共同文化的基本精神内涵给出清晰的表述："我们必须依靠我们自己的寄托而生活，但是，只有承认其他人也有他们自己的寄托，并且共同努力保持成长渠道畅通无阻，我们才能共同过着充分的生活。"①因此，必须清楚，强调自然成长，是要指出整体的潜力，而不是为了指出支配模式能方便地使用的某些被选择出来的力量。但是我们同时也强调社会现实，也就是对自然成长的扶持。

任何文化在整体过程中都是一种选择、一种强调、一种特殊的扶持。共同文化的特征在于这种选择是自由的、共同的，或者是自由的、共同的重新选择。扶持则是一种以共同决定为基础的共同选择过程，而且共同决定本身就包含生活与成长的各种实际变化。

共同文化的构建原则是"与邻为善"，其精神内核是生命平等。威廉斯总结了资本主义社会中存在两种理念下建构的共同体，一种是以中产阶级的服务观念建构的共同体，一种是以工人阶级的团结观念建构的共同体。这两种共同体概念有着质的不同。服务的观念表面看起来是要建立一种"人人为我，我为人人"的"共同体"社会，但实际上，在服务观念下产生的共同体，是以统治阶级的意志为核心和导引的。这样的共同体必然是社会分裂的产物，必将与这种社会一起消亡。因此，应该在包容的前提之下，以"与邻为善"和生命平等来建立共同文化。

其实，在威廉斯的文化研究过程中，自始至终都没有离开对文化和政治、文化和民主的关联性探讨。他提出的"共同文化"的概念就深刻地反映了这一点。他用平等的眼光看待不同的文化，一方面承认精英文化与大众文化在内容上的差异，一方面又否认它们在审美价值上

---

① ［英］雷蒙德·威廉斯：《文化与社会》，吴松江，张文定译，415 页，北京，北京大学出版社，1991。

的高低，这也正是他的"共同文化"思想成型的原因所在。威廉斯的共同文化概念是对文化领域的拓展性理解，其本质是对精英主义文化观的否定，而不是对精英文化的否定，它所诉求的并非只是普通大众的文化，而是强调实现精英文化与大众文化平等协商、共存共享的多元文化。正如他所说："我们需要一个共同的文化，这不是为了一种抽象的东西，而是因为没有共同的文化，我们将不能生存下去。"①

威廉斯在《论 1945 年之后的英国马克思主义》中自我评价道："经过一个复杂的过程，历经多种理论和探究形式的变迁，我花费了三十年才脱离了公认的马克思主义理论（对于它的大多普通的形式，我开始只是接受）的禁锢，才到达我现在的立场——我称之为文化唯物主义。"②威廉斯用文化唯物主义的思维范式来理解文化，就是为了强化文化对于人的生命和生活的意义，同时，也是为了说明文化在当代社会构造中的价值，进一步阐明文化的物质性，以此反对唯经济决定论，强调文化活动是一种特殊的物质生产形式，坚持自己的文化整体观。

根据伦纳德·杰克逊的总结，威廉斯身后留下三大遗产：一是对利维斯高雅文化传统提出的另一种解读方式；二是创建了一个重要的马克思主义流派，或者是造就了一批自称为文化唯物主义者的后马克思主义批评家；三是创建了一门新学科：文化研究。③ 无论这种总结是否做到

---

① ［英］雷蒙德·威廉斯：《文化与社会》，395 页，北京，北京大学出版社，1991。

② Raymond Williams, *Problems in Materislism and Culture*, Selected Essays, London: Verso, 1980, p. 5.

③ Leonard Jackson, *The Dematerizlization of Karl Marx: Literature and Marxist Theory*, London and New York: Longman, 1994, p. 211.

详尽所有，但文化唯物主义之于威廉斯的意义所在由此可见一斑。威廉斯文化唯物主义的研究方法是历史语境、理论方法、政治介入和文本分析的结合。①

今天，文化研究如火如荼，大众文化研究方兴未艾，但这并不意味着霍加特的工人阶级文化思想已经过时。通过研究我们发现，霍加特之所以被称为文化研究的创始者之一，很大程度上归结于他敏锐地看到了20世纪中期工人阶级文化的兴起与价值，开辟了一个与当时传统的精英主义文化理论传统完全不同的领域。我们欣喜地看到，今时今日，霍加特的工人阶级文化思想仍然是各国文化研究者在从事大众文化研究时不断吸取的理论来源。此外，它告诉我们文化理论研究必须紧扣时代发展以及现实巨变的脉搏，在马克思主义理论的指导下，实现对马克思文化理论的真正继承和发展。

三、"对话"思维体现文化的存在意义与发展模式

英国新马克思主义的新历史主义强调要在"对话"中发展文化，通过对话过程改进和丰富文化内涵，强化人们创造文化的能力，从而使人类拥有越来越好的生活方式，提升人的生活质量，过一种自由自在的生

---

① Jonathan Dollimore and Alan Sinfield, *Political Shakespeare：Essays in Culture Materialism*, Ithaca and London, Cornell University Press, 1985, p. Ⅶ. /Scot Wilson, *Cultural Materialism：Theory and Practice*, Oxford UK and Cambridge USA：Blackwell, 1995, p. Ⅸ.

活。然而，对话是有前提的，这个前提就是文化的整体存在。换句话说，对于特殊的文化存在形式来说，对话是发展自身文化的必要手段，不对话就没有文化的发展。但无论开展什么形式或内容的对话，一种文化所拥有的内在特质都不会有根本性的改变，正如任何一种生物在适应环境的过程中都不会改变自身作为种的性质一样，文化也是如此，因此，文化对话的前提是文化的整体存在。这就是说，文化的发展是特殊文化的整体存在和在对话中发展的有机统一。

（一）文化的整体存在是文化对话的前提

英国新马克思主义者普遍拥有文化是整体存在的思想，这一点在他们的新历史主义和文化唯物主义的文化观中，有着鲜明的体现。与威廉斯等学者把文化看作现实的整体存在不同，霍布斯鲍姆更强调文化的历史整体性。霍布斯鲍姆把整个人类历史都看成是整体社会史，进而把它看成是整体文化发展史，再进而把整体文化看成是整体主义历史观的思想源泉。艾瑞克·霍布斯鲍姆以其史学研究实践了马克思主义的理论和方法，其哲学遗产以唯物史观和辩证法为基石，把科学技术和人民群众作为社会进步和文化发展的动力，运用整体主义的宏大叙事阐述了资本主义从胜利走向衰落的趋势，强调了社会主义是唯一和根本的政治力量。作为一代学术大师，霍布斯鲍姆以坚守马克思主义基本理论、创造性地研究历史和现实问题、阐述整体论的历史观著称于世，对当代史学、哲学和文化研究影响深远，尤其是他对 1789 年以来人类历史发展的研究，以《革命的年代》《资本的年代》《帝国的年代》和《极端的年代》见诸世人，结构恢宏、叙事晓畅，不仅展现大师风范，而且堪称唯物史观运用于历史和现实研究的典范。作为"不悔改的马克思主义者"，霍布斯鲍姆以其思想和品格，为马克思主义哲学的当代发展留下一笔巨大的遗产和宝贵的财富。

霍布斯鲍姆的史学研究中透露出强烈的文化意识和现实关怀。他认为，历史是客观存在的事实，"我们遨游在过去之中就像鱼儿遨游在水中，我们无法从中逃遁"①。历史应该作为现实政治的指导，但是从来没有人从历史当中接受过任何教训，因此历史学家应该剔除政治和意识形态观念的影响去揭开历史的真相，避免以民族、种族及其他神话来建构历史，客观真实地描述、解释和预测人类社会的发展。"历史学家们研究的起点——尽管与他们可能终止的终点相距甚远——从根本上来说，对他们来说也是关键所在，就是要区分确凿的事实与凭空虚构、区分基于证据及服从于证据的历史论述与那些空穴来风、信口开河式的历史论述"，"如果不在'是什么'和'不是什么'之间做出判别，就不可能有历史"②。历史学家应该对历史事实负责，应该具有辨识事实和虚构的基本能力，否则会扮演政治演员的角色，为统治者所鼓吹的信念摇旗呐喊。

霍布斯鲍姆在接受《史学理论研究》期刊记者刘为的采访时说："依然坚信经济基础与上层建筑关系模式是理解历史的一个线索，至少对于我所涉及的时代来说是如此。如果你想理解战后历史，那么只有一个起点，就是从理解技术和经济的转变入手。即使是研究战后文化，你也必

---

① ［英］埃里克（艾瑞克）·霍布斯鲍姆：《史学家——历史神话的终结者》，马俊亚，郭英剑译，27页，上海，上海人民出版社，2002。

② 同上书，2页。

须首先把着眼点放在物质生产的基本转变上。如果你从任何别的方面入手，那么迟早会碰到不可解决的难题。如果我是一个研究非洲部落文化的人类学者，那我可能不会这么考虑问题，但只要是在 19 世纪、20 世纪史的范围内，经济基础与上层建筑模式就是唯一的出发点。"①霍布斯鲍姆在回答安东尼奥·波立陶关于民族主义神话的问题时指出，"民族主义神话不是从人民的实际经历中自发产生的，它们是人民从其他方面获得的，包括从书本、历史学家和电影里获得，现在则是从制作电视节目的人那里获得。它们并不是历史记忆或者生活传统中的普遍部分，而是一种宗教的产物"②。管理国家的少数精英分子和有识之士出于特定的政治目标重新设计过去，将他们对于历史与文献著作的看法加诸到人民的头上，从而以他们所希望的面目出现。

霍布斯鲍姆在《史学家——历史神话的终结者》一书中提出了"过去—现在—未来"的辩证研究方法，并渗透在其所有的史学著作中。过去、现在和未来是一个经验的连续结晶体，在过去和未来之间的某个地方存在着一个想象的、不停移动的点，可以把它叫作"现在"，时间不断流动，"现在"会不断成为过去，即使是最近的过去。霍布斯鲍姆所指称的过去、现在和未来并不是单纯的时间概念，而是社会变迁和群体意识的连续体。历史基本上是以过去作为现在的模式，涉及的大部分内容是社会和群体，过去是人类意识的一种永恒范畴，是人类

① 刘为：《有立必有破——访英国著名史学家 E. P. 汤普森》，110 页，载《史学理论研究》，1992(3)。

② ［英］艾瑞克·霍布斯鲍姆，［意］安东尼奥·波立陶：《霍布斯鲍姆：新千年访谈录》，殷雄，田培义译，37 页，北京，新华出版社，2001。

社会的各种制度、价值和其他模式必不可少的组成部分。所有社会都有过去，即使是最新建立的殖民地也是被已经有了一段相当长历史的某个社会的人占据着。任何人类群体都需要过去来为它定位，否则就是拒绝过去。

过去并不是客观背景与历史事件的任意串联，而是具有系统的联系，是现在和未来的模型。社会科学能够揭示过去几个世纪里社会变迁的形式和机制，但是现在显然不是也不可能是过去的复制品，因此社会变迁通常无法使过去成为现在的指南，自工业化开始，每一代所造就的新事物比过去的同类事物更令人惊异。历史学家认识一般趋势的能力并不意味着在错综复杂、对未来所知甚少的条件下能预测其精确的结果，而是以过去作为发展线索为未来提供一般的结构和组织：未来人类能做什么和不能做什么；设置前提并确定人类活动的范畴、潜在的可能性以及因果关系；区分可预见与不可预见的因素以及各种不同的预言。正是基于这个原因，霍布斯鲍姆接受意大利记者安东尼奥·波立陶的采访时，考察新的千年，在新世纪的开始对战争、民族主义、全球化、左翼政党的责任与未来等问题做出了预测。他在《帝国的年代》一书中引用诺拉的话说，"记忆永远是属于我们的时代，并与无穷的现在依偎相连。历史是过去的再现"①。不管我们同不同意，帝国的年代对于 20 世纪 70 年代思想的形成具有举足轻重的作用，人们不再置身其中，但仍然被其牵扯，只是不知道它尚有多少在我们里面。事实上，它所关心的事物显

---

① ［英］艾瑞克·霍布斯鲍姆：《帝国的年代》，郑明萱译，1 页，南京，江苏人民出版社，1999。

然与现代的重叠性最大："科学和工业技术在 1875—1914 年后显然有长足进步，但是，普朗克、爱因斯坦和波尔那个时代的科学与现代科学之间，还是有明显的连续性存在。至于工业技术方面，石油动力的汽车、飞机，都是帝国年代的发明，直到今天仍主宰着我们的自然风景和都市面貌。我们已改进了帝国时期所发明的电话和无线电通信，但未能予以更换。回顾历史，20 世纪的最后几十年或许已不再符合 1914 年以前所建立的构架，但绝大多数的定向指标，仍是有用的。"① 把帝国的年代作为"现在"，那么"过去"资本年代的矛盾渗透并支配了帝国的年代，但也造成了"未来"，也就是自 1914 年起，世界笼罩在全球战争和革命的恐惧之下。与其他时期相比，帝国年代的不凡和特殊之处在于：在这个时代内部，不存在其他逆转的历史模式，或可逐渐破坏其时代基础的历史模式。它是一个全然内化的历史转型过程，直到今天它仍在持续发展。不难看出，霍布斯鲍姆对历史的理解，一方面在于他追求历史的真实，另一方面在于他从历史的真实来观照人与社会的现实存在。学者的真正使命正在于此。

科学技术与人民群众是人类历史进步和文化发展的基本动力这一思想，是马克思在研究现实的社会和现实的人的过程中阐述的。马克思在《1844 年经济学哲学手稿》中"第一次确立了技术即工业的本质的思想"②，认为"全部人的活动迄今都是劳动，也就是工业，就是自身异化

---

① ［英］艾瑞克·霍布斯鲍姆：《帝国的年代》，郑明萱译，10—11 页，南京，江苏人民出版社，1999。

② 乔瑞金：《马克思技术哲学纲要》，61 页，北京，人民大学出版社，2002。

的活动"①，技术是人的另一个存在，同人的本质完全同化在一起，"工业的历史和工业的已经产生的对象性存在，是一本打开了的关于人的本质力量的书，是感性地摆在我们面前的人的心理学"②，资本主义制度的基础是工业和商业，共产主义"必须依靠工业的进步和发展"③来实现。19 世纪的世界经济主要是在英国工业革命影响下发展起来的，1789—1848 年的伟大革命，不仅是工业本身的巨大胜利，而且是资本主义工业的巨大胜利。工业革命的历史不仅是新生资本主义社会取得胜利的历史，也是其在 1848 年后的百年中从扩张转变为收缩的历史。在欧洲内部，预示着取得胜利的新社会而代之的力量和思想已经萌芽，1848 年以前，"共产主义的幽灵"已经在欧洲徘徊，马克思在 1848 年做了首次经典性阐述，此后在被工业革命迅速改变的西方世界长期处在软弱无力的状态，但是自 20 世纪 60 年代，我们就不敢低估在工业革命中诞生的、具有革命性的社会主义和共产主义思想体系的历史力量。

工业技术是造成发达国家和落后国家"差距的主要原因，并在经济和政治上得到强化"④。18 世纪 80 年代，工业革命意味着"人类社会的生产力摆脱了束缚它的桎梏，在人类历史上这还是第一次"⑤。从起飞

---

① 《马克思恩格斯全集》第 42 卷，127 页，北京，人民出版社，1980。

② 同上书，127 页。

③ 乔瑞金：《马克思技术哲学纲要》，63 页，北京，人民大学出版社，2002。

④ ［英］艾瑞克·霍布斯鲍姆：《帝国的年代》，郑明萱译，5 页，南京，江苏人民出版社，1999。

⑤ ［英］艾瑞克·霍布斯鲍姆：《革命的年代》，王章辉译，34 页，南京，江苏人民出版社，1999。

进入了自我成长，社会突破了前工业化时期生产的最高限制。棉纺织业是英国第一个进行革命的行业，"带动棉纺织革命的新发明——珍妮纺纱机、水力纺纱机、骡纺纱机，以及稍后的动力织布机——简单方便，投资低廉，通过增加产量，几乎马上就能回本"[①]。到了 1815 年后，原来靠手工操作或半机械化的工作开始大规模机械化，19 世纪 30 年代，英国棉纺织业在技术上已趋稳定。煤炭是 19 世纪工业动力的主要来源，由于采矿业"不仅需要大量的大功率蒸汽机，而且还需要有效的手段，把大量煤炭从采煤场运送到矿坑，尤其是从矿坑口运输到装船现场"[②]，因此推动了铁路的发明，成为资本主义社会产业转变的基本创造。"铁路是人类经由技术而取得巨大胜利的标志，"[③]是革命的象征和成就，使整个地球成为一个相互作用的经济体，是工业化最深远的最壮观的一面，其重要意义在于打开了由于高昂的运输费用而被阻断于世界市场的国家大门，大大提高了以陆路运输人员、货物的速度和数量。技术发明与科学知识紧密相关，如电报的发明与理论科学密不可分，必须利用伦敦的惠斯通和格拉斯哥的汤普森的研究成果，"世界电报系统的建立，使得政治与商业的因素结合在一起"[④]，除美国外内陆的电报都由国家所有，由国家管理，对军事、治安和行政方面都有直接的重要性。在资产阶级看来，世界是由铁路和蒸汽引

---

① ［英］艾瑞克·霍布斯鲍姆：《革命的年代》，王章辉译，45 页，南京，江苏人民出版社，1999。

② 同上书，56 页。

③ 同上书，57 页。

④ ［英］艾瑞克·霍布斯鲍姆：《资本的年代》，王章辉译，72 页，南京，江苏人民出版社，1999。

擎连接的统一体，世界经济的全球性征服"倚重科学与技术地向前推进"①。

　　"追溯推动工业化的动力只是历史学家的部分任务。历史学家的另一个任务就是要追溯经济资源的动员和配置，追溯为维持这一崭新、革命化的过程所需要的经济和社会适应。"②需要动员和调配的第一项和最为关键的因素是劳动力，工业经济意味着农业人口比例下降，非农业人口比重上升，人口迅速全面增长。这也意味着农业提供的食物必须大幅度增产，即农业革命，英国农业的进步通过合理化和扩大耕作面积而获得，其粮食产量大幅度攀升，在 19 世纪 30 年代，能够为数量已达到 18 世纪二至三倍的英国人口提供 98％的谷物。工业经济需要的劳动力资源，除了先前的非工业领域，还包括"国内的农村人口，国外的（主要是爱尔兰）移民，再加上各式各样的小生产者和劳苦大众"③。在工业经济里，不仅是劳动力总人口的增长，而且非农业劳动力的比例也必须大幅增长。20 世纪的经验表明关键性的和更加难以解决的问题是"获得足够数量的劳动力是一回事，而要获得足够具有适当技能的合格劳动者又是一回事"④。首先，所有的劳动者必须学会用与工业相适应的方式也就是每日不断、有规律的工作节奏，其次得学会对金钱刺激做出敏锐的反

　　① ［英］艾瑞克·霍布斯鲍姆：《帝国的年代》，郑明萱译，27 页，南京，江苏人民出版社，1999。
　　② ［英］艾瑞克·霍布斯鲍姆：《革命的年代》，王章辉译，61 页，南京，江苏人民出版社，1999。
　　③ 同上书，64 页。
　　④ 同上书，65 页。

应。"英国的工业化便是信赖于这群未经计划培育的高技能工人。"①19
世纪 70 年代初期，世界经济的巨大扩张建立在工业化的基础上，也建
立在全球性物资、资本和人员的流动上。19 世纪末，大城市中约有三
分之二的就业人口集中在工业界。霍布斯鲍姆正是在秉承唯物史观核心
理念和思想的基础上，在历史的叙述中，凸显出科学技术和人民群众作
为社会发展动力的根本意义。

英国新历史主义强调社会研究的科学方法是从下往上看。"从下往上
看"并不是消解资产阶级或统治阶级的历史作用，推翻他们对社会进步所
做的贡献，而是通过对底层历史的关注来揭开人类文明的推动过程。

霍布斯鲍姆对于资本主义的辉煌成就给予充分肯定，这主要体现在
他的年代四部曲和《工业与帝国》一书中。霍布斯鲍姆在《资本的年代》的
导言中说："本书作者无意掩饰自己对本书所述年代的某些厌恶，甚至
某种鄙夷，但由于敬佩这个时代所取得的巨大物质成就，由于竭力想去
理解自己所不喜欢的事物，因而稍有缓和。"②对此，有些人认为这是作
者以不公正的态度对待资产阶级和资本主义的伟大胜利，但他却斩钉截
铁地回答：情况绝非如此，本书的撰写宗旨是要突出资产阶级的胜利，
而且最为赞同的还是资产阶级。凯伊认为，《资本的年代》是着眼于底层
阶级历史的研究，又不忽视对上层历史进行考察的典范。③

---

①　[英]艾瑞克·霍布斯鲍姆：《革命的年代》，王章辉译，66 页，南京，江苏人民
出版社，1999。

②　同上书，4 页。

③　Harvey J. Kaye, *The British Marxist Historian: An Introductory Analysis*, New
York: ST. Martin's Press, 2007, p. 228.

　　霍布斯鲍姆对于底层人民的关怀体现在《劳工》《劳工的世界》《劳工的转折：1880—1900年》《原始的叛乱》《匪徒》《非凡的小人物》《民族与民族主义》等著作中，深入地阐述了这些默默无闻的小人物是如何以自己的热情和活动来融入社会历史大踏步发展的滚滚洪流中去的。过去的历史大多数是为统治者歌功颂德，在所有时期甚至是革命时期，普通人只有成为与重大政治决定或事件的经常性因素时才会被传统史学撰写。由于法国大革命把难以计数的普通人卷入其中，官方文件对他们记载并加以分类存档，涌现出了米什莱、乔治·勒菲弗、马克·布洛赫等从事底层历史研究的学者。霍布斯鲍姆认为，"其真正的进展到了20世纪50年代中期才开始，那时马克思主义才有可能对此做出巨大的贡献"①，这个时期的作品，"与其说是研究工人本身，倒不如说是研究宪章运动者、工联主义者、工党激进分子"②，事实上并不能代替平民本身的历史，底层还有其他的东西。在任何社会都占绝大多数的普通百姓的生活和思想，才是社会生活的真正主体。

　　霍布斯鲍姆认为，从1948年开始的英国劳工历史的黄金年代，由韦伯和G. D. H. 科尔开创了非直接以年代为序和记叙性的劳工运动历史，此后的很多优秀学者继续这样的作品。但是，他们对于工人阶级异于劳工组织和运动的特征，对于经济和技术状况对于劳工运动的促进或阻碍作用涉及得很少，在1963年左右这个领域开始引起更多的关注，但仍然相当贫乏，《劳工》中的大部分论文涉及了劳工与工业化社会发展

①　［英］埃里克·霍布斯鲍姆：《史学家——历史神话的终结者》，马俊亚，郭英剑译，235页，上海，上海人民出版社，2002。
②　同上书，236页。

形势的相互联系与影响。凯伊认为，"运用阶级斗争的分析方法和自下而上的历史观点的研究方法的一个极好的典范，就是霍布斯鲍姆发于1952年的研究卢德运动的论文《捣毁机器者》"①。当时十分流行的观点认为，早期的工人运动是盲目的、不自觉的运动，是对悲惨处境的一种本能反应，因而大机器化的胜利是不可避免的。霍布斯鲍姆则从工人阶级本身的处境出发，对捣毁机器运动的事实进行了全新剖析：最起码可以分为两类，一类是工人本身对机器无太多敌意，他们只是特殊情况下对雇佣工厂主施加压力的一种惯用的低级方式；另一类是工人阶级对工业革命时代新的大机器(特别是节省劳动力的机器)表露出敌意，对此应该作具体分析。1952年左右的情况是：捣毁机器不具有通常的普遍性；捣毁机器的工人对机器也不是盲目地进行排斥，而是采用机器意味着增加失业并威胁到工人传统的生活水准的时候才会敌视它。从这个意义上来说，工人强烈反对的并不是机器本身，而是它被使用后给自己带来的威胁，是工人对资本家依赖机器对工人进行剥削与压迫的事实进行有意识的反抗。尽管工人捣毁机器并不能阻止工业化的趋势，但也不是如有些史学家所说的那样全无用处和毫无意义。②《匪徒》着重从匪徒在经济、政治、权力、革命中所占据的地位和发挥的作用来阐释其与社会结构的相互关系。主要是把匪徒活动(包括侠盗)更加系统地纳入政治框架中去，力图在政治史中展示匪徒活动所扮演的角色。

---

① Harvey J. Kaye，*The British Marxist Historian：An Introductory Analysis*，New York：ST. Martin's Press，2007，p. 139.

② 梁民愫：《英国马克思主义史学及在中国的反响研究——以埃里克·霍布斯鲍姆史学研究为中心》，69页，载《博士后研究工作报告》，2011。

现代理论科学家的整体智慧思想主要是结合自己的专业研究表现出来的，与系统科学家们不同的是他们在研究对象时，主要关注对象的某种特殊性质，并不把对象首先看成系统性或整体性的存在，然而在他们的研究结果中，换句话说，在他们的科学思想中，却体现了某种特殊的整体观念。①霍布斯鲍姆以整体性视界来研究人类历史，在系统结构和因果联系中，从经济和社会的因素来解释政治活动，1971 年其研究范围从单纯的社会生活史，变成了整体史，其内容包括社会经济、政治、思想和文化等。霍布斯鲍姆强调，并不是要求每个人都必须研究社会整体，而是要求在研究每个问题时，都能够从社会的整体去考察。"马克思对于过去这个趋势的主要贡献是对实证主义的批判，也就是试图把社会科学的研究成果吸收到自然科学研究中、或把人文学科的研究成果吸收到非人文学科的方法进行批判。这就意味着把社会看作是一种人与人之间的关系体系，这个以生产和再生产的目的为主的关系体系对马克思来说至关重要。它还意味着对这些体系的结构和功能性分析，这些体系在保持自我、在与外部环境—非人文及人文的因素—和内部关系等等的关系中，是作为整体而存在的。"②霍布斯鲍姆用马克思整体性观点来指导他的史学实践，在年鉴派的影响下，形成史学新观念和新方法，对开创英国社会史研究的新局面做出了不可磨灭的贡献。在霍布斯鲍姆看来，马克思"保持了对历史进行任何充分研究的根基，因为迄今为止只有他一人尝试系统地阐述一种从总体上贴近历史的方法，他从总体上驾

---

① 乔瑞金：《现代整体论》，45 页，北京，中国经济出版社，1996。

② ［英］埃里克·霍布斯鲍姆：《史学家——历史神话的终结者》，马俊亚，郭英剑译，170 页，上海，上海人民出版社，2002。

驭和构建戏剧性事件的能力是无与伦比的"①。

霍布斯鲍姆在谈到社会结构时说，马克思主义认为社会现象具有等级层次（如"基础"和"上层建筑"）；其次，它认为任何社会都存在着一种内部矛盾，它们与整个体系的总趋向发生作用，以便使自身不断受到关注。马克思主义上述特点的重要性体现在历史学的研究领域，因为正是这些特点使历史学去解释为什么会发生社会变革，它们又是怎样改变自身的，换句话说，是去揭示社会进化的事实，而不是像其他结构—功能主义的社会模式那样去认识社会。马克思主义强大的生命力在于，它既始终坚持社会结构的实际存在，又坚持社会结构的历史性，即重视社会变迁的内在动力。②"我被马克思的思想所折服了，即历史是可以从总体上加以观察与分析的，并且它具有某种特征，我不能说它就是法律，因为那样会很容易引起人们对老派实证主义的回忆，而是说它具有结构与模式，是人类社会在长期演化过程中所形成的。"③

"整体思维不仅着眼于现在，而且也着眼于过去和未来，它把历史和人类文化作为一个有机整体来理性地处理，并通过这种处理提供人们历史进步的辩证法，以此规范人的现实实践活动。"④霍布斯鲍姆在《资本的年代》序言中说："我的目的并非是将已知的事实做番总结，亦非叙

---

①　［英］艾瑞克·霍布斯鲍姆，［意］安东尼奥·波立陶：《霍布斯鲍姆：新千年访谈录》，殷雄，田培义译，265 页，北京，新华出版社，2001。

②　［英］埃里克·霍布斯鲍姆：《史学家——历史神话的终结者》，马俊亚，郭英剑译，170 页，上海，上海人民出版社，2002。

③　［英］艾瑞克·霍布斯鲍姆，［意］安东尼奥·波立陶：《霍布斯鲍姆：新千年访谈录》，殷雄，田培义译，7 页，北京，新华出版社，2001。

④　乔瑞金：《现代整体论》，24 页，北京，中国经济出版社，1996。

述何时发生何事，而是将事实归纳起来，进行整体的历史综合，从而'了解'19世纪第三个25年，并在一定限度内把我们今日的'根'追溯到那个时期。"①他在《帝国的年代》一书的序言中说，本书"是要了解和解释19世纪以及其在历史上的地位，了解和解释一个在革命性转型过程中的世界，在过去的土壤上追溯我们现代的根源；或者更为重要的，视过去为一个凝聚的整体，而非（如历史的专门化往往强迫我们以为它是）许多单独题目的集合，如国别史、政治史、经济史、文化史等等的集合"②。

霍布斯鲍姆始终恪守的行为准则是：史学家尽管关注的是微观方面的事情，但是他们必须放眼全世界。因为它是理解人类历史、包括任何人类特殊部分历史的必要前提，因为所有人类的集体都是世界整体的一部分。霍布斯鲍姆1948年出版的《劳动的转折：1880—1900年》，1964年出版的《劳工》和1984年出版的《劳工的世界》是三本关于劳工研究的论文集，基本上收集了霍布斯鲍姆从1940年到20世纪80年代关于劳工主题的文章。霍布斯鲍姆于1960年早期就注意到要建立考察工人阶级经历的历史，与当时绝大多数的劳工史著作不同的是，他重视对工人阶级经历的整体的关注，"整体智慧是指关于对象的综合的系统的认识，是集各种智慧要素于一体而大成的关于事物的本质反映，其中尤其指在现代科学、技术和社会发展基础上所产生的对系统整体的合乎对象自身

① ［英］艾瑞克·霍布斯鲍姆：《资本的年代》，王章辉译，3页，南京，江苏人民出版社，1999。
② 同上书，2页。

的科学认识"①。尽管霍布斯鲍姆的研究本身没有涉及工人阶级生活的所有层面，但他的工人史著作对于扩大这一领域的研究发挥了重要的作用。

《劳工的世界》研究的主题是19世纪晚期和20世纪中期之间工人阶级的形成和演进，以及他们的社会地位、生活方式和意识之间的关系。英国工人阶级的文化经历了"前工业社会—工业化社会—工业社会"三个时期的社会变迁而形成。在这三个时期中，工人阶级在政治运动、阶级意识、宗教、娱乐形式、身体状况、妇女解放等方面的发展上是一个有机的整体，辩证地向前发展和进步。正如在《劳工的世界》中，霍布斯鲍姆关注的不是劳工组织、意识和政治，而是关注工人阶级的现实状况。霍布斯鲍姆认为，如果脱离了其他阶级和国家提供给工人的习惯、思想和历史传统，就不可能写作任何阶级的历史。

霍布斯鲍姆以"经济基础—上层建筑"的基本框架对资本主义进行客观的分析和现实的批判，以马克思的技术哲学思想解剖工业社会的发展动力，认为技术的真正核心是动力，它把人的动力在工业化过程中转化为工具和机器。资本主义产生的科技经济力量，已经巨大到足以摧毁人类生存所依赖的物质世界和基础环境，基于此他预言："社会的结构甚至包括资本主义经济的部分社会基石，正处在毁灭的转折点上。"②相较于马克思，霍布斯鲍姆更加侧重于从政治哲学的形式方面来观察和批判资本主义，擅长于马克思传统的整体主义宏大叙事，也注重从日常生活

---

① 乔瑞金：《现代整体论》，5页，北京，中国经济出版社，1996。

② ［英］艾瑞克·霍布斯鲍姆：《极端的年代》，郑明萱译，863页，南京，江苏人民出版社，1998。

和细节方面来研究历史。

霍布斯鲍姆一生致力于社会主义的平等理想，并对劳动人民给予人道主义的关怀。社会主义最终是为了关心所有的人，特别是那些普普通通、不太重要的"小人物"，甚至可以说是无显著特征的人，也甚至可以说，"只是用来充数"的人。世界不会自动自发变得更好，人们要谴责和打击社会的不公和不义。但是从经典马克思主义最终夺取国家权力的必要性这一基本信条来看，霍布斯鲍姆不可避免地对社会主义陷入了乌托邦空想，甚至对未来也时有迷茫："我们不知道，我们的旅程将把我们带向何方；我们甚至不知道，我们的旅程应该把我们带往何处去。"[1]然而，由于霍布斯鲍姆把学术研究的使命看成是对社会现实的改造，把马克思主义作为认识现实社会的理论基础，始终坚持科学技术和人民群众是推动社会进步的根本力量的唯物史观的核心理念，创造性地发展了"从下往上看"和整体性的研究方法并把它贯穿于对历史和现实的科学认识中，尤其是把社会主义作为人类解放的根本政治力量，因此，他的哲学思想深深隽刻在对资本主义发展史的剖析中、对人类现实的理性思考中、对未来美好社会的预设中，为我们留下了一笔极其宝贵的财富，为我们发展马克思主义哲学提供了极其丰富的可资参考和借鉴的思想与材料。

(二)文化批判在本性上是一种文化"对话"

文化批判在本性上是一种文化"对话"的思想是由哈维特别强调的。

---

① ［英］艾瑞克·霍布斯鲍姆：《极端的年代》，郑明萱译，25 页，南京，江苏人民出版社，1998。

大卫·哈维在历史和地理研究的基础上，创造性地将时空问题引入文化研究领域，将空间哲学与马克思的历史唯物主义思想相结合，与现代主义、后现代主义进行对话，系统地分析了现代主义文化与后现代主义文化所表现出的共性与个性的矛盾。在哈维看来，现代主义文化背弃了启蒙运动所蕴含的人类解放的使命，在文化霸权主义的支配下呈现出一种总体性压迫；而后现代主义文化只是现代主义文化的内在矛盾的集中体现，依旧是资本主义意识形态的反映。因此，只有回到马克思，以《共产党宣言》和《资本论》为理论工具，才能在时空辩证的语境中建构一种总体性与多样性相协调的新型文化。

哈维作为当代著名的英国新马克思主义者，他在继承和坚持唯物史观基本立场的基础上，创造性地将地理学中的空间概念与唯物史观相结合，形成了历史—地理唯物主义的哲学思想，并把它作为解释现代性社会诸问题的方法论原则，拓展马克思主义在现时代的解释领域，追求马克思主义哲学在社会实践中的主导地位和话语权。哈维秉持英国新马克思主义的学术传统，把对资本主义的社会批判和文化批判置于思想建构的核心，将以马克思主义为基础——尤其是回到马克思在《共产党宣言》和《资本论》中的基本思想——开展同现代主义和后现代主义的"对话"看作是现时代发展文化的正确路径，是形成总体性与多样性辩证统一的文化思想的科学方式，是消解资本主义矛盾和推进社会主义进步的关键。

回归马克思的思想是文化批判的必要前提。哈维在《资本的空间：趋向一种批判的地理学》中谈到他与马克思主义的关系时指出："作为地理学家，我一直与马克思主义进行对话；作为马克思主义者，我一直与地理学进行对话。"①这句看似简单的方法论上的自我论断真实地反映了哈维学术研究的基本特点。事实上,哈维之所以成为英国新左翼中一位坚定的马克思主义者,是他与马克思进行长期对话的结果,是他在研读马克思的《共产党宣言》和《资本论》并与现实的社会问题相结合的漫长过程中逐步选择的结果。作为一位地理学家,哈维在 1969 年出版的《地理学中的解释》一书获得了很大成功,那时的哈维还不是一个马克思主义者,直到 1973 年,他的《社会公正和城市》一书问世,才向公众公布了自己的马克思主义者的身份,从此成为马克思主义的杰出代表。

哈维走上展现马克思主义时代意义的道路,与他所研究和关注的学术问题密切相关。哈维认为,1972 年以来,文化实践与"政治—经济实践"中出现了剧烈的变化。这种剧烈的变化与我们体验空间和时间的新主导方式的出现有着密切关系。② 为了破解这种剧烈变化的实质,哈维开展了同现代主义和后现代主义长达 10 多年的对话,期望通过对资本主义在时间和空间中的发展过程及其问题的研究找到走出现实迷雾的路径。在这一过程中,哈维认识到,资本主义的现实危机并不仅仅是经济和政治问题,同样也包括文化和意识形态问题,甚至后者在现时代处在更加重要的位置。哈维把他的研究成果确定为对后现代状况的分析,该成果以《后现代的状况》为书名于 1989 年出版,副标题则明确使用了"对文化变迁之缘起的探究",并在该书第一页第一句话中将"文化实践"放

---

① David Harvey, *Spaces of Capital: Towards a Critical Geography*, Edinburgh: Edinburgh University Press, 2001, p. 17.

② [美]大卫·哈维:《后现代的状况——对文化变迁之缘起的探究》,阎嘉译,1页,北京,商务印书馆,2003。

到了"政治—经济实践"的前面。

作为英国新左翼后期的代表人物，哈维秉承了新左翼将文化研究置于中心地位的传统，开展了积极的文化批判工作。1989年，新左翼旗手威廉斯出版了集10多年研究成果的《希望的源泉：文化、民主与社会主义》一书，运用唯物史观的基本思想讨论了大量与文化相关的问题，引发了巨大的社会反响和研究文化的热情。2000年，哈维出版了题为《希望的空间》的代表作。他在导言中明确指出，之所以使用这一标题，就是为了与威廉斯的《希望的源泉》相呼应。他充满激情地指出："在历史的这一时刻，我们有一些极为重要的事情需要通过实践一种理论的乐观主义来完成，以便打开被禁锢已久的思想的道路。"[1]

在哈维看来，我们现在正在面临"文化转向"的问题。文化转向有两个重要的源头，即"雷蒙德·威廉斯的著作以及对葛兰西著作的研究（两者对于文化研究运动特别重要。文化研究运动兴起于伯明翰，斯图尔特·霍尔是其最核心的成员）。这一运动的几个令人惊奇的、出乎意料的结果之一是把葛兰西关于'理论悲观主义与意志乐观主义'的论述转变为人类本质的一个有效法则"[2]。哈维正是在讨论"归来的马克思"的章节中谈到这个问题的，他认为，面对当前的混乱，人们急切盼望某种政治和思想的指导，而只有回到马克思才是正确的和恰当的。马克思一定说出了什么重要的东西，否则，他的著作就不会如此长

---

① ［美］大卫·哈维：《希望的空间》，胡大平译，16页，南京，江苏人民出版社，2005。

② 同上书，16页。

时间地被压制。① 正是这样的思想意识，促使哈维去研读马克思的《共产党宣言》《资本论》《政治经济学批判》《路易·波拿巴的雾月十八日》等著作，进而开展了与马克思的长期对话，并得出了一系列重要结论，比如：

"我们需要一整套源自《资本论》的理论工具来认识与我们切实相关的政治问题。"②

"马克思主义的历史力量之一就是致力于把目标相异而又多重的各种各样的斗争综合成一个更加普遍的反资本主义运动。马克思主义传统对此有着巨大的贡献，因为它首创了在多样性和差异性内部发现共同性的工具。"③

"对于过去与现在之间的差异所进行的神话解读，妨碍了我们面对身边发生的变化。切断我们与马克思之间的联系，就是切掉我们敏锐的嗅觉以满足现代学术流行的肤浅外表。"④

"马克思提供了有关资本主义现代化最早的和最完整的描述……把启蒙思想的全部广度和力量同对于资本主义易于出现的悖论和矛盾的细微感受结合起来，而且也因为他所提出的资本主义现代化的理论特别有助于在针对后现代性的文化主题时能激发起阅读的兴趣。"⑤

"马克思在《资本论》中提供的答案是全面的和令人信服的。"⑥

---

① ［美］大卫·哈维：《希望的空间》，胡大平译，3页，南京，江苏人民出版社，2005。
② 同上书，6页。
③ 同上书，69页。
④ 同上书，12页。
⑤ ［美］大卫·哈维：《后现代的状况——对文化变迁之缘起的探究》，阎嘉译，99页，北京，商务印书馆，2003。
⑥ 同上书，143页。

"如果马克思对资本主义的描述是正确的话，那么就为我们提供了一个非常坚实的基础，以此来思考现代化、现代性与各种美学运动之间的总体关系，它们都从上述状况中汲取了自身的能量。"①

"正是马克思的《资本论》，才十分丰富地洞见到了流行的思维状况的内容……它有助于我们把现代主义与后现代主义两方面的范畴融入一个表现了资本主义文化矛盾的各种对立因素的合成物来理解。"②

在我们看来，哈维在与马克思的对话过程中形成的这些认识，对于文化批判的学术工作至关重要，用哈维的话来说，它们奠定了文化批判的基础。

哈维认为，现代主义文化背弃了启蒙思想的政治诉求。如同对当代文化实践和"政治—经济实践"中出现的剧烈变化的研究促使哈维与马克思主义展开对话一样，同样的问题也推动了哈维与现代主义和后现代主义展开对话，只不过这种对话的思想基础早已确定。正是基于马克思主义哲学和历史—地理唯物主义的基本立场，哈维反对将空间视为机械的、单一的传统观念，认为空间不仅具有物质性，而且还具有社会性。而文化作为社会的产物，与空间有着千丝万缕的联系。他指出，地理学的空间概念"取决于亲身的实际经验和特定社会中积累起来的文化阅历"③。面对现代主义与后现代主义的激烈碰撞，哈维并没有对这两种

---

① ［美］大卫·哈维：《后现代的状况——对文化变迁之缘起的探究》，阎嘉译，130页，北京，商务印书馆，2003。

② 同上书，424页。

③ ［美］大卫·哈维：《地理学中的解释》，高泳源，刘立华，蔡运龙译，274页，北京，商务印书馆，2012。

思潮采取全盘肯定或全盘否定的武断态度，而是将二者视为资本主义在文化层面的现实写照。现代主义所表现出的刻板的总体性与后现代主义所表现出的叛逆性，并不是当代文化发展的理想选择。作为一个坚定的马克思主义者，哈维选择了回到马克思，试图在时空辩证的语境中塑造一种总体性与多样性相协调的文化。

在深入对话的基础上，哈维充分肯定了现代主义文化对人类打碎封建主义枷锁、从扭曲的宗教意识中解脱出来、大力发展社会生产力的积极作用。但他同时认为，现代主义也是一个内在矛盾的结合体，既表现出永恒不变的一面，又表现出短暂分裂的一面。纵观现代主义的发展历程，永恒或分裂成为了各个时代的主题，二者势均力敌、此消彼长，而在二者的激烈对抗中也暗含着一种总体性的规划。但是，这种总体性的规划并非实现人类的解放，而是对人类的一种普遍压迫，并以文化霸权的形式表现出来。

哈维对现代主义文化霸权的特征做了较为全面的概括，具体内容包括：现代主义已然成为人类秩序巨大的破坏性力量；它本身具有一种内在断裂和分裂的无止境过程，从而使文化成为分裂的牺牲品；尽管现代主义是一种进步观念，具有人类解放的意义，但在今天却成了文化支配和压迫的逻辑；现代主义使一切流变凝固下来，转变为永恒；现代主义打造了现代生活的机器，从而成为文化的统治者；现代主义是一种都市文化，导致了文化的断裂；现代主义试图以其民主化精神和普遍主义抵制无政府主义、混乱和绝望，但却蜕变为帝国主义；现代主义是一种英雄主义，试图消除各种经济上、政治上和文化上的挑战，展现正义，但却带来了社会剥削和巨大的不平等；现代主义是权力中心主义，造就了官僚主义、权威和等级森严的社会阶层。① 总体而言，哈维对现代主义的看法是：它丧失了作为一种相对于反动的、"传统主义"的意识形态的革命性矫正方法的吸引力。②

哈维认为，早期的现代主义继承了启蒙文化的价值理念，启蒙理性的规划奠定了现代主义的总基调。启蒙运动在理性光环的照耀下将世俗社会从宗教迷信和封建领主的压迫下解放出来，力图创造一个普遍的、永恒的理想社会。因此，依靠先进的科学体系和合理的社会组织，人类的自由与解放指日可待。但是，事实却并非如此。伴随着 19 世纪资本主义社会内部矛盾的日益尖锐化，启蒙理性遭到了普遍的质疑。非欧几何学和相对论的出现彻底颠覆了启蒙时代传统科学的根基；审美观念与艺术、绘画等表现手法的改变激烈地排斥着启蒙运动的文化元素；各地不断爆发的工人起义和周而复始的经济危机将整个资本主义世界推向了混乱无序的巅峰。两次世界大战的创伤使人们急需寻求一种总体性的社会规划理念，以结束战争带来的失序局面。于是，代表着启蒙文化复归的企业资本家登上了历史舞台，成为社会主导的权力中心。在"技术—官僚理性"的主导下，企业资本家完成了以"线性进步""绝对真理""理想社会秩序"为特征的总体性规划，并以跨国公司为载体在第三世界迅速蔓延。这正是作为第二次世界大战后世界霸主的美国将自身视为文明标尺在全球范围内推行霸权主义文化的表现。因此，"文化帝国主义在维护全面霸权中，成为一个重要的武器"。"美国将自己构想成自由的灯

---

① ［美］大卫·哈维：《后现代的状况——对文化变迁之缘起的探究》，阎嘉译，10—55 页，北京，商务印书馆，2003。

② 同上书，55 页。

塔，其独一无二的力量能够将世界其他国家带入永恒的、和平与繁荣的文明世界。"①正是这种"技术—官僚理性"的总体性压迫最终导致了 20 世纪 60 年代在巴黎、东京、柏林等城市掀起的反文化和反现代主义的运动，并由此催生了后现代主义。

哈维将现代主义视为资本主义生产方式下的文化表现形式，要想厘清文化产生的根源，就必须考察文化背后的经济因素。哈维以资本积累体制为切入点，阐释了现代主义产生的经济根源。他认为，现代主义是所谓"福特主义"积累体制的产物，主要依靠的是企业管理和技术上的创新，而不是资本主义初期资本原始积累过程所凭借的侵略和殖民。福特主义主要通过以下两个方面来实现：一是以大规模的生产流水线替代高度熟练的手工工业，优化劳动力的配置；二是以凯恩斯主义为指导的国家干预政策。现代主义的目标是通过企业的力量来构建一个理性的、现代主义的、平民主义的民主社会。这种资本积累方式所导致的后果就是加快了资本的周转速度，促使资本在更大的范围内拓展市场，从而产生了"时空压缩"效应。

正是由于"福特主义"在全球范围内的横行，其在意识形态上必将表现为一种霸权主义，而现代主义的总体性倾向恰恰也迎合了这种刻板的、标准化的、大规模的生产模式。由此，"福特主义"在推行过程中也必将受到阻碍。劳动控制的刻板、大众消费统治之下生活质量的平淡乏味、第三世界的反抗最终导致了"福特主义"积累方式向灵活积累的方式转变，这也是

---

① ［美］大卫·哈维：《新帝国主义》，初立忠，沈晓雷译，47 页，北京，社会科学文献出版社，2009。

导致现代主义向后现代主义变迁的根源。这一切都表明，现代主义文化背弃了启蒙思想的政治诉求，人类开始期盼新的思想和文化。

在哈维看来，后现代主义文化并非积极的替代方案。在同后现代主义的对话中，哈维认为，后现代主义产生于 20 世纪 60 年代反文化、反现代主义的运动之中，以分裂、不确定性、对总体性的否定为标志，表现为对现代主义的反抗和叛逆。后现代主义在电影、绘画、文学作品、城市规划等领域都彻底颠覆了现代主义的审美观和价值观。它放弃了对绝对真理的信仰，拒斥一切普遍主义，捍卫"他者"的发言权，张扬个性，最终走向了相对主义。哈维明确指出，后现代主义不是凭空出现的，它只是现代主义在晚期资本主义社会的延续，是现代主义内在危机与矛盾的集中反映。

后现代主义表现的是"他者"的诉求，因此在文化上必定表现出通俗性，它以短暂而流变的行为艺术取缔由精英主导的高雅文化，在表现形式上更加贴近大众，迎合不同阶层社会成员的欲求。但是，哈维并没有被后现代主义所呈现的价值理念所迷惑，他将其视为资产阶级意识形态的伪装，掩盖了日益激化的阶级冲突。哈维从城市规划的角度对比了现代主义与后现代主义在城市设计理念上的差异，阐述了城市规划理念对人们生活方式的影响。现代主义的城市规划理念主要呈现出大规模集中的、以技术理性为核心的、倡导功能性的、简朴的特点。哈维指出，现代主义的都市格局是一种不加修饰的国际主义，它是资产阶级意识形态赤裸裸的表征，是象征着资本逻辑的纪念碑。随着战后资本主义社会内部矛盾的日益激化，城市中心成了受压迫群众表达不满、进行反抗的场所。纪念碑式的现代主义建筑风格给予人们一种强大的意识形态压迫感，暴动、骚乱在现代主义都市中不断上演。与理性主义、国际主义、功能主义的现代主义城市规划理念相反，后现代主义的城市布局则显现出拼贴的、层层相叠的、分裂的特征。后现代主义将空间视为独立自主的，因此，其城市规划理念注重个性化空间的创造，热衷于彰显本地历史和传统，追求特殊需求和癖好。面对愈演愈烈的阶级冲突和社会分裂，后现代主义彻底改变了现代主义纪念碑式的建筑风貌，以科学中心、水族馆、会议中心、小船坞、各种旅馆以及类似于迪士尼乐园的娱乐城堡等服务性建筑充斥城市中心。文化的商业化促使消费主义价值观极度膨胀，这些"令人愉快的建筑"背后蕴含着资本嗜利的本性。后现代主义虚幻的城市布局转移了人们的视线，暂时缓解了社会不同阶层的紧张情绪。不过，这只是资产阶级为应对各种危机而被迫做出的社会内部机制改良，而不是社会制度的根本性变革。

哈维从社会基本矛盾出发指出，作为一种文化的变迁，现代主义向后现代主义的转变应归因于资本主义经济体制的改变。自 20 世纪 60 年代以来，"凯恩斯主义"主导下的国家干预政策无法应对资本主义的固有矛盾，难以根治资本主义周而复始的经济危机。在此大背景下，"福特主义"的积累方式受到普遍质疑，其致命弱点开始显现，尤其在三个方面表现出其"刻板性"：第一，在对生产体系固定资本进行长期、大规模的投资方面的刻板性；第二，在劳动力分配和劳动契约签订方面的刻板性；第三，在国家干预政策方面的刻板性。因此，"刻板"的"福特主义"积累方式终将被灵活的积累方式所取代。与大规模集中化的"福特主义"规模经济模式不同的是，灵活积累采取的是以小批量生产和转包为特点的区域经济模式。这种模式有效地克服了"福特主义"体制刻板的缺陷，满足了更大范围的市场需求。灵活积累体制的实现主要有赖于以下两个方面：一方面取决于对最新、最准确的商业信息的把握；另一方面取决于对最新科技成果的运用。灵活积累体制引发了产业模式的变化，服务业由此兴盛起来，取缔了制造业的主导地位。而服务业的兴起又刺激了文化产业的发展，于是后现代主义文化成为晚期资本主义意识形态的风向标。哈维敏锐地意识到："灵活积累在消费方面已经伴随着更加密切地关注快速变化着的时尚、调动一切引诱需求的技巧和它们所包含的文化转变。福特主义的现代主义相对稳定的美学已经让位于后现代主义美学的一切骚动、不稳定和短暂的特质，这种美学赞美差异、短暂、表演、时尚和各种文化形式的商品化。"①因此，后现代主义"是一种日常生活中的替代，产生于积累形式的变化——由相对稳定的凯恩斯和福特模式转向由高度竞争的企业主义和新保守主义推出的一种更具弹性的体制"②，是现代主义的延续，是资本主义经济体制在文化层面的反映。

后现代主义之所以要对总体性进行反抗并捍卫"他者"的发言权，主要原因就在于现代主义的元叙事、元语言、元理论掩盖了差异性，忽视了分离与细节，最终导致了 20 世纪 60 年代的现代主义危机。后现代主义将注意力转向性别、种族、阶级所表现出的各种差异，突出那些被现代主义抛弃的弱势群体的诉求，然而，它并没有战胜现代主义，因为后现代主义对现代主义的全面抛弃，特别是对现代主义物质成就的否定，

---

① ［美］大卫·哈维：《后现代的状况——对文化变迁之缘起的探究》，阎嘉译，203 页，北京，商务印书馆，2003。

② David Harvey, *The Urban Experience*, Oxford (UK), Cambridge (USA)：Blackwell Publishers，1989，p. 13.

只是一种草莽之举，并不能从根本上解决资本主义社会面临的各种问题。

后现代主义所倡导的理念是危险的，因为它回避了当代政治经济的发展现状以及全球权力格局的变化，是一种虚幻的乌托邦。虽然后现代主义提出要捍卫"他者"的发言权，但这只是一句毫无意义的政治口号，对总体性的彻底否定不仅阻隔了各群体之间的相互联系，而且将不同群体的心声仅仅限制在各自的特定空间之内，实际上是剥夺了"他者"的发言权。因而，后现代主义只是资本主义意识形态的一种伪装。

哈维最终得出如下结论："在现代主义广泛的历史与被称为后现代主义的运动之间更多的是连续性，而不是差别。在我看来更明显的是，把后者看成是前者内部的一种特定危机，一种突出了波德莱尔所阐述的分裂、短暂和混乱一面的危机，同时又表达了对于一切特定处方的深刻怀疑态度，正如怀疑应当如何设想、表达或表现永恒与不变一样。"[①]由此可见，现代主义与后现代主义的矛盾就是普遍主义与多元主义、本质主义与非本质主义、总体性与个性的矛盾。后现代主义并不能成为现代主义的真正替代方案。

哈维认为，马克思主义文化意识是形成正确认识的对话基础。哈维通过同马克思主义、现代主义和后现代主义的文化对话，一方面确立了马克思主义的基础性地位，另一方面也看到了现代主义和后现代主义存在的重大问题。哈维结合他在地理学、政治学、经济学等方面的研究指

---

① ［美］大卫·哈维：《后现代的状况——对文化变迁之缘起的探究》，阎嘉译，155页，北京，商务印书馆，2003。

出，只有在时空辩证统一的语境中构建一种既能集中体现人类解放的总体性，又能充分给予"他者"发言权的多样性的新型文化，才是根本的出路，并由此形成了历史—地理唯物主义的哲学思想。

在哈维看来，马克思的历史唯物主义着重强调了时间维度，但也蕴含着对空间问题的思考。马克思在《共产党宣言》和《资本论》等著作中不仅看到了资产阶级在反对封建主义和解放生产力方面对人类社会进程做出的积极贡献，同时也从空间角度对资本主义生产方式进行了批判。马克思敏锐地察觉到，资本主义制度所创造的表面上的繁荣景象无法掩饰劳资冲突激化、贫富分化加剧等一系列社会危机及其对人类生活方式造成的严重破坏。面对这一系列社会危机，资产阶级采取的措施是："一方面不得不消灭大量生产力，另一方面夺取新的市场，更加彻底地利用旧的市场。这究竟是怎样的一种办法呢？这不过是资产阶级准备更全面更猛烈的危机的办法，不过是使防止危机的手段越来越少的办法。"①马克思早就意识到了资本主义在地理上呈现出的不平衡发展及其在资本积累中的作用，其集中表现为资产阶级在创造新的发展空间的同时又毁灭了其自身的地理基础。更值得关注的是，在马克思的思想中，已经体现出时空压缩的概念，他指出，资本主义"把商品从一个地方转移到另一个地方所花费的时间缩减到最低限度。资本越发展，从而资本借以流通的市场，构成资本空间流通道路的市场越大，资本同时也就越是力求在空间上更加扩大市场，力求用时间去更多地消灭空间"②。但是，哈维

---

① 《马克思恩格斯文集》第 2 卷，37 页，北京，人民出版社，2009。

② 《马克思恩格斯全集》第 46 卷，348 页，北京，人民出版社，1979。

认为，马克思和恩格斯在将空间问题引入其研究领域时也存在着矛盾。"一方面，城市化、地理转型和'全球化'这些问题在他们的论述中占据着显著地位，但另一方面，地理重构的潜在结果往往会迷失于下列这样一种修辞模式中，即最后总是把时间和历史凌驾于空间和地理之上来考虑。"①因此，哈维着重强调了空间维度在研究社会历史问题时的重要性。

针对现代主义与后现代主义所表现出的总体性与个性之间的矛盾，哈维创造性地将时空维度引入对现代主义和后现代主义的批判之中，认为"在理解世界时，应该给予过程、洪流、潮流以本体论的优先地位"②。现代主义的时空体验作为启蒙运动时代时空体验的延续，表现出了时空压缩的特性。启蒙运动彻底动摇了封建统治的根基，将世俗社会从封建教会中解放出来，时间与空间也获得了全新的含义。启蒙运动的时空观表达了新兴资产阶级对理性主义和普遍主义永恒不变的社会运行模式的向往。哈维指出，1847 年到 1848 年所发生的席卷资本主义世界的社会危机在时间的体验上彻底打破了启蒙运动"一往无前的时间性"，现代主义在经济危机上更多地呈现出了某种"循环的时间性"，而在阶级冲突中则表现出一种"交替的时间性"。从空间维度来看，资本在空间上的扩张削弱了各国抵御风险的能力，加剧了经济危机在全球范围的蔓延。在资本国际主义的支配下，文化不可避免地呈现出普遍性、共

① ［美］大卫·哈维:《希望的空间》，胡大平译，24 页，南京，江苏人民出版社，2005。

② David Harvey, *Justice*, *Nature and the Geography of Difference*, Oxford: Blackwell Publishers, 1996，p. 7.

时性、短暂性的特征。因此，从价值观上看，现代主义更倾向于普遍主义和国际主义，而拒斥地方观念和民族主义。其所带来的文化霸权主义淹没了文化的多样性，这种文化的总体性规划所表达的绝非启蒙运动所倡导的人类解放，而是对人类的一种普遍压迫。

哈维把现代主义危机的根源归结为时间对空间的侵蚀，而后现代主义的出现正是为了消除这一时空矛盾。后现代主义奉行空间保护主义，对时间进行反抗。一方面，福特主义积累机制向灵活积累机制的转变，使得区域经济取代了规模经济，小规模的、分散的生产机制可以有效地适应市场的需求，避免因盲目的加速生产而导致供过于求。另一方面，后现代主义为不同阶层量身定制了文化的空间，试图通过创建封闭式的空间来抵制文化霸权主义的蔓延。然而，后现代主义的这种多元主义倾向是危险的。这种主张非但不能解决时空矛盾，反而造成了新一轮更加剧烈的时空压缩。它将人类社会引入普遍的混乱之中，最终导致资本主义生产方式遭到破坏，社会革命因此到来。

从马克思主义立场对现代主义和后现代主义的文化危机进行思考，使哈维认识到，需要在时空辩证的语境中来创建一种总体性与多样性相统一的新型文化，才能消除困惑，走出现实的危机。他在《希望的空间》一书中将时空乌托邦分为两种类型：一种被称为空间形式的乌托邦，另一种被称为社会过程的乌托邦。他用培根笔下的新大西岛来描述空间乌托邦的情形：它营造了一种孤立的、封闭式的空间，时间因素被排除在外，历史被永恒地定格在了"快乐的稳定状态"。与此截然相反的是，社会过程的乌托邦以时间序列为轴线，完全忽略了空间地点的特性。哈维认为，亚当·斯密所倡导的古典自由主义与随后兴起的新自由主义都是这类乌托邦形态的典型代表。从文化角度来看，现代主义与后现代主义分别对应着社会过程的乌托邦与空间形式的乌托邦。

社会过程的乌托邦所蕴含的普遍主义、理性主义的价值理念与现代主义所表现出的总体性文化特质是相吻合的。值得注意的是，在资本主义生产方式的主导下，现代主义文化在全球范围内的强行推广消解了地域性文化的差异，吞噬了文化的多样性，最终走向文化霸权主义。哈维认为，现代主义文化的总体性暗含着资本的逻辑，即资本增殖的无限制加速与资本在空间范围内的无限制掠夺。因此，现代主义文化的总体性表现为资本对人类的压迫，而这正是后现代文化所要反抗的。后现代主义所倡导的空间保护主义正是空间形式的乌托邦的展现。它试图捍卫地域性文化，并将其限制在封闭的空间之中，以此来抵御文化霸权主义的侵蚀。但是，它对文化总体性的排斥抹杀了不同文化进行沟通的可能性，阻碍了文化的交流与融合，最终步入了文化多元主义的危险境地。哈维指出："后现代主义的政治所强调的'他者'和'区域抵抗'可能在一个特定的场所繁荣兴旺。但是它们在协调普遍被分裂的空间时，在资本主义全球化的历史时代的前进中，都过于经常地服从于资本的力量。"①因此，后现代主义的反抗依旧无法逃脱资本对文化的控制。

社会过程的乌托邦形态与空间形式的乌托邦形态都是片面的，二者都只是强调了时间与空间中的一个维度，割裂了时间与空间之间的联

---

① ［美］大卫·哈维：《后现代的状况——对文化变迁之缘起的探究》，阎嘉译，99页，北京，商务印书馆，2003。

系。哈维认为，这是资产阶级惯用的"非此即彼"的辩证法所导致的认识论危机。对此，哈维试图将这两种乌托邦形态所表现出的特质统一于时空辩证的乌托邦之中，以"既……又……"的辩证法取缔"非此即彼"的辩证法。从更深层的分析可知，强调宏大叙事的社会过程乌托邦与突出地域性特质的空间形态乌托邦蕴含着共性与个性的矛盾，而这正是哈维解决现代主义与后现代主义文化危机的时空语境。哈维认为，现代主义文化与后现代主义文化之间的矛盾就是总体性与多样性之间的矛盾，而这一矛盾在资本主义语境中是无法解决的。因此，哈维试图在时空辩证的乌托邦语境中运用"既……又……"的辩证法，彰显文化的总体性和多样性。

综上所述，作为一位坚定的马克思主义者，哈维始终坚持以《资本论》和《共产党宣言》为理论工具与现代主义、后现代主义、马克思主义进行对话，揭露现代主义所呈现出的文化霸权主义，批判后现代主义者对工人阶级的不信任以及对历史唯物主义的抛弃。他认为，马克思主义的最大功绩在于强调了在差异性和多样性中寻求统一性，而哈维所要强调的正是他认为被马克思主义所忽视的，即统一性中的差异性和多样性。基于对现实发展状况的考察，哈维认为，《共产党宣言》有可能低估了资本对工人阶级的破坏能力、对文化差异性的改造能力、对空间差异的制造能力以及对劳动力的动员能力。因此，"共同性与差异性的辩证法尚不能够以《共产党宣言》的概述所暗示的方式达到令人满意的效果（如果说它曾经能够做到），即使其团结起来的基本逻辑和指令是正确的"[1]。因此，哈维

---

[1]　［美］大卫·哈维：《希望的空间》，胡大平译，39 页，南京，江苏人民出版社，2005。

指出，必须发展马克思主义，深入研究马克思还没有关注到的问题，在新的历史条件下赋予马克思主义强大的解释力、生命力、创造力。哈维力图在多样性与统一性的辩证语境中探寻文化的希望空间，他的基于时空辩证法的文化批判思想正是他在"对话"的过程中发展马克思主义的一种尝试。

四、小结

英国新马克思主义的新历史主义在聚焦文化批判的过程中，创造性地实现了在思维方式上的变革，它以本真思维、生长思维和对话思维的方式，使新历史主义的文化批判同人的历史发展和现实实践活动密切关联在一起，基于人类实践的历史和现实，发展了文化批判的致思路径。其中本真思维作为文化批判的基点，深入讨论了文化是人民大众社会实践的反映、人道主义是马克思主义文化意识的核心、人的生活方式构成文化的精髓与本真等问题；生长思维则反映了文化自身的发展内涵与价值意义，集中回答了文化生成的创造主体存在于社会实践中、文化以文本生成及阅读体现其存在、人的解放是文化生成的价值旨归、文化的用途在于自身意义的体现以及人类文明必然会走向共同文化等问题。

英国新马克思主义的文化批判从整体性出发，以回到马克思的思想为基点，结合英国自身的文化传统，结合人的现实生活实际，拓展了传统理论语境中文化概念的内涵和外延，揭示了文化的本真属性，形成了一种文化整体观，即将文化视为一种整体的生活方式、自我生长的过程和在对话中发展与完善的存在，展现出文化自身的价值意义，并将文化生产与文化实践看成决定社会发展的重要因素。

聚焦文化批判的新历史主义思维以恢复或重塑被传统文化批判理论遮盖甚至否定了的主体能动性为理论诉求，持续关注和分析日常生活中文化形态的发展以及由此呈现出来的多样性，努力揭示当代社会文化实践的复杂机制，创造性地发展马克思主义的文化思想。

英国新马克思主义的新历史主义在思维方式上独树一帜，具有革命性的变化，它内在蕴含了本真思维、生长思维和对话思维等具体思维形式。作为马克思主义哲学的一种新的表达方式，它不仅发扬了马克思主义的客观性、发展性和开放性的一些基本的思想内涵，而且通过聚焦文化来理解历史和现实的发生与发展过程，尤其是结合英国工业革命以来现代化发展史的不同侧面，展现了现实社会的存在状况，尤其是对所谓高度发达的资本主义的发展过程和现实状况的理解和批判，揭露了资本主义尖锐的现实矛盾，为探寻人类获得自由和解放的新的社会秩序提供了一系列新的思想和方法，表明思维方式变革对促进人类思想进步和推进社会发展的重大意义。

英国新马克思主义对于人的历史的和现实的生活世界做出了新的文化阐释。与那种将文化视为现实社会关系的消极反映以及将文化看成被思考和被写作的最好的东西等各种关于文化的看法相反，英国新马克思主义者拓展了文化的内涵，他们在人类学意义上理解文化，将其与普通人的日常生活和经验联系起来。

英国的精英主义文化传统强调文化的精英性和超验性，并强调文化作为世界上最好的思想和言论所具有的社会功能，否定逐渐兴起的大众文化，以保守的方式来反抗资本主义的现代性。英国新马克思主义者一方面继承了英国精英主义文化传统对文化社会功能的强调，专注于各种意义的文化与政治社会的关系，坚信从文化出发来改造社会是可能的；另一方面，现实的变化促使他们开始反对本国传统的精英主义文化，希望把大众文化特别是工人阶级文化引入到文化的内涵中来。于是，他们走出文献，转向对日常生活的关注。这种目光向下的方式与对文化的经典定义和再定义联系在一起，在此期间，新马克思主义的杰出代表霍加特、汤普森、威廉斯、伊格尔顿等学者的工作尤为重要。

霍加特作为来自工人阶级家庭的社会主义知识分子，对文化差异非常敏感，而且能够很好地观察工人阶级生活方式的连续性和变化。他运用文学批判方法理解文化经验的意义，阅读活生生的经验，根据自己的体验与观察，他做出了一个重要的判断，即文化是人们对日常生活的理解和把握，是大多数人的事情。他对工人阶级自己创造文化的能力充满信心，并坚信他们能够在自身的文化受到大众娱乐新形式的严重威胁时，抵制大众文化的控制。这种研究路径对文化以及大众文化的分析是一个重大的突破。同时，他的研究也是跨学科的，淡化了社会学、文学批判主义和政治学之间的区别。

汤普森认为霍加特研究工人阶级文化的社会学研究路径缺乏工人阶级历史和阶级斗争更全面的历史背景。他开始挖掘英国的人民抵抗和革命传统，寻求从历史方面恢复普通人的经验，寻求创造自下而上的历史。在《英国工人阶级的形成》一书中，汤普森试图把英国的人民抵抗传统和浪漫主义的理论联结起来。他写道："对于所有人都应该清楚的是，在我们的政治工作中，为道德原则而进行有意识的斗争是我们与人民的政治关系的一个重要部分。英国人民并不理解也不愿意信任没有道德语言的怪物。……我们仍然必须阅读莎士比亚，就像读马克思一样。"①所以，汤普森坚持认为，莫里斯对人类道德本性进化的历史性理解是对马克思的经济和历史分析的必要补充。因此，英国的马克思主义者必须承认莫里斯思想的重大意义，即生产关系（基础）不仅仅创造道德价值（上层建筑），而且它自身也有道德维度。经济关系同时也是道德关系，生产关系同时也是人与人之间的关系，是压迫或合作的关系，存在道德逻辑，就像存在从这些关系中产生的经济逻辑一样。汤普森还把这种新的文化研究路径与历史学家小组的共产主义传统融合在一起，主张文化研究必须与马克思主义阶级斗争概念相结合，提出"文化是整体的斗争方式"。这种描述将总体性概念与阶级斗争理论合并在一起，认为阶级斗争的历史同时也是人类道德的历史。对阶级斗争的道德维度的关注使强调意识、经验、观念和文化成为可能。

　　汤普森的政治斗争概念是一个理论突破，政治斗争暗示了政治的另一种视角，即道德和文化的视角。他在否定基础和上层建筑的区分时，重申了经济、政治和文化之间更复杂的相互作用的关系。比如，汤普森反对对阶级概念作教条主义理解，他区分了"客观"和"主观"阶级组成部分。"客观"指阶级关系的结构性基础；"主观"描述了阶级意识的成长，它是一个过程，借助于这个过程，被剥削阶级开始主观地或者经验地意识到客观形势并去抵抗这些形势，或者在非常成熟的环境下，推翻这些形势。所以，阶级应该被看作一个历史现象，是文化、政治和经济的一

---

① ［英］爱德华·汤普森：《奥姆斯克的冬麦》，载《世界新闻》，1956-06-30。

个发展过程。阶级是由非人性化的工业资本主义进程催生的,是由实际的人在实际的环境中依靠过去丰富的文化和社会资源创造出来的,是历史经验的最后阶段而不是最初阶段。可见,在汤普森看来,阶级是一种经验,一个历史过程,而不是固定的术语或范畴。此外,汤普森也不像霍加特那样严重依赖个人经验,而是靠走出特定经验的细节去理解运动中的总体。比如,他认为,就工人阶级这个群体而言,其内部也存在等级和分化,存在对峙和斗争,但在斗争的语境内,恰恰是为了反抗资本家的压迫、争取政治权利的斗争才使工人阶级团结起来,形成了一个阶级。汤普森对英国工人阶级进行的历史探讨在思想性和方法论两方面对伯明翰学派的文化研究具有图腾般的重要意义。

威廉斯则更广义地看待文化,强调文化的整体性。他指出:"'文化'一词的发展记录了我们对社会、经济、政治生活领域的这些变革所做出的一系列重要而持续的反应。"[①]所以,文化不只是精神、知识和艺术的总体,而是涵盖了社会生活的全部内容。他在《漫长的革命》一书中表述了文化的社会定义:"文化的社会定义是对一种特殊生活方式的描述,它不仅表达了艺术和学术上的一定价值和意义,而且也表达了体制和普通行为上的一定价值和意义。"[②]这个定义不但扩展了文化的外延,使之具有了更广泛的范围,如包括电影、电视、流行音乐、广告等,而且强调文化是一种蕴含了特定的意义和价值的特殊生活方式。威廉斯后期还通

① [英]雷蒙德·威廉斯:《文化与社会》,高晓玲译,5页,长春,吉林出版社,2011。

② Raymond Williams, *The Long Revolution*, London: Broadview Press, 2001, pp. 57-58.

过对马克思主义文化理论的认真思考和探讨，力求发展他的"文化唯物主义"。此时，威廉斯发展了关于文化的定义，认为文化是一种"整体的生活方式"，是通过整体生活得以展现的表意实践。这一定义的提出标志着威廉斯完成了把文化作为一个表意系统到表意实践的转变，而且文化也被赋予了物质性特征。

威廉斯的"整体生活方式"的文化内涵，在唯物主义的立场上，揭示了文化的一些基本特征：第一，整体性。威廉斯"整体生活方式"的文化观中最大的特征之一就是其对"整体观"的强调，他不仅强调理念、文献与社会的整体性，还强调物质文化与精神文化的整体统一性，更强调大众文化与精英文化的整体共在的意义和价值。第二，现实性。威廉斯的文化观是一种强调现实生活的文化观，他将文化研究的视角从人类完美的"理念"与作为文化艺术作品的"文献"引向了鲜活的现实生活。第三，日常性。"文化是日常的"，这是威廉斯的文化定位，也是他进行文化研究的宣言。他将文化从之前的精英殿堂拓展到百姓人家，从常人无法企及的社会上层的生活延伸至普通人的日常生活层面。

伊格尔顿则进一步深化并发展了威廉斯的文化观，认为文化在本质上是实践，是生产，是社会各个阶层和阶级在集体实践中不断重新创造和重新定义的整个生活方式。文化研究的目的不是为了解释文化，而是为了实践地改造和创造文化。文化是具体实在的、与我们的日常感觉紧紧联系的政治现实问题，文化是政治斗争的场所。

总之，英国新马克思主义者尝试理解文化的多维度性质，理解文化与其他社会实践的相互依赖关系。他们关于文化的界定使人们跳出了长期以来对文化的静态观察方式，改变了将文化视为自主体系的观念，也改变了学界对文化观念思考的精英立场，坚持将文化理解为人民大众的一种整体的生活方式、一种动态的社会物质实践。文化批判就是对整体生活方式中的各种因素之间关系的研究。于是，关注和分析各种文化形态、文化机制以及文化作为权力的运行过程就成为英国新马克思主义的文化批判的主要内容。

英国新马克思主义者特别重视文化实践与文化主体的培育，他们运用本真思维、生长思维和对话思维的方式，深入研究内在于日常文化实践中的主体重塑问题。

英国新马克思主义者的文化批判思想，一方面突破了文化是一种业已形成的整体这种普遍看法，将文化视为一种基于生产方式基础的特殊的生活方式，认为它是互动的、鲜活的、成长的并且处于不断变化之中，"他们特别强调了人民大众，尤其是工人阶级在文化中的创造作用，在文化批判的主导意识上体现了马克思主义的基本立场"[1]；另一方面，他们关注文化、研究文化的生产和再生产，实质上是为工人阶级和人民大众的利益而进行的改变资本主义社会关系，进而实现社会主义的政治斗争，体现了这一时期文化研究者重塑社会政治主体的强烈意识及其对马克思主义的坚持。"推进大众文化发展，唤醒大众文化意识，对于凝聚工人阶级的社会力量，实现社会主义，是一种根本性的举措"[2]，他们通过自身的努力使马克思主义在一种文化政治学的努力中获得了时代的新意。

英国新马克思主义的文化批判与其对苏联马克思主义机械决定论

---

① 乔瑞金：《英国新马克思主义对文化概念的哲学分析》，载《理论探索》，2008(3)。

② 乔瑞金：《英国新马克思主义》，25 页，北京，人民出版社，2012。

的批判相关联。我们知道，马克思和恩格斯在其全部历史分析中始终秉持社会意识与社会存在之间的辩证互动。只是他们在阐述其思想时，将其表述为一种虚构的"模型"：作为"基础"的社会关系（生产关系）和矗立其上并对其产生反作用的由各种思想、制度等组成的"上层建筑"。事实上，这种"基础"和"上层建筑"从未存在过，它们只是帮助我们理解实际存在的事物的一种隐喻。但后来的历史发展证明，这是一个危险的模型，因为正统马克思主义在使用它时，并不把它看成是对社会中不断变化的人的实践活动的反映，而是将它当成一个独立于有意识的人类主体之外、半自动地发挥作用的机械模型。这种解读不但歪曲了马克思主义的真正内涵，也对苏联的社会主义实践造成了极大的损害。英国新马克思主义者结合英国晚期资本主义发展的新状况，坚持具体问题具体分析，通过文化主义、结构主义和文化领导权等一系列思维范式将马克思主义发展为一种文化批判理论。这一路径成功地揭示了资本主义社会现实的总体性，并在这一过程中凸显了马克思思想的主体维度。其思维方式和研究范式对我国的马克思主义研究有重要的启示意义和参考价值，对我们准确理解甚至发展马克思主义也具有重要意义。

英国新马克思主义文化批判路径的形成也是英国文化研究者自觉运用马克思主义指导自己文化研究的结果。霍加特、威廉斯、汤普森这三位左派思想家以文化研究的实证形式改变了英国传统的文化研究范式，展现了英国新马克思主义的基本风貌。1964 年，英国伯明翰大学当代文化研究中心（CCCS）的成立宣布"将文化纳入理性的研究地图"，继续将文化研究推向深入。其代表人物因为独特的研究方向、众多的学术成果和重大的思想影响等被称为"伯明翰学派"或"英国学派",因为他们的重要贡献,文化研究甚至从英国辐射到北美、澳大利亚以及其他国家和地区,形成世界性的研习风潮并成为当代学术的一门显学。

当然,这一路径也存在一些明显的缺陷。比如英国新马克思主义者对经验的过分关注和依赖严重影响了其文化批判理论的深度,从而使它看起来更像一种社会学的分析,没能上升到哲学方法论的高度。更重要的是,因其产生于对正统马克思主义"经济决定论"极端厌恶的 20 世纪五六十年代,英国新马克思主义文化批判在强调社会现实和社会进程的总体性过程中,最终走向了另一个极端。它将社会中的各种因素与物质性等量齐观,忽视了某些因素,特别是经济因素的重要性和优先性,缺乏对文化背后经济动因的分析,同样也降低了其理论的深度和厚度。正如安德森所评论的那样:"由于创作于反叛的时代,在极端的精神下,对所选目标进行猛烈的抨击,这一总体拒斥的代价同时伴随着理论的过度自信——一种理论的必胜信念并无助于其倡导的激进替代。"①

我们知道,英国新马克思主义是在历史主义传统的基础上形成的。因此,它在回归经典、深入研究马克思主义的过程中,在思维范式上发生了根本性转换,这种转换首先表现为从旧历史主义向新历史主义的跨越,在这一过程中,汤普森、霍布斯鲍姆、威廉斯等人的工作起了主导性作用,从而形成了在"当代西方颇有影响的史学流派",试图把英国知识分子中的马克思主义历史学家的传统和观点,与工人运动中产生的新

---

① Perry Andson, "A Culture in Contraflow", in *New Left Review*, 1990(5).

思想结合起来，并自称为"新马克思主义史学"①。

英国新历史主义者把历史活动看成是一个过程，人本身具有积极的作用，因此，一定要回归历史的"本体"，在历史自身的总体性存在的高度，建构人与客观世界的关系，深入历史的本质。新历史主义的最主要的推动者是汤普森和霍布斯鲍姆，霍布斯鲍姆甚至被人们认为是"当代西方头号马克思主义历史学家"②，他认为，新历史主义是一种"还原过去的人尤其是过去的穷人，这是对理论的重大贡献"。总体来看，新历史主义的大多数成员都自觉地运用历史唯物主义的观点和方法进行研究，并把历史研究和现实分析紧密结合起来。他们抱着共产主义的政治信仰，时刻关注当代社会主义运动的发展进程和前进方向，并直接参加了现实的政治斗争。从社会主义人道主义观点出发，对下层民众的悲苦命运充满同情，把人的自由和解放作为终生奋斗的目标，相信"正义而人道的未来社会的根源可以在英国过去的大众性民主斗争中发现"③。

英国新历史主义者在思维范式上坚持社会主义人道主义的历史观，通过还原历史的本来面目，使人民从尘封的历史中走出来。他们要从历史中为现实政治斗争寻找动力和根据，找到使英国等西方发达资本主义国家变革为社会主义所依靠的力量。正如霍布斯鲍姆所指出的那样："使马克思主义渗透进历史科学的主要动力是政治上的动力。几乎所有

---

① 何兆武、陈启能主编：《当代西方史学理论》，433—434 页，上海，上海社会科学院出版社，2003。

② 同上书，461 页。

③ Edwin A. Roberts，"From the History of Science to the Science of History: Scientists and Historians in the Shaping of British Marxist Theory", in *Science and Society*, No. 4, October 2005, pp. 529-558.

成为马克思主义者的知识分子，以及所有成为马克思主义历史学家的历史学家，这样做的时候最初都是由于政治信念吸引他们去从事跟马克思结合在一起的事业。马克思主义及其在知识上的影响的历史的出发点是群众性社会主义运动和知识分子政治化的历史。"①从整体上看，历史学派运用马克思主义进行历史研究彰显为一种"从下往上看"的研究理念和批判视角，其最具影响力的著作是汤普森的《英国工人阶级的形成》等。

英国新历史主义者坚持马克思的文本精神，突出工人阶级的社会自觉性，强调阶级意识之于阶级形成和阶级斗争的重要性。在批判"经济决定论"和教条主义的过程中，强调了意识形态的相对独立性，并在强调主观能动性和意识形态相对独立性的过程中，同样也强调经济基础的作用，始终未忽视经济结构对工人阶级生活的决定性影响。汤普森在强调阶级是一种处于发生状态的历史现象的同时也指出："阶级是一种文化的和社会的形成，不能孤立地、抽象地而必须按照与其他阶级的关系来给它下定义。"②文化是意识形态的概括，社会是生产关系的综合。阶级是文化意识和社会生产共同作用而形成的晶体，天然地处于一定的、必然的、不以其意志为转移的生产关系之中，受到物质生活的生产方式的制约。虽然生产关系是由人创造的，但它一经被创造出来，就成为既有的、现实的客观存在物，它也会反过来制约和改造人。在此意义上，我们说，社会存在决定社会意识，而不是社会意识决定社会存在。这正是历史唯物主义的立脚点。以此为前提，唯物史观才强调社会意识对社

---

① ［英］艾瑞克·霍布斯鲍姆：《马克思和历史》，易克信译，85 页，第欧根尼，1985(1)。

② E. P. Thompson, *The Poverty of Theory and Other Essays*, London: Merlin Press, 1978, p. 295.

会存在的反作用，从而使二者之间形成了互动关系，社会历史也变成了整体的历史。这同样也是霍布斯鲍姆所坚持的一个基本观点。在《从社会史到社会的历史》中，霍布斯鲍姆明确指出，从根本上说，真正的历史应该是全部的历史，即"总体史"，应包括人类生活的各个层次，应从整体上理解历史。总体而言，英国新历史主义凸显了整体主义的思维模式，突出了本真思维、生长思维和对话思维对于理论和实践创新的功能与价值。

第二章 | 变革社会秩序的新理性主义思维

英国新马克思主义的群体意识是与英国传统马克思主义所主张的科学主义密切联系在一起的，结合历史主义的历史意识和来自欧洲大陆的结构主义的马克思主义思想，形成了它自己的特色，即一方面强调马克思思想的"科学性"、社会认识的科学性和思维活动的科学性；另一方面又突出历史发展的整体性，和现实社会存在的结构性，从而把马克思在《共产党宣言》中所主张的借社会结构与历史过程的整体性来科学理性地认识社会作为一种方法论主张，不仅形成了自己有别于欧陆马克思主义的思想意识，也形成了自己独具特色的新理性主义的思维方式。

英国新马克思主义在社会批判过程中所形成的新理性主义的思维方式，内在包含着一组具体的思维形式，即互存思维、合法思维以及聚合思维等方式。所谓互存思维是指他们从社会存在决定社会意识的立场出发，认为社会结构是由诸多构成元素集合而成的，这些构成元素相互依存、相互作用，从而决定了社会存在的基本特性和社会有序发展的方向，因此，科学认识社会存在及其发展的规律，要通过研究社会构成元素之间的相互依存的关系来实现；所谓合法思维是指他们坚持认为社会从一种存在形式到另一种存在形式的转化，以及对现实社会有序程度的评价，要以合法性为基础，但不同于资本主义社会所谓主流学术思想所主张的合法性，而是以体现人民的共同意志、科学理性的内在要求以及维护社会有序存在和人道主义为基础的合法性，革除社会弊端、推进社会秩序从混乱走向有序，使社会结构发生根本性的转换，从旧秩序中产生出新秩序；所谓聚合思维是指他们强调要把各种影响社会变化的因子聚合成一个整体，尤其是要把推进社会变革的各种动力，即坚实的物质力量和高尚理性的精神力量聚合在一起，形成合力，从而推进社会秩序的转换，形成新的社会秩序和新的社会形态。英国新马克思主义在社会批判过程中阐释的秩序转换的科学思想，有力地把马克思主义关于社会存在与社会意识的关系的认识，把消除社会混乱，走向新的社会秩序的理性认识，推进到一个新的高度，值得深入研究。

一、互存思维引领社会批判的科学解释导向

对人类社会的现实存在和历史发展做出科学理性主义的解释，是由

新马克思主义者安德森在吸收历史主义思想的基础上开启的。佩里·安德森(Perry Anderson,1938—)是英国 20 世纪 60 年代成长起来的新马克思主义的代表,创作了大量著作,其代表作有:《从古代到封建主义的过渡》(1974)、《绝对主义国家的系谱》(1974)、《西方马克思主义探讨》(1976)、《当代西方马克思主义》(1983)、《当代危机的起源》(1964)、《社会主义和伪经验主义》(1966)、《国民文化的构成》(1968)、《现代性与革命》(1984)和《后现代性的起源》(1998)等专著,并出版了《交锋地带》(1992)和《思想的谱系:西方思潮左与右》(2005)两本论文集,其学术思想被誉为马克思主义的"理智的守门人"。安德森以唯物史观为基础,批判地吸收法国结构主义的马克思主义的基本观点,结合英国乃至欧洲和世界的历史与现实,特别关注和研究了人类社会存在和发展的规律性,形成了被称为"类型学"的唯物史观思想,对人类社会的存在、变迁和发展,给出了新理性主义的解释,凸显出英国新马克思主义的理论特色。

(一)人类社会是一种整体性的存在

安德森认为,任何社会都拥有两种维度:它是结构的,只能按照各部分之间的关系来理解;它也是过程的,只能按照过去的累加意义来理解。因此,在任何实际的研究中,如何把这两个方面加以综合,成为认识活动的最大困难。在盎格鲁-撒克逊国家中,这两者的共存,标志着马克思主义在这些文化中渗透的局限性,因为马克思主义是历史分析与结构分析有机统一的思想。它既是纯粹历史主义的(否认了所有超历史的本质),也是功能主义的(社会是有意义的总体),这一综合是独一无二的。① 这就是说，安德森认为，对人类社会的正确认识，包含了历史学和社会学两个根本维度，包含了历史分析和社会分析两种基本方法，而马克思主义就是这二者的有机统一，从而形成了融历时性与共时性、时间性与空间性为一体的关于社会的科学解释。这样的科学解释，需要从对社会存在的认识入手。

安德森首先把唯物史观看作是对社会存在的一种本体论意义上的结构性认识。生产方式是社会的一种最根本的存在结构，其生产力和生产关系、经济基础和上层建筑这两对基本关系，犹如网结一样，把社会存在的各种要素都集约在一起，形成了一种动态的网络体系，社会的各个构成元素在这个动态的网络体系中互存。正是在这一被集约化了的动态网络体系中，这两对关系或矛盾才凸显出各自的意义。作为动态网络体系的社会存在，不仅是一个不断变化着的整体，而且在不同历史时期和不同现实条件下，表现为不同的存在形式和发展状况，其内在各种要素的互存形式和集约功能，也在这个被集约化的过程中体现出来，因此，具有类型学的特征。

生产力与生产关系是互相依存的。安德森认为，生产力和生产关系这一对结构要素总是共处于一个统一体中，它们相互关联、相互依存和相互影响，任何一方都不能脱离另一方而单独存在。因此，生产力相对于生产关系来说，不应享有任何的优越性和优先权，而生产关系相对于生产力来说，也获得了一种"相对的独立性"。

---

① Perry Anderson, "Portugul and the End of Ultra-Colonialism III", in *New Left Review*, 1962(17), p. 113.

在传统马克思主义的解释中，生产力的作用总是积极主动的，而生产关系的作用总是消极被动的，同时，生产力的积极作用是由科学技术的发展加以保障，甚至提出了"科学技术是第一生产力"的思想。这就赋予了生产力一种完全的自主性和能动性，它可以在脱离生产关系的状态中得以存在和发展。然而，在安德森看来，这样的看法是不全面的。生产力的发展不是单纯技术进步的结果，而需要在生产关系的保驾护航中前行。他详细考察和比对了奴隶制生产方式和封建制生产方式中的生产力问题。在新的劳动分工的基础上，奴隶制社会和封建制社会都不可避免出现了生产力的极大发展和进步，诸如奴隶社会中的旋转碾磨机、螺旋压榨机、吹玻璃技术、供暖系统、收割机、植物学知识、土地灌溉技术等，封建社会中用于耕地的铁犁，用于牵马的挽具，用于改良土壤的泥炭肥料，使用机械动力的水磨，以及三田轮作制等，但是，这些作为生产力标志的技术革新，在奴隶社会和封建社会中却得到了截然不同的使用，前者是个别而局限的，后者是普遍而广泛的。

在安德森看来，之所以出现这种情况，是因为生产力的发展并不单单依靠科学技术的进步来保障，而是由社会的生产关系加以保障的，因此，"不应该将它们（指生产力）孤立地看作这个时代经济史中的神灵或决定性的变量"①。也就是说，生产关系对于生产力的发展也起着至关重要的作用。生产力和生产关系作为两个最基本的社会结构要素，它们

---

① ［英］佩里·安德森：《从古代到封建主义的过渡》，郭方，刘健译，194—195页，上海，上海人民出版社，2001。

始终相互交织和缠绕在一起。"一种生产方式中的危机的特有'形象'，不是有活力的（经济的）生产力胜利地冲破落后的（社会的）生产关系，迅速地在它们的废墟上建立一种更高级的生产活动和社会；相反，生产力经常趋于停滞和退步于现存的生产关系之内，到它们自身在新的生产力能够创造出来之前，必须激烈地变化和重组，结合为一种全球性的新生产方式。换言之，在转变时代，生产关系的总的变化是发生在生产力之前，而不是相反。"①

这就意味着，在社会变革时代，当生产力与生产关系发生矛盾时，并不总是先进的生产力首先冲破落后的生产关系，而是生产关系的变革发生于生产力之前，或者说，生产关系的变革并不是由生产力中决定性的进步所引起的，而是由生产关系自身因素的衰落或崩溃所导致的。生产力和生产关系都共同享有一种独立性和自主性，然而，这一独立性和自主性始终是作为整体中的一个功能而发挥作用，或者说两者总是相互依存、互为条件的，两者在历史上从来都不是单独起作用，而是在相互影响和相互作用中共同起作用，表明生产力和生产关系之间的矛盾是长期历史变革最深层的动力。②

关于经济基础与上层建筑之间的关系，安德森认为它们具有内在的统一性。他坚持经济基础首要性这一唯物史观的基本论断，同时用历史事实说明了上层建筑的多元存在属性，即政治、法律、文化和意识形态

---

① ［英］佩里·安德森：《从古代到封建主义的过渡》，郭方，刘健译，216 页，上海，上海人民出版社，2001。

② Perry Anderson，*Arguments within English Marxism*，London：Verso，1980，p. 81.

都享有一种相对的、充分的自主性和积极性，尤其是对政治因素给予了极大的关注和强调，因而避免了经济还原论或经济简化论的色彩。在他看来，任何社会结构都是一种多元要素的组合，除经济因素之外，还存在着各种上层建筑要素，这些要素并非只是经济因素的副产品或附属物，作为社会结构本质的和决定性的要素，它们也必然参与了整个社会的内部结构和机制。

安德森认为，对于生产力和生产关系、经济基础和上层建筑这些结构性的要素，它们并不仅仅只是理智的一种纯粹而任意的构造，而是对历史的一种真实反映和再现，因而，对于这些要素和要素间关系的探讨，始终是在历史上的具体的社会形态，如奴隶主义、封建主义和绝对主义中进行的。对于这些要素及其关系的解释，安德森提供了一种类似于阿尔都塞的结构主义解读，不仅释放了它们自身的独立性和自主性，而且强调了它们之间的相互作用性和依存性，始终把它们作为一个整体来看待，这就体现出一种整体主义的思想，从结构主义和历史主义的双重维度上，说明了社会存在的整体性。

(二)社会变迁具有多样性

安德森在思考社会存在的同时，也特别关注在特殊类型学的意义上理解社会革命，认为社会革命在本质上是一种异质性的社会变迁，是从一种社会存在状态转变为另一种存在状态，社会存在的本质在跃迁过程中发生了根本性的改变。社会从一种状态向另一种状态的变化，可能是突变的，也可能是渐进的，因而存在多种类型而不仅仅是一种模式，从而形成了一种社会形态的"类型学"。①

安德森认为，马克思在《〈政治经济学批判〉·序言》中关于人类从"亚细亚的、古代的、封建的和现代资产阶级的生产方式"的发展，可以"看作是经济的社会形态演进的几个时代"②的思想，为我们提供了一种科学的唯物主义的解释，体现了人类历史发展的基本规律。然而，作为对人类整体发展过程的理解，这一表述对于世界历史的实际发展道路而言，仍缺乏足够的诠释力，因为世界上不同地区和不同国家发展的道路千差万别：欧洲、美国和日本最终走向了资本主义道路；亚洲的中国、朝鲜、越南、老挝以及美洲的古巴没有经历资本主义阶段就走上了社会主义道路；苏联和东欧国家的发展道路更加艰难曲折，社会主义之后又转向了资本主义。因此，要想为世界历史的这种差异性和多样性版图提供一种行之有效的解释，就不能对这一规律做简单化的理解，"必须坚决抛弃任何简单的进化概念，即认为一种较低的生产方式被一种较高的生产方式所包摄，一种生产方式完全是通过一种有机的内在连续过程而自发地产生于并取代另一种生产方式"③。

在生产方式和社会形态这一双重的概念和理论框架下，安德森详细思考和探索了历史上不同的社会形态，诸如奴隶主义、封建主义和资本主义之间的过渡与变迁，认为这些基本社会形态是在不同生产方式之间

① 乔瑞金、李瑞艳：《试论安德森的"类型学"唯物史观思想及其意义》，33 页，载《哲学研究》，2011(7)。

② 《马克思恩格斯全集》第 31 卷，413 页，北京，人民出版社，1998。

③ ［英］佩里·安德森：《绝对主义国家的系谱》，刘北成，龚晓庄译，449 页，上海，上海人民出版社，2001。

的相互冲突、碰撞、接受和融合下形成的，同时认为每一种社会形态在不同地区和国家中又衍生出了不同的社会结构，它们拥有各自独特的属性和特征。

对于基于社会革命的社会变迁，安德森写了大量著作和论文，在此，我们以他对封建主义的起源和发展过程的看法加以初步分析。安德森认为，传统的关于封建主义的起源是一种简单进化的解释，这过于笼统，无法说明奴隶社会向封建社会转变的真正机制。

在他看来，封建主义生产方式是同时代两种结构性要素，即古典奴隶制生产方式和原始部落的公社制生产方式在相互的冲突和碰撞中，经过不同比例的重组或融合而形成的。他说道："两种瓦解中的先前生产方式，即原始的方式和古代的方式的灾难性碰撞，最终产生了遍布整个中世纪欧洲的封建秩序。西方封建主义是罗马和日耳曼的传统融合的特有结果……"①这就意味着，原始部落制和古典奴隶制之间不仅存在一种时间上的先后关系，而且存在一种空间上的结构关系，它们同时存在于同一时代的不同区域。原始部落制是当时北欧的社会制度，而古典奴隶制是当时希腊、罗马的社会制度，在不断地征服与扩张中，两种生产方式产生了不可避免的摩擦和冲突，正是在这种"灾难性"或"灾变性"的碰撞中，才最终形成了欧洲历史上独有的封建主义社会。

安德森认为，在这一"历史综合体"的封建主义社会中，先前存在并

---

① ［英］佩里·安德森：《从古代到封建主义的过渡》，郭方，刘健译，130页，上海，上海人民出版社，2001。

促其产生的原始生产方式和奴隶制生产方式并不会自动消失，而是与封建主义生产方式相伴始终，但社会的性质已经发生了根本的改变。所谓封建主义社会，是指封建主义生产方式居主导地位，原始部落制和奴隶制生产方式居从属地位，并以某种或明显或隐蔽的方式存在。正是在这三种异质的生产方式的相互作用和影响下，欧洲的不同地区和国家之间形成了具有差异的"封建主义的类型学"。安德森把这一封建主义社会形态仅仅局限于欧洲地区，认为它是欧洲所特有的现象，不能随意把它扩展到欧洲以外的地区，当然，亚洲的日本也存在过封建主义社会，但其特征具有显著的差异。尽管封建主义专属于欧洲地区，但并不是欧洲所有的地区和国家都存在完全一致的封建主义类型，这种封建主义的程度或深或浅，成分或多或少，差异或大或小，因而形成了两种不同的类型学：一种是"地区的类型学"，一种是"国家的类型学"，从而表现出不同的社会变迁形式，不能做太笼统和简单化的处理。

(三)唯物史观内含"类型学"的思想意识

作为英国新马克思主义中结构主义学派的代表人物，佩里·安德森在马克思所开创的历史唯物主义的传统视域内对历史、社会、文化和政治等领域进行了独具特色的研究和探索，开启了"类型学"唯物史观的思维范式①，试图从结构的层面来理解马克思主义的科学性和普遍性，尝试给出一种融合经验与理性、历史与逻辑的论证。

如果对安德森"类型学"唯物史观的理论渊源做一番仔细探寻，那么

---

① 乔瑞金：《英国的新马克思主义》，10—14 页，北京，人民出版社，2012。

将找到丰富而多样的理论系谱，既包含了英国经验主义的马克思主义，也包含了欧陆理性主义的马克思主义，更重要的是包含了马克思、列宁等经典的马克思主义思想。反而在这些理论系谱中，对安德森的"类型学"唯物史观产生了至关重要影响的是法国阿尔都塞的结构主义的马克思主义思想。正是在这一思想的影响下，形成了以安德森为代表的英国结构主义的马克思主义学派。

安德森之所以转向阿尔都塞的结构主义思想，主要是针对以汤普森为代表的历史学家对马克思主义的人道主义的解释。对于安德森而言，马克思主义的人道主义解释仅仅是一种道德的批判，而不是一种科学的批判，而结构主义的解释既是一种理性的分析，同时也是一种科学的分析。然而，安德森并没有完全信奉阿尔都塞的结构主义思想，反而认为它是一种极端的结构主义，并对其"结构"给予了不折不扣的批判："如果结构单独在一个超越所有主体的世界中得到公认，那什么能够确保它们的客观性呢？极端的结构主义也决不会比它所宣告的人类的毁灭再刺耳了。"①由此，安德森从"结构"转向了"类型"，开创了新的"类型学"的解释路径和研究方法。

安德森在《当代危机的起源》一文中首次采用了"类型学"这一思想，他不仅创立了有关社会权力的"具体的类型学"的阐释模式，而且在这一模式下分析了英国独特的权力结构类型。随后，安德森在其享有盛誉的两部史学著作《从古代到封建主义的过渡》和《绝对主义国家的系谱》中，

---

① ［英］佩里·安德森：《当代西方马克思主义》，余文烈译，68 页，北京，东方出版社，1989。

把这一"类型学"的方法和视角应用于对封建主义和绝对主义两大社会形态问题的研究中,形成了"封建主义的类型学"和"绝对主义的类型学",并通过对欧洲不同地区社会结构和国家结构的诠释与对比,形成了"地区的类型学"和"国家的类型学",并在这一基础之上,形成了具有"类型学"特征的唯物史观思想。

简单来说,安德森这里所说的"类型"实际是指一种结构。但与传统的结构主义所讲的"结构"不同,它不仅是纯粹的思辨的理性的创造物,而且是特定的历史社会的产物,相应于具体的历史社会形态,也相应于特殊的地区和国家,因而既是一种历史的结构,也是一种社会的结构;既是一种历时态的结构,也是一种共时态的结构。

在这一"类型学"的方法论框架下,安德森把唯物史观看作是历史学与社会学的独特综合。在他看来"任何社会都拥有两种尺度,它是结构的,只能按照各部分之间的关系来理解,它也是过程的,只能按照过去的累加意义来理解……马克思主义是有关历史分析与结构分析的有机统一的唯一思想。它既是纯粹历史主义的(否认了所有超历史的本质),也是根本功能主义的(社会是有意义的总体),这一综合仍是独一无二的"。① 因此,历史结构和社会结构构成了安德森"类型学"唯物史观的两个根本维度,也是他研究所有问题和现象的两大基本原则,一是历史学的,通过对历史系谱的宏观追溯来说明;一是社会学的,通过对社会结构的理论分析来说明,从而形成了融历时性与共时性、时间性与空间

———————————

① Perry Anderson, "Portugul and the End of Ultra-Colonialism III", in *New Left Review*, 1962, pp. 17, 113.

性为一体的科学的解释学。

(四)社会是以系谱的形式发展的

安德森把历史看作是"类型学"唯物史观的首要维度。他把历史作为研究现实问题的一个切入点，通过对整个历史系谱的宏观追溯来回答和解决现实问题。在《当代危机的起源》一文中，为了理解英国资本主义的现实困境，他探讨了从 17 世纪英国资产阶级革命以来一直到 20 世纪两次世界大战的英国史；在《从古代到封建主义的过渡》和《绝对主义国家的系谱》两本著作中，为了说明欧洲资本主义的独特性，他探索了从古代一直到资本主义的欧洲史。在对这些历史系谱的追溯中，安德森构建了一种宏大的历史叙事，展现了理性主义的思维逻辑，试图对这一宏大的历史叙事给出理论性的说明。

在对历史学科的认知中，英国著名历史学家 E. P. 汤普森由于本国的经验主义遗产，而采取了经验主义的研究模式。在他看来，历史无法成为一门科学"把历史命名为'科学'的尝试总是无益而混乱的"。就历史对象而言，历史事件本身是多变的和易变的，这一瞬息万变的历史过程妨碍了历史概念的建立；就历史概念而言，它们是"期待而非规则"，具有一种"特殊的弹性""必要的概括性和灵活性"，"机动的系数"就历史知识而言，它总是"临时的、不完美的和近似的"。① 也就是说，历史是由纷繁复杂、杂乱无章的历史事件构成的，谈不上什么所谓的历史规律和

---

① Perry Anderson, *Arguments within English Marxism*, London: Verso, 1980, pp. 9-11.

历史法则，因而根本无须理论的分析和阐释。正如他在《理论的贫困》一书中不屑表达的："历史学家没有理论，马克思主义的历史学家也没有理论，历史理论必然是有别于马克思主义历史理论的其他东西。"①

与此相反，安德森采取了理性主义的研究模式，认为历史可以成为一门科学，这是确定无疑的。首先，历史事件的多变和易变并不会妨碍历史概念的建立；其次，有关历史的概念不是越少越好，而是越多越好；再次，科学本身就是不精确的"暂时性、选择性和可证伪性构成了科学事业自身的本质"②。也就是说，历史知识的不精确并不会妨碍历史本身成为一门科学。或者确切来说，尽管历史是由无数的、偶然的历史事件所构成的，但历史有其规律性。历史学也不仅仅是对过去的历史事实或历史事件的编撰和整理，而是从复杂多变的历史事实或历史事件中找出其中所隐藏的规律和法则，这就是历史学研究的真正价值和意义所在。因此，安德森不仅着重于对历史概念和历史理论的阐发，而且着眼于对历史规律和历史法则的总结。在此意义上，安德森的历史唯物主义更似于历史哲学而非历史编撰学。③ 他所要找寻的就不单单是历史事实或历史事件的真实境况，也不仅仅是历史事实或历史事件之间的具体

①　E. P. Thompson, *The Poverty of Theory and Other Essays*, New York: Monthly Review Press, 1978, p. 12.

②　Perry Anderson, *Arguments within English Marxism*, London: Verso, 1980, p. 12.

③　对于汤普森而言，历史唯物主义更类似于历史编撰学。因为尽管他宣称是在历史唯物主义的原则之下进行历史研究，但历史唯物主义仅仅是其研究的一个始发站；尽管它揭示了历史发展的一般规律，但却不能作为面对历史真实的抽象教条；尽管历史发展受生产力和生产关系的制约，但却不存在任何抽象的规律性和必然性，历史总是由具体的历史的人的实践活动所构成的。

联系，而是更为宏大的中长时段的历史发展的规律和法则。

在这一理性主义的研究模式下，安德森的历史研究对象依然是传统历史学科的主题，即自上而下的国家及其统治阶级的历史，而非自下而上的民众及其被统治阶级的历史。正如他在《绝对主义国家的系谱》一书前言中明确表述的："我应简要地说明，为什么选择国家作为一个反思的中心问题。今天，当'自下向上看的历史'（History from Below）已经变成无论马克思主义还是非马克思主义学术界的一句口号，而且在我们对过去的理解中产生了重大成果之时，十分有必要重提历史唯物主义的一个基本原理……'自上向下看的历史'（History from Above）—阶级统治的复杂机制的历史，其重要性不亚于'自下向上看的历史'，实际上，没有前者，后者最终只是片面的历史（即使是较重要的一面）。"[①]

更为重要的是，安德森集中于对人类社会历史发展规律的阐发和说明，尤其聚焦于对马克思在《〈政治经济学批判〉·序言》和《资本论》中所创立的有关历史唯物主义的解释。对此，安德森进行了一种历史的论证，使得历史唯物主义所宣称的规律和法则不仅仅是一种普遍的、一般的、理智的存在，而且也是一种具体的、特殊的、活生生的、历史的存在，诸如生产力和生产关系、生产方式等唯物主义的基本概念和理论也获得了一种历史的有效性，它们不再是一种社会中静止不动的结构，而是历史中变动不息的结构。从而，生产力和生产关系之间的矛盾运动真正成了"历史变革的最深层的动力"，生产方式也成了一个历史学的范畴

---

① E. P. Thompson, *The Poverty of Theory and Other Essays*, New York: Monthly Review Press, 1978, p. 12.

而非经济学的范畴，成了"在人类进化中划分一种重要历史结构类型和另一种历史结构类型的方法"。在此，生产方式不再单单指称一种经济结构，而是泛指一种社会形态，一种历史上存在过的特定的社会结构。

安德森把社会看成是"类型学"唯物史观的深层维度。在《国民文化的构成》一书中，安德森指出，英国国民文化的总体结构是以一种"缺席的核心"为特征，它缺乏一种总体化的社会理论：一是经典的社会学，一是本土的马克思主义。① 由此，安德森试图构建出一种总体化的社会理论，把所有传统的学科都纳入一种巨大的综合中，在概念体系中来理解社会本身，即所谓"结构的结构"。

对于社会本身的研究，安德森采用了卢卡奇的"总体性"（Totality）的思想和方法。他在《社会主义和伪经验主义》一文中说："我们所选择的方法不是把一切还原为经济，而是把当前状况分析为一个总体，其中，每一层面危机的决定因素都位于这一层面（而不是'基础'）之中，而所有层面都在结构上整合为一个有意义的整体—由其复杂的社会历史所构建。"②这一总体性意味着总体与部分之间的辩证关系，一方面肯定了总体中部分的多样性和差异性，承认了部分的自主性和有效性；另一方面肯定了总体对部分的首要性和优先性，把总体看做是部分的有效整合，而非部分的机械叠加。

与此同时，安德森采用了阿尔都塞有关"社会结构"和"多元决定"的

① Perry Anderson，"Components of the National Culture"，in *New Left Review*，1968（50），p. 57.

② Perry Anderson，"Socialism and Pseudo-Empiricism"，in *New Left Review*，1966（35），p. 33.

思想和方法。在他看来，有关"社会结构"的概念最初是由阿尔都塞在《保卫马克思》一书中作为对马克思的''社会"概念的替代而引入的，它表述了一种不同于黑格尔的"表现总体"的"结构总体"的概念。阿尔都塞明确区分了三种社会实践，即经济的、政治的和意识形态的，并坚持了每一实践的不可还原性，同时提出了著名的"多元决定"（Overdetermination）的思想，这就使得社会结构的复杂性和多元性变得足够清晰。

在此基础上，安德森形成了他自己有关"社会总体"的理解。他认为，讲"社会总体"其实是在讲社会的结构，或者说社会是一种结构化的总体存在，其中，每个部分相对于总体而言都是各自独立自主的存在，同时，每个总体相对于部分而言又是一种结构化的统一体。结构化不仅意味着一种整体化和总体化，而且意味着各部分以及部分之间关系的复杂化和多元化。然而，这一复杂化和多元化的结构总体并不是一种分散的存在状态，而是一种凝聚的存在状态，是一种有机的社会总体。

安德森不仅强调了社会结构的总体存在，而且也强调了社会结构的总体断裂。换言之，社会总体不仅包括"整合的总体"，而且包括了"断裂的总体"，或者说包含了社会存在与社会变迁的重要事实。对此，他提供了一种经典的历史唯物主义的解释：

它是，而且一定是主导的生产方式提供了社会形态的基本统一，把其客观位置分配给它之内的阶级，并在每个阶级中分配代理人。结果典型的就是阶级斗争的客观过程。为了稳定和控制这一冲突，在国家内外所实施的包含了压制和意识形态的政治权力的补充形式就是不可取代的。但是，阶级斗争本身不是秩序维持中的首因，因为阶级是由生产方式所构建的，而非相反。

　　所有社会变革机制的最根本因素是由生产力和生产关系之间的矛盾，而不是由生产关系所产生的阶级冲突和对立所引发，前者包含了后者。当然，两者并不完全等同，生产方式的危机并不等同于阶级的冲突，但在某个历史时刻，它们也许可以结合，也许无法结合。一方面，任何重大的社会经济危机，无论是封建主义的还是资本主义的都吸收了所有无意识的社会阶级；另一方面，这一危机的解决一直是长期阶级斗争的结果。也就是说，在社会秩序的维持和颠覆中，生产方式和阶级斗争总是相互作用的。①

　　可见，安德森所讲的"社会总体"就不仅仅是一种静态的结构的存在，而是一种动态的结构的存在，或者说是结构与结构之间的转换与变迁。正如上面引文所论述的，历史上不同社会结构之间的转换与变迁的根本机制在于：由生产力与生产关系之间的矛盾运动所引发并最终由阶级斗争所解决。这一解释不仅强调了结构自身的、首要的和深层的功能作用，而且强调了结构中社会主体自身的积极的和能动的创造作用，从而得出了一种折中主义的解释。

　　唯物史观的类型学解释具有重要的方法论意义。

　　首先，安德森的"类型学"唯物史观的思维方式促进了历史学与社会学的交融。在安德森这里，历史学与社会学不再是相互割裂，互不相关的两门学科，而是相互交织、水乳交融的一种状态，历史由于结构的存在而成了一种社会的历史，社会由于结构的变迁而成了一种历史的社会，从而形

---

① Perry Anderson, *Arguments within English Marxism*, London：Verso，1980，pp. 55-56.

成了总体的历史社会学的解释。这样，法国历史学家费尔南·布罗代尔所批评的历史学与社会学之间的交流是一种"聋子之间的对话"的状况就得到了有效弥补。同样，彼得·伯克所希望的历史学与社会学的相互补充而非相互矛盾的观点也得到了一定程度的印证。在伯克看来"社会学可定义为对单数的人类社会的研究，侧重于对其结构和发展的归纳；历史学则不妨定义为对复数的人类社会的研究，侧重于研究它们之间的差别和各个社会内部基于时间的变化。这两种研究方法有时被看成是相互矛盾的，但如果将它们看成是相互补充的，其实更可取。"①

其次，安德森在推动历史学与社会学的融合下形成了比较的类型学。在他看来，这一比较的类型学也包含两个层面，历史的比较和社会的比较，两者相互依存，缺一不可。安德森在评价英国社会学家迈克尔·曼的《社会权力的来源》一书所采用的方法时指出："这一系列的误识既不是文化上的，也不是我们所熟知的欧洲中心主义的，它们源于一种理论上的谬误，即认为社会学不可能同时是历史性的和比较性的。"②也就是说，安德森认为只有比较的方法才能给人以合理的解释，因为比较分析不会仅仅突出某个地区，而把其他地区当作可有可无的附庸，从而形成对某一地区和某一国家的独特性的理解。这一比较的类型学就为人类历史发展提供了多元进化的规律和法则，为世界上不同地区和国家的发展道路的多样性和差异性版图提供了行之有效的解释，也使马克思

① ［英］彼得·伯克：《历史学与社会理论》，姚朋等译，2 页，上海，上海人民出版社，2010。

② ［英］佩里·安德森：《交锋地带》，郭英剑，郝素玲等译，101 页，北京，中国社会科学出版社，2008。

所创立的唯物史观获得了更为有效的诠释力。

再次，安德森的"类型学"唯物史观思维范式包含一种结构主义的方法论。这一方法论是理性主义的和科学主义的思维模式，但它也不排斥历史主义（过程主义）和意志主义的思维模式，而是与后者达成了某种程度的协调和架构，既是理智的和科学的，同时也是历史的和意志的；既是普遍的，也是特殊的；既是客观存在的，也是主观创造的。在此意义上，结构与主体、结构与历史是完全相容的。这一思想就与皮亚杰在《结构主义》一书中所提出的结构主义方法的观点相一致，要使人类学向历史学挑战或历史学向人类学挑战，毫无成果地把心理学和社会学对立起来，把社会学和历史学对立起来，也许都是不可能的事情。归根结底，人的"科学"的可能性要建立在发现社会结构的功能作用的规律、演变的规律和内部对应关系的规律的可能性上面……结构和功能，发生和历史，个别主体与社会，在这样理解的结构主义里，在这种结构主义使它的分析工具越来越精致的情况下，就都变得不可分割了。

综上所述，安德森采用了一种多元的方法论，经验的、理性的、历史的、结构的、总体的和比较的，并在这些方法的杂糅和交汇中形成了独特的"类型学"唯物史观的思维范式，这对于我们理解历史和社会，有着重大的启迪意义。其独特之处在于，历史主义与结构主义并行不悖，经验主义与理性主义相得益彰，人道主义与科学主义相辅相成，最终构成了一幅由必然与偶然、普遍与特殊、绝对与相对相互交织和彼此交融的辩证图景，并在这一辩证图景中回到了历史唯物主义的解释路径，坚持了历史的唯物主义原则和历史的决定论思想。当然，这一回归并不仅仅是一种理性的与思辨的回归，而是一种历史的与现实的回归。

从本质层面来看，安德森的"类型学"唯物史观蕴含着一种深层的结构主义和功能主义的思想和意识结构，是安德森"类型学"唯物史观的核心关键词，是一个外面包裹着层层果肉和果皮的果核，如果我们一层一层剥离开来，里面裸露出来的就是这一结构。当然，这一结构既是一种历史的结构，也是一种社会的结构，既是一种历时的结构，也是一种共时的结构，既是一种动态过程的存在，也是一种多元复杂的存在，是时间维度与空间维度、历史维度与逻辑维度的统一体。可以说，这一结构主义是一种弱的结构主义，而非强的结构主义。然而，安德森仍是一位结构主义者，存在结构主义的种种内在缺陷和不足。

安德森持有一种本质主义的思维模式。他总是从结构和功能的层面或意义上来理解社会的种种现象，他所唯一关心的就是结构，似乎这一由理智本身所创造出来的结构成了一切事物和现象的共同本质。他在追溯英国现代历史时勾画出的是英国阶级结构的全面演变，在描绘英国国家文化时勾勒出的是英国学术文化的总体结构，在把握跨越十几个世纪的欧洲文明的发展时构想出的是生产方式或社会形态的结构转变。因此，与其说安德森是一位"经济决定论者"，不如说他是一位"结构决定论者"。

安德森对唯物史观的类型学解释包含强烈的主观主义色彩。与以汤普森为代表的英国历史学家的经验主义和道德主义的研究框架不同，他采取了理性主义和科学主义的研究方式，避免了对历史与社会的琐碎化和片段性的肢解，形成了对历史与社会的总体性和宏观化的理解。然而，在这一宏大的叙事中，安德森对宏大事实和结构的重视以及对微观事实和事件的忽视，不免使其结论带有很大的主观性，甚至是独断的。对此，E. P. 汤普森在严厉批评阿尔都塞的结构主义思想时所说的，即

"阿尔都塞的荒谬性在于他的唯心主义理论构造模式"，在于其"理论的帝国主义"①这一批评同样也适用于安德森的思想。

在安德森新理性主义的唯物史观思想中，他尤其关注研究在两种社会存在形态之间的社会持续发展问题，特别突出地讨论了从封建主义向资本主义的过渡过程中的社会发展，试图从中归纳出一些一般的规律。

尽管安德森赞赏马克思的疾风暴雨式的社会革命思想，但他仍把着眼点放在仔细研究一个社会持续发展的过程上。② 我们知道，马克思在《共产党宣言》中早就讲过，一种新的社会形态的建立，并不意味着对产生它的那个社会的全盘否定，而是保留了先前社会的大部分内容，尤其在它的早期，尽管在质上发生了根本的改变。如马克思谈到社会主义从资本主义脱胎出来以后，必然要保留资本主义社会的许多内容，因此，新的社会形式是多种因素相互渗透和结合的产物，社会发展也就表现为多样性。安德森敏锐地看到了马克思思想中的这一重要理念，并把它贯彻于自己的思想和研究中。

对于资本主义的起源问题，安德森认为，它是封建主义生产方式和古代生产方式共同作用的结果，但在这一共同作用之中，更加突出了古代生产方式在其中所发挥的至关重要的影响。他说道："对于资本主义生产方式在欧洲的兴起，只有打破历史时间总体直线发展观念才能获得解释。通向资本主义的历程不是展现了一种循序渐进的编年史，而是显示出在一种生产方式占主导地位的时代，另一种生产方式遗产的存留效

---

① ［英］E. P. 汤普森：《论阿尔都塞的结构主义马克思主义》，张亮译，252—256页，载《马克思主义美学研究》，2008(1)。

② 乔瑞金、李瑞艳：《试论安德森的"类型学"唯物史观思想及其意义》，35 页，载《哲学研究》，2011(7)。

应，这种遗产的符咒作用在向第三种生产方式过渡时的活化作用。"①这里，所谓"一种生产方式居主导地位的时代"，即指封建主义生产方式占据着主导地位，而"另一种生产方式遗产的存留效应"，即指古代奴隶制生产方式的作用和影响。简言之，古代遗产的复兴或者说文艺复兴运动，对资本主义的产生乃至发展发挥了巨大的作用。

在安德森看来，这一古代遗产的作用主要体现在以下几个方面：首先，欧洲封建主义继承古代的"市政遗产"，它比世界上其他任何地方都更积极、更有力地促进了城市发展，并且，市民社会中存在一种根深蒂固的法律观念。

其次，欧洲封建主义的农村存在一种独特的采邑制度，而古代罗马法为"有条件的私人土地产权"向"绝对的私人土地产权"的转变，提供了基本的法律前提和保障。

再次，欧洲封建主义的古典文化遗产出现了全面复兴，"在近代早期，古代的哲学、历史、政治和科学思想——更无须说文学和建筑学——突然获得了新的活力和现实性"②。因此，正是古代遗产的全面复兴或文艺复兴运动对资本主义的产生发挥了巨大作用。对此，安德森断言，"古代生产方式和封建生产方式的联结，必然在欧洲产生出资本主义生产方式——这种关系不仅仅是历时系列，而且在某个阶段也是共时组合。在封建主义的现在中，古典的过去再次苏醒，帮助资本主义的未来兴起。它既比想象的更远离后者，又令人惊讶地更接近于后者。因

---

① [英]佩里·安德森：《绝对主义国家的系谱》，刘北成，龚晓庄译，450 页，上海，上海人民出版社，2001。

② 同上书，455 页。

为众所周知，资本主义的诞生也伴随着古代的再生"①。

如果按照历史主义的看法，古代文明在前，封建文明在后，封建文明要比奴隶文明更加先进，但从文艺复兴对于古典遗产的重新唤醒来看，奴隶文明丝毫不逊色于封建文明；如果按照结构主义的说法，资本主义的产生是封建主义生产方式的内部矛盾运动的结果，这样就排除了文艺复兴对于资本主义生产方式的实际影响。安德森明确指出，他的这一理解，既不同于历史主义的主张，也不同于结构主义的观点，而是认为资本主义是在奴隶主义和封建主义的时间交叉和空间交错中产生的，它们既是一种历时序列，也是一种共时组合。

从如上的讨论可以看出，安德森把历史唯物主义当作一种理性体系，一种有关历史的理论阐释，在对英国乃至世界的历史、文化与社会的分析中，把本土理论传统马克思主义化，试图创立一种新理性主义的马克思主义文化，在互存思维的导引下，对历史的本体论、动力学和进化论思想做出新的解读。

(五)思想创新需以思维方式创新强化社会批判

英国新马克思主义的新理性主义强调思想创新对于社会存在和发展的科学认识的重要性，进而强调思想创新需以思维方式创新来强化社会批判。如同一切马克思主义者一样，批判资本主义也是英国新马克思主义的一项基本任务，而且是一项特别重要的任务。在对资本主义的批判

---

① ［英］佩里·安德森：《绝对主义国家的系谱》，刘北成，龚晓庄译，451页，上海，上海人民出版社，2001。

过程中，英国新马克思主义者的特殊性在于它把这种批判同对现代主义的批判密切关联在一起，因为它认为现代主义是资本主义的思想基础，是它的意识形态。因此，确立社会主义的意识形态，实现社会主义的根本胜利，必须对现代主义给予彻底批判，揭示它的弊端，逻辑地阐述它的局限，回答社会主义取代资本主义的必然性。在英国新马克思主义者关于现代主义和资本主义的诸多批判中，威廉斯的文化唯物主义和安德森的整体论最有特色，这里我们将集中讨论。

在威廉斯看来，现代主义随着历史发展的进程，已经终结了，这意味着资本主义的意识形态也已经终结。资本主义的现实存在只是它的极权主义的表现而已，它已经不是早期的具有积极意义的一种意识形态，其社会制度也已是一种失去创造力的制度，因而，应该从根本上推翻它。

威廉斯认为，现代主义边界的确立意味着它的终结时刻的到来。在《现代主义是何时？》一文中，他认为"现代主义是终点站，此后的一切都不被算在发展之内。它们是'之后'，待在后面之中"①。他在论文的开篇就指出，他之所以使用这个标题，是想对一段有疑问的历史做一个历史的质问。他认为，自己的质问使用了非常不同的方法，但本质上是对一种现在主导的和使人误解的意识形态的质问。把现代主义作为一种意识形态来看待是英国新马克思主义的共同特点。

威廉斯认为，"现代"开始作为一个词语出现，或多或少是与16世纪晚期的"现在"同义的，是被用来标明脱离中世纪和古代的那个时期。

---

① ［英］雷蒙德·威廉斯：《现代主义的政治》，阎嘉译，52页，北京，商务印书馆，2002。

到简·奥斯汀的时代，人们按一种独特的有限变化来使用这个词，把它界定为一种改变的状态，或许是一种改进的状态，人们也使用"现代化""现代主义"和"现代派"来表明更新和改进。在 19 世纪，它开始具有起促进作用的和进步的含义，具有忠实于自然的现代特质。然而，"现代"的指涉很快从"现在"转移到了"眼下"，甚至是"那时"，在一段时间里"现代"始终是一个通往过去的名称，表示目前的"当代"同它形成了对照。作为一场整体文化运动和阶段之名称的"现代主义"，从 20 世纪 50 年代以来一直是一个总括的词语，从而割断了"现代"甚至是"绝对现代"的主导说法，即 1890 年至 1940 年的主导说法。我们仍然习惯于在一个世纪和半个世纪之久的一个领域使用"现代词"。威廉斯注意到，在英语中，现代主义较少地指称知识问题，更多地是指一种意识形态。按照这样一种观点，"留给我们的一切，就是成为后现代的人"①。这意味着后现代主义的存在，同样也意味着现代主义的"终结"。

威廉斯认为，现代主义已经耗尽了它的"创造力"。按照他的说法，现代主义思想意识和表现形式的不断变化，表明它是一种经过高度挑选的现代观点，甚至在后来试图盗用现代性整体。进步的或先进的意识形式体现了现代主义的创造性和创造力，是在现代性的意识形态化所允许的选择范围之内。威廉斯认为："对这些变化及其在意识形态上的后果的任何解释，都必须从这一事实出发：19 世纪晚期是文化生产媒介中所曾见过的各种最大变化的时刻。摄影、电影、收音机、电视、复制和

---

① ［英］雷蒙德·威廉斯：《现代主义的政治》，阎嘉译，49 页，北京，商务印书馆，2002。

记录，全都在这个被认定为现代主义的时期取得了自己决定性的进展，正是为了回应这些，才出现了最初形成的各种防御性的文化派别。"①

在现代主义的创造力上升时期，它似乎有无限的跨越边界的能力。然而，当边界开始变得更加严格，受到更多控制的时刻，人们的全部认知和行为，最终地、决定性地要由某种统一的方式来解释和认可。但是，现代主义的观点不可能用统一的方式来看待和把握，无论其形象化的描述多么相似。这样，现代主义就从政治上完全确定了其"分水岭"，比如对艺术的评价，就出现了两个极端，要么把它当作一个凌驾于金钱和商业之上的神圣领域，要么把它当作大众意识的解放先驱，从而走向了自身的完全封闭，埋葬了它的创造性和创造力，同时，也丧失了它"批判资本主义的能力"。

威廉斯的结论是：在整个 20 世纪的人类行为中，"几乎扼杀了我们的整个共同生活"。人类对自然或是人群的控制越是表面稳固，内在隐藏的危机也就越深重，而人类解决危机的办法依然是试图控制局面。无论是自然还是人类自身，要想继续生存下去，重点是人类必须放弃这种支配模式，为民主而奋斗是这种重新评价的模式。

另一位英国新马克思主义者安德森对现代主义意识形态的批判，是从整体论的立场和马克思的基本思想出发的。他认为，马克思在《德意志意识形态》中对意识形态的本质进行了最初的揭露，意识形态作为统治阶级的思想，本质上是与科学无关的，具有虚假性，是对这个颠倒了的世界的颠倒了的反映。马克思明白无误地指出了统治阶级意识形态的

---

① ［英］雷蒙德·威廉斯：《现代主义的政治》，阎嘉译，51 页，北京，商务印书馆，2002。

欺骗性和虚假性，认为它们掩盖了社会中真实的冲突和矛盾，从而使我们不自觉地维护了资本主义社会的统治。安德森认为，当代资本主义社会存在着更强大的意识形态统治，并欺骗着大众。"所有意识形态的形态上的结构，毫无例外都是对社会形态和其中个人之间真正关系的颠倒；因为任何一种意识形态的关键性机制，总是把个人当作社会的想象的'臣民'——自由首创精神的中心，以此来保证他们作为社会的盲目支持者或牺牲品而真正隶属于这个社会秩序。"①安德森认为，资本主义的意识形态，不仅对"市民社会"实施文化统治，而且更通过"国家"的作用，实施政治统治。他说："在市民社会和国家之间资产阶级权力的赞同和强制作用在分配上存在一种'结构的不平等'。"②在安德森看来，尽管文化在当代资本主义社会中占据着主导地位，但是，文化统治同时伴随着古老的政治统治，后者并未随之消失。教堂、学校、报纸等文化制度仅仅是确保了大众的认同，而真正确保资本主义制度稳定的则是强制性的国家机器。因此，资本主义的文化统治仅仅是阶级统治的一种辅助性的手段，真正的统治还在于意识形态或政治。因此，要想实现对于资本主义的彻底改造，就需要采取一种革命的策略。

安德森所倡导和希望的革命策略是要对资本主义进行脱胎换骨式的革命，而非修修补补式的改良，因而是政治层面的，而不是文化层面的。在他看来，在现代主义的历史阶段，占主导地位的仍将是资产阶

---

① ［英］佩里·安德森：《西方马克思主义探讨》，高铦等译，108 页，北京，人民出版社。1981。

② Lin Chun, *The British New Left*，Edinburgh：Edinburgh University Press Ltd.，1993，p. 112.

级，工人阶级的优越性只有在社会主义革命之后才是可能的，尽管资产阶级实施了文化和政治的双重领导，但资本主义的国家机器必须被推翻。我们应该寻求的是对资本主义的根本变革，为当代资本主义社会的工人阶级寻找一种切实可行的革命策略。

安德森认为，资本主义最初是以自由、平等、博爱、人权等宣言深得人心的，但是，这样的宣言在当代已经破败不堪。从历史和现实来看，尽管资本主义拥有诸如自由、民主、平等、博爱等美好的价值，但这些价值是否真正实现了呢？安德森的回答是否定的。首先，就其民主的政治结构而言，资本主义民主已经被工具化了，但在官方的话语里却总是带有太多的遮掩和修饰。例如，美国作为资产阶级最典型的社会，它"有着世界上实行得最古老的民主制度，但是，实际上，在今天美国的政治制度生活中，只有不到一半的成年人参加选举，国家中另一半的人完全被排斥在这个政治体制之外，而在政治制度之内的这一半人中，能够选上的官员，要么自己极度富有，要么从大公司那里得到了贿赂，极度腐败，因为竞选需要很高额的资金，至少几百万美元。这是一个非常明显的事实"①。其实，不仅仅是美国的民主，包括其他资本主义国家的民主，也都不是一个至高无上的价值，因为存在于民众中的民主依然是很少的，我们需要更多的、更广泛的民主。对此，安德森认为："民主制就现在的情况而言不是一个偶像，不能把它当作人类自由的尽善尽美的表现来崇拜。这只是一个暂时的、不完全的形式，是可以重新

---

① ［英］佩里·安德森等：《三种新的全球化国际关系理论》，10 页，载《读书》，2002(10)。

塑造的。但根本的方向应当和新自由主义者所指出的方向相反—我们需要更多的民主。"①

其次，新自由主义所强调的自由只是经济层面的绝对自由，而不是社会和政治层面的自由，它极大地忽视了社会的平等和公平这些更为美好的价值。如果在公平和效率之间进行抉择的话，新自由主义者们的可能选择就是效率优先、兼顾公平；而安德森认为，自由和平等、效率和公平这两对价值不是一种非此即彼的对立关系，而是一种彼此相容的和谐关系。平等并不意味着均一化，而是意味着多样化，注重社会的公平，并不就会带来经济的低效率，相反可能会带来经济的高速度。安德森用事实证实："不公平同样可能带来低效率，而不平等因素最少的社会，却可能是最有效率的社会。斯堪的纳维亚半岛的国家就做得很好，瑞典、丹麦、芬兰取得了非凡成就，比美国、英国都要好很多，那里的生活品质很不一样。"②因此，资本主义所宣扬的那些美好价值也仅仅只是统治者愚弄人民的一种意识形态工具而已，其结果只是一种有局限的存在。尽管资本主义的财富在不断增长，但社会的贫富分化却日趋严重；尽管公民拥有经济上的竞争自由和法律上的消极自由，但其政治上的积极自由却没有什么更大的进步尽管性别之间的不平等得到了极大改善，但社会的不平等却依旧在上演。这种不平等现象不仅仅存在于资本主义国家的内部，同样也存在于国际关系当中。

---

① ［英］佩里·安德森：《新自由主义的历史和教训》，费新录译，170 页，载《天涯》，2002(3)。

② 施雨华、杨子：《我们的支持和反对——对话安德森》，63 页，载《南方人物周刊》，2007(3)。

在安德森看来，马克思当年对资本主义扩张和掠夺本性进行了科学的分析和揭露，认为现代资产阶级社会"把一切民族甚至最野蛮的民族都卷到文明中来了。它的商品的低廉价格，是它用来摧毁一切万里长城、征服野蛮人最顽强的仇外心理的重炮。它迫使一切民族——如果它们不想灭亡的话——采用资产阶级的生产方式；它迫使它们在自己那里推行所谓的文明，即变成资产者。一句话，它按照自己的面貌为自己创造出一个世界。"[①]100 多年过去了，现实的状况依旧如此，在资产阶级普世主义的文化价值背后，隐藏的仍然是帝国主义和霸权主义的侵略行径。

新理性主义在社会批判的过程中，把社会主体和社会结构这两大问题看成"一直是解释人类文明发展的历史唯物主义最重要和最基本的问题之一"[②]。有关社会主体的问题，马克思早在 1848 年《共产党宣言》中就指出："至今一切社会的历史都是阶级斗争的历史。"[③]这就把历史变革的动力归因于阶级之间的冲突和斗争。有关社会结构的问题，马克思则在 1859 年《〈政治经济学批判〉·序言》中这样表述："社会的物质生产力达到一定阶段，便同它们一直在其中活动的现存生产关系或财产关系（这只是生产关系的法律用语）发生矛盾，于是这些关系便由生产力的发展形式变成了生产力的桎梏。那时社会变革的时代就到来了。"[④]这就把历史变革的动力归

---

① 《马克思恩格斯选集》第 1 卷，276 页，北京，人民出版社，1995。

② ［英］佩里·安德森：《当代西方马克思主义》，余文烈译，39 页，北京，东方出版社，1989。

③ 《马克思恩格斯全集》第 4 卷，461 页，北京，人民出版社，1965。

④ 《马克思恩格斯全集》第 13 卷，8—9 页，北京，人民出版社，1962。

因于生产力和生产关系之间根本矛盾的斗争。对于这两种因果解释机制而言，马克思本人并没有提出统一而完美的解决方案，这就为那些想要实现社会主义伟大事业的当代马克思主义学者提出了一种理论困境。一方面，社会主义的实现无需工人阶级（无产阶级）的任何参与和斗争，只需坐等资本主义自身的新陈代谢即可；另一方面，社会主义的建立需要工人阶级的长期不懈的斗争，最终打破资本主义的国家机器。因此，社会结构与社会主体之间的关系问题就成为安德森首先要解决的一个核心理论困境。

在社会结构与社会主体的这一理论博弈中，安德森试图对阿尔都塞的结构主义的马克思主义和汤普森的意志主义的马克思主义加以整合，在社会结构与社会主体之间进行某种协调和架构，他在《英国马克思主义的内部争论》一文中明确表述，所有社会的变革机制的最根本的因素都是由生产力和生产关系之间的矛盾，而不是由生产关系所产生的阶级冲突或对立所引发的，前者包含了后者，因为生产力的首要因素就是劳动者，它同时也是作为由生产关系所规定的阶级而出现的。但它们并不完全等同，生产方式的危机并不等同于阶级的冲突，在某个历史时刻，它们也许可以结合，也许无法结合。一方面，任何重大的社会经济危机，无论是封建主义的还是资本主义的，都典型地吸收了所有无意识的社会阶级；另一方面，这一危机的解决也一直是长期阶级斗争的结果。总之，从一种生产方式向另一种生产方式的变革时代，实际上就是阶级斗争的特权领域。因此，在社会秩序的维持和颠覆中，生产方式和阶级斗争总是相互作用的。① 一方面，安德森怀有一种深层的结构主义和理

---

① Perry Anderson, *Arguments within English Marxism*, London: Verso, 1980, p. 50.

性主义的意识，认为社会结构是社会主体的一种根本存在方式和状态，它不单单只是一种理智的创造和构想，而是对社会现实的一种深层表现和反映。在马克思本人所给出的诸如生产力和生产关系、经济基础和上层建筑这样的社会结构中，其中生产力和生产关系之间的变革是社会变革最根本的动力机制。安德森认为，"显然，马克思的理论拥有一个原则，带有一种独有的清晰和力量—生产力和生产关系之间的矛盾是长期历史变革最深层的动力"①。另一方面，安德森怀有主观主义的意识，强调了社会主体的积极作用，认为阶级斗争是解决结构危机的根本方式，因而通向社会主义的道路依旧需要通过阶级斗争来实现。正如他所诘问的："当今世界上任何主要的发达国家，如果没有武装冲突或内战就不可能取得胜利。然而，从封建主义向资本主义的经济变迁仅仅只是从一种私有制转向另一种私有制，那么，从私有制向公有制这一更巨大的历史变革必然会使权力和财富的剥夺更加剧烈，它将会担负起更少伤害的政治形式么？"②因此，安德森对于历史唯物主义这一难题的解答，就是在深层结构主义基础之上的温和主义和折衷主义的解决方案，从而给出了一种"从上向下看"的社会历史的解释范式，突出了空间结构在社会认识中的特殊作用，与新历史主义有异曲同工的妙用。随着新马克思主义的发展，学者们把历史主义的时间过程和结构主义的空间构造结合为一体而形成新的研究范式的热情越来越高，哈维从地理学的思维出发，把地理的空间性与其时间的发展性密切联系起来，构造了一种全新

---

① Perry Anderson, *Arguments within English Marxism*, London: Verso, 1980, p. 81.

② Ibid., p. 195.

的思维范式，使英国新马克思主义自身在社会和历史认识中达到一种辩证法的高度。

　　哈维从全球化的时代背景出发，认为人们在思维方式上转向空间是必然的。因此，作为时代精神的活的灵魂的马克思主义，就必须适时调整策略和内容，充分彰显出马克思、恩格斯文本中丰富的空间思想。哈维正是以此为出发点，把在传统马克思主义理论研究中被忽视的空间发掘出来。他始终认为，在当代西方资本主义社会"后现代"的语境之中，马克思主义理论的批判武器并没有丧失有效性和锋芒，历史唯物主义依然可以用来解剖各种从表面上看来令人眼花缭乱和争论不休的现象。因为马克思主义是关于资本主义的理论，只要资本主义存在，马克思主义就具有理论价值和意义。更具体地说，资本主义并没有放弃它掠夺的本性，只是以隐蔽的方式，实施着它的掠夺，它以全球化的方式展开着对全球的殖民扩张，"全球化成为帝国主义的同义词"①。

　　新理性主义认为，在历史唯物主义的传统中，空间的重要性一直被时间的维度所遮蔽，使得康德哲学中的时空双维世界成为只强调时间的单维世界，只有强调历史—地理双重含义才能完整地表达资本主义社会，"资本主义历史地理学必须成为我们理论研究的对象，而历史—地理唯物主义则是我们研究问题的方法"②。哈维对早期的新左翼给予强

　　① ［法］萨米尔·阿明：《资本主义，帝国主义，全球主义》，见［美］罗纳德·H.奇尔科特编：《帝国主义政治经济学：批判的范式》，217 页，北京，社会科学文献出版社，2007。

　　② David Harvey, *The Urbanization of Capital*, Oxford: Blackwell and Baltimore & MD: Johns Hopkins University Press, 1985, p. 144.

力批判，认为新左翼放弃了对历史唯物主义的信任，转而向文化政治上去推进，某种程度上，这脱离了批判观点，从根本上说，也就脱离了马克思主义。这是由于大多数人错误地理解历史唯物主义，是对历史唯物主义的片面认识，仍然是根据斯大林的历史唯物主义进行批判的。

基于这样的分析，哈维提出了历史—地理唯物主义，他以空间为切入点，重新定义和塑造马克思主义的当代价值和意蕴，并凝练出以空间为中心的新的思维范式，明确提出了这一思维范式的四重原则，即差异性原则、象征性原则、内在性原则与开放性原则。

差异性原则是指在进行社会批判时，必须考察事物间的多元性特征，它由空间的异质性和关系性特征决定；象征性原则是空间分析所内含的原则，它强调"地理学想象"对场所、空间和景观在构成和引导社会生活方面的重要性；内在性原则是指在理解社会问题时必须从结构性的角度出发；而开放性原则是指历史—地理唯物主义是一种无限制的和辩证的探究方法，而不是封闭的和固定的理解实体，这也是马克思主义哲学最鲜明的特征之一，"我们的理论是发展着的理论，而不是必须背得烂熟并机械地加以重复的教条"[1]。显而易见，当今的资本主义社会发生了根本变化"客观的时空必须发生变化以适应社会再生产这一崭新的物质实践"[2]。一提及空间，立刻就会想到封闭性，然而这是对空间的狭隘解读。在哈维看来，这种空间是牛顿、笛卡尔所说的绝对空间。他把空间分为：绝对空间、相对空间和关系空间。在社会生活中，关系性

---

① 《马克思恩格斯选集》第 2 卷，681 页，北京，人民出版社，1995。

② David Harvey, "Between Space and Time: Reflections on the Geographical Imagination", in *Annals of the Associate of American Geography*, vol. 80, 1990(3), p. 419.

空间发挥更多的作用和影响，其最大的特征就是开放性，"关系性的空间观点认为，在界定空间或时间的过程中，没有空间或时间这样的东西存在（如果上帝创造了世界，那么也是在许多种可能性之中，选择要创造特殊类型的空间和时间）。"①关系空间主要包括内在关系的观念，也就是说，理解一个事物时，不可能仅仅依靠事物本身来理解，还取决于环绕着那个点而进行的一切其他事物。关系空间可以表达更多的内容和含义，可以驾驭更为丰富的内容，"唯有在最后这一种架构里，我们才能开始掌握当代政治的许多方面，因为那是政治主体性和政治意识的世界"②。

新理性主义正是借助关系空间理论实现对资本主义社会的政治解读的。资本主义社会是不断发展变化着的，这也是社会再生产和转化的内在需求。作为解释其内涵的方法论，历史—地理唯物主义也必定是开放和发展的，只有这样才能从本质上理解资本主义，而不是仅仅局限在一定时期。新理性主义尝试重新构建马克思主义的元理论。差异是无所不在的和基本的社会的辩证法。象征性与内在性是社会生活的基础部分，开放性原则是社会再生产和转变的基础，这四个方法论原则相互牵制，互相影响，共同构成了解释资本主义世界的总方法。总之，历史—地理唯物主义实现了地理学与唯物主义研究的结合，地理学与马克思主义的结合，实现了时间与空间的双向互动，正如苏贾所言："这种历史—地理唯物主义并不仅仅是空间上对经验结果的追溯，也不仅仅是在时间上

---

① David Harvey, *Spaces of Neoliberalization*：*Towards a Theory of Uneven Geographical Development*, Weisbaden：Franz Steiner Verlag, 2005, p. 96.

② Ibid., pp. 96-100.

对社会行为在空间上的诸种制约与限制进行描述，而是一种振聋发聩的呼喊，呼吁总体上的批判社会理论……以及对我们审视、定义、阐释事物的许多不同的方法进行一次彻底的改革。"①

二、合法思维规范对现代主义意识的社会批判

在英国新马克思主义看来，社会存在与发展是可以在理性认识的高度得到科学解释的，犹如自然科学能够对自然世界给出科学解释一样。然而，社会的存在和发展是非常复杂的，其中人的主体性、能动性和不同的文化传统、社会制度以及社会的生产力水平和生产关系状况，对社会的有序发展产生巨大影响，因此，仅仅以互存关系为基础对社会存在与发展进行解释是远远不够的。这就是说，社会认识还必须把人的因素、物的因素以及一般社会环境纳入科学理性认识的范围，才能在更深层次上揭示社会存在和发展的规律，才能在科学认识的基础上尽可能地消除社会混乱，使社会进入有序发展的轨道。对此，英国新马克思主义把合法性推到进行社会评价和认识的中心位置，甚至把对社会的合法性研究上升到思维方式的高度。然而，与西方主流社会科学所谓的合法性研究不同，英国新马克思主义秉持马克思主义的基本立场，把人民大众的意志和科学理性作为合法性的评判标准，借此不仅规范对现代主义意

---

① ［美］爱德华·W. 苏贾：《后现代地理学——重申批判社会理论中的空间》，王文斌译，69页，北京，商务印书馆，2004。

识的社会批判，同时强化对资本主义社会制度的科学批判，展现社会主义的社会秩序意识和内涵，为实现其社会目标奠定思维基础和思想基础。

合法性（Legitimacy）一词在政治学中通常用来指政府与法律的权威为民众所认可的程度，即一个制度的合法性取决于它是否获得被统治者们的普遍认同。因此，合法性问题总是与承诺、同意、赞成、默许等概念相关。

在学理意义上，让-雅克·卢梭（Jean-Jacques Rousseau）最早明确提出了以公共利益和大众同意为原则的合法性概念，马克斯·韦伯（Max Weber）则首次对合法性问题进行了系统的研究并使之成为现代政治哲学的一个重要概念。韦伯指出，合法性必须建立在共同认可的基础上，"没有任何一种统治自愿地满足于仅仅以物质的动机或者仅仅以情绪的动机，或者仅仅以价值合乎理性的动机，作为其继续存在的机会。勿宁说，任何统治都企图唤起并维持对它的'合法性'的信仰"[1]。这种认可可以是神秘的或是世俗的力量。韦伯认为：合法性是一个过程，也就是统治者确立和维护被统治者认同其统治的正当性（或统治权威）的过程。

尤尔根·哈贝马斯则认为，"如果关于合法性的信念被看作是与真理没有内在联系的经验现象，那么它的依据显然只有心理上的意义"[2]。在哈贝马斯看来，"关于合法性，我把它理解为一个政治秩序被认可的

---

① ［德］马克斯·韦伯：《经济与社会》（上卷），林荣远译，239 页，北京，商务印书馆，1997。

② ［英］约翰·基恩：《公共生活与晚期资本主义》，马音等译，286 页，北京，社会科学文献出版社，1999。

价值。合法性要求则与某个规范决定了的社会同一性的社会一体化之维护相联系。合法化被用来证明合法性要求是好的，即去表明现存（或被推荐的）制度如何、以及为什么适合于通过这样一种方式去运用政治力量——在这种方式中，对于该社会的同一性具有构成意义的各种价值将能够实现"①。卢梭、韦伯和哈贝马斯等人的看法表明，在任何社会，社会的经济、政治、文化以及制度对人的价值的影响及其互动，都涉及合法性问题，合法性问题也随着社会历史的发展而不断更新自己的内容和形式。

现代性和现代主义是随着资本主义的发展而展开的，随着资本主义的发展，现代性和现代主义也随之变化自己的形式，尽管三者之间具有复杂的关系，在表现形式和具体内容方面不同，但是总体上而言，它们具有根本上的一致性和同源性，其展开过程也具有重合性。资本主义的发展促进了生产力的进步和物质生活水平的提高，同时也带来了一系列的问题，对人类的自由和发展具有不利的影响，甚至威胁着人类的存在。这种状况引起了人们对于资本主义现代化合法性的反思和批判，因此对现代性和现代主义的合法性进行了深入剖析和反思，并形成了诸多的理论成果。英国新马克思主义在借鉴韦伯和法兰克福学派现代性合法化批判的基础上，立足于英国以及整个世界的现实状况，对现代主义的合法性问题作了较为深入的阐述和批判，形成了自己的观点和理论，深化了资本主义或现代主义合法化问题的研究，推进了人们对于现代主义

① ［德］哈贝马斯：《交往与社会进化》，张博树译，188—189页，重庆，重庆出版社，1989。

合法性问题的认识。其中雷蒙德·威廉斯对于现代主义意识形态的分析和批判，安东尼·吉登斯关于现代主义极权主义的分析和揭露，以及大卫·哈维对于新帝国主义的批判，具有鲜明的理论内涵和英国本土特色，形成了英国新马克思主义合法性思维的传统，表现出其思想的内在特质和价值意义。

(一)现代社会的无序集中体现为现代主义的合法性危机

英国新马克思主义认为，西方福利资本主义具有极端的虚假性和迷惑性，人民真正的权利被国家垄断，在福利制度外衣下，公民的人格被踩踏，权利被剥夺，人被异化，资本主义的经济、政治、文化及其社会制度都存在重大问题。面对资本主义的这些问题，英国新马克思主义产生伊始，就在结合马克思主义基本理论的基础上，对这些现实问题进行了深入的分析和研究，以便组织对资本主义的全面批判。在对资本主义的批判过程中，英国新马克思主义者的特殊性在于它把这种批判同对现代主义的批判密切关联在一起，因为他们认为现代主义是资本主义的思想基础，是它的意识形态，集中体现了资本主义的诸多现实问题。而现代主义的发展与资本主义现实问题的出现具有内在的关联性，其合法性也因为导致了众多社会问题而遭到质疑。

随着资本主义的发展和工人阶级的壮大，"大众文化"作为底层人民的文化表达和文化形式兴起，严重地威胁了精英文化的地位和发展。社会精英为了维护精英文化的地位，贬低污蔑大众文化，严重影响并扭曲了大众文化的性质和形象。那么如何看待大众文化现象呢？威廉斯批判了所谓"高贵化"精英文化的内容，提出了大众文化理论，喊出了"现代主义意识形态终结"的口号。在他看来，现代主义政治意识意味着精英文化，而精英文化的败落和虚伪性的暴露，凸显了资本主义文化的衰落。

马修·阿诺德(Matthew Arnold)与弗·雷·利维斯(F. R. Leavis)坚持文化精英主义的立场，将文化视为"纯洁""规整"和"典雅"的价值理念，大众的通俗文化也受到关注，但却被视为对现代文明与道德标准的威胁，成为被批判的对象。这种文化立场漠视大众社会的文化存在，尤其是漠视人民大众作为文化主体的创造作用，具有很大的历史局限性，遭到了很多文化研究者的反对，其中威廉斯对于这种文化精英主义的分析和批评较为独特。

在威廉斯看来，文化是民有和民享的存在。他认为，"英文里有两三个比较复杂的词，文化就是其中的一个"，最早，"文化具有一系列的意涵：居住、栽种、保护、朝拜等"①。"在英文中，文化这个词是不断演化的"，今天，人们已经可以清晰地看到"文化"这个词演变和用法的复杂性。威廉斯特别强调了文化作为生活方式的特征，认为"文化是对一种特殊生活方式的描述，这种描述不仅表现艺术和学问中的某些价值和意义，而且也表现制度和日常行为中的某些意义和价值"②。因此，威廉斯对大众文化进行了阐释："大众文化不是因为大众，而是因为其他人而得其身份认同的，它仍然带有两个旧有的含义：低等次的作品（如大众文学、大众出版商，以区别于高品位的出版机构）格式可以炮制

---

① ［英］雷蒙德·威廉斯：《关键词：文化与社会的词汇》，刘建基译，101 页，北京，生活·读书·新知三联书店，2005。

② 陆扬、王毅：《大众文化与传媒》，13 页，上海，上海三联书店，2000。

出来以博取欢心的作品（如有别于民主新闻的大众新闻，或大众娱乐）。它更现代的意义是为许多人所喜爱，而这一点，在许多方面，当然也是与在先的两个意义重叠的。近年来，事实上是大众为自身所定义的大众文化，作为文化，它的含义与上面几种都有不同，它经常是替代了过去民间文化占有的地位，但它亦有种很重要的现代意识。"①可见，威廉斯所言说的大众文化是出现于工业社会的"大众"的文化形态，是工业社会的产物。在当时，这种文化其主体部分是工人阶级的文化，工人阶级因为其特殊立场，没有制造一种狭隘意义上的文化。而精英文化却是一种狭隘的文化意识形态，并失去了创造性。

威廉斯认为，任何文化或文化分析，都是受制于特定群体的特殊利益，因而是特定群体态度和立场的表现，也就是特殊意识形态的反映，并不存在超阶级和超现实的一般政治意识和纯粹的高雅文化。对于文化精英主义所表现出的现代主义的意识形态，威廉斯进行了揭露和批判。威廉斯曾明确宣称："我非常清楚地知道我写作的目的就是为了反对T. S. 艾略特和利维斯，以及围绕他们形成的整个文化保守主义——他们已经掏空了这个国家的文化和文学。"②"文化的训练，本质上是民主素质的训练，必须自己进行作直接判断的训练，利维斯的神话却大多由偶然因素构成的，这些因素最糟的已经导致了一种伪贵族的极权主义，最好的也只是导致一种对当代社会的任何寄托都表现出非常不宽容的习

---

①　Raymond Williams, *Keywords: A Vocabulary of Culture and Society*, London: Fontana, 1976, p. 199.

②　Raymond Williams, *Politics and Letters: Interviews with New Left Review*, London: New Left Books, 1979, p. 112.

惯的怀疑主义，我更需明白今日所谓少数派文化这种教条的种种缺失和危险性。"①这种"伪贵族的极权主义"就是现代主义的变种，已经失去了存在的合法性，"现代主义很快丧失了它的反对资产阶级的姿态，达到了与新的国际资本主义轻松自在的结合"②。这样的结果就是现代主义丧失了"批判资本主义的能力"，现代主义的意识形态实际上"终结"了。

威廉斯在对现代主义政治和思想理念进行批判的同时，特别推进对大众文化的肯定。大众文化是现代社会的产物，既体现了时代性和历史性，又体现了民族性和创造性，在既是物质实践又是精神实践的意义上，展现着时代精神和意义。威廉斯不仅承认文化和意识形态的相对独立性，还肯定了大众主动的、具有批判接受能力的创造性和主体地位，而现代主义的精英文化则是一种退出历史的意识形态形式。

当前资本主义的社会制度也存在重大的缺陷，并带来一系列的重大问题，民族—国家的权力集中化、国家监控的密集化以及战争威胁等问题，都给人类自由和世界和平带来了威胁。吉登斯指出，当代资本主义社会存在四个方面的严重问题：第一，工业主义与军事化的结合。现代军事暴力是现代军事与工业主义的完美结合，表现为职业化军人的产生、大量的科学技术应用于军事化生产以及便捷的交通和通信方式，大大提升了战争的机动性和破坏力，两次世界大战即是明证。第二，行政

---

① ［英］雷蒙德·威廉斯：《文化与社会》，吴淞江，张文定译，336 页，北京，北京大学出版社，1991。

② ［英］雷蒙德·威廉斯：《现代主义的政治》，阎嘉译，53 页，北京，商务印书馆，2002。

力量的全面扩张。"权威性资源是指对人类自身的活动行使支配的手段"①，民族国家本身就是一个权力集装器，行政力量的扩张也有赖于科学技术的大力支撑，行政力量的急剧膨胀是民族国家的普遍特性之一。第三，监控的集中化。"在现代的、和平的国家里，信息控制连同极其迅速的通信、交通体系以及复杂的隔离技术，能够直接用于监视人的一举一动，因而产生出高度集中的国家权力。"②监控引起的后果就是：如果人的一切行为都纳入到了国家权力的监控范围，那么人的一切权力将从此消失。第四，自我认同的危机。全球化的扩张、行政力量的渗透、监控的密集化以及社会灾害的频繁，导致了人们自我认同的危机。这些问题和危机，体现了现代主义在制度理念和设计系统领域的不足。

吉登斯也一直关注这些现代性问题尤其是其负面效应，以提醒人们去充分意识到现代性问题的严重性，并批判了现代主义政治的极权主义本质。

吉登斯对西方发达工业社会的社会制度和技术系统进行了深入的分析，揭示出现代主义政治具有极权主义的非理性形态和普遍性，"在当代世界没有哪个民族——国家能与潜在的极权统治完全绝缘"③。吉登斯在论及西方现代国家极权主义的起源时认为，极权主义是 20 世纪的

---

① ［英］安东尼·吉登斯：《民族—国家与暴力》，胡宗泽，赵力涛译，8 页，北京，生活·读书·新知三联书店，1998。

② 同上书，360 页。

③ Giddens, *Central Problems in Social Theory*，London：Macmillan Press，1979，pp. 143-144.

特殊现象，若要理解其起源，就要分析政治的巩固，而这种巩固产生于监控技术与工业化战争技术的合流发展。可以看出，监控和暴力工具以及行政力量之间有着密切的关联，其中任何一项均不能还原为其他两种方式。由此可见，现代主义的技术制度、行政制度以及工具主义导致了国家极权主义的出现，威胁了人类的自由和权力，也使现代主义的合法性基础遭到消弱。

西方发达国家对穷人和落后地区的剥削，也是现代主义在时间和空间上发展的结果。新的剥削形式和场域的出现，哈维在考察资本主义发展的过程中，提出了剥夺性的积累的概念，并认为这是现代主义在时空发展的产物。哈维指出：资本主义并没有放弃掠夺的本性，只是以隐形的方式，它以全球化的方式展开着它的殖民扩张。当前社会，资本主义经济大行其道，对外贸易、殖民压迫、帝国主义等问题，都迫使理论家们不得不重新思考空间在当代的意义。哈维把马克思主义与空间在资本的逻辑中巧妙地结合在一起，重点阐述了资本积累过程和特点，尤其是资本主义矛盾的转移情况。"资本渗透到了新的领域格式创造了新的社会需要；使人口增长速度与长期积累相协调；从地理学视角，扩大了新的领域，增加了对外贸易扩大了出口，朝着世界市场发展。"①哈维指出，这种空间扩张和发展，对于资本主义经济危机的威胁，具有很大的影响，"空间关系的生产和重新配置即使没有为资本主义危机提供一种

---

① David Harvey, *Spaces of Capital*: *Towards a Critical Geography*, Edinburgh: Edinburgh University Press, 2001, pp. 241-242.

潜在的解决方法的话，至少也推迟了危机的产生"①。

通过对资本主义发展状况的考察，哈维认为，当代资本主义社会已发生了很大的变化，但掠夺、压迫的本性没有变，只是以一种更为隐秘的形式追逐着利润，实现着最大化的发展。这些变化带来了一系列的威胁，有必要对其进行深入的研究。他使用"新帝国主义"这一术语来描述当代资本主义社会。

新帝国主义一般不采用殖民、直接占有的形式，而是利用经济的力量和国际组织（如世界银行或者国际货币基金组织）的力量，比较隐蔽地来获取自己的利益，以消解其他国家和地区的反对格式同时，这些国家也采用扶植代理人的方式来更好地为自己服务，获取巨大的政治经济利益。

新帝国主义本质上就是资本帝国主义。它是"国家和帝国的政治"和"资本积累在空间中的分子化"这两种要素矛盾的融合。因此，新帝国主义的两个主要特征分别是国家权力和经济权力，而新帝国主义的这种特征集中表现为"剥夺性积累"。

剥夺性积累指的是新帝国主义条件下资本主义新型的剥夺和侵略，不仅体现在对自然资源的剥夺上，而且还体现在对社会福利等其他方面的剥夺上。从全球过去 30 年的经济发展来看，剥夺性积累是过度积累问题的主要解决方式。哈维指出，剥夺性积累是在 1973 年之后逐渐显现出来，其根本原因是由于当时过度积累的补偿。哈维进一步指出，剥夺性积累的出现和发展更是新自由主义的实施与推广的必然结果，新帝

---

① ［美］大卫·哈维：《新帝国主义》，初立忠，沈晓雷译，73 页，北京，社会科学文献出版社，2009。

国主义的行径(尤其是美国侵略伊拉克的帝国主义行径)是其最高形式。

空间扩张成为资本主义一种新的殖民形式，这种新形式是现代主义发展过程的必然产物。哈维将新帝国主义称为后现代主义时代，实际上既说明了剥夺性积累是现代主义发展的结果，又指出了现代主义已经以另一种形式发展，而之前的现代主义已经过时，其合法性自然不再存在，甚至后现代主义的合法性也遭到了动摇。

现代性社会发展所导致的问题，对于人类的共同利益造成了负面的效果，从而现代主义的合法性基础受到动摇。正是从资本主义现实问题的角度，英国新马克思主义挖掘了其背后的现代主义意蕴，并批判了现代主义意识形态的合法化基础。

(二)思维范式变革提示了合法性危机的考量方向

英国新马克思主义在其发展过程中，不断地进行着思想的自我更新，不断地提炼和创造着新的思维范式。它以马克思的经典思想为基础，以各种具体的学术领域为对象，结合英国实际，追求思维方式的创新和变革，形成了各种解释模式，先后出现了新历史主义、结构主义和地理—历史唯物主义等诸多形式。这些看似不同的思维范式，其实都是整体主义的不同表现形式，因而展现出思维方式内在发展的清晰的逻辑特征、历史脉络和学术气息，体现出新的认识论和方法论意义。随着英国新马克思主义的发展，学者把历史主义的时间过程和结构主义的空间构造结合为一体而形成新的研究范式的热情越来越高，其中的典型代表就是哈维从地理学的思维出发，把地理的空间性与时间的发展性密切联系起来，构造了一种全新的思维范式，使其在社会和历史认识中达到一种辩证法的高度，从而也给予了现代主义合法性危机的辩证的考量。我们看到，英国新马克思主义在思维方式上从关注现代主义的时间维度开始，进而突出空间维度的重要性，再借助于对历史和空间问题的综合思考，把二者有机地结合在一起，达到了真正辩证的整体效果和历时性与共时性的统一。

威廉斯将现代主义意识形态置于历史发展过程和文化唯物主义的整体语境中进行分析，辩证地考察现代主义意识形态的动态过程和整体性质。

威廉斯指出，"现代"作为一个词语出现，或多或少是与16世纪晚期的"现在"同义的，是被用来标明脱离中世纪和古代的那个时期。到简·奥斯汀的时代，人们按一种独特的有限变化来使用这个词，把它界定为一种改变的状态，或许是一种改进的状态，人们也使用"现代化""现代主义"和"现代派"来表明更新和改进。在19世纪，它在更大程度上开始具有一种起促进作用的和进步的语气，具有忠实于自然的现代特质。然而，"现代"的指涉很快从"现在"转移到了"眼下"，甚至是"那时"，在一段时间里，"现代"始终是一个通往过去的名称，表示目前的"当代"同它形成了对照。作为一场整体文化运动和阶段之名称的"现代主义"，从20世纪50年代以来一直是一个总括的词语，从而割断了"现代"甚至是"绝对现代"的主导说法，即1890年至1940年的主导说法。我们仍然习惯于在一个世纪和半个世纪之久的一个领域使用"现代"一词。威廉斯注意到，在英语中，现代主义较少地指称知识问题，更多地是指一种意识形态。

现代主义在前期是一种先进的意识形式，体现了其创造性和创造力，其形式的变化也是在现代性的意识形态化所允许的选择范围之内。在现代主义的创造力上升时期，它似乎有无限的跨越边界的能力。然而，当边界开始变得更加严格地受到控制的时刻，人们的全部认知和行为，最终地、决定性地要由某种统一的方式来解释和认可。这样，现代主义就从政治上完全确定了其"分水岭"，比如对艺术的评价，就出现了两个极端，要么把它当作一个凌驾于金钱和商业之上的神圣领域，要么把它当作大众意识的解放先驱，从而走向了自身的完全封闭，埋葬了它的创造性和创造力。按照这样一个观点，当前社会"所留给我们的一切，就是成为后现代的人。"①这意味着后现代主义的存在，同样也意味着现代主义的"终结"。

针对文化精英主义对于文化的抽象和纯洁化，威廉斯一直强调文化是"一种整体的生活方式"，于是一切社会实践都可以从文化的视点加以主观地审视。威廉斯把文化研究与一般的社会生产和文化的意义联系起来，认为文化具有相对独立性，主张文学要有社会使命感，强调文学必须具有真实的生活价值，能够解决 20 世纪的社会危机，体现出民族意识、道德主义和历史主义的审美特征。威廉斯以严肃的方式对待大众文化，同时也坚持文化研究的社会批判维度，意图将大众文化放在与社会相关联的政治框架中加以分析。他基于本土的社会、文化经验，对所谓正统马克思主义的经济决定论提出修正，强调文化主体与文化生产在当代社会中的决定性作用，并对大众传媒进行了研究，对贬损、混淆大众文化的精英主义进行了分析，表明一切皆是大众的（精英只是幻象），这些思想体现了文化唯物主义的特色。威廉斯通过对现代主义边界的确立

① ［英］雷蒙德·威廉斯：《现代主义的政治》，阎嘉译，49 页，北京，商务印书馆，2002。

是其终点站的分析,对现代主义政治意识的精英文化的否定,对大众文化的关注,对文化实践性的重视,对意识形态的平等性和开放的展现等等,充分体现了文化研究的政治性、开放性和参与性三大特征,并体现了对文化研究和现代主义研究的整体主义视角。

吉登斯对现代性极权主义的批判,也是考察了现代性的展开过程和现代性极权主义在整个空间范围内的整体表现形式。他指出,所有关于人类社会和人类活动的分析和研究,"都需要通过复杂微妙的方式,将时间因素和空间因素协调在一起。"①

吉登斯在现代性的定义中首先考察了其时空维度的发展,"现代性指社会生活或组织模式,大约 17 世纪出现在欧洲,并在后来的岁月里,程度不同地在世界范围内产生着影响。"②吉登斯首先把现代性限定在一定的时空范围内,认为其是一种特有的生活模式。现代性发端于欧洲,又不仅仅限于欧洲,伴随着全球化的发展,现代性遍布了全球。现代性的实质是一系列复杂的完全不同于传统社会的工业体系和运作制度,它有复杂的经济制度、政治制度和民主制度等诸多因素。他认为现代社会,尤其到了民族—国家阶段,社会制度及其发展是复杂而深刻的,而影响其发展的因素是多元的,这些因素之间也不能相互代替,因此成了一个整体性的系统。故此,吉登斯提出了现代性的四维度理论,即资本主义、工业主义、监控和军事暴力,这四个维度之间是一个有机的复杂

---

① [英]安东尼·吉登斯:《社会的构成》,李康等译,504 页,北京,生活·读书·新知三联书店,1998。

② [英]安东尼·吉登斯:《现代性的后果》,田禾译,1 页,南京,译林出版社,2000。

的整体，互相影响，彼此制约。

现代性四维度的发展和互动促进了极权主义的形成，这种极权主义是伴随着民族—国家的出现而发展的，"民族—国家存在于民族国家所组成的联合体之中，它是统治阶级的一系列制度模式。它对业已划定边界（国界）的领土实施行政垄断，它的统治靠法律以及对内外暴力工具的直接控制得以维护。"①民族—国家存在于其联合体之中，这一联合体表现为一定形式的国际关系。民族国家的确立最典型的特征之一是"国界"的确立，这不仅意味着国家内部行政力量控制范围的延伸和程度的增强，更标志着不同国家之间的相互承认和国家主权的确立。作为行为体行动能力的权力不是行为体属性，它不能被权力关系中的任何一方所占有、保存或聚敛②。通过两次世界大战结束后一系列会议的召开，国家之间的关系得以进一步的确立，协调国家之间关系的组织也逐步地建立了起来，国际联盟和联合国便是典型的例证。吉登斯进一步指出，民族—国家是拥有边界的权力集装器，是现代时期最为杰出的权力集装器。它的行政力量的扩张不仅有赖于内部绥靖政策的发展，更依赖于工业和军事技术的完美结合。因而，作为现代社会最具实力的组织实体，现代民族国家在权力运用方面表现出了许多不同于以往国家阶段的特征。因此，民族—国家的政治极权主义既是现代性和资本主义历史发展的产物，又同资本主义的经济、政治、文化和社会制度紧密结合在一

---

① Giddens, *A Contemporary Critique of Historical Materialism*, Vol. 1, London: Macmillan Press Ltd., 1981, p. 190.

② ［法］埃哈尔·费埃德伯格：《权力与规则：组织行动的动力》，张月等译，109页，上海，上海人民出版社，2005。

起，从而形成一个复杂的整体。

哈维对帝国主义的历史—地理唯物主义批判，更加鲜明地体现了历时性和共时性的统一，突出了资本主义现代性分析的系统性和动态性。

资本主义的发展历史体现为资本在空间的变化和展开，因此，我们必须从资本主义历史—地理演化的两个基本方面入手来解释资本主义的现代性。第一个方面是"空间只能通过空间生产来克服"，第二个方面是"资本主义的内在矛盾能够通过固定资本加以克服"，具体方式就是资本主义将其矛盾转移到更广阔的空间中，并使它的范围大大地拓展。时间和空间不再是纯粹的自然存在物，而是人化的产物，"时间和空间的客观概念必定是通过服务于社会生活再生产的物质实践活动与过程而创造出来的"①。空间之内充满了各种社会活动的内涵，已经形成一个具有各种差异性因素的结构，并且在这种空间里生产和再生产，"地理差异远远大于纯地理的遗产。它们总是不断地被当前发生的政治—经济和社会—生态过程所再生、维持、破坏和重构"②。而资本主义的发展，就是一部不断征服陌生空间的历史，"资本主义卷入了一个长期投资于征服空间的难以置信的阶段。铁路网的扩展，伴随着电报的出现、蒸汽轮船的发展、修建苏伊士运河、无线电通信以及自行车和汽车旅行在那个世纪末的开始，全部都以各种根本的方式挑战时间和空间的意义"③。

---

① ［美］大卫・哈维：《后现代的状况》，阎嘉译，255 页，北京，商务印书馆，2003。

② ［美］大卫・哈维：《希望的空间》，胡大平译，74 页，南京，南京大学出版社，2006。

③ David Harvey, *Spaces of Capital：Towards a Critical Geography*, Edinburgh: Edinburgh University Press，2001，p. 329.

因此，在资本的逻辑下，世界上各种非资本主义的空间被不断征服，资本主义的幽灵笼罩着地球大多数国家和地区。

哈维认为，社会生活的空间和时间具有两个特点：第一，时空的社会性定义是根据客观事实的全部力量来运转的，无论是个人还是公共机构都必须对此有所回应。第二，客观时空的定义深刻地蕴含在社会再生产的过程中。这两个特征说明了空间、时间的双重作用，它们既受到社会实践的影响和制约，同时又反过来制约和影响社会实践。哈维充分认识到空间与时间的这种双重作用，试图通过对时空存在的体验的描述，来表达对资本主义社会的全新认识，以此为中介，在文化变迁和政治经济推动力之间构建起沟通的桥梁。哈维尝试将社会生活中的空间和时间作为一个整体加以描述，以便突出政治—经济与文化过程之间的物质联系，探索后现代主义与经过空间和时间体验的中介，而从现代主义向更为灵活的资本主义积累方式转变之间的联系。这种转变使我们在经济、政治上、文化上相互依赖，共同构成了一个历史性和共时性相统一的有机系统。

这种整体主义的思维方式，有利于全面把握和透视现代主义和现代性问题的实质及其表现，同时也考量了现代主义合法性危机的方向，表明现代主义合法性危机的产生也是一个不断变化发展的动态过程，其与整个的社会结构、社会制度以及人们的意识具有密不可分的联系。

(三)重塑大众意识表征着合法性危机批判的学术指向

英国新马克思主义者把现实的人作为研究活动的着眼点，把如何改善人的现实生存状况、改进人的生活方式和提高人的社会实践能力作为研究活动的目标指向。他们以在物质生产高度发达的英国实现更好的社会形态为目标，因而以技术批判、文化批判和社会批判为利剑，直指现代主义的意识形态和资本主义制度本身，通过设计各种各样的理想社会主义社会和开展多种形式的微观社会运动，尝试把理想变为现实。

威廉斯通过指出现代主义意识形态的终结，提出发展大众的复数文化，以促进人民大众的文化解放和自由。

在对"文化"一词的分析中，威廉斯特别强调了复数文化。所谓复数文化，指的是"不仅是各种不同国家、时期里的特殊与不同的文化，而且是一个国家内部，社会经济团体的特殊与不同的文化"①。威廉斯推崇复数文化，并用这个概念为大众文化和民间文化做合法性辩护，批判现代主义的精英文化观。威廉斯"文化即生活"的名言，成为文化研究学者早期的纲领，这些文化研究者对大众文化不再是精英式的居高临下的态度，而是取消文化产品中审美标准的首要地位，将精英文化视为现代主义意识形态的表现形式。意识形态既是物质实践又是精神实践，这种新的界定，十分有利于推动国家走出现代主义政治意识的漩涡。威廉斯及其学生伊格尔顿把文化界定为民有和民享的存在，倡导复数的文化，在人类生活方式的层面，突出了文化的实践功能和解放功能。

"复数的文化"的复兴表明单向度的现代主义文化理念应该终结。吉登斯在《英国的后结构主义》一文中认为，威廉斯对文化的理解，采取了一种"左派文化主义的立场"。一方面，它是社会主义的，因为它强调了对工人阶级文化的认识；另一方面，它也是文化主义的，因为它接受了

---

① ［英］雷蒙德・威廉斯：《关键词：文化与社会的词汇》，刘建基译，105 页，北京，生活・读书・新知三联书店，2005。

整体社会的概念，这就使它不可避免地与传统的自由主义的概念相联系，使文化同社会、政府和国家达到有机统一。莱斯利·约翰逊(Lesley Johnson)则认为，威廉斯对现代主义的批判充分体现了民主意识和大众意识，昭示了新的方向。

针对现代性极权主义的后果和威胁，吉登斯则构想出

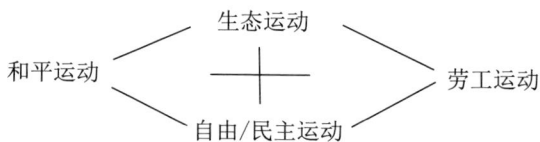

```
                    生态运动
           ╱                    ╲
和平运动 ─────────┼─────────── 劳工运动
           ╲                    ╱
                 自由/民主运动
```

这一社会运动形式，以便超越极权主义的政治制度，通过大众的运动，以实现大众的政治诉求和社会利益。

和平运动的兴起不仅以反对战争为目的，更应该从平衡利益和预防战争冲突方面着手，维护人民大众的生命和财产安全格式生态运动则重新思考人与自然的关系，实现人与自然的和谐，以促进人类更好的生存和发展；劳工运动已深深地根植于资本主义经济体系之中，主要通过工会制度对工作场所进行防卫性控制或通过社会政治组织去影响国家权力，目的在于争取大众平等、自由和权利；言论自由和民主运动正是针对极权主义的监控和行政力量的威胁，目的是为了实现人民大众更大的自由。可见，吉登斯设计了一种大众的政治运动形式，以反对现代主义的极权主义政治，维护底层大众的利益和权利。

哈维创造出"人民地理学"的概念，来反抗资本主义和新帝国主义的剥削和压迫，实现人类在时间和空间上的平等和民主。"人民地理学"不是基于虔诚的普世主义、观念和美好的意图，而是为了反映人民的利益、声音及他们所面临的意识形态和偏见。它忠实地反映了20世纪变

动的社会和物理景观中的竞争、斗争和合作的复杂性。世界并不是按照我们希望的那样描绘、分析和理解，而是真实地体现和反映在社会再生产的强烈的冲突过程中，体现在人类的希望和恐惧中。

这样的"人民地理学"必须有一个群众基础。地理学的任务是建构常识性的语言和常识性的框架，在其中，相冲突的权利和宣言都能被恰当地表达。因此，必须做到：

第一，建立大众的地理学，远离偏见，反思真实的冲突和矛盾，打开新的交流和共同理解的新通道；第二，建立应用的人民地理学，并不把它归于狭隘的和有势力的特殊利益，而是建立在其广泛民主性之上；第三，接受科学的真实性和非中立性二元方法论观点；第四，把地理学的敏感性与历史唯物主义传统中的一般社会理论结合起来；第五，定义一个政治计划，它可以以历史地理的眼光观察从资本主义到社会主义的转变过程①。

哈维认为，资本主义发展到新帝国主义，剥夺性积累严重影响了整个世界秩序的公平性和正义性，导致了不同社会阶层在时间和空间上差异的进一步扩大化，而人类不平等的现实大大消弱了现代主义的合法性。因此，哈维通过建立能够反映大众利益的人民地理学，使人们认识到资本主义发展过程中的时间和空间扩张的真相，避免当前新帝国主义以及剥夺性积累的罪恶，实现人民群众的利益。

实际上，资本主义社会下人民大众的权利和自由的不断弱化，显示

① David Harvey, *Spaces of Capital：Towards a Critical Geography*，Edinburgh：Edinburgh University Press，2001，p. 120.

了现代主义合法性的减退，英国新马克思主义试图提出更具有合法性的社会政治理念以代替现代主义的意识形态，维护人民大众的权利，从而实现人类的解放和自由。

面对资本主义和现代主义的诸多问题，英国新马克思主义者进行了深入全面地分析和批判，但是他们始终不以批判作为目的，对于他们来说，批判仅仅是手段。他们秉承传统，总是以理性作为研究活动和科学思维的基础，以实现社会主义为崇高目标，以人的解放为终极目的。因此，在英国新马克思主义者不同主张的架构中，都蕴含着对未来理想社会的不同式样的预设或重塑。他们预设了诸多的理想世界，其共同特点是把马克思的理论的社会主义转换成有特色的和具有针对性的理想的社会主义。

针对现代主义意识形态的终结、精英文化的败落和大众文化的滥觞，威廉斯预设了一种被称作"共同文化"的理想社会主义的社会。在威廉斯看来，改变我们这个世界的主要力量是工业与民主。工业给人类带来的改变是人类对对象的支配，"即人类主宰与控制其自然环境的理论和实践"，人类在这样的支配中，不断地实现着对自然的征服，以此来使自己的利益和需求得到满足，获得相对丰裕的物质条件。事实证明，这样的征服和满足是暂时的、局部的，并非人类的真正的进步，而人类对自身生存条件的破坏却带来了真正的生存危机，最终的结果可能是在精神上丧失物质的收获所提供的全部机会，甚至"几乎扼杀了我们整个的共同生活"，造成了越来越大的危机和灾难。因此，工业必须在人类的控制之下发展，现代主义的工业模式必须放弃。而对于现代意义上的民主来说，尽管人类采取了多种做法，然而，实质上没有什么差别，都是固有的支配模式在精神上的重现，是"把自己的旧意向投射到未来，逼使自己和其他人都去充实那些意向的未来"①。支配模式是人类实现真正民主的最大障碍，是集权主义的表现，对它的摧毁只能借助于文化观念的变革。而共同文化的建设，正是克服现代性意识形态的结果，是真正意义上的社会主义的根本特征。"我们需要一个共同的文化，这不是为了一种抽象的东西，而是因为没有共同的文化，我们将不能生存下去。"②文化扩张是走向共同文化的基本策略。这一策略的核心是通过教育等具体手段，消解不平等的文化，有效地做到文化的推广和普及，从而在一个广阔视域内架起一座大众文化与精英文化之间的桥梁，最终为共同文化的实现构筑坚实的后盾，实现文化共享。一个文化共享的社会体现了文化唯物主义的社会主义理想。

针对极权主义的国家统治，威廉斯提出建立社会主义的新的构想，以便实现人类的自由和解放。

现代性也是吉登斯理论关注的核心，吉登斯对社会变迁的考察实际上一直是围绕着现代性来展开的。吉登斯把现代性的风险同民族国家的权力运用联系了起来，通过对现代性的起源、本质、特征的分析，走向了现代性的批判性超越，即其提出的"乌托邦的现实主义"。吉登斯指出，一种重新焕发生命力的批判理论必须要把乌托邦主义和现实主义同等看待并且结合起来。我们不仅要面对现实，同时也要在内心保持乌托邦式的理想以及对道德的追求，这样才能清楚地勾画出美好社会的

---

① ［英］雷蒙德·威廉斯：《文化与社会》，吴淞江，张文定译，114 页，北京，北京大学出版社，1991。

② 同上书，395 页。

轮廓。

　　吉登斯尝试在回到马克思政治解放的意义上，结合生活政治，形成政治解放与生活政治内在统一的道德重建，从制度上解决问题。他认为，"我们必须恪守马克思主义的原则，即如果没有同制度的内在可能性结合起来的话，寻求社会变迁在实践上就没有什么作用。正是借助于该原则，马克思才使自己与乌托邦主义鲜明地区别开来"①。吉登斯认为，我们应该比马克思做得更好，必须用比马克思所处的时代更有说服力的方式，使乌托邦的理想与现实保持平衡。那么，如何才能做到这一点呢？那就是必须把解放的政治与生活的政治结合起来。把解放的政治（即不平等的政治）同关于生活的政治（即同关于自我实现的政治）结合起来，关键在于正确理解二者及其关系。吉登斯所谓关于解放的政治，是指激进地卷入到从不平等和奴役状态下解放出来的过程。生活的政治指的是激进地卷入到进一步寻求完备和令人满意的生活可能性的过程中。解放的政治和生活的政治之间的关系，构成对现代性社会自我认同的一根轴线，而另一根轴线则是地方化与全球化之间的联系。在全球化关系的不断影响下，解放的政治和生活的政治二者都必然要与这些联系发生关联。

　　针对全球化和城市化的扩张，哈维设计了理想化的美好城市社会。在他看来，建立人民的地理学，无非就是使人民在政治上得到解放，使人成为真正的人。哈维在当代资本主义发展的语境下，提出了身体政治

---

　　① ［英］安东尼·吉登斯：《现代性的后果》，田禾译，136页，南京，译林出版社，2000。

学的思想。身体是重要的。因为"资本只有通过劳动能力的'塑形之火'才得以生产"①，它是动态的、具有生命力和创造性的。哈维阐述了身体的政治性，他借助马克思所说的"卷入可变资本循环之中的身体"，从作为积累的肉体的身体领域转换到作为政治行动者的劳动者概念。在哈维看来，如何能够实现从实体身体到政治身体的转换，首先必须理解"个人""人"和社会活动这样的概念在这个世界上要想做什么、或者能够做什么。马克思所做的正是把这些概念放置在资本积累的历史和地理条件中，并回答劳动中的人如何实现抱负和理想，获得尊严。

　　哈维认为，积极的政治学的任务就是要寻求社会关系的变革，充分承认政治行动的出发点依赖于实际的历史地理条件。身体问题是一个政治问题，对它的研究必须基于"对物质实践、再现、想象、制度、社会关系和政治经济力量主要结构之间的真正时空关系的理解"，只有这样，"身体就可以被看作是一个连接点，解放政治学的可能性借此得以研究"，对未来的期许才有转变成现实的可能性。

　　当今世界，现代性与现代主义的合法性问题是一个重要问题，既涉及资本主义发展过程及其本质的合法性问题，也涉及对未来社会的展望问题，它促使人们对于当下的社会制度和体制进行深入的反思。英国新马克思主义者对现代主义合法性独具特色的研究及其结论，对于这一问题的展开和深化具有重要的启迪作用。他们面对复杂多变的社会历史状况，面对贫富悬殊、两极分化、危机四伏、生存环境恶化和腐朽堕落的

---

① ［美］大卫·哈维：《希望的空间》，胡大平译，112页，南京，南京大学出版社，2006。

资本主义现实，从多个角度对现代主义以及资本主义的合法性给予了批判，威廉斯、吉登斯和哈维对资本主义现代性的批判，实际上直接涉及资本主义的合法性问题，现代主义意识形态的终结、极权主义的盛行、掠夺的继续化和深入化，其背后都关涉资本主义社会中人的价值冲突问题，即现代主义的经济、政治和文化意识都对人类的根本利益构成了威胁，这就说明了资本主义现代性合法性基础的动摇。既然现代性和现代主义不能具有牢固的合法性，那么，寻找一种更加符合人类利益的社会新模式也就成为必要。在对诸多领域地分析和批判的基础上，他们把马克思主义作为获得人的解放的理论指导和思想基础，把社会主义看作人类摆脱现实困境和实现美好未来的根本出路，因此，他们密切联系英国实际，在揭露现代主义不合法的基础之上，构造了一个又一个美好的理想社会，预设了在高度发达的资本主义基础之上的未来社会主义制度的基本式样，聚焦于社会公平和正义、自由与人的尊严、文化生活方式的变革、社会整体的和谐、物质生产与精神生产的协调一致、人民的社会领导权建设、生态文明、消除极权主义、主体能动性的发挥以及社会冲突的消除等，与人的生存和发展密切关联的一些重大主题，在理论上颇有建树。这不仅对于英国，而且对于世界各个民族的社会主义革命和建设，均有较重要的启迪作用。

(四)合法思维的基本原则是科学理性主义

英国新马克思主义的产生是英国思想史上新的里程碑，斯图亚特·霍尔是参与新左派创建和见证其发展的代表性人物，他曾多次以亲历者的身份，就新左派产生的时代背景、理论特征、思想渊源以及政治诉求等问题，做了深入细致的阐述和讨论，真实地呈现出新左派的产生、特征及其目的诉求。霍尔是英国新马克思主义的杰出代表，学界给予他很高的评价，伊格尔顿对霍尔在当代英国思想界的影响有一个很中肯的评价："任何一个为英国左派思想立传的人，如果试图依靠某个典范人物将不同的思潮和时期串在一起，会自然地发现他是在重塑斯图亚特·霍尔。"①霍尔的研究工作聚焦于文化政治学的方向，对英国新左派有诸多看法和评论，对霍尔的这些内容加以研究，将十分有助于我们更真实地看待和理解英国新马克思主义以及他们的新理性主义思维方式。

霍尔认为，英国的新马克思主义是在1956年"匈牙利事件"和"苏伊士运河事件"的余波中诞生的，其目标是要重新确立新的社会主义思想，实现新形式的社会主义。尽管英国新马克思主义的成员复杂，但他们在一系列相关主题上却具有广泛一致性，这是由于文化研究把松散的新左派凝聚在一起，使之有了核心理念和相对一致的政治主张。新左派在兴起之时还没有形成真正适合英国的马克思主义理论和思想，但通过聚焦于文化研究，迈出了走向英国本土化马克思主义的步伐；而经典马克思思想和欧洲大陆的马克思主义，不仅启迪了英国新左派学者，而且也大大解放了他们的思想，扩大了他们的问题域，起到了重要的理论作用。新左派的政治诉求是克服狭隘的政治观，批判改良主义、工党主义和资本主义，聚集更大的社会力量，扩大社会冲突的地盘；英国新左派试图通过发动激进的社会革命，组织更广大的群众参加革命，尤其是吸引"非生产线"上的人参加进来，以推动实现"经典社会主义的纲领"。这些

①　Eagleton Terry，"The Hippest"，in *London Review of Books*，1996(7)，p. 3.

思想，构成科学理性主义社会解释的基本原则，同时也构成追求新社会秩序的合法思维的基本原则。

介入社会生活和斗争是科学解释的起点，这是霍尔的一个基本观点。关于英国新马克思主义的产生，国内外学者已经给出了诸多解释，使人们基本掌握了它的形成过程和一般特点。那么，新左派自己对此有没有解释呢？整体上看，除了霍尔以外，新左派成员的其他学者，对此也有诸多讨论，包括汤普森、威廉斯、霍布斯鲍姆等人，但霍尔作为跨越两代新左派的人物，其分析更具特殊性。在 2010 年《新左派评论》第 61 期上，霍尔以《第一代新左派的生平与时代》为题，从新马克思主义产生的社会背景、思想传统、成员构成和目标导向等方面回顾和探索了这个问题。

就新马克思主义产生的社会背景来说，霍尔认为，第一代新左派产生于 1956 年，这不仅仅是一个年头，也是一个紧要关头。一方面，苏联镇压了匈牙利革命；另一方面，英法联军入侵了苏伊士运河地区。①这两件事前后只隔几天，这增强了它们的戏剧性影响，揭露了统治当时政治生活的两大体系中潜在的暴力和侵略倾向，对整个世界产生了巨大的冲击。从更深层次来说，这两件事为霍尔他们这一代人设定了政治上可以容忍的边界和极限。新左派就是在这两件事情的余波中诞生的。

---

①　1956 年 10 月匈牙利事件的爆发与苏共二十大秘密报告有密切关系，布达佩斯的学生要求苏联撤军和多党选举，引发苏共对匈牙利人民的暴力镇压，事件造成一万余人员伤亡。同年，英法联军入侵苏伊士运河，苏伊士运河战争爆发，由于美苏两国的介入和国际社会强大的压力，英法两国被迫接受停火决议。苏伊士运河事件不但对埃及造成巨大伤害，同时对英国也是一个重大打击，标志着大英帝国时代的终结，英国正式从头号资本主义国家、世界强国的席位中退出。

1956 年的这两个事件对英国左派政治结构造成了巨大影响。霍尔认为，"匈牙利事件"使社会主义不再清白，而"苏伊士运河事件"则使人们意识到，认为英国在一些前殖民地降下国旗就标志着帝国主义的终结，或认为福利国家的实现和物质的丰裕标志着不平等和剥削的终结，这样的看法是错误的。因此，"匈牙利事件"和"苏伊士运河事件"是分水岭，标志着政治冰冻期的结束。[①] 同样是在 1956 年，苏共第 20 届代表大会召开，赫鲁晓夫做了反对斯大林的"秘密报告"，不仅使社会主义和国际共产主义阵营一片哗然，而且引发了西方资本主义阵营对社会主义的攻击。

"匈牙利事件"和赫鲁晓夫反对斯大林的"秘密报告"以及"苏伊士运河事件"，使英国左派中的年轻人清楚地认识到，苏联式的社会主义是一种集权式的统治，西方资本主义社会则具有帝国主义的本质，同样是非人道的。因此，新左派从一开始就试图在这两种道路之间设定第三种政治空间。霍尔说，对他们那一代的左派来说，第三种政治空间的出现意味着"冷战"时期的强制沉默和政治僵局的终结，意味着有可能突破性地形成一种新的社会主义设想。[②]

就新马克思主义与产生的思想传统来说，霍尔认为，新左派有它的思想传统，即由《法兰西观察家》周报以及它的主编克劳德·布尔特在法

---

① Stuart Hall，"Life and Times of the First New Left"，in *New Left Review*，61，2010，p. 177. 译文参照王晓曼译：《第一代新左翼的生平与时代》，载《国外理论动态》，2011(11)。

② Stuart Hall，"Life and Times of the First New Left"，in *New Left Review*，2010(61)，p. 177.

国政界发起的一种独立潮流。布尔特是法国抵抗运动中的一位领袖人物，他试图在欧洲政界开辟"第三条道路"，以独立于当时居统治地位的两种左翼立场——斯大林主义和社会民主主义，超越北大西洋公约组织和华沙条约组织两大军事集团，以此来对抗美国和苏联在欧洲的势力。这一思想在英国也有其渊源，即左派思想家 G. D. H. 科尔所倡导的思想。科尔是一位出色的欧洲社会主义历史学家和马克思主义信徒，但他的社会主义思想却根植于基尔特社会主义的协作和"工人控制"传统中。他批判了"马礼逊"式的民族化的官僚主义，这深刻影响了新左派对社会主义政权形式的态度，[①] 并与英国所谓正统马克思主义相悖逆。

就新马克思主义的成员构成来说，霍尔认为，新左派代表了两个相关却又存在差异的传统的结合。第一个传统是共产主义的人道主义，主要以《理性者》杂志和它的创始人约翰·萨维尔、爱德华·汤普森以及多萝西·汤普森为代表。第二个是独立的社会主义传统，它的核心力量主要是 20 世纪 50 年代的左翼学生，并与"政党"机构保持一定的距离。1956 年，在"正统马克思主义"的瓦解过程中，正是来自这个阶层的人首先创立了《大学与左派评论》。霍尔就来自这个传统。正如我们所知道的，新左派的成员几乎都是有社会正义感并亲近马克思主义的青年人。

关于新马克思主义的目标导向，霍尔也讲得非常清楚，那就是"突破性地形成一种新的社会主义设想"，"人民自主地采取行动"，"此时此

---

① Stuart Hall, "Life and Times of the First New Left", in *New Left Review*，2010 (61)，p. 178.

刻"并"自下而上地建立社会主义"。霍尔认为,"任何复兴新左派的探索,都必须从一种新的社会主义观、从对资本主义社会关系、动力和文化的一种彻底的分析开始。就社会主义而言,这意味着,必须要与'现实存在的社会主义'和'现实存在的民主主义'的沮丧经历妥协,并根据这些经历来改变'政治'观。对我们而言,这种把社会主义建立在对'我们时代'分析之上的尝试是非常重要的,具有创始性——整个新左派的计划就是由此开始的"①。新左派就是要重新确立新的社会主义思想,实现新形式的社会主义,这就是它的目标导向和政治诉求,或者说,这就是英国的新马克思主义。

转向人民大众才能凝聚起革命力量,这是霍尔新理性主义思想的基本立场。在世界马克思主义发展史上,还从来没有出现过像英国新马克思主义那样的学术群体——既不是在共产党的领导下宣扬、研究和践行马克思主义,也不是在共产党内某个高层人物以自身的学术研究形成独特的思想认识并影响了其他人,更不是在某几个学者的驱动下形成独特的研究风格。而是受特殊世事变迁的激发,由一群具有社会正义感、学历层次高、从事不同学科研究与学习、拥有基本马克思主义思想意识的年轻人(或共产党普通党员),奋起对主流社会进行反抗而形成的。这些年轻人对现实持有多样性的看法和主张,彼此之间存在很大的思想差异,并有非常激烈的争论,但在一些问题上却殊途同归,形成了"独立的"英国式的新马克思主义学术思想。

---

① Stuart Hall, "Life and Times of the First New Left", in *New Left Review*, 2010 (61), p. 185.

正如霍尔所说，虽然新左派的成员不是同类人，但他们在一系列相关主题上却具有广泛一致性，从而使新左派成为一个独立的政治团体。① 这里所说的"一系列相关主题"主要落在"文化"上，并创作出富有创造性、活力和生命力的作品。在霍尔看来，文化对于新左派的意义、尤其对于新马克思主义的意义，主要表现在三个方面：其一，只有聚焦在文化和意识形态领域，社会变迁才能变得更加引人注目；其二，文化维度绝不是社会的次要维度，而是一种维度；其三，对任何能够用于重新描述社会主义的语言来说，文化话语在根本上都是必需的。因此，新马克思主义迈出了将文化分析与文化政治作为核心政治问题的脚步。② 我们认为，正是文化研究成为一种黏合剂，把松散的新马克思主义凝聚在一起，使之有了核心理念和相对一致的政治主张。

在霍尔看来，文化研究作为一种独特的问题架构，兴起于 20 世纪 50 年代中期那样一个历史时刻，主要得力于新左派的几位核心成员所作的创造性工作，包括霍加特的《识字的用途》、威廉斯的《文化与社会》以及汤普森的《英国工人阶级的形成》这三部经典作品，清晰表明了文化研究的一种"转向"，即"明显转变了所提问题的本质、提问题的方式和问题可能获得充分回答的方式"。霍尔强调，理论视角上的这些转变，不但反映出内在的学术工作所产生的结果，而且反映出真实的历史发展和变化被纳入思想的方式，及其为思想提供的存在条件，尽管并不确保思想的正确，但为思想提供了最根本的倾向。正是由于思想与反映在社

---

① Stuart Hall, "Life and Times of the First New Left", in *New Left Review*, 2010 (61), p. 185.

② Ibid., p. 187.

会思想范畴当中的历史现实之间的这种复杂的结合，以及"权力"与"知识"之间持续的辩证法，才使得这些断裂具有了记载价值。[1]

霍尔以极其肯定的语言对这三部著作做了评价，认为这三部书无疑都是"富有原创性和构建性的文本"，它们绝不是那些为了建立一种新的学术分支学科从而撰写的"教科书"。这三位作者原本就没有这样的冲动，无论他们关注历史还是当代，都以关注其成书时所处时代和社会的现实压力为焦点，通过分析这些现实压力进行写作并对其进行回应。这三位作者不仅严肃看待"文化"，把其看作是充分理解古今历史变迁必不可缺的一个维度，而且其作品本身也具有《文化与社会》意义上的文化性，并构成早期新马克思主义的重要议程。霍尔说，这些作家在某种意义上属于新左派，他们的著作也是如此。这种联系从一开始就将"学术工作的政治"毫不含糊地置于文化研究的核心地位。[2]

对于霍加特及其《识字的用途》所做的贡献，霍尔的评价是："《识字的用途》的确是文化转向关键时刻的早期实例，并对这一时刻的产生起到了至关重要的作用。""这种文化转变也正是该书整体上最终所提供的东西。""《识字的用途》承载着一个关键'时刻'——对早期文化研究给予养分和方法论贡献，引发了我们称之为'文化转向'的广泛讨论，并起到了奠基性的作用。""文化转向简单地记录了这样一个不能避而不谈的事实，也就是我在别处提到的日益发展的'文化中心'——令人惊讶的全球性扩张和文化工业的日趋成熟；文化在社会、经济生活方方面面的重要

---

① ［英］斯图亚特·霍尔：《文化研究：两种范式》，304 页，载陶东风主编：《文化研究》(第 14 辑)，北京，社会科学文献出版社，2013。

② 同上书，306 页。

性越来越突出;它的重新排序对不同批判的、理性的话语和学科产生影响;它作为一种主要的、基本的分析范畴而出现,以文化蔓延到当代社会生活的每个角落的方式,并介入一切事物之中。"①

在众多新马克思主义的学者当中,霍尔最为尊敬、对他最有影响的莫过于雷蒙德·威廉斯。霍尔认为,虽然没有真正成为威廉斯的学生,但毫无疑问威廉斯对自己的思想和政治观念产生了重大影响。20世纪50年代中期霍尔与威廉斯在牛津校园相遇,当时霍尔是在校本科生,而威廉斯则是成人教育的讲师。那个年代正是新马克思主义形成的关键时期,当时霍尔已经在阅读威廉斯《文化与社会》一书的草稿。在他看来,正是威廉斯的这本著作给出了文化与政治基本关系的图谱,也规定了新左派在思想和实践方面独立批判的特质。霍尔认为,尽管他和威廉斯在气质、性格、背景、年龄以及思想成长等方面有诸多不同,但是同为从英语文化的边缘地带走进牛津这个体制性文化中心的"奖学金男孩",对社会所担负的责任是他们之间具有亲和力的一个支点。霍尔认为,每当自己为尝试开辟一个新的场域而迷茫之时,就会惊奇地发现"威廉斯已经在这条路上走了很远,而且他已经给出一个比自己所能做的更为清晰的、有力的、明确的构想"②。这是一个很高的评价。

---

① Stuart Hall, Richard Hoggart, "The Uses of Literacy and the Cultural Turn", Sue Owen, *Richard Hoggart and Cultural Studies*, University of Sheffield: Palgrave Macmillan, 2008, p. 20.

② Stuart Hall, "Culture, Community, Nation", in *Cultural Studies*, 1993(7), p. 349.

霍尔对汤普森及其《英国工人阶级的形成》一书也给予了很高的评价，认为它是第二次大战后社会历史研究中最有影响力的著作。这本书"以经验为主"根植于历史的特殊性，通过对不同阶级形成的分析，强调了历史的维度；它对文化的定义植根于集体经验，这些集体经验在更大的历史观念中形成了阶级。这本书在文化层面探讨了"社会存在"与"社会意识"之间的辩证关系，打破了经济决定论的束缚，同时也挑战了狭隘的、精英式的利维斯传统的"文化"概念。汤普森主张历史工作与分析目前任务的相关性，坚持文化历史的特殊性，把文化看作是复数而不是单数，表明文化和与之相关的阶级文化、阶级形成和阶级斗争之间必要的斗争、张力和冲突，这种斗争存在于"生活方式"之间，而不是一种"生活方式"的演进。这些都是具有开创性的问题，暗含着与原先概念化的分析彻底决裂。[1]

总之，在霍尔看来，"文化转向"不仅代表了英国马克思主义者转向对文化的深层思考，也代表了文化内部自身的深度转变，这种文化转变标志着与占主导话语地位的文化观的断裂过程，迎来了文化的大转折时代。对文化研究来说，这是一个形成的时刻。

对于新马克思主义认为文化是解释和改造世界本质维度的根本认识这一观点，霍尔也提出了自己对文化转向以及文化本质的一些看法。霍尔认为，文化是"人文和社会科学中最困难的概念之一"[2]，在实际地文

---

[1]　Stuart Hall, Dorothy Hobson, Anthdrew Lowe, Paul Willis, *Culture*, *Media*, *Language*, London: Hutchinson, 1980, p. 19.

[2]　[英]斯图亚特·霍尔：《表征：文化表象与意指实践》，徐亮，陆兴华译，2页，北京，商务印书馆，2003。

化分析与批判过程中，人们很难严格区分所使用文化概念的意义和指涉。不同的学科领域或不同的定义方法都会导致对文化不同的注解。从传统的精英与大众文化二元分立的理解来看，文化最初是指那些"被思考和谈论过的最好的东西"。在霍尔看来，这是一个涵盖了所有的优质文化的具有总体性质的概念；但随着现代工业社会文化形式地不断扩张，对文化有了与先前的理解相比较更具周延性的解读，即包含了更为大众、更为通俗甚至被认为是低俗的内容，这种具有明确的价值评判的解读开启了精英文化与大众文化长时间分立和对峙的局面。霍尔拒绝精英文化与大众文化的严格二分，他的早期著作《大众艺术》的写作初衷就是为了反对利维斯主义对高雅文化和大众文化的高低之分，认为绝大多数的高雅文化是优质的，而某些大众文化也是优质的，问题的关键是大众主体对不同质量文化的分辨力。霍尔指出，只有通过培养公众对大众文化的分辨力，才能消除利维斯主义理论家对大众文化的攻击与诋毁所造成的消极影响；与其抵制大众文化的影响力，不如"去培养更具鉴赏品位的受众"。① 尽管这一时期霍尔对文化的分析还有利维斯主义的痕迹，但其出发点却正是为了批判这一理论在新的历史时期的局限性。

基于威廉斯关于文化是"整体的生活方式"的经典定义，霍尔在人类学意义上将文化解读为"某一民族、社区、国家或社会集团的'生活方式'的与众不同之处"，是"能够使得一个社会、集团或阶级体验、界定、

---

① Stuart Hall, Paddy Whannel, *The Popular Arts*, Hutchinson and Boston: Beacon Press, 1964, p. 35.

解释和明了其自身存在条件的实用的意识形态"①。霍尔从社会学的意义上对此进行了解释，即文化是"一个集团或是社会的共享价值"②，是一个群体理解世界和解释世界的共通方式。霍尔特别强调文化共享意义中的多样性以及多样性中所体现的差异与对抗的因素，文化进而被看作意义被创造和体验的场域，意义建构的过程也被看做文化生产的核心。在霍尔看来，文化意义可以"组织和规范社会实践，影响我们的行为，从而产生真实的实际的后果"③。换言之，文化意义不是简单存在于头脑之中，而是存在于真实的社会实践中，是有生命的实践活动。

文化维度之所以成为新左派社会建构理论的重要内容和主要理论着眼点，与新马克思主义对文化概念的理解直接相关。霍尔用"文化转向"来描述英国社会中所出现的日趋发展的文化中心论观点，认为文化不仅仅是对社会秩序的简单反映，而且是实际深入地参与了对社会秩序的构建，文化因此成为社会政治变革的积极力量和理解一切社会存在的基础条件。

新马克思主义对文化的突出强调，在理论上表现为对传统马克思主义机械决定论的拒斥。霍尔早期最有影响力和原创性的文章《无阶级的观念》的写作背景就是为了回应当时工党内部关于工人阶级的争论。当时工党成员安东尼·克罗斯兰认为，伴随着工人阶级物质生活水平的提

---

① Stuart Hall, *Popular Culture and the State*, Milton Keynes：Open University，1982，p. 7.
② ［英］斯图亚特·霍尔：《表征：文化表象与意指实践》，徐亮，陆兴华译，3页，北京，商务印书馆，2003。
③ 同上书，2页。

高，一切都将发生改变，阶级将不复存在；而 E. P. 汤普森则对这种观点提出严厉批评，认为物质生活的改善完全不会改变无产阶级的总体生活方式和社会地位。面对这一论争，霍尔则指出，一方面是全新的物质环境和新的消费习惯，另一方面是工人阶级的主体文化和生活方式，其实质就是物质环境和主体意识之间的关系。他认为，"我们需要将'经济基础'解析成构成性要素，以保证我们的态度，客观分析当时工人阶级的物质环境变化与文化传统之间的关系，因此在解释'基础'与'上层建筑'之间的关系时能够有更加自由地发挥"①。霍尔认为，当下的工人阶级文化已经发生变化，但并没有彻底颠覆原有的生活模式。在经济基础与上层建筑之间不应当是一种简单的决定与被决定的关系，相反，其间存在可供发挥的巨大空间。正如特里·伊格尔顿所说："文化的观念意味着一种双重的拒绝：一方面是对有机决定论的拒绝，另一方面是对精神自主性的拒绝……人并非仅仅是他们周围事物的产物，那些事物也非全然是用作他们任意进行自我塑形的黏土。"②在这个问题上，霍尔坚持了他一贯的"通过综合表面上对立的许多观点，来创造他自己的理论观点"③的立场，认为对于文化观念和物质条件之间的关系应当进行更为辩证的思考。

回归经典马克思主义才能形成社会解释的科学基础，这是霍尔学术

---

① ［英］斯图亚特·霍尔：《无阶级的观念》，156 页，载张亮，熊婴编译：《伦理，文化和社会主义》，南京，江苏人民出版社，2013。

② ［英］特瑞·伊格尔顿：《文化的观念》，方杰译，4 页，南京，南京大学出版社，2006。

③ ［美］丹尼斯·德沃金：《文化马克思主义在战后英国——历史学、新左派和文化研究的起源》，李丹凤译，354 页，北京，人民出版社，2008。

思想的核心原则。英国新马克思主义因世事变迁而勃兴之时并没有做好理论思想准备，毋庸讳言，如同大多数 20 世纪的左派一样，马克思主义是其一个重要的思想基础。然而，那时的英国马克思主义受自身经验主义传统的影响，认为苏联的社会主义革命和建设经验，是唯一可信赖的，因而把它作为正宗的马克思主义，并排斥其他任何形式的和本土的马克思主义构想。此外，英国人特有的傲慢，也使英国新马克思主义者排斥欧洲大陆的马克思主义；加之当时马克思、恩格斯的大量著作并没有得到有效的翻译和研究。因此，英国左派对马克思主义的认识仍然停留在苏联的认识和理解上，基本上还是教条主义的马克思主义和"经济决定论"的马克思主义之水平上。新左派兴起之时，看到了这种僵化的马克思主义的错误和危害，但还没有找到或形成真正适合英国的马克思主义理论和思想。很幸运的是，他们通过聚焦于文化研究，迈出了走向英国本土化马克思主义的步伐，并初步彰显出强劲的发展动力。

在英国新马克思主义面临寻求理论基础的关键时刻，新发现的马克思《1844 年经济学哲学手稿》被翻译成英文并得到了传播，马克思的其他一些著作也被编辑出版。马克思的《1844 年经济学哲学手稿》对于英国新左派来说，是极其重要的思想来源，汤普森甚至把它看成是真正能体现马克思思想的文本，是新马克思主义的"圣经"。一时间，回归经典成了新左派的时髦语和口头禅。事实上，《1844 年经济学哲学手稿》以及回归经典的理论探索过程的影响确实是巨大的。如果说英国新左派在其起点上可以被恰当地称为"文化唯物主义"的话，尤其是对于威廉斯和霍加特等人来说，这样称谓更加准确；那么，对于汤普森、霍布斯鲍姆等人来说，新马克思主义可以被恰当地称为"人道主

义的马克思主义"。即使对于威廉斯和霍加特等人来说，他们事实上
也改变了人们对文化本质的理解。诚如霍尔所说，威廉斯早期的立场
已经有了几次重大的修正：每一种表达都十分有助于对文化研究是什
么和文化研究应该干什么进行重新界定，而这种改变受汤普森的批评
和马克思《关于费尔巴哈提纲》的深刻影响。① 在我们看来，霍尔关于
马克思以及马克思主义与新马克思主义之间关系的认识，可以从四个方
面来理解。

第一，新马克思主义坚持马克思的思想以及马克思主义的"极其"重
要性。霍尔认为，新马克思主义诞生于存在"许多种马克思主义"的时
代，我们现在也生活在这个时代。在 1956 年之后，新左派基本上不再
被描述为"正统派"了，即使有的话，也是极少数。相对于工党主义和所
谓整体马克思主义而言，新左派的主导趋势是"修正主义的"，其根本原
因在于新左派拒绝把马克思主义看作是一种固定的、完成的学说或神圣
的文本。新左派对马克思的思想究竟在何种程度上被修正并传承到现在
有不同看法，但重新发现马克思一直是新左派的追求。霍尔把《1844 年
经济学哲学手稿》看作是新左派"极其重要的"事情。总的来看，新左派
在其诞生之初就十分重视重新解读马克思、恩格斯的经典著作，从中汲
取理论营养。

第二，新马克思主义强调要从整体上来理解马克思的思想，防止教
条主义。关于社会关系的认识，霍尔认为，威廉斯关于文化是整体生活

---

① ［英］斯图亚特·霍尔：《文化研究：两种范式》，310—311 页，载陶东风主编：
《文化研究》(第 14 辑)，北京，社会科学文献出版社，2013。

方式的思想，就是在对马克思思想整体研究的基础上形成的①，强调把社会看作是工人阶级的联合体，体现出集体民主社会的思想；而资产阶级把社会看作是每个人通过自己的奋斗和竞争来努力实现"自我"的舞台，这是两种完全不同的社会思想。马克思早就认识到了这一点，他把在旧社会的子宫中孕育起来的新社会关系，看作是人们为了使自己从旧的工业贫民区和工厂所施加的束缚中摆脱出来而使社会实现的变革，这种变革最终会把分裂的社区变成一个社区，在这种意义上，资产阶级的世界将"被无产阶级化"。他认为，这不仅是工业无产阶级苟活于其中的处所，也是它自己创造繁荣和富裕的条件。关于社会关系、阶级意识的这种看法，应该把《资本论》《1844 年经济学哲学手稿》《德意志意识形态》等著作"联系起来看"才能有深入的理解。② 此外，霍尔也分析过汤普森、霍加特以及其他新左派学者从整体上理解马克思思想的情况，强调了新左派对正确理解马克思主义的学术态度。

---

① 威廉斯在《漫长的革命》中曾这样说，"我认识到我必须放弃我所认为的马克思主义传统，或者至少必须将它搁置一边：努力去发展一种关于社会总体性的理论；把对于文化的研究看作是对整体生活方式中各要素之间关系的研究；去寻找研究结构的途径……它不但可以继续保持与个别艺术作品和形式，而且可以保持与更为普遍的社会生活形式和关系的联系并对其进行阐释；用一种由各种相互影响，但并不均衡的决定性力量所构成的更为积极的场域观念去替代那种对于经济基础和上层建筑的客套表述。"（参见〔英〕斯图亚特·霍尔：《文化研究：两种范式》，309 页，载陶东风主编：《文化研究》（第14 辑），北京，社会科学文献出版社，2013。）威廉斯这里所说的"放弃"，是指放弃教条主义的马克思主义，威廉斯在许多地方都强调要全面地，整体地理解马克思的思想。霍尔认为，威廉斯在《马克思主义文化理论中的经济基础与上层建筑》《马克思主义与文学》等作品中，以最简洁的语言，揭示了文化作为整体生活方式的内涵。

② 〔英〕斯图亚特·霍尔：《无阶级的观念》，157 页，载张亮，熊婴编译：《伦理，文化和社会主义》，南京，江苏人民出版社，2013。

第三，新马克思主义主张必须联系历史、现实和人的社会实践的总体性来发掘马克思思想的精神力量。霍尔在分析汤普森关于社会存在与社会意识关系的思想时认为，汤普森极其喜欢他从马克思那里继承来的这两个术语，并喜欢将它们用到更为流行的"经济基础与上层建筑"的学说当中。汤普森特别强调阶级关系、群众斗争和意识的历史形式，强调带有自身历史特性的阶级文化；在这一理解中，强调依据人们自身来解释利益和信仰之间的相互协调关系。与汤普森不同，威廉斯更强调要将所有实践活动都吸纳到"真实而持久的实践"总体性当中，即文化之中。显然，汤普森和威廉斯的文化理念是有差别的：一个突出了历史性和阶级实践，另一个强化了总体性和实践的现实性。然而，霍尔从二者的差别中却看到了他们之间重要的一致性。霍尔认为，尽管在这里存在着许多重大差别，我们依旧能够看到文化研究中一条有重大意义的思想线索——有人称之为主导性的范式。它反对给"文化"指派的那种残余的、纯粹反思性的角色。它从另一种思路证明文化与所有的社会实践是相互交织的，转而又将那些社会实践概括为人类活动的一种普遍方式：即由普通人的感性实践活动来创造历史。它反对在表述理念和物质力量之间的关系时常用的那种公式化的经济基础与上层建筑的二分方式，尤其反对将"经济基础"进行简单化的理解，而是强调社会存在和社会意识之间的辩证关系。它将"文化"定义为两个方面的内容：既是产生于各种独特的社会群体和阶级当中的各种意义和价值，这些意义和价值建立在既定的社会条件或社会关系基础之上，又是人们亲历过的各种传统和实践，通过它们那些理解才被表现和显现出来。①

　　第四，新马克思主义突出马克思主义的方法论意蕴和必须"亲历"与"体验"的不可替代性。在我们看来，霍尔把理解和发展马克思的思想看作是重要的事情，把掌握和实际运用马克思主义的辩证法与方法论看作是更加重要的事情，而把结合本国实际运用马克思主义看作是尤为重要的事情。玛德琳·戴维斯对英国新左派有一个观点，即认为"新左派在英国思想文化内部使马克思主义'本土化'了"。德沃金认为，这种构思英国马克思主义的方式是理解这一理论与政治运动的重要方面。② 把马克思主义本土化确实是英国新左派的一个重要政治思想诉求，霍尔在评价威廉斯和汤普森对马克思主义的态度时，特别突出了这一观点。比如，在如何对待经验的问题上，霍尔认为，威廉斯把"对经验的各种定义"完全吸纳进我们的"生活方式"之中，并将二者都放进持久而真实的一般物质实践范围来思考，旨在消除"文化"与"非文化"之间的所有差别。汤普森有时在较为普通的意识之意义上使用"经验"概念，将它当作人们"把握""传达"或"歪曲"既定生存条件和生活原生态的集体方式；有时又将这一概念用作"亲历"的范围，相当于"条件"和"文化"之间的过渡领域；有时又用作各种客观条件本身——对应于那些具体的意识模式。但是，无论用哪一个术语，两人的观点均倾向于从关系结构是如何被

---

　　① ［英］斯图亚特·霍尔：《文化研究：两种范式》，312 页，载陶东风主编：《文化研究》（第 14 辑），北京，社会科学文献出版社，2013。

　　② Madeline Davis，"The Marxism of the British New Left"，in *Journal of Political Ideologies*，2006(11)，p. 335.

"亲历"和"体验"的方面来解读它们。① 什么是"亲历"和"体验"呢？就是亲历者的个人感受，实际上就是本土化的感受，就是把一种理论用之于本土的现实实践。在霍尔的眼中，这两种对待经验的态度，是新左派把文化、意识和经验置于核心地位而导致的必然结果。对经验因素的强调，对创造力和历史主体的重视，构成英国新左派人道主义立场的两种关键因素，其实质就是倡导反对用抽象分析方式对实践进行区分，反对用任何连续的逻辑或分析操作来检验那种带有全部复杂性和具体性的"真实的历史运动"。事实上，"本土化"这个词并不是戴维斯创造出来的，而是新左派自己早已使用过的，是新左派的政治立场，具有强烈的方法论意义。

英国新马克思主义的大多数成员，尤其是年青一代，也以开放的态度对待欧洲大陆的马克思主义者，并把他们的思想作为经典引进和吸收。这一点既体现了英国新左派兼容并蓄的学术风格，也体现着马克思主义原本的学术风范。霍尔曾经说，英国新马克思主义者原先对欧洲大陆马克思主义的了解几乎是空白，他们还未接触到卢卡奇、本雅明、葛兰西或阿多诺；对欧洲大陆马克思主义的拒绝使英国的马克思主义陷入绝对主义和教条主义的泥沼。正是新左派的革命，使英国马克思主义开放了"自我"，不仅看到了一个对马克思主义有完全不同理解的场景，而且看到了在那个舞台上正在演出的剧本的人物和内涵。英国新左派在暴风骤雨式的革命之后，安静下来，环顾四周，他们看到，在马克思之后，对他们真正有意义的思想是欧洲大陆的马克思主义。澳大利亚学者塔

---

① ［英］斯图亚特·霍尔：《文化研究：两种范式》，313 页，载陶东风主编：《文化研究》（第 14 辑），北京，社会科学文献出版社，2013。

尼亚·刘易斯在《斯图亚特·霍尔与英国文化研究的形成：一种流散的叙事》一文中，把引进欧洲大陆的马克思主义以及它在英国所引发的思想变革，看作是新左派内部的第二次"突破"，这个评价是合乎实际的。

在刘易斯看来，20 世纪 70 年代中期，以"伯明翰学派"为标志的关于英国文化生活的众多创作，以寻找适合于英国文化生活的理论为特色，这个进程反映了文化研究与新左派主要依赖于欧洲知识分子的传统。特别是《新左派评论》主动承担了翻译当时尚未有英语版本的欧洲文本的艰巨任务，产生了巨大影响，将欧洲理论的焦点带入英国知识分子的文化关注中。[①]

对于霍尔而言，新马克思主义内部的第二次"突破"对文化研究的发展是至关重要的。他认为，"如果没有那些'欧洲文本'（即法兰克福学派、本雅明和随后的葛兰西的翻译作品，这些文本在学术界内部并不被阅读），那么文化研究不可能发展自己的项目：它无法生存；它也不可能成为在自己方向内的学术领域"[②]。刘易斯强调，19 世纪 70 年代向欧洲理论转向代表了英国文化研究发展的关键时刻。比尔·施瓦茨认为，与"理论"的相遇，特别是与西方马克思主义的相遇，涉及一个戏剧性的重新定位，这个重新定位远离其最初的关注点即"生活经验"的意义，转而关注日常生活文化和更广泛的权力结构之间的关系。[③] 科林·斯帕克

---

① Ioan Davies, "Cultural Theory in Britain: Narrative and Episteme", in *Theory, Culture and Society*, 1993(10), p. 120.

② Stuart Hall, "The Emergence of Cultural Studies and the Crisis of the Humanities", in *The Humanities as Social Technology*, 1990(53), p. 16.

③ Bill Schwartz, "Where Is Cultural Studies?", in *Cultural Studies*, 1994 (8), pp. 377-393.

斯认为，新左派的文化研究是从以人为本的文化作为其表现形式的方法，转变为阿尔都塞的结构主义马克思主义的方法。①

霍尔也多次谈到欧洲大陆马克思主义对于英国新马克思主义学术思想发展的作用和意义，尤其是阿尔都塞的结构主义马克思主义和葛兰西的文化霸权观念，为文化研究提供了出路。此外霍尔也多次谈到法兰克福学派的意识形态批判理论对新左派的意义和影响。事实上，欧洲大陆马克思主义在英国的传播和新左派对它的批判性分析和接受，包括了非常广泛的内容，从早期的卢卡奇、葛兰西、柯尔斯到后来兴起的各种马克思主义形式。

总体来看，马克思的思想和欧洲大陆的马克思主义，不仅启迪了英国新左派，而且也大大解放了他们的思想，扩大了他们的问题域，起到了重要的理论指导作用。

社会解释需要明确的政治诉求和鲜明的政治立场，这是霍尔新理性主义的思想内核。英国新马克思主义是一个松散的学术群体，非严密的政治组织；创造思想、推进学术进步，是其首要工作和主要目的。如果一个学术群体只是埋头于书桌，对现实问题不闻不问，对社会变迁不理不睬，对人的生存和发展不管不顾，没有明确的目标导向，缺乏进步的政治诉求，它必然是短命的。从新左派诞生的那一时刻起，明确的政治诉求、鲜明的政治立场和相对庞杂与混乱的学术思想，就与它相伴而行，没有须臾离开。正是这个明确的政治诉求和鲜明的政治立场，把松

———————

① Colin Sparks, "Stuart Hall, Cultural Studies and Marxism", David Morley and Kuan-Hsing Chen, *Stuart Hall: Critical Dialogues in Cultural Studies*, London: Rouledge, 1996, pp. 71-101.

散的新左派成员密切联系起来，无论他们个人之间有多么不同的思想认识，无论彼此之间有多么激烈的争论，可以毫不夸张地说，新左派就是在政治争论中诞生和成长起来的。按照霍尔的说法，新左派从一开始就以不同的方式向狭隘的"政治"定义发起了攻击，并试图设计一种扩大的"政治观"，为"私人苦恼"与"公共问题"之间的批判辩证法开辟道路，这必将会炸毁传统的政治观念。

　　霍尔在这里所说的狭隘的"政治"，主要是指当时的英国共产党和工党的政治，这种政治的实质倾向于按照苏联的社会主义模式在发达资本主义进行无产阶级革命，实现社会主义。然而，在新左派的眼中，苏联模式的社会主义是极权主义的，至少是"狭隘"的政治观。霍尔认为，新左派在争论和批判中形成了自己的政治立场，它暗示着新的政治逻辑：即在现实政治中"隐藏的维度"必须要在"政治"话语中表现出来；按照新左派的直接经历，普通人可以且应该就地组织起来，用存在主义的语言表达他们的不满，并由此引发一场骚乱。这种扩大了的政治定义也导致了社会冲突的潜在场所的扩大和选区的变化，因为并不是只有"生产线"上的那些人才可以发动革命。这种扩大了的政治定义，包含对改良主义和"工党主义"的批判。霍尔认为，新马克思主义正在寻求一种更加激进的社会结构转变，因为它仍忠实于经典社会主义纲领的基本观点。新左派之所以如此激进，更重要的原因是，他们要更加广泛地批判"资本主义文明和文化"①。

---

　　①　Stuart Hall，"Life and Times of the First New Left"，in *New Left Review*，2010(61)，p. 188.

克服狭隘的政治观，批判改良主义、工党主义和资本主义，聚集更大的社会力量，扩大社会冲突的地盘；发动激进的社会革命，组织更广大的群众参加革命，尤其是吸引"非生产线"上的人参加进来，用"存在主义"的话语表达不满，目标就是要推动实现"经典社会主义的纲领"。对此，霍尔已经讲得很清楚了，这就是新马克思主义的政治诉求。

更进一步来讲，尽管新马克思主义的终极政治目标是清楚的，但所走的路线是"第三条战线"，立场是"第三种立场"，即"把左派的观点建基在对战后资本主义新情况和社会变革的新分析"之上，把人们吸引到独立的政治活动和争论中来。实现这样的政治诉求需要策略，霍尔从四个方面总结了新马克思主义的策略：其一是挑战英国传统劳工运动的反智主义以及克服知识分子与工人阶级之间的分裂；其二是拒斥三种选择模式；其三是依靠第二次世界大战后成长起来的受到社会主义宣传和教育影响的新阶层；其四是加强有意识的社会主义民主运动。新左派当然也形成了自己的政治意识，按照霍尔的说法，其实质就是：社会主义事业必须植根于此时此地，必须要与活生生的经验联系起来，要与"国民大众"的东西联系起来，发动人民，借助于民粹主义，发展大众对抗。要克服社会主义只能从贫困中产生出来的错误思想，强调人民自主地采取行动，"此时此刻"并"自下而上地建立社会主义"，排除那种期望一瞬间就能改变一切的抽象革命。① 由此可见，发动人民，实现社会主义，构成新马克思主义的政治使命。正是因为有这个政治使命，才凝聚了力

---

① Stuart Hall, "Life and Times of the First New Left", in *New Left Review*, 2010 (61), pp. 193-194.

量，形成了思想，推动了社会运动，最终成就了新马克思主义。

关于社会主义，霍尔用"不做保证"来表达他的基本立场，认为在发达资本主义世界中我们面对的社会主义是"不做保证"的，即"这样一种社会主义并不相信历史的推动力量必将站在它的一边"①，认为社会主义绝不是已经完成了的"只待上演的剧本"。那些一味地依赖社会主义的历史传统和经验的观点，认为社会主义的内容和未来是确定无疑的，在霍尔看来，这样的思维习惯所表现出的把社会主义当作一个已经完成的议题的做法是不客观的，因为"复杂的社会主义的传统对于左派而言是双刃剑"，仅仅通过对社会主义历史变迁和传统经验的考量，无法应对现实社会生活中的反转与变数。因此对于社会主义的建构既要立足于社会主义发展的历史与传统，更要立足于当前的社会现实的基础之上，即"社会主义事业必须根植于此时此地，必须要和活生生的经验联系起来"②。

"实际存在的社会主义"不仅是新马克思主义形成的推手之一，对它的社会主义观念的影响也是巨大而深刻的。在霍尔看来，"实际存在的社会主义的遗产"，即斯大林主义带来的灾难性的后果是 20 世纪 80 年代社会主义思想出现危机的主要原因之一，他认为俄国革命最终走向斯大林主义是社会主义历史的悲剧。"匈牙利事件"不仅损害了人们对社会主义国家的信任，而且对社会主义观念的伤害也是深刻而持久的，使得曾经充满希望的社会主义语言变成了社会主义者在斗争过程中不得不首

---

① Stuart Hall, *The Hard Road to Renewal: Thatcherism and Crisis of the Left*, London: Verso, 1988, p. 195.

② Stuart Hall, "Life and times of the First New Left", in *New Left Review*, 2010 (61), p. 194.

先拆除的篱笆。但霍尔依然相信："我们不应该因为'实际存在的社会主义'的崩溃而惊慌，因为，作为社会主义者，我们已经等待它发生等了30年了。"①可见，对于新左派而言，斯大林主义绝不是社会主义的理想形式，斯大林主义的覆灭在更大程度上是走出传统社会主义观念的绝好机会。在"实际存在的社会主义"社会中，关于社会主义观念的斗争一定是持续的，同时在社会主义建设时期可能是社会主义观念斗争最为激烈的时刻。

英国新马克思主义对社会主义的思考开始于对第二次世界大战后英国社会历史与社会变革的分析。霍尔认为，第二次世界大战后的英国社会主义总体上还处在"传教阶段"，面临着诸多需要批判的观念，尤其是"英国传统劳工运动的反智主义"，以及由此带来的知识分子和工人阶级传统的分裂。在霍尔看来，新左派所期待的社会主义既不同于斯大林模式、托洛茨基主义，也区别于左翼工党主义对经济的强调，是"一种有意识的民主运动，社会主义者是被创造出来的"②。虽然新左派对工党政府进行了严厉批判，但霍尔承认，英国社会主义的命运不可避免地与工党政府联系在一起，新左派与工党政治是一种既在内又在外的关系。霍尔也正是通过对20世纪70年代末和80年代英国政治所作的分析批判，为自己赢得了巨大的学术和政治声誉。

早在1979年英国保守党的选举胜利之前，霍尔就预言了左派的衰

---

① ［美］丹尼斯·德沃金：《文化马克思主义在战后英国——历史学、新左派和文化研究的起源》，李丹凤译，343页，北京，人民出版社，2008。

② Stuart Hall, "Life and Times of the First New Left", in *New Left Review*, 2010 (61), p. 194.

落，认为对左派政治策略的轻视是导致社会中右派倾向泛滥的直接原因，右派的进步与左派的危机是同时出现的。人们普遍认为"撒切尔主义"是霍尔首先提出的概念，但在霍尔看来，这其实并不重要，重要的是如何思考这一执政理念对英国社会政治和人民主权的意义。霍尔认为，在撒切尔夫人的领导下，英国保守党的权力基础发生了巨大变化，在文化意识形态领域进行了诸多卓有成效的努力，不仅成功地瓦解了第二次世界大战后英国社会的民主共识，而且以民族、国家、责任以及新自由主义的竞争、个人主义和反国家等主题的组合重构了共识。霍尔用"专制的民粹主义"来描述撒切尔政府的执政理念，认为这是一种区别于法西斯主义的资本主义国家的特殊形式，它适当地保留了大多数（即使不是全部）形式上的代议制机构，并且同时能够围绕它自己构建一种积极的广泛的共识。

霍尔坦言，对于英国工党的政治策略制定来讲，向撒切尔的政治主张学习不失为明智的选择，左派应当从撒切尔主义的胜利中总结经验教训。和霍布斯鲍姆强调左派衰落的经济因素不同，霍尔主要着眼于文化和意识形态领域的变化，认为 1979 年工党政府的失利绝不仅仅是政党间的竞争与转换，而是标志着一个政治时代的结束，包括福利社会、混合经济、收入政策等在内、被人们认为是理所当然的共识已被瓦解。英国工党及其施政方针的失败，使得新左派对世界上最古老的资本主义制度的批判和对社会主义未来的重新建构，成为严肃的、危险的和极为困难的任务。在这种时刻，霍尔所关心的不是下一届政府的政治色彩，而是真正走向社会主义的一个先决条件，即大众意识的社会主义方向的转变。20 世纪 80 年代末开启的关于"新时代"的讨论，是以霍尔为主要代表的新左派致力于实现左派与新世界再联合的大工程，其目标在于"解释新兴的后现代文化，理解社会中出现的新的身份和新的主体"，在于它能够激发左派展开关于社会变革的大讨论，"为他们所试图超越和变革的社会状况提供新的描述和分析"①。

关于社会主义的阶级基础和动力问题，霍尔认为，"英国社会的变化已经产生一大批能够接触到社会主义教育和宣传的战后社会新阶层"②。霍尔从英国的社会实际条件出发，认为在 20 世纪 70 年代以后，社会主义政治的阶级基础已经发生转变，随着女权主义、种族政治的出现，基于资本而出现的工人阶级的原有联合版图已经破碎，阶级重建不可避免。霍尔对身份问题的关注，既是阶级问题的延续，也体现了断裂与变化的趋势。女权主义、种族政治的发展影响了霍尔对总体社会主义策略的理解，他试图分析论证当前社会中日益发展的身份多元化现象，并从中获取其中潜在的社会主义价值，将人类解放的总体目标细化为种族、性别、青年亚文化等具体的文化身份的公正享有等微观政治学的内容。霍尔认为，社会主义者必须承认种族政治、阶级分化和性别差异所产生的相互联合且不平衡的影响，因此要理解社会中出现的具有不同身份的新社会主体。受益于阿尔都塞所说的人民力量可以由差异的统一而被建构的观点，霍尔指出，社会主义将会从差异开始，但是这种差异在产生对抗的同时，也会产生与对抗一样多的联合，不同的社会阶层基于

①　David Morley，Kuan-Hsing Chen，*Stuart Hall：Critical Dialogues in Cultural Studies*，London：Rouledge，1996，p. 222.

②　Stuart Hall，"Life and Times of the First New Left"，in *New Left Review*，2010（61），p. 194.

各自的身份和利益诉求会形成一个广泛多元的、流动的联合体。

新马克思主义知识分子将文化看作是人解放的根本力量，霍尔指出，社会主义者只有真正理解了大众文化领域斗争的战略作用，基于社会主义的根本价值观念，以教育和改造大众为目标来构建时代共识，让社会主义观念成为大多数人的日常生活意识，才能真正将社会主义事业再次提上历史议程。社会主义观念可以再次生长的地方是大众文化领域，大众文化最终被认为是思考和解决这些问题的核心和关键领域。尤其是大众消费社会来临之后，新的抵抗形式也在这一领域产生并成长，文化领域被看作是新时期社会主义斗争的重要场所，"只要去重新描述社会主义，都必须借助于文化话语"①，社会主义事业正是通过不断提出问题、表达质疑和分析批判得以发展和进步。在威廉斯关于文化共同体的预设基础之上，霍尔认为，在未来社会应当建立一个可以协调不同观念、信仰和利益的统一框架，将"具有差异性的自由和平等、善和权利，放在同一个平台聚拢起来"②。

霍尔关于新马克思主义的整体思考和认识，尽管以其历史发展过程为根据，但也明显带有自己的特色，这是不可避免的。从某种意义上来说，霍尔不是在描述历史，而是在理解历史，因此，霍尔眼中的英国新左派是打上自己个性特征的新左派。众所周知，霍尔能够参与创建新左派并成长为第一代新左派的代表人物，其家庭环境、教育模

---

① Stuart Hall，"Life and Times of the First New Left"，in *New Left Review*，2010
(61)，p. 187.

② ［英］斯图亚特·霍尔：《多元文化问题的三个层面与内在张力》，载《江西社会科学》，2007(3)。

式以及时代特征都是重要的影响因素。霍尔出生于牙买加有色中产阶级家庭，既有来自父亲的牙买加有色种族的血统，也有来自母亲的英国白人血统。他从小就对殖民地国家中存在的殖民与反殖民的矛盾与冲突有深刻体验，对种族问题异常敏感。霍尔一生把文化研究置于其思考的中心，但霍尔所理解的文化具有明显的文化政治学特征，他逐步介入"身份"政治学、非政治的社会认同、文化政治学、话语政治学、语言的政治意义等方面，从而使文化研究走向意识形态场域。

霍尔以其文化政治学的视角和底蕴，以亲历者的"身份"，对英国新马克思主义的产生、特征和意义的分析，对我们理解英国新马克思主义的基本思想，理解马克思主义研究的新进展，理解新理性主义的合法思维的基本原则，是有启迪意义的。

三、聚合思维凝聚变革社会秩序的发展动力

在英国新马克思主义看来，消弭现代主义思想意识所带来的现实的社会混乱，必须采取积极的改造现实世界的实践活动，舍此，人类就会一直处在灾难之中。改造现实世界的实践活动要以对社会的正确认识为指导，要理性地对待事和物，要改变我们关于社会认识的思维方式，在这个意义上说，互存思维和合法思维是至关重要的。然而，仅仅改变思维方式求得对现实社会的理性认识还是远远不够的，因为对现实世界的改造还必须聚合精神的与物质的力量，因此，英国新马克思主义者主张社会力量的整体聚合，把人类在认识世界和改造世界的过程中形成的各

种力量有效地凝聚起来，由此也就形成了新理性主义的聚合思维，借此凝聚变革社会秩序的发展动力。

(一)协调生产力与生产关系聚合变革社会秩序的物质力量

对社会存在与发展做出科学理性的解释，需要探寻推动社会发展的根本动力，对此，英国新马克思主义始终坚持马克思主义的历史唯物主义基本思想，把协调生产力与生产关系作为探寻社会变革抓手，从生产方式的创新和发展作为集聚社会物质力量的基础，把科学技术作为社会发展的根本动力。英国新马克思主义群体都十分重视生产方式变革的意义，其中多布和柯亨最具代表性。多布运用历史主义的方法，从经济史的视角来思考现代社会聚合物质力量的有效途径，特别强调了基于生产方的变革推进社会结构改变，形成有效治理社会的方法，建构了社会治理的整体模式；G. A. 柯亨则运用分析哲学的方法，从历史、方法论和情感三个方面，对马克思的历史理论作了精心辩护。

英国新马克思主义经济学家莫里斯·多布以唯物辩证法为基本思想原则，认为从一种社会形态向另一社会形态的转变或革命，不只是社会构成要素量的积累或者渐变的过程，而是在诸多要素的共同作用下，使社会内部结构发生质变的结果。他从唯物史观的基本立场出发，以"生产方式"作为理解近代以来社会变革的核心范畴，从否定对资本主义发展历史的简化理解入手，深刻批判了主要以商业化模式解读资本主义发生和发展的主流意识，强调生产方式与社会形态的辩证关系。多布充分吸收马克思主义的优秀理论成果，灵活使用阶级斗争的分析方法，把遍布英国以及欧洲的小生产者的阶级斗争和生产竞争与反抗，作为构成资本主义社会结构变革的中坚力量和根本动力，彰显了社会辩证发展进程的复杂性、规律性和规范性。

我们知道，马克思和恩格斯在《共产党宣言》中指出："资产阶级在它的不到一百年的阶级统治中所创造的生产力，比过去一切世代创造的全部生产力还要多，还要大。"①毋庸讳言，资本主义是人类近代社会历史上的一次伟大转变，不仅将世界文明推进到现代化的轨道，更深刻地影响着人们的社会生产方式、生活方式和生存方式。作为人类文明进程的一个特殊历史阶段的资本主义，它本身蕴含着生产的社会化与资本主义生产资料私人占有之间的基本矛盾，这种矛盾伴随着资本主义自身的发展会越趋激烈，终将会给资本主义带来走向灭亡的不可避免的历史命运。对此，马克思、恩格斯早已做出科学的分析和判断。然而，面对资本主义的现实，莫里斯·多布认为，我们所面对的真正难题并不是解释资本主义为什么必然会崩溃，而是为什么它能够持续存在到今天。19 世纪以降，资本主义曾不止一次面临崩溃的处境，但每一次它都从困境中走出。因此，在全球化和信息化的背景下，研究资本主义持续存在的历史和现实，研究社会结构变革的辩证法，对于理解当代人类社会发展的特点和规律，是非常迫切的理论任务。

多布对于社会结构的整体性研究，从马克思主义哲学和经济学的高度，首先把社会结构看作是社会形态的基本表现形式，进而把社会结构看作是人和全部社会生活要素相互依存与相互作用的有机整体，

---

① 《马克思恩格斯选集》第 1 卷，277 页，北京，人民出版社，1995。

是流通方式、生产方式、主体意识和社会制度四者的辩证统一。只有将社会结构的四大要素作为一个统一体来把握，探索它们之间的相互制约、相互转化的辩证关系，才能科学地阐明资本主义社会物质生产和整个经济的运行发展规律。因此，本节的旨趣即在于联系英国新马克思主义者莫里斯·多布对资本主义社会结构变革的解释，尝试讨论社会结构变革的规律，把握社会发展的辩证法，这对于推进中国社会主义初级阶段发展的一般特征，推进中国全面实现现代化，将具有重要的启迪意义。

多布首先从马克思主义哲学的基本立场批判了那种认为社会发展主要依靠市场的所谓现代主义的主流解释，认为社会结构变革并非仅仅依赖于"商业化模式"的运行，生产方式变革是更重要的因素。

我们知道，19世纪以来的人类历史表明，资本主义是一种复杂而独特的政治经济系统，表现出形式化和结构化的特征。相对于其他社会形态，资本主义是生产关系和生产方式的矛盾运动在社会结构领域的重要产物，"是人类社会前所未有的一种社会体系，前所未有的一种经济实体"①。英国新马克思主义者多布正是从深入剖析资本主义的社会体系和内在结构入手，基于唯物史观的基本立场和科学思想，在物质生产方式分析的基础上，探求资本主义社会结构化的特点、运行机制和本质上无法克服的问题。在古典经济学家眼中，资本主义的诞生和发展是以"物物交换、以货易货和货物交易"为特征的市场自由贸易的必然结果。

---

① ［美］伊曼纽尔·沃勒斯坦：《现代世界体系》（第1卷），尤来寅等译，12页，北京，高等教育出版社，1998。

他们对资本主义社会结构的理解是以流通方式为出发点,将研究聚焦于商品流通过程中的各种具体经济现象,很少顾及生产和再生产过程。众所周知,亚当·斯密以人的天然性和自发性为核心,认为人们的经济活动是出自于人的利己本性和交换倾向。斯密认为,基于分工的交换是最简单和最典型的社会现象,每个人都试图利用自己的财产和劳动来实现自己的最大利益,这样,为了交换而进行的生产就成为必然。这种"自然秩序"所造就的生产增长和财富增加是资本主义无限发展的根源,同时个人利益与社会利益的一致性也通过利己得到统一。大卫·李嘉图在边沁功利主义的影响下,更加坚定资本主义经济发展的动力源自个人趋乐避苦的行为。资本主义社会在"无形的手"的调节之下,可以自行实现经济的平稳运行,资本按照各行业所必需的数量得到合理分配,试图对资本主义经济危机作"无害化"处理。比利时历史学家亨利·皮雷纳在解释近代城市的萌芽时指出,"商业是欧洲生活变迁的引擎……欧洲文化基本上是商业的产儿"①。美国经济学家斯威齐延续了皮雷纳的论点,将商业贸易尤其是远途贸易作为资本主义兴起的根本因素,此后的沃勒斯坦、布罗代尔等则更强调国际贸易促使交换关系的扩大,采用世界关系体系的宏大视角来廓清资本主义历史形成的图景。这些关于资本主义本质特征的解释,基本构成了所谓主流解释框架,其实质是在阐明循着市场自由运行的逻辑,随着生产力和经济总量的增加,资本主义的出现是商业贸易发展的必然结果。"贸易与市场的形式具有延续性,其彰显

---

① 〔比〕亨利·皮朗:《中世纪欧洲经济社会史》,乐文译,41页,上海,上海人民出版社,2001。

于最初的交换活动，继而成熟于近代工业资本主义。"①由此而来的结论是，资本主义的兴起并不涉及社会根本性质的转变，而仅仅是商业贸易在量上的增加，这就是所谓的"商业化"模式。总体而言，对于资本主义社会结构的存在状况以及它的运行，该模式拥有广泛的拥护者，其实质就是以自由主义政治和经济思想为前提，局限于商品流通方式这一社会结构因素，甚至把它推到唯一决定性的高度。

在多布看来，这种对资本主义发展历史的简化论认识，实质上否认了资本主义的历史特殊性，强调封建主义向资本主义的过渡只是量上的积累或者渐变的过程，而不是质的飞跃，不是社会结构、存在方式、运行机制上整体的变化，不是具有深刻性和根本性的转变。多布以马克思历史唯物主义为基础，反对这种超越历史发展阶段的看法，主张用历史主义的方法来研究经济发展，以对社会结构的全面性分析来认识资本主义的历史和现实。对此，多布在两个方面对商业化模式进行了批判。

首先，商业化模式认为封建主义代表了自给自足的自然经济，而资本主义则意味着发达的商品经济。商品货物流通不仅是最重要的，而且是导致封建主义转向资本主义的唯一原因。多布认为，从封建主义消亡到逐渐走向资本主义这一漫长历史过程中，商业贸易与封建主义并不长期处于对立状态。"商品货币经济的兴起，一方面促成了封建主义的发

---

① ［加］埃伦·米克辛斯·伍德：《资本主义的起源：学术史视域下的长篇综述》，夏璐译，10页，北京，中国人民大学出版社，2016。

展，另一方面又促成了它的没落。"①封建主义虽然是建立在自给自足的农业经济基础之上，但并不排斥商品交换，相反，它内在于封建经济和政治秩序之中。欧洲社会（尤其是英国）不是完全的静态的自然经济，商品和货币交易对封建社会的经济发展起到了重要的补充作用。因此，有学者指出，"事实和理论都意味着，在中世纪早期，商业绝不是封建社会的溶剂，而是这个社会的自然产物……封建社会绝不能没有商人"②。

另一方面，在欧洲历史的发展过程中，商品贸易的加强有时不仅没有瓦解旧秩序，反而在一定程度上促进其发展。15世纪东欧封建制度的复活，即恩格斯所说的"第二次农奴制"就是典型的例证。大地主经营庄园的目的是为了满足奢侈品等巨额开销，但其并不代表先进的生产方式，他们通过重新推行野蛮的农奴制强行增加生产，农奴被限制在土地上，丧失人身自由，生活处境恶劣。此外在波罗的海周边国家，如波兰与波西米亚，因粮食出口机会增加，促进了农奴制的扩张。当然，在欧洲封建社会初期，自给自足的自然经济仍然占据统治地位，商品交换的数量和类型都是有限的。多布意在说明商品交换不是资本主义所独有的经济形式，贸易的解放可能会带来技术进步和生产力提高，但资本主义不是一种量的增加，而是涉及社会性质的重大转变。

依据资产阶级学者对欧洲经济史的考察，近现代资本主义的兴起是商业贸易在量上的扩大和增加，随着商业活动范围的持续增长，资产阶

---

① Maurice Dobb, *Studies in the Development of Capitalism*, London: Routledge & Kegan Paul, 197, p. 40.

② P. 艾尔拉姆斯等编：《各种社会形态下的城市》，93页，剑桥，1978。

级不断积累财富，一旦这种"早期"或"原始"积累达到一定规模，经济的增长和生产力的提高催生和建构了成熟的资本主义体系。多布明确反对这种看法，认为"简单地认为商业贸易的发展带来了资本主义的观点是极其错误的：简言之就是说，那种认为带有一定资产阶级成分的商人资本家（一定意义上讲是在商品交换中使用货币资本的人）的存在，就暗示着资产阶级生产方式和生产关系存在"[①]。的确，商品贸易的发展实现了资本转化，为资本原始积累提供了重要条件，伴随着贸易解放而来的生产技术的改进，城市经济能力的释放确实推动了封建主义向资本主义的过渡，但它不足以解释资本主义生产方式为何如此自然地出现。商业的发展只能作为资本主义出现的必要条件，无论是将资本主义完全当作商业制度的观点，还是将注意力集中于资本家贪婪的货币投资，都不能使之局限在历史上的任何一个阶段。

其次，皮雷纳在讨论"商业起源论"时将商人阶级的兴起看作是资本主义产生的标志，因此资本主义应从 12 世纪开始算起。多布则质疑商人资产阶级和商业资本在资本主义形成过程中所扮演的角色。在早期的过渡阶段中，封建地主阶级与商业资产阶级常常处于一种复杂的交织和转换关系中，一些新生的资产阶级一旦在商业贸易中获得利润，就常常选择退出商业活动，转化到贵族阶层。通过对早期城市兴起的研究可以发现，商业资本在本质上与封建主义是相互依赖的共生关系，虽然商业化对封建关系起着一定的破坏作用，但根本上仍依附

---

① Maurice Dobb, *Papers on Capitalism*: *Development and Planning*, London: Routledge & Kegan Paul, 1967, p. 7.

于旧秩序，性质上趋于保守且非革命。"他们（指商人）除去对于直接生产者的压榨感兴趣外，对于生产制度毫不关心……他们的第一目标是如何取得政治特权，第二个目标是使分享利润的人越少越好。"①这个阶层代表的不仅是一部分资产阶级的利益，更多的是统一王权与封建国家的利益。

因此，新兴的商业和金融资产阶级常常选择与王权结盟，共同维护封建腐朽的旧秩序。需要强调的是，在封建主义向资本主义过渡的历史时期中，社会体制是封建主义、殖民主义和早期商业资本主义的混合体，国家的统治主体是地主阶级与资产阶级的混合，甚至时而夹杂着一些封建王朝复辟和倒退的历史事件。② 客观来讲，这种为了实现共同利益而结成的联盟一定程度上促进了资本主义生产关系的发展（如重商主义政策），但多布认为这种统治在主观意识上仍然是以维护封建统治为出发点，没有从根本上改变旧的生产方式。在现实的历史中，商业贸易与封建主义保持了高度的一致性，大量的封建领主从事着垄断的商品贸易行业。即使在新的"商业资产阶级"成长起来以后，他们仍然迅速选择与封建主义相妥协，通过与封建领主通婚或者其他方式寻求进入特权阶级的途径。多布生动的将商业资产阶级称之为"寄生虫"，"通过寄生在农民身上从而'免费'进入新的资本主义世界"③。封建领主对奢侈品的

---

① Maurice Dobb, *Studies in the Development of Capitalism*, London: Routledge & Kegan Paul, 1972, pp. 120-121.

② 张一兵，周嘉昕：《资本主义理解史》（第 1 卷），394 页，南京，江苏人民出版社，2009。

③ Robert J. Holton, *Marxist Theories of Social Change and the Transition from Feudalism to Capitalism*, London: Theory & Society, 1981(10), p. 843.

需要通常是通过对农奴的超经济剥削实现的，因而他们没有任何压力来改变生产方式，实现完全自由的市场经济。商人阶级与资本主义通过旧有的生产关系联系在一起，贸易扩张对于开创新的生产方式并不是唯一的，仅仅是诸多因素中的一个。

多布认为，生产方式是理解现代社会结构及其变革的核心概念。

生产方式是多布关于社会结构要素研究中最根本和最深层的一个问题，他以马克思关于生产力与生产关系、经济基础与上层建筑的思想为基础，将生产方式作为区分社会形态的根本标志，作为了解社会结构和真实状况的钥匙，并从整体上深刻地揭示了资本主义生产方式的历史必然性和局限性。

首先，生产方式不仅仅是一个政治经济学的术语，更是广泛的历史学范畴，是区分不同社会结构之间的标准和依据。多布认为，马克思既不从资本家的精神，也不以货币融通交易从而获取利润的行为中去探求资本主义的本质，而是着眼于不以人的意志为转移的生产方式。"马克思所指的生产方式，并非简单的生产技术（生产力状况），而是生产手段所有权的情况，与因生产过程而发生的人与人之间的社会关系。"①在人类历史发展长河中，无论哪一种生产方式，都受到一定生产力发展水平的制约，总是与政治、经济和文化的客观历史发展阶段相联系。

历史地看，封建社会中实行的是自给自足的自然经济模式，生产者

---

① Maurice Dobb, *Studies in the Development of Capitalism*, London: Routledge & Kegan Paul, 1972, p. 7.

在人身关系上依附于封建领主，而封建领主通过劳役或者实物地租的形式，从农民中攫取各种物品来满足自身需求。在封建的社会条件下，经济结构、社会制度、政治理论和思想观念都是为封建等级制度和宗教神学服务。随着新的劳动资料和生产技术的出现，生产社会化程度不断提高，催生了新的社会组织形式及生产者之间新的社会经济联系形式。工业资本主义条件下的市场经济彻底打破了旧的生产方式，也深刻地改变了人的社会存在方式。但正如马克思所说，"资本的垄断成了与这种垄断一起并在这种垄断之下繁盛起来的生产方式的桎梏。生产资料的集中和劳动的社会化，达到了同他们的资本主义外壳不能相容的地步，这个外壳就要炸毁了。资本主义私有制的丧钟就要响了。剥夺者就要被剥夺了"①。社会主义是建立在生产力高度发达、资本主义生产方式经过扬弃性变革的基础上转变而来的，多布视之为一种更高级的，能够更好地满足全体社会成员生活需要的生产方式。在社会主义生产方式下，生产活动不再是个人事务，而是为了实现人类整体利益的公共事务，体现对人类存在本质的真正关怀。同时建立在更加先进的机器大工业技术基础之上的生产形式必将创造更高的劳动生产率，为全体劳动者的全面自由发展提供了保障。

其次，资本主义生产方式具有客观进步性。在资本主义出现之前的几百年时间里，欧洲大陆普遍盛行以土地为基础的自然经济生产方式。在这种人依附于自然界的历史条件下，生产活动受到空间和时间的限制，人只能局部地、非对象性地改造客观世界，生产力水平难以快速提

---

① 《马克思恩格斯全集》第 23 卷，831—832 页，北京，人民出版社，1972。

高。随着市场和商业贸易的扩大化以及城市的兴起，在简单的工场手工业基础上发展起来的，摆脱土地局限的资本主义生产方式开始出现。在工业革命中，以机器生产和机械化为主导的工业创立了社会劳动分工基础之上的经济体系，人类生活的时空界限被彻底打破，旧时代人与人之间牢固的宗法式依附关系也最终被解构。多布认为尽管资本主义内部存在着难以克服的矛盾，但不可否认在与封建主义对抗的历史进程中，其仍然扮演着进步角色。

一方面，资本追求增殖的本性要求资本主义生产方式在世界范围内进行扩张，这客观上加深劳动主体对人自身和客观自然界的认知，社会经济发展对技术进步提出了更深层次的需求。曼德尔指出，资本"寻求利润，寻求高出平均利润之上的利润"的"不断冲动"，"会导致不停地努力改革技术"①。资本主义发展的根本动力在于对利润的追求，正是这种制度的内驱力促使资本主义不断地进行产业革命与重大的技术创新，从而推动资本主义生产和经济的快速发展。马克思虽然指认了资本逻辑所导致的异化现象，但他也高度赞扬资本主义作为一种生产方式所具有的历史进步性。资本家作为资本的人格化，投资生产的唯一目的是追逐利润并进一步扩大资本积累，客观上要求运用现代化科学技术为生产服务；资本主义生产方式第一次把物质生产过程变成科学在生产中的应用——被运用于实践的科学。②

另一方面，资本主义生产方式从根本上改变了人与人之间的社会关

---

① ［比］厄尔奈斯特·曼德尔：《晚期资本主义》，马清文译，19页，哈尔滨，黑龙江人民出版社，1983。

② 《马克思恩格斯文集》第8卷，356—363页，北京，人民出版社，2009。

系。现代意义上工厂制度的确立，使劳动者从传统行会的束缚中解放出来，提升了人的自由度与改造客观对象的能力。尽管资本家和工人两大集团在历史进程中早已出现，但正是资本主义生产方式的现实确立了新的社会结构，即资产阶级和无产阶级的对立。从阶级关系角度来讲，多布认为"资本主义也是一种阶级制度，虽然在各方面不同于以往的制度，但它还是根据'二分法'——占有的主人和被剥夺的隶属者——的制度"①。在商品市场经济模式下，企业家通过对生产资料的占有取得经济领导权，成为现实生活的资本家；而劳动者以工人身份沦落为一贫如洗、仅能出卖劳动力的无产者，洛贝尔图斯形象地描述道："现在奴隶主的命令，已被工人与雇主之间的合同所代替。这种合同形式上是自由的，实际上却不是。饥饿几乎是皮鞭最好的替代品，以前被称为草料的东西，现在叫做工资。"②在多布看来，资本主义生产过程中资本家与工人之间剥削与被剥削关系的产生，完全是由于生产过程中资本主义的社会结合方式所决定的，生产方式对生产过程中人与人之间的社会关系起基础性作用。

再次，以整体主义的视角考察生产方式与社会形态的关系。多布认为，生产方式不是一个纯概念性的抽象工具，应该将其理论表述与历史研究相结合，才能对具体的社会形态加以探讨。社会形态是由经济的、政治的和意识形态的实践相互作用的复杂结构，生产关系和生产力所构

---

① Maurice Dobb, *Political Economy and Capitalism*: *Some Essays in Economic Tradition*, London: Routledge and Sons, 1937, p. 116.

② ［英］迈克尔·佩罗曼：《资本主义的诞生》，裴大鹰译，103 页，南宁，广西师范大学出版社，2001。

成的生产方式是整个社会形态的基础。马克思在《资本论》中对资本主义的分析认为，从生产方式出发说明各种不同社会形态的历史发展是其核心主题，他从生产的历史性规定出发，将人类社会划分为三大历史形态。与马克思主义历史学家一样，多布同样以生产方式为基础揭示不同历史阶段中社会结构的变化，他认为社会形态变迁的关键在于"一种生产方式转变到另一种生产方式"，历史的发展过程总是包含着一系列复杂的政治、经济、文化因素，对资本主义分析的着重点是生产方式本质的变化以及由此而形成的新的社会关系。

多布指出，资产阶级经济学家过于重视一般性原则而忽视了现实历史情况，自然不能得出正确的结论。只有跳出资产阶级经济学的领域，同时考虑经济因素与社会因素才能得到圆满的答案。经济分析的重点从以一般的社会交换为对象，转移到以资本主义的生理成长为对象，必然要将各种社会经济形态进行类比。佩里·安德森认为"历史的实际运动绝不是从一种纯粹的生产方式向另一种生产方式的简单转变，而总是包含着一系列复杂的社会结构，其中有若干种生产方式相互交织在一起，尽管有一种占主导地位"①。实际上，每一段历史都受到前后时代特点影响，新旧时代的生产方式处在纵横交织的状态。在讨论一种社会形态的性质时，不应该以初期占统治地位的经济形式为依据，应当加以重视的是决定社会发展方向的生产方式。

多布认为，生产者之间的阶级斗争是确立社会结构、推进社会变

---

① ［英］佩里·安德森：《绝对主义国家的系谱》，刘北成，龚晓庄译，452 页，上海，上海人民出版社，2001。

革的主导力量。资本主义生产方式的出现不仅迅速提高了生产力水平，更深刻地改变着生产关系和阶级关系。作为社会结构中关键的构成要素，主体意识是改造旧的生产关系，为生产力发展开辟道路，实现社会进步的重要力量。多布首先确认生产方式的矛盾运动是资本主义社会形成的决定性力量，而后强调阶级主体意识是政治经济体制变革的直接动力。他认为欧洲前工业化时期资产所有者的主体是商品流通中谋取利润的商业资产者，但其在本质上代表的仍是封建统治者的利益。从资本主义历史发生学的角度来讲，小生产者的阶级斗争在创建新的资本主义社会体系扮演了关键性的角色，"欧洲封建社会衰落与资本主义兴起的过程，可以看作是小生产者摆脱封建剥削的奋斗过程"①。阶级斗争在一种社会形态向另一种社会形态转换的质变过程中无疑表现出更加重要的作用。随着主体意识的兴起，无产者逐步意识到仅仅依赖经济斗争无法改变被剥削、被压迫的社会地位，必须将政治斗争和思想斗争结合起来，以推翻资产阶级的统治为根本目的，才能实现向先进社会形态的过渡。

在多布的描述中，无论是经济社会转型还是资产阶级革命，一个被称为"民主元素"——从小商品生产模式下成长起来的无产者，为了打破封建束缚和取得人身独立与地主阶级作斗争，真正开始了具有资本主义性质的生产和经营。在经济上取得领导地位之后，便试图要求在思想观念和政治体制上突破自身的局限，提升社会地位。在这种情

---

① Maurice Dobb, *Papers on Capitalism*: *Development and Planning*, London: Routledge & Kegan Paul, 1967, p. 11.

况下，农民的阶层分化是资本主义起源的关键要素，一部分富农成为了代表先进生产方式的中小农场主，而另一部分则转换为出卖劳动力的雇佣工人。从封建桎梏中解放出来的小商品生产自然而然的具有资本主义性质，而小商品生产者则在适当的条件下走上资本主义道路。

马克思在论述西欧资本主义生产方式确立的过程时指出，商业交换和城市中手工业的发展对资本主义生产关系的产生起到重要的促进作用，这主要是通过两条途径：一是在封建手工业行会内部的两极分化过程中，少数积累了财富的富裕作坊主逐渐成为资本家，而帮工、学徒则沦为雇佣工人，产生了城乡资本主义的生产关系；二是商人或高利贷者直接进入手工业，试图控制和剥削小生产者，进而转化为资本主义手工工场主。这两条途径的共同点在于劳动和资本的分离，以雇佣劳动为特征的资本主义生产关系逐渐生成。

多布认为，马克思关于资本主义生产关系的观点代表了对资本主义理解的一大进步，资产阶级的兴起是资本主义生产关系和生产方式的发展在社会结构中带来的重要产物。具体到资产阶级如何一步步分离出来，他将第一条途径视作资本主义"真正的革命方式"。在和希尔顿对欧洲历史的研究过程中发现，小生产者所代表的小商品生产方式在资本主义起源中起到了关键作用，中世纪地主施加于农民之上的"超经济剥削"压力，是生产者改善生产技术的根本原因。用多布的话来说，阶级斗争虽然不是催生资本主义的必要条件，但是它"改变了小生产方式对封建领主关系的依赖，并最终使小生产者从封建剥削关系中解脱出来。于是，资本主义的诞生应从小生产方式开始算起（它确保了行动的独立性以及从其中所发展出来的社会分化)"①。相较商业资本家在社会转型中所起的作用，小生产者更具有一种类资本家的倾向，俨然就是霍布斯鲍姆后来所提到的"非凡小人物"。积累了一定财富的富裕农民成为阶级斗争的领导者，这种反抗的倾向，通过市场的商品贸易和生产的扩大一步步加强。从根本上讲，是小生产模式动摇了封建束缚和封建剥削的基础，并加快了社会分化的历史进程，同时资本主义生产关系也在这一过程中诞生了。

在多布看来，不能想当然地认为封建生产方式是静态的，商品交换应该定义于封建生产的内部逻辑之中，真正推动封建主义向资本主义过渡的动力，应该从社会内部的主要矛盾运动中来寻找。其中心思想是封建统治阶级不断扩大的收入要求(战争、奢侈消费等)和封建生产方式相对低效性之间的根本矛盾。面对 14 世纪出现的封建危机——庄园衰落、农业歉收与生产停滞、战争的爆发与人口减少，封建领主不但没有按照资本主义方式创立现代企业，反而是对农奴施加更大的剥削压力。此时的英国小农经济依旧占据统治地位，可是阶级斗争所引发的社会各阶层分化已经开始。一些富裕的上层自耕农购买破产农民的土地并租用地主的土地，通过雇佣劳动，进行带有资本主义性质的经营，他们意欲扩大种植面积，提高种植技术，相应的就成为阶级斗争的带领者。阶级斗争一方面改变了农民与封建领主之间的人身束缚关系，推动封建庄园制度的解体，另一方面则促进了商品经济的发展，孕育出资本主义的萌芽。

---

① Maurice Dobb, R. H. Hiltoned, *The Transition from Feudalism to Capitalism*, London: Verso, 1976, p. 59.

以英国为例，自 14、15 世纪的"折算运动"始至大规模圈地运动，自耕农在农业转型中起到关键性作用。历史上一部分英国农民并没有被羊"吃掉"，反而通过劳役折算赎得人身自由，有的甚至拥有相当面积的土地，开始了最简单的雇佣劳动，某些自由小农成长为经营性的带有资本主义属性的富民。英国经济学家托尼认为，1381 年至 1489 年英国富裕农民中出现了资本主义性质的经营，可以看到这样的现象：死于 1435 年的一个维兰（可归入农奴阶级，地位介于自由人与农奴之间），遗产竟达 2000 英镑；同一时期一个与骑士女儿结婚的农奴男子，家中有几百英亩（1 英亩合 6 市亩）的农业地产。① 而在非农领域，简单商品生产者热衷于投资工业，并努力成为独立于商业资本家的工业资产阶级。总之，地主与农民之间的阶级斗争使小商品生产逐渐摆脱封建主义束缚，农民和工匠经济的被解放，为商品生产的发展以及资本主义企业家的最终出现奠定了基础。

多布以阶级斗争为历史研究的基本方法，得出小生产者的反抗是催生资本主义生产方式的决定性力量的论断。他认为对社会转型的考察需要将生产方式与阶级关系相结合，历史本身就是包着一系列阶级制度的发展过程。生产方式概念所表达的不单是静态的社会形态，更是包含阶级对抗和阶级斗争的复杂存在。对于资本主义这一特殊生产方式的全面理解，应将其放置于阶级斗争所导致的不断变化的社会结构上来。也就是说，生产方式的变迁总是伴随着不断的矛盾和冲突，这在《共产党宣

---

① 张云鹤：《关于地理大发现以前英国资本主义关系产生的两个周期》，150 页，载吴于廑主编：《十五十六世纪东西方历史初学集》，武汉，武汉大学出版社，2005。

言》中被定义为阶级斗争。

相较于资产阶级学者，多布将阶级斗争确立为理解现实的个人、社会关系和历史发展的起点。既注重生产方式尤其是生产力对制度变迁的决定性作用，同时强调社会生产过程中人与人之间的阶级关系。他从研究社会内部结构出发，认为社会形态更替的原因在于社会基本矛盾。根据劳动者与生产资料的结合方式不同，人们在阶级社会中被划分为不同的利益集团。这些利益集团之间的矛盾构成了社会经济生活的主要矛盾，在阶级社会中则体现为阶级对抗和阶级斗争，矛盾运动的结果导致整个社会形态发生变革。农民对地主的反抗推翻了封建主义制度，资产阶级为争取自身利益的革命为资本主义制度的建立扫清道路。因此阶级斗争是分析资本主义社会发展所呈现出来的一种自我认识的客观主张，他完全认同《共产党宣言》关于"至今一切社会的历史都是阶级斗争的历史"[1]的论断，肯定"至今为止的历史都是阶级社会的历史，也就是说分裂为不同阶级的社会的历史，其中一个阶级或者几个具有共同利益的阶级联盟构成统治阶级，并对另外一个阶级或几个阶级处于部分或完全对立之中"[2]。

多布认为，社会制度调整是资本主义仍然能够存续的保障。社会形态的划分是对不同历史阶段人类社会存在方式的抽象性概括，而社会制度则是一定社会形态下的具体形式，是以特定生产方式为核心的经济基础和上层建筑的统一。马克思从人类最基本的物质生产实践活动出发，

---

① 《马克思恩格斯选集》第 1 卷，272 页，北京，人民出版社，1995。

② Maurice Dobb, *Studies in the Development of Capitalism*, London: Routledge & Kegan Paul, 1972, pp. 13-14.

认为社会制度的本质是社会分工协作体系中不同集团、阶层和阶级之间的利益关系。资本主义社会制度通过推翻封建主义社会制度而建立，经过工业革命，由工场手工业过渡到机器大工业后最终确立。它以社会分工为基本前提，通过雇佣劳动的经济形式创造利润，是资本主义社会结构稳定存续的保障性因素。

多布认为，资本主义制度对封建主义制度的替代，是社会生产力的不断发展与生产关系的适应能力之间矛盾运动的产物，代表了前后相继的两种社会制度之间反复斗争和更替，表现为高级取代低级的历史演进过程。马克思认为："在人们的生产力发展的一定状况下，就会有一定的交换和消费形式。在生产、交换和消费发展的一定阶段上，就会有相应的社会制度、相应的家庭、等级或阶级组织。"①西欧封建社会实行的是一种以封建土地所有制为基础的自给自足的自然经济，商品交换很不发达，农业是主要的生产部门。以英国为例，畜牧业只盛行于东北部的约克郡和林肯郡一带，人们通过自己的劳动局部地、非对象地改变自然存在的外部条件。在这种以土地为基础，家庭生产为单位，较为封闭的经济结构中，农奴对领主履行沉重的劳役、地租、捐税等封建义务，完全被束缚在土地上，人身依附关系是封建社会生产关系的存在本质。随着商品货币关系渗入农村，耕作方法和技术水平的进步带来产量的提高，资本主义手工工场获得进一步发展，直至工业革命的发生确立了以机器大工业为标志的资本主义生产方式。与生产力的提高相对应的是以机器为技术基础的工厂制的出现，资本主义雇佣劳动制在社会中占据了统治地位。从封建主义向

---

① 《马克思恩格斯文集》第 1 卷，42—43 页，北京，人民出版社，2009。

资本主义的过渡，不仅是新的社会形态的诞生，同时也意味着社会制度的更新换代。

在社会制度问题的研究上，西方经济学家通常只是从抽象的意义上来界定，忽视了生产关系与制度演变对社会结构的影响，多布则强调社会制度背后的社会性、阶级性和结构性。在人类历史和现实发展中，社会制度并不是中立的概念，总是国家和阶级意志的体现。多布指出建构在一定生产力水平上的社会制度一旦确立，意味着统治阶级制定了符合本阶级利益要求的社会关系与社会行为的规范体系，制度本身就带有强制性和约束性。"在不同的历史阶段，凡是具有社会与政治力量的阶级，必定会利用其权力维持和扩张既得利益，即阶级关系的特定形态，以便从中获得利益。"①社会制度的作用在于使不同社会集团之间的利益关系获得国家层面的确认，解决的是政治经济实践中人与人的相互关系。

多布认为，要了解社会生活的真实情况，必须分析制度的社会性质。社会制度固然重要，但并不是所有的制度都有助于科技进步与经济的发展，它必然服务于为某一社会集团。资本主义制度本质上是在资产阶级主导下所制定的行为规范，通过无限扩大生产以追求剩余价值最大化。从资本主义发展史来看，15世纪末欧洲各国普遍采取以对外贸易为主的重商主义治国策略，充分运用国家力量来保证和鼓励商业资本主义的发展。此时社会制度代表着民族国家和绝对主义王权的利益，同时

---

① Maurice Dobb, *Studies in the Development of Capitalism*, London: Routledge & Kegan Paul, 1972, pp. 13-14.

也代表了一部分商业资产阶级的利益。而随着工场手工业的进一步发展，资产阶级的构成发生明显的变化，体现为工业资产阶级实力日益强大，与商业资产阶级之间出现利益上的分歧。为维护自身发展，他们迅速放弃重商主义理论，转而追求自由主义贸易，同时也开始逐渐意识到需要寻求政治上的平等和自由，资本主义制度成为工业资产阶级维持统治的工具。芒图认为，"所谓大工业，首先必须将其理解为一种组织、一种生产制度。但是，它的作用却影响到整个经济制度，从而也影响到社会制度"①。资本主义制度所确定的社会化协作生产组织，从制度层面规定劳动者与生产资料都是资本的不同存在形式，以资本家为中介而结合起来的，因此资本主义制度就是为了维护资本家的利益而存在，违背了社会大多数人的利益，只利于少数私有垄断者。

如上的讨论表明，对于多布来说，社会结构包含流通方式、生产方式、主体意识和社会制度四大要素，它们之间紧密联系、相互贯通、相互作用、不可偏废，是一个既区别又联系的有机整体。准确把握四者的丰富内涵和辩证关系，对于深刻认识人类社会历史发展有着重要的意义。其中，商品流通作为社会的一般交换形式，打破了直接物物交换上时间、空间和个人的限制，发展了人们的社会联系，一定程度上起到了生产方式变革的先导作用；生产方式则是社会结构的核心要素，是人类社会赖以存在的前提基础，其变革和发展决定着一个社会形态向另一个社会形态的转化；主体意识反映了一定社会阶层的特殊地位和利益的社

---

① ［法］保尔·芒图：《十八世纪产业革命》，杨人楩，陈希秦，吴绪译，9页，北京，商务印书馆，2011。

会群体意识，在资本主义社会则集中表现为无产者和资产者对立的阶级意识；社会制度则为资本主义社会的存在和发展提供了保障，将货币和生产资料集中在少数资产者手中，从而建立起大规模的社会化劳动方式。多布认为，只有将社会结构的四大要素作为一个统一体来把握，探索它们之间的相互制约、相互转化的辩证关系，才能科学地阐明资本主义社会物质生产和整个经济的运行发展规律。

纵观世界历史的进程，任何一种社会形态的良好有序运行，都是社会结构内部各要素相互协调的结果。多布通过梳理封建主义向资本主义过渡的历史，总结资本主义社会发展的现实材料，利用抽象思维能力和矛盾分析法，指出资本主义社会结构的特殊性在于流通方式和生产方式的统一，主体意识在阶级对抗的过程中逐渐形成，而资本主义制度则在不断的经济危机中得以变革和调整。通过对社会结构要素辩证关系的考察，多布清晰地解剖了资本主义社会的政治经济运行规律，将生产力发展、社会发展和人的发展有机地统一起来。

作为马克思"忠诚"的学生，多布对资本主义社会结构的理解坚持历史唯物主义立场，整体运用马克思主义哲学和政治经济学原理研究和探讨问题。他认为，资本主义有自身的特殊性和历史性，始终坚信资本主义必然灭亡和社会主义必然胜利的历史发展趋势。在马克思那里，社会发展的动力不是单一而是多元的，推动社会转型的因素是一套由各个子动力部分组合而成的强大动力系统。根本上来说，是生产力与生产关系所构成的生产方式及其内在矛盾，这即是多布所强调的决定社会结构的核心因素。多布通过借鉴马克思"生产方式"这一概念，以矛盾运动观点为基础，辩证地分析资本主义历史的兴起和发展。

　　社会形态的更迭，人类文明的演进，是客观历史规律所决定的自然历史进程。资本主义的诞生体现了历史的进步性，它使生产技术与社会条件发生了根本性的变革，极大地提高了生产力。但马克思认为，"资本主义生产方式不是绝对的生产方式，而只是一种历史的、和物质生产条件的某个有限的发展时期相适应的生产方式"①。随着生产力的发展，资本主义作为一种特殊的生产方式必将陷入周期性的发展危机，取而代之的是代表了先进生产力发展方向的社会主义。多布通过对资本主义社会结构性的考察，指出资本主义社会化生产与生产资料私有制之间存在着不可调和的矛盾，会随着资本积累的扩大日益尖锐。社会主义公有制必然代替资本主义私有制，这是生产关系一定要适应生产力发展的必然结果。"在社会主义经济中，人类的共同利益是至高无上的，而私有财产的存续是不值得重视的东西。"②社会主义代表了劳动者的根本利益，旨在提高劳动人民的创造性和主动性，强调资本的多重增殖目标。资本主义向社会主义的过渡必然是一个长期而复杂的历史过程，但人类社会形态的发展和更替是不以人的意志为转移的，因此资本主义被社会主义所取代是历史发展的必然趋势。

　　尽管多布试图摆脱资产阶级学者固有的阶级立场，继承马克思的理论以描述资本主义的社会构成，但也表现出了一定的局限性。在他的解释框架中，资本主义作为一种先验前提已被孕育其中，它所需要的仅仅是等待从各种束缚中解放出来。虽然不同国家和地区走向资本主义的道

---

　　①　《马克思恩格斯全集》第 25 卷，288—289 页，北京，人民出版社，1974。

　　②　Maurice Dobb, *Political Economy and Capitalism：Some Essays in Economic Tradition*，London：Routledge and Sons，1937，pp. 346-349.

路不尽相同，甚至存在显著的差异，但共同点是，资本主义作为一种潜在的趋势而存在着。相较于资产阶级学者，他虽然已经认识到了资本主义只是历史发展的一个特殊阶段，生产资料私人占有与社会化大生产之间存在着不可避免的矛盾，生产力的提高必将终结资本主义的生命。但是对于资本主义起源这一历史进程来说，多布提出的理论仍然预设了资本主义在逻辑上的先行性，正如艾伦·伍德所言，"某些马克思主义者对历史进程的解释也运用了相似的逻辑，不过历史叙述的重心从城镇转移到了农村，且被农村中的商品生产者所取代，而后者伺机变为羽翼丰满的资本家的中小农场主"①。多布的叙述将封建主义作为小商品生产解放的桎梏，随着生产力的提高和技术的进步，小生产者自然而然地成为了资本家，资本主义的出现及其发展成熟似乎是历史进程中不可避免的一环，对于这一点，多布并未给出更多的解释，这是我们在研究社会结构变革的辩证法的过程中，应给予特别重视的。

社会经济的运行和发展是一个复杂的过程，能够提高生产力的方法和手段都应加以应用。多布强调区分清楚"资本主义"与"资本主义的"两个概念，有助于理解社会制度的根本性质。"资本主义"指的是一个历史范畴，是人类历史发展的一个特殊阶段，具有历时性特征。而"资本主义的"则针对于生产技术而言，不涉及生产资料所有权的问题，具有共时性的特征。因此，"从技术上讲，除了最原始的生产，总是或多或少

---

① ［加］埃伦·米克辛斯·伍德：《资本主义的起源：学术史视域下的长篇综述》，夏璐译，4 页，北京，中国人民大学出版社，2016。

的具有'资本主义的'元素"①。多布对这两个概念的区分意在说明，对于经济制度的研究不能从一般的意义上来进行，必须将其与所有制结合起来。人类历史发展中的任何一个社会形态都以相对应的经济制度为基础，其中所有制关系构成了核心要素。同时，资本主义与社会主义尽管是两种性质完全不同的社会制度，但在建设社会主义的过程中，完全可以借鉴发达资本主义国家一切反映了社会先进生产规律的方法。

对于柯亨来说，他首先为马克思的唯物史观思想做辩护，进而介入如何聚合社会发展动力的问题，他的思想及其在思维方式的变革从整体上可以归纳为两个层面，其一是生产力的首要性，即为所谓的"技术决定论"辩护；其二是平等的价值追求，即为规范的政治哲学辩护。所阐述的关键思想是：生产力的首要性与平等的价值追求具有内在的统一性。柯亨的辩护为继承和发展马克思主义贡献了比较独特的视角。

作为新马克思主义的代表，G. A. 柯亨的学术成就和思想影响来自他对马克思历史理论持续30年的精心辩护。1978年，柯亨出版了《卡尔·马克思的历史理论：一个辩护》，在国内外引起了广泛的争论，产生了巨大的影响。

柯亨认为，作为马克思主义者需要为马克思的思想作辩护，这是最基本的哲学立场。柯亨对马克思的历史理论所做的辩护，其思想被广泛认为是"技术决定论"。假设上述判断为真，那么柯亨为什么要做这样的辩护？浅表的回答是：由于柯亨的辩护主要由两个命题构成，即生产力的首要性

---

① Maurice Dobb, *Studies in the Development of Capitalism*, London: Routledge & Kegan Paul, 1972, p. 3.

命题和发展命题，更深层次的原因可以归结为以下三方面的思想动力。

历史动力：辩护而非修正

柯亨对马克思历史理论的辩护，并非无蔓之瓜。在对历史唯物主义的解释上，联共(布)党史特设委员会 1938 年出版的《联共(布)党史简明教程》继承了普列汉诺夫等人的经济决定论，对历史唯物主义做了教科书式的"正统"阐述。这一解读实际上成为 20 世纪以来西方马克思主义者批判的基本对象。以卢卡奇和葛兰西为代表的第一代西方马克思主义者强调"阶级意识"和"文化领导权"的重要性，其要义在于强调被第二国际理论家所忽视的马克思理论中主体性的方面。第二次世界大战以后的大多数西方马克思主义者过度强调主体性，导致了以阿尔都塞为代表的结构主义马克思主义的逆反。柯亨的辩护就是从阅读阿尔都塞的文献开始的。

"分析马克思主义的动力首先不是去修正而是去辩护继承下来的理论。"[1]柯亨要为之辩护的是"一种传统概念"[2]。这个理论的基本观点是：历史从根本上来说是人类生产能力的增长，社会形态的兴起和衰落都取决于它们是促进还是阻碍这一增长。这个理论的最经典的表述是马克思在 1859 年《〈政治经济学批判〉序言》中那段著名的论断，其实质意蕴是生产力、生产关系和上层建筑之间的内在联系及矛盾运动构成了历史发展的主线，从而也构成了马克思历史理论的逻辑主线。通过比较黑格尔与马克思对历史的基本看法，柯亨坚持对历史的物质解释路径。他说：

---

① ［英］G. A. 科恩(柯亨)：《卡尔·马克思的历史理论——一种辩护》，段忠桥译，9 页，北京，高等教育出版社，2008。

② Cohen G. A., *Karl Marx's Theory of History*, Expanded Edition：Princeton University Press，2000，p. x.

"我们提出黑格尔的作为世界精神之传记的历史概念，展示马克思是如何获取这一概念，并保留它的结构和改变它的内容的。"①柯亨认为，历史理论不是从远处对发生事情的一种思辨解释，而是理解历史的内在动力。"黑格尔对历史整体和特殊社会的解读，只是一种解释，一种对我们或多或少有吸引力的说明。而马克思所做的不仅是解释，而且是某种更精确的东西的开端。生产力和经济结构的概念（不像意识和文化那些概念）不仅是用来表达一种解读，而且是准备作为一种历史理论的最重要的概念。"②柯亨的辩护可以看做是向马克思本源思想的回归。

方法论动力：分析哲学明晰而严密的标准

"分析马克思主义的动力首先不是去修正而是去辩护继承下来的理论。但它的辩护常常需要广泛的重构……"③目的是要"建构一种站得住脚的历史理论"④。重构的方法就是分析哲学方法。柯亨的方法论特征，源自他在牛津大学的求学经历。在牛津，他师从吉尔伯特·赖尔，接受了一种系统的训练，全面学习了英国的分析哲学。阿尔都塞是促使柯恩由喜爱分析哲学转变为对它的全面运用的催化剂之一。在 20 世纪 60 年代，英国的年轻马克思主义学者被阿尔都塞及其学派的著作强烈吸引，但是当柯亨进而读到《阅读〈资本论〉》时，他却大失所望。他认为，"从

---

① Cohen G. A. , *Karl Marx's Theory of History* , Expanded Edition：Princeton U-niversity Press，2000，p. 1.

② Ibid. , p. 27.

③ ［英］G. A. 科恩：《卡尔·马克思的历史理论——一种辩护》，段忠桥译，9 页，北京，高等教育出版社，2008。

④ ［英］G. A. 科恩：《卡尔·马克思的历史理论——一个辩护》，岳长龄译，1 页，重庆，重庆出版社，1989。

阿尔都塞那里所得甚少，不管法语是多么优雅和含混"①，这主要是由于阿尔都塞没有运用分析哲学的方法去阐述理论，却使用了"结构主义"含混的方法。柯亨又说："逻辑实证主义以及它坚持的理智活动的精确性主张，在巴黎从未受到重视……阿尔都塞的含混会给英国的马克思主义造成不幸的后果，因为在英国明晰是一种宝贵的遗产，而且在英国一般不假定理论陈述必定是一种难于理解的东西。"②柯亨认为，"分析前的马克思主义正如早期的化学一样。早期的化学还没有从更为根本的分子水平上去认识事物的构成。……指出资本主义必将被社会主义所取代，并没有说明个人的行为怎样才能导致那样的结果"③。分析马克思主义者认为，传统的马克思主义存在三个问题：一是一些概念不清晰，论证不严谨；二是对社会历史问题只有宏观的论述而缺少微观的分析；三是一些理论或者已经过时，或者是错误的。必须运用分析的方法对它进行重构、修正和补充。使柯亨感到欣慰的是，"由于通过了分析方法的严格检验，所保留下来的论点，既包括原初的论点，也包括由原初的论点发展而来的论点，比以前更有力了……"④至此，我们终于明白了柯亨为什么将马克思宏大的历史理论浓缩为概念分析，并最终析取出

---

① ［英］G.A.科恩：《卡尔·马克思的历史理论——一个辩护》，岳长龄译，2页，重庆，重庆出版社，1989。

② ［英］G.A.科恩：《卡尔·马克思的历史理论——一种辩护》，段忠桥译，11页，北京，高等教育出版社，2008。

③ 魏小萍：《分析的马克思主义怎样看社会主义市场经济——访G.A.柯亨教授》，36页，载《哲学动态》，1995(12)。

④ ［英］G.A.科恩：《卡尔·马克思的历史理论——一种辩护》，段忠桥译，9页，北京，高等教育出版社，2008。

了逻辑上首要的概念：生产力（技术），从而获得了"技术决定论"的声名。

情感动力：马克思主义的志向与价值观

柯亨的辩护始终保存了马克思主义的志向和价值观，这在西方世界并不多见，其中一个重要的原因与柯亨的家庭背景和成长环境有关。"我的成长背景使得我热爱并相信马克思主义的理想，在到麦吉尔大学读本科之前，我已经读了不少马克思主义的经典著作，尽管理解的不是那么好。在17岁的时候，我确信恩格斯的《反杜林论》包含了那时所有重要的哲学真理。在读大学的时候，我开始发现它的局限性，并得出这样一个结论，即它的哲学部分同关于社会和历史的部分相比是朴素的。但我对历史唯物主义的信奉却更为长久，而且我长期以来一直打算尽我最大的努力对它进行阐释并为它辩护，最终，在1978年，我出版了现在的这本书（它的第一版），实现了多年的心愿。"①

正是马克思主义"情结"支撑了柯亨持续30年的辩护活动，构成了他鲜明的学术主旋律。20世纪70年代之后，在特定的时代背景之下，柯亨意识到：技术的进步、生产力的发展难以必然地保证人的自由的实现，所以针对自由主义思想家罗尔斯等人对资本主义制度的合理性所作的根本型或改良型辩护进行了政治哲学领域的激烈论战。正如柯亨所说："我属于一个被称为分析马克思主义的思想学派。这一立场的某些

---

① ［英］G. A. 科恩：《卡尔·马克思的历史理论——一种辩护》，段忠桥译，5页，北京，高等教育出版社，2008。

支持者，包括我在内，都忙碌于道德哲学和政治哲学中那些过去并没有引起马克思主义者注意的问题。我们所关注的问题包括：对平等的信奉究竟要求什么？那些拥有生产能力且天资较好的人对于那些相对缺乏生产能力或有残疾或有特殊需要的人究竟负有何种类型的义务？我们寻找一个准确的剥削定义，也想知道剥削究竟为什么是不正当的。"[①]柯亨后期的辩护既反映了分析马克思主义内部对这一重要命题的分歧，也呈现了马克思思想本有的丰富内涵和现实色彩。

柯亨认为，只有整体把握马克思主义才能正确认识和聚合社会发展的动力。

柯亨为马克思所做的辩护其关键思想是：生产力的首要性与平等的价值追求以及二者具有内在的统一性。

马克思对生产力首要性命题的严格表述是："人们在自己生活的社会生产中发生一定的、必然的、不以他们的意志为转移的关系，即同他们的物质生产力的一定发展阶段相适合的生产关系。"[②]柯亨根据分析哲学的语境分析法分析指出，马克思在这里使用的"适合"一词的确切含义是单向的而不是对称的。因为，在 1859 年《〈政治经济学批判〉序言》中，马克思是从生产力开始，顺向考察了生产力、生产关系、上层建筑、社会革命、社会形态的更替，也就是说，《〈政治经济学批判〉序言》的总体语境是说明生产力对生产关系的决定作用。而且，从这个论断的上下文来看，紧接其后的一句话是："不是人们的意识决定人们的存在，相反，

---

① Cohen G. A. , *Self-ownership*, *Freedom and Equality*, Cambridge：Cambridge University Press, 1995, p. 144.

② 《马克思恩格斯选集》第 2 卷，32 页，北京，人民出版社，1995。

是人们的社会存在决定人们的意识。"①很明显，在两个相邻的句子中，适合和肯定是在相同的意义上使用的。柯亨认为，只有对"适合"一词作单向的理解，才能正确理解马克思的生产力首要性命题。也就是说，生产关系的性质必须由生产力的发展水平来说明。虽然马克思也承认生产关系对生产力有影响，但是，生产关系对生产力的制约作用只是生产力的首要性命题的一个内在的逻辑必然。

　　柯亨认为，生产力首要性的本质是对生产关系的性质作功能解释②。比较好的解释采取这样的形式：生产关系是 t 时的 R 类的生产关系，因为 R 类生产关系适合于在时间 t 的生产力的使用和发展，即生产力在 t 时的特定的发展水平。如果生产关系适合生产力的发展，那么它之所以流行是因为它们适合生产力的发展。如果生产关系不适合生产力的发展，它们之所以流行是因为近期内是适合的。柯亨认为，经济结构促进生产力发展的明显事实并不损害生产力的首要性，因为生产力是按照促进发展的能力来选择结构的。首要性命题与生产的发展需要一定的经济形式这个真理是一致的。当然，这种单向的功能解释，其解释能力是有限的。手推磨可以解释为什么某一社会是封建社会，但不能解释为什么主要是以劳役而不是以实物来交纳贡税，这是要由不同于生产力的事实来解释的。但是"解释能力的这种可变性并不贬损生产力对生产关系的首要性，并不表明生产关系影响生产力是以贬损其首要性的方式进

　　① 《马克思恩格斯选集》第 2 卷，32 页，北京，人民出版社，1995。
　　② Cohen G. A.，*Karl Marx's Theory of History*，Expanded Edition：Princeton University Press，2000，p. 160.

行的"①。

柯亨通过发展命题进一步论证首要性命题。发展命题是指：生产力
有一种发展的必然趋势，生产力的发展倾向，贯穿整个历史。发展命题
以三个事实为前提：①人是有理性的；②人的历史境遇是一种匮乏的境
遇；③人具有的聪明才智及知识使他能够改进他的处境。马克思否认存
在着不变的人性。但柯亨指出，人性常变观点是针对保守主义者，应当
否认的是保守主义所强调的具体特征只是人性之一。承认存在着永恒的
人性，与人性在历史中是变化的这一命题是同等重要或具有相同意义
的。柯恩认为，有了发展命题的补充，生产力对生产关系具有首要性的
问题就基本解决了。

生产力的首要性，对生产关系的决定（解释）遵循了什么样的逻辑线
路？生产力的首要性如何才能摆脱"一目了然的直觉判断"这样的诟病？
这个问题关涉到柯亨的学术宗旨。

柯亨引用马克思在《雇佣劳动与资本》中关于武器和军事组织的论
述，提出了生产力（技术）→物质关系→社会的（生产/财产）关系的双层
解释模式，用以说明生产力解释生产关系的逻辑构造。马克思的前提
是，军队倾向于最大限度地加强破坏力量（如新的射击火器），并为达到
这个目的来组织他们自身。假设军队从步枪换成机枪，每一挺机枪需要
三个士兵来操纵，将会更有效力，而在从前，一人一支步枪，没有理由
组成三人一组。这种技术组织的变化可以引起权利结构的变化。过去使

---

① Cohen G. A. , *Karl Marx's Theory of History*, Expanded Edition: Princeton University Press，2000，p. 163.

用步枪，没有理由把等级制度划分到如此低的层次。现在需要指定每三人一组中的一人做班长，并授予他管理另外两个人的某些权力。这种新的权威结构是适应武器技术的发展而改变，武器技术决定技术组织从而也决定权威结构。柯亨的结论是：在生产力决定社会的生产关系中，往往有两个可比较的相关层次：一是新生产力需要新的物质的生产关系（即劳动的技术组织形式）；二是新的物质的生产关系又需要新的社会的生产关系，新的权威形式和权力分配。

柯亨实际上是将"技术决定"区分为"适应性"决定与"产生性"决定。这样，生产力的首要性命题就分解成两个分命题，即生产工具的技术性质产生性地决定劳动的技术组织形式，劳动的技术组织形式适应性地决定所有制形式。柯亨搞混了概念吗？没有。在马克思那里，生产力和生产关系都是一个弹性概念。技术是生产力，社会劳动的组织方式也是生产力，因而生产力包含着两层意思。社会劳动关系，即劳动中的分工协作是生产关系，所有制关系也是生产关系，因而生产关系也包含两层意思。而"决定"概念，马克思有时在产生性决定的意义上使用，有时候是在适应性决定的意义上使用，当在后一种意义上使用时，马克思和恩格斯也常常用"制约"这个概念来替换它。比如，"一定历史时代和一定地区内的人们生活于其下的社会制度，受着两种生产的制约：一方面受劳动的发展阶段的制约，另一方面受家庭的发展阶段的制约"①。

在区分"技术决定"的两个层次的基础上，柯亨为"技术决定论"作了

---

① 《马克思恩格斯选集》第 4 卷，2 页，北京，人民出版社，1995。

辩护。他指出:"技术决定论大致说了两件事情:它是技术的,以及它是决定论的。"①柯亨称自己的历史理论是"技术性"版本,尽管他没有讨论"决定论"问题,但其"技术决定论"要点有三:第一,决定社会变迁的根本原因是技术;第二,影响社会变迁的其他因素,有些是受技术因素直接派生出来的,有些是技术因素制约而存在的;第三,所有制关系发生变革可以由技术来解释,但必须由物质交往活动来实现。柯亨认为有三个理由导致人们否认生产力的首要性。其中一个主要理由是首要性命题贬低人道主义。采取这一路线的人们诬蔑这个命题是"技术决定论",指责它把机械的和同类的低于人类的力量作为历史发展的动力,使非人的东西优胜于人。柯亨认为,在事实上和在马克思的理解中,生产力的发展和人的能力的发展之间具有广泛的一致性。一旦人们注意到生产力的发展主要是人类劳动能力的增长,那么强调技术便失去了它贬低人道主义的假象。生产力的发展是个人自主活动方式的进步,它与人的全面发展相携并进。生产力不会奴役人,因为人不可能是自己能力的奴隶。

柯亨的初衷在于重建马克思唯物史观内在逻辑的自洽性。但《卡尔·马克思的历史理论:一个辩护》一书发表后,分析马克思主义内外对书中观点争论丛生,这客观上推动了柯亨在规范哲学的意义上对马克思的社会历史理论展开了第二种辩护,辩护的核心是平等问题。他批判当代自由主义平等观的荒谬和虚伪,力图澄清马克思主义者信奉的美好

---

① Cohen G. A. , *Karl Marx's Theory of History*, Expanded Edition: Princeton University Press, 2000, p. 147, note.

社会制度的规范性基础，致力于挖掘马克思主义本有的政治哲学资源，延伸了对马克思社会历史理论重构的领域①。

　　柯亨认为，马克思主义以平等为基本诉求和道德理想。但马克思将物质丰裕视为实现平等的前提，只允许规范性论断在其历史理论中隐约显现，实际上消解了平等问题本身。在马克思看来，两种历史趋势推动政治平等和经济平等必然来临：一是有组织的工人阶级的兴起，二是技术的不断进步和生产力的持续发展。然而，马克思主义者对无产阶级的传统信念，遭遇到资本主义的自然演进过程的挑战。"资本主义培育出社会主义革命的主体，但并没有自掘坟墓。因此，社会主义者在构想未来时必须少些浪漫，必须改变它流行时的作风，多从道德的角度来维护自己。"②生产力的发展命题遭遇到资源匮乏的无情制约，地球资源并未证明人类可以随着技术知识的增长创造无限的剩余价值。这意味着对立的主张、需求、志向之间的抉择总是不可避免的，因此，"我们不能光靠技术为我们的福祉拾遗补缺：如果有什么灵丹妙药的话，那就是必须自己动手，做艰苦的理论工作和政治工作。……这种认识应当是未来的社会主义经济学家和哲学家努力的指南"③。

　　在不平等的起源问题上，柯亨从契约和剥削切入，重塑了马克思的主张。在自由主义者看来："劣势者"的存在不是由于历史的、社会的问

---

　　①　李华荣、乔瑞金：《柯亨平等观的实质及其对自由主义平等观的批判》，27—34页，载《哲学研究》，2008(11)。

　　②　Cohen G. A., *Self-ownership, Freedom and Equality*, Cambridge：Cambridge University Press，1995，p. 9.

　　③　Ibid.，p. 11.

题，而是由于自身不可避免的缺陷，或者由于偶然的机遇等①。柯亨认为，契约关系所要求的平等是狭隘的资产阶级平等。为什么这样一种互利的合作模式导致了社会分化？自由主义认为人在天赋方面的差异导致了不平等现象，这一观点完全没有能力解释全球范围内的特权和权利结构何以如此根深叶茂。"劣势者"存在的根源是社会关系和阶级结构。解决平等问题的根本方法是废除产生阶级社会的生产资料私有制，而不仅仅是倾向于"劣势者"的权力分配。柯亨还认为，剥削之不公正，并非取决于劳动贡献原则②。根据马克思的解释，剥削就是不公正，因为工人被非法强迫为资本家工作。剥削还间接地导致了不平等——当代经济结构既束缚并降低了大多数人的生活水平，又增加了少数人的财富。不仅如此，剥削者和被剥削者在剥削结构中所处的位置，使他们各自对维持和减少不平等感兴趣：在这种意义上，剥削直接与借以纠正不平等的政治活动相关联。

柯亨致力于发展"深层"机会平等，提出了"可及优势平等"概念，其平等理念的目标是创造一个社会主义的共同体，在其中每个人与他人都处于平等的关系之中。但是，"社会主义理想所面临的主要问题是，我们并不知道如何设计出可以实现社会主义理想的机制。从根本上说，我们的难题并不在于人性的自私，而在于我们缺乏一种合适的组织技术：……每一个人身上都存在自私和慷慨。……我们知道如何在自私的基础上使经济运转起来，但我们却不知道如何在慷慨的基础上使之运转

---

① 魏小萍：《契约原则是否带来了自由和平等》，17 页，载《哲学研究》，2002(3)。

② ［英］G. A. 柯亨：《马克思与诺齐克之间：G. A. 柯亨文选》，吕增奎编，31 页，南京，江苏人民出版社，2007。

起来。即使在现实的世界中，在我们的社会中，许多方面都依赖慷慨，……依赖非市场的激励"①，柯亨反对诉诸人的自私性来扼杀改变现实的平等要求，因为，有利于优势者的激励性体系，只有不平等的功能解释被设定为约束条件的情况下，才具有真值，但这丝毫没有否定个人在特定社会环境下会做出怎样的行动。所以，社会主义变革的最大障碍，不是变革激起的特权阶层的反抗，而是人们认为"变革不可能实现"的观念。柯亨因此特别强调社会伦理风尚的改造：为了克服不平等，需要在我们的动机结构上发起一场革命。

如上讨论表明，柯亨的辩护基于马克思对社会历史的整体解读和技术意义上的社会历史模式，集左派献身于社会主义的目标和用分析哲学工具对马克思主义正统理论进行批判性的考察为一体，对如何继承和发展马克思主义贡献了比较独特的视角，具有一定的认识论和方法论意义。

首先，必须把握马克思主义理论的本真意蕴。

今天，马克思主义在全球范围内受到了广泛关注，研究文献汗牛充栋。但是，马克思的本意到底是什么？柯亨力图在马克思思想的框架内重建马克思的历史理论，澄清马克思运用的关键概念，这对恢复马克思思想的本来面目，正确地理解马克思话语的本真意蕴不无启发。

马克思的历史理论是要探究社会历史发展的基本规律。柯亨之前的大多数西方马克思主义者的历史观都主张把人的意识、主观性提到首

①　[英]G. A. 柯亨：《马克思与诺齐克之间：G. A. 柯亨文选》，吕增奎编，272页，南京，江苏人民出版社，2007。

位，这显然是与马克思关于社会历史就是社会物质生产形态的更迭的观点相悖的。柯亨的《卡尔·马克思的历史理论：一个辩护》一书就是对这种错误倾向的反证。他挑选马克思历史理论中的核心概念，用更为精细的方式加以分析，在西方高度工业化的背景下，采取了突出生产力和技术的逻辑演绎形式，正本清源，捍卫了马克思的历史理论，在国内外产生了较大影响。但是不同于马克思在历史发展的整体语境下所强调的技术（生产力）的首要性①，柯亨早期所理解的技术（生产力）更多地表现为机器、厂房、房屋、工具材料等静态的，作为历史的动力结构的抽象要素而存在的概念性"技术"。这种还原论的"技术"偏重于技术的功能解释，隐含着线性决定的机械论特征。进入 21 世纪以来，柯亨多次为历史唯物主义的科学性设定真值条件②，从原先单纯强调技术的功能、物的因素，逐渐将注意力转移到文化、宗教、个人意识等方面，强调关注人本身的问题，重新将政治哲学中的正义、平等、自由等伦理问题变成了他所理解的历史唯物主义的中心问题。既关注哲学论述的形式又关心它的内容，并力图对当代社会生活做出符合实际的论断，这一方面说明柯亨走出了前期日常语言分析的局限，另一个方面又可以理解为柯亨开始向作为整体的历史辩证法回归。

其次，必须创新理论的表达方法。

柯亨的辩护启示我们：好的理论需要明晰的宏大叙事。"全盛时期的分析哲学认为：关于人、人类历史和人类社会的宏大叙事理论，需要

---

① 乔瑞金：《马克思技术哲学纲要》，48 页，北京，人民出版社，2002。

② ［英］G. A. 科恩：《卡尔·马克思的历史理论——一种辩护》，段忠桥译，408—433 页，北京，高等教育出版社，2008。

用对概念和术语进行逐一详细地分析来代替它……"①尽管我们不完全同意上述观点，但分析哲学的基本特点应该是所有优秀的理论都具备的：明晰、精确、论证严密。

分析马克思主义追求的重构既是科学的又是革命的马克思主义理论。柯亨认为，尽管传统的马克思主义仍有很强的生命力，但要使马克思主义成为科学的革命的理论，必须运用分析的方法对它进行重构和补充。柯亨的辩护是一面镜子：我们不习惯于缜密的形式分析，习惯于诗话的思维；不习惯于逻辑型论证，习惯于浪漫型的直观外推，这使得我们一些人对辩证法的理解和运用含含糊糊、朦朦胧胧。分析马克思主义对我们的理论研究和思维方式的改进提供了有益的借鉴。与此同时，分析马克思主义认为，如果把马克思主义理解为一种完全自足的哲学或完满的社会理论，那么它就是一种死的东西。哲学（理论）是一条流淌的河，其中的每一种理论都好比一滴水花，离不开孕育它的奔腾之流。这是一种理论发展所必需的开放心态。

再次，必须关注理论的现实运用。

把马克思主义看作纯粹的理论性和沉思性的主张是错误的。实践的目的是马克思主义的内在要求。"如果马克思对资本主义的分析是正确的，那么社会主义就不仅仅是社会主义者的主观偏好，它还是历史进程本身的客观趋势和直接目的。"②分析马克思主义对现实问题，诸如贫富差距、剥削、阶级与阶层、理想与信仰等的关注，不是出于好奇心

① ［加］罗伯特·韦尔，［加］凯·尼尔森：《分析马克思主义新论》，鲁克俭等译，63页，北京，中国人民大学出版社，2002。
② 同上书，76页。

或纯粹的研究需要，而是坚持了问题导向的研究思路。柯亨对贫富差距的关注、对社会主义市场的研究就是这种努力的典型范例。事实上，社会主义从空想到科学、从学说到实践，都伴随着一条或明或暗的线索，这就是对社会主义合理性、共产主义（实现）科学性的内在机制的阐明。柯亨的生产力论证以及平等论证都激发了人们对这一问题的兴趣和热情。马克思主义的内在吸引力在于它表达了对现存社会制度的批判和对未来更美好社会的向往，这种批判和向往来自于深刻的思考，而不是简单的对阶级利益的反应，它是有理性基础的。柯亨积极挖掘马克思的政治哲学思想，严肃回应自由主义理论的挑战，主张为社会主义进行规范的政治哲学辩护。虽然他的见解未必都是合理的，但是，柯亨的辩护的确启示我们：下功夫探究马克思思想的丰富构成是有重要意义的。对我们而言，重要的不是柯亨的具体结论，也不是他的论证方法，最重要的也许是，柯亨与我们面对同样的课题：如何从整体上把握历史唯物主义的精神实质，并面向实践发展出符合时代的科学解释。

（二）展开文本批判聚合变革社会秩序的精神力量

尽管英国新马克思主义者遵循马克思的思想，认为物质的因素需要用物质的力量来摧毁，但他们同样也重视人的主观能动性的价值意义，把发展和聚合人的精神力量看作是十分重要的，把创新推进社会进步和发展的思想理念，以及科学理论作为不可或缺的手段与过程，充分体现出聚合思维的必要性和紧迫性。受历史主义、结构主义，以及他们所坚持的马克思主义的基本思想的影响，英国新马克思主义者主张通过文本批判来发掘和创新关于社会秩序变革的科学的思想和理念，聚合人类在实践和反思活动中以文本形式形成的各种优秀思想，形成有利于人类进步和社会发展的良好的意识形态，形成巨大的推进人类进步和发展的精神力量，进而同人类创造的巨大的物质力量形成合力，消除社会混乱，是人类在进一步的秩序化的社会中过一种自由、平等和正义的生活。

在他们看来，展开文本批判是形成科学理性的社会解释的必要环节，这一思想是英国新马克思主义者中诸多学者所坚持的，其中伊格尔顿所作的工作尤为突出。我们知道，现代哲学的语言学转向强调对文本进行语言分析，并在此背景下关注审美意识形态问题。不同于解构主义消解主体、基础、本质的看法，伊格尔顿特别关注揭示语言背后的意识形态的本质特征。

我们知道，当代社会是一个语言哲学滥觞的时代，解构主义的笔触直击传统哲学的核心理念，所谓真理退场、多元解释和去中心化等思想，不仅体现着时髦，更表现为一种颠覆，一种肆无忌惮的摧毁，一种所谓怎么都行的无立场的哲学立场，从而引发了思想的混乱。这就涉及一个根本性的问题，即如何解读文本，如何在文本生产中表现世界观与价值观的诉求，换句话说，涉及哲学的根本意义和价值趋向。面对这种滥觞，英国思想家伊格尔顿以其文化批判的哲学态度，在秉承马克思主义哲学基本立场的基础上，认为哲学解释的本性在于展现蕴含于文本后面的意识形态指向，在于确立意识形态的立场，在于阐明理论研究和认识的意义，并非价值无涉。因此，伊格尔顿在其文化批判的视域中，就文本批判问题提出了一系列值得深入思考的问题，并阐发了他的思想。在我们看来，伊格尔顿在文本批判方面所做的工作，对于我们深入思考哲学的意义以及在文本生产中体现哲学的价值和指导现实的人类实践，具有重要的方法论意义。

伊格尔顿认为，文本批判的焦点是审美意识形态。后现代主义哲学家利科指出，文本就是用文字写出来的文著、文化资料等作品，它包含各种不同解释的可能性，并且需要通过解读才能被理解；罗兰·巴尔特指出，文本一方面是能指，即实际的语言符号及其结构，另一方面是所指，即语言符号所表达的有所限定的意思。可以看出，文本需要进行解读，这一点是人们的共识。然而，伊格尔顿并不认同这些后现代主义者们对文本解释所持的观点，认为这些观点抹杀了文本自身所具有的确切含义。对于伊格尔顿来说，他更倾向于朱丽娅·克里斯蒂娃的看法，即"文本是一种生产力，这一定义意味着：文本与其所处的语言的关系是一种（破坏——建立型的）再分配关系，人们可以更多地通过逻辑类型和数学手段而非纯粹的语言学手段来解读文本；文本是许多文本的排列与置换，具有一种文本间性：在一部文本的空间里，取自其他文本的若干陈述的互相交汇与中和。"①显然，文本研究实际上是探讨作为社会主体的阐释者与接受者，和作为客体的文本之间的关系，实际上涉及社会主体与文本客体及其内容之间的关系，即社会主体与社会客体的理解及其互动关系，而这就是一种审美关系，因而，在这种意义上，文本研究也是一种审美研究，内在地包含了社会主体与文本所包含的社会内容的彼此影响、互相制约，以及在社会关系中主体的建构。

伊格尔顿认为，文本具有意识形态的内涵，并非是价值无涉的。在文本的解读过程中，社会主体受到文本所包含的意识形态的影响和渗

---

① 史忠义：《20 世纪法国小说诗学》，121 页，北京，社会科学文献出版社，2000。

透，认同意识形态所宣扬的思想观念和价值系统，从而失去自己的独立性，成为被"塑造"的主体，这实际上是一个审美的过程，而不是"不同的解释"。因此，文本批判的中心也就是审美意识形态批判，换句话说，对审美意识形态的分析，应该是文本批判的焦点。

文本具有审美意识形态性，主要表现为文本的对象、文本的生产和文本的价值都是意识形态的一部分，而"审美等于意识形态"[①]，这就决定了文本审美就是一种社会主体和文本意识形态的互动过程，同时也是审美意识形态的运动过程。

伊格尔顿指出，文本加工的对象不是社会历史，而是意识形态"文本……是对于一般意识形态进行美学加工所得的产品"[②]。这也就说明了文本对象就是意识形态，而文本本身同样受到意识形态的影响，这种意识形态就是文本之外的潜文本，即潜意识，"在某种意义上，可以把这种潜文本称为作品本身的潜意识"[③]，也就是说，意识形态既是文本的对象，又是文本的制约性规则。同时，意识形态决定文本的题材和内涵，意识形态的范畴和结构对于文本的形式和题材具有决定性的影响，文本要生产什么、如何生产以及生产的过程都会受到社会条件和思想观念的影响，这些社会条件和思想观念就包含着意识形态的内容。

文本的价值被伊格尔顿称之为交换价值，文本价值又是意识形态决

---

① ［英］特里·伊格尔顿：《审美意识形态》，王杰，傅德根，麦永雄译，89页，南宁，广西师范大学出版社，2001。

② 同上书，1页。

③ ［英］特雷(特里)·伊格尔顿：《二十世纪西方文学理论》，伍晓明译，21页，西安，陕西师范大学出版社，1986。

定的,"决定文本价值的,是它插入意识形态系统的和文学论述的通用
等级的双重方式"①,即文本价值必然受到意识形态的决定性影响,文
本的价值不在于其背后表达的时代内容或精神,而在于其与意识形态的
联系,这种联系所表达的意识形态的效果越强,则文本的价值越大。

伊格尔顿指出,文本生产也是意识形态生产的一种形式,他重点探
讨了意识形态与文本之间的双向同构关系,即文本与意识形态之间不仅
是客观决定的关系,这种关系同时也被文本按照自身的规律进行改造,
从而形式上远离意识形态。文本生产在一定意义上就是意识形态生产,
意识形态的内容制约了文本生产的内容,但是文本也具有自己的能动作
用,它能够将意识形态的痕迹消除,隐藏起来,从而以更加隐蔽的形式
践行意识形态的功能。

文本的对象、价值都具有意识形态的内涵,文本就是一种意识形态
的载体,文本的解读体现了主体与文本客体之间互动关系,文本通过其
思想观点对主体进行意识形态的灌输和教化,进而改变主体的思想状
况,这实际上是一种审美意识形态的渗透。因此,文本批判的中心任务
就是揭露文本中包含的审美意识形态,以便使得审美主体从文本的意识
形态内涵中解脱出来,实现社会主体在文本解读和批判中的自主性。

伊格尔顿认为,文本批判的本质在于揭露现代主义和资本主义意识
形态对主体压抑的本质。审美思想或美学范畴尤其是现代审美文本与政
治斗争具有紧密的关联,现代审美"从百分之百的意义上说"就是个资产
阶级概念,"广义的美学范畴在现代欧洲思想中占有重要地位……美学

---

① Terry Eagleton, *Criticism and Ideology*, London: Verso, 1978, p. 186.

著作的现代观念的建构与现代阶级社会的主流意识形态的各种形式的建构，与适合于那种社会秩序的人类主体性的新形式都是密不可分的"①。也就是说，美学文本中的思想观念与主流意识形态观念以及社会主体的形式具有内在的一致性，审美文本作为一种美学观念建构的载体，也在建构着意识形态的内容和社会主体的思想观念。因此，在资本主义历史条件下"一切固定的古老的关系以及与之相适应的素被尊崇的观念和见解都被消除了，一切新形成的关系等不到固定下来就陈旧了。一切固定的东西都烟消云散了，一切神圣的东西都被亵渎了"②，传统审美观念同样被商品的逻辑颠覆了。

在伊格尔顿看来，美学文本的生产过程由于摆脱了传统上政治制度的束缚，走向商品的市场，具有了相对的自律性，但是这种美学自律性的存在只是一种形式，对于资本主义而言，审美文本的这种自律性正好可以掩饰自身的弊端，审美"极易避开其他社会实践而孑然独处，从而成为一块孤立的飞地，在这块飞地内，支配性的社会秩序可以找到理想的庇护所以避开其本身具有的竞争、剥削、物质占有等实际价值。更为微妙的是，自律的观念——完全自我控制、自我决定的存在模式——恰好为中产阶级提供了它的物质性运作需要的主体性的意识形态模式"③，而这种主体性就是资本主义生产关系中劳动力交换的自由，通过这种主

---

① ［英］特里·伊格尔顿：《审美意识形态》，王杰，傅德根，麦永雄译，3 页，南宁，广西师范大学出版社，2001。

② 《马克思恩格斯全集》第 4 卷，469 页，北京，人民出版社，1972。

③ ［英］特里·伊格尔顿：《审美意识形态》，王杰，傅德根，麦永雄译，10—11 页，南宁，广西师范大学出版社，2001。

体性，冷冰冰的资本逻辑占据了人们的身体和头脑，于是人的身体在资本主义制度下被分裂开来，一部分是原始的欲望，一部分是完美的幻想，这说明在资本主义社会中，资本将人的身体需求降为最低，以维护劳动力的生产和再生产，同时又将身体的需求与资本连接起来，感觉资本能满足人们的一切感性需求，从而维护资本主义的统治，"社会被这种商品逻辑所瓦解：因为商品流通以原子化方式进行，这一过程也将社会劳动的集体活动转变为相互分离的僵化事物之间的关系"①，并由此也将劳动主体视为单个的原子，实际上，这是对人的丰富感性生活的剥夺与对人类自由本性的压抑。因此，伊格尔顿认为"文明在实现人类的某些潜能的行动中也压制了其他的潜能"②，作为较为高级的文明形式，现代审美是一种资本主义意识形态，它体现了对于社会主体的压抑，现代文本所包含的审美意识通过"内化的压抑"，将资本主义的统治深刻地镌刻于劳动人民的肉体感觉和思维之中，也就是说，资本主义通过审美意识形态将资本的逻辑强行揳入人们的肉体和心理之中，"这种内在化过程在精神生活中以非常复杂的方式得以实现，主要包括对被压抑的（快乐）以及内在受虐本能的认同和转换"③。

根据伊格尔顿的论述，在资本主义社会中，审美文本既是一种资本主义的意识形态，它提供了资本主义社会里人的主体性的特征，同时也是一种资本主义意识形态的批判，它为人们提供了一种解放的幻想，这种幻想

---

① Terry Eagleton, *Walter Benjamin, or Toward a Revolutionary Criticism*, London: Verso, 1981, p. 85.
② 乔瑞金：《英国的新马克思主义》，32 页，北京，人民出版社，2013。
③ 张亮主编：《英国新左派思想家》，336 页，南京，江苏人民出版社，2010。

坚决地反对工具主义或专制主义，提倡普遍性的平等主义，审美文本一方面为当前社会"提供了一种和谐的乌托邦形象，那么美学又阻碍着走向这种历史性一致的现实的政治运动，并使之神秘化"①。那么，如何消除现代文本的资本主义审美意识形态的阻碍作用，实现人类主体与社会客体的和谐呢？伊格尔顿提出了马克思主义审美意识形态的文化批判思想。

伊格尔顿认为，文本批判的目的是建构社会主义新主体。

伊格尔顿揭露现代文本审美的资本主义本质，其目的是促进社会主体和社会客体的和谐，这意味着必须同时改造社会主体和社会客体，这就需要进行文本审美批评即修辞学文本批评和建构社会主义新主体。

伊格尔顿认为，现代文本审美"理论的历史是我们时代的政治和意识形态的一部分……一直与政治信念和意识形态价值标准密不可分"②。文本批评的意义不仅在于解释文本的形式，更为重要的是要突出文本审美批评的社会效果，这就需要文本批评的政治性和技巧性，要求一种新形式的文本批评方式，伊格尔顿用"修辞学"来指称这种文本批评方式。修辞的最初含义就是一种政治批评，就是为了提高话语的政治性效果和意识形态影响，而这种效果与文本的表达形式具有紧密的关联，因此，伊格尔顿主张回到文本审美批评的原初含义中去，即作为修辞学的文本批评。

伊格尔顿指出，修辞学文本批评的主要意旨就是发挥、运用文本话语的政治性效果，革命的文本批评就是要："捣毁统治性的文学概念，

---

① ［英］特里·伊格尔顿：《审美意识形态》，王杰，傅德根，麦永雄译，10 页，南宁，广西师范大学出版社，2001。

② ［英］特雷·伊格尔顿：《二十世纪西方文学理论》，伍晓明译，244—245 页，北京，北京大学出版社，2007。

将文学置于整个文化实践领域……它将解构既定的文学等级，重估既定的价值判断，关注文本语言和无意识对主体的意识形态的建构。"①修辞学批评就是要进行意识形态批判，革命的修辞学批评就是要揭发资本主义的意识形态的欺骗性和虚假性，宣扬新的意识形态的进步性，以促进新的社会主体的形成。

在此，伊格尔顿提倡马克思主义文本的修辞学批判作用："历史上从未出现过建立在笛卡尔思想之上的政府，用柏拉图思想武装起来的游击队，或者以黑格尔的理论为指导的工会组织。马克思彻底改变了我们对人类历史的理解，这是连马克思主义最激烈的批评者也无法否认的事实。"②既然马克思主义能够改变社会历史的进程，塑造新的社会主体意识，所以我们必须发挥马克思主义的这种革命性的历史作用。因此，他指出马克思主义文本批评的任务，就是通过文本批判，塑造社会主义新主体的解放意识，实现人类的解放，而这也是伊格尔顿文本审美批判思想的目标。伊格尔顿认为，修辞学的文本批评以改善社会主体的处境、争取人类的解放为宏观目标，从微观而言，也就是改善个人主体的存在状态，这种存在状态就是要使得每个人都能更好地生活。

伊格尔顿批判了后现代主义主体消亡论的观点，后现代主义将社会主体视为大写的主体或大写的人，是一种社会意识形态的塑造，而不是一种真实的历史存在。后现代主义在否认主体的同时，将视野转向了身

---

① Terry Eagleton, *Walter Benjamin*, *or Toward a Revolutionary Criticism*, London: Verso, 1981, pp. 96-98.

② ［英］特里·伊格尔顿：《马克思为什么是对的》，李扬，任文科，郑义科译，2页，北京，新星出版社，2011。

体，但是，这种身体概念"是一张自我色情的'爱国地图'及其勘探路线：你们负责自己的身体，你们应该开发它，你们应该向它投资……它的全部细节都通过身体的最佳管理标准以符号市场为目的"①。

伊格尔顿不无忧虑地指出，后现代主义这种否定主体，强调身体的观点，对于社会主义运动有着极大的破坏性影响。按照后现代主义的观点，既然没有社会主体，也就没有主体的解放，那么以人的主体性解放为目的的解放观念也就失去了存在的根基，而这将对社会主义运动产生致命的影响。因此，伊格尔顿在批判后现代主义的过程中，重点批判了其主体消解理论，并在此基础上力图重建新的主体理论。

伊格尔顿没有简单地回到理性主义的主体理论中去，而是在对后现代主义主体理论批判的同时，吸取了其合理因素，来建构自己的主体理论，即在身体自然性的基础上突出"主体"的能动创造力量。伊格尔顿提出了新的身体观念，"我试图通过美学这个中介范畴把身体的观念与国家、阶级矛盾和生产方式这样一些更为传统的政治主体重新联系起来"②，我们不能放弃人们的自然属性，也不能随意抛弃身体的概念，身体是一种物质性的存在，而这种物质性的身体在现实生活中具有活生生的情感体验，这种体验与社会地位、阶级经历以及政治意识联系在一起，感性的身体因而产生与这些东西相关的现实需要，而这种需要也是社会主体实现其自由的前提条件，"对身体最为基本的需要的不断肯定是实现伦理和政治的团结以

---

① ［法］让·波德里亚(鲍德里亚)：《象征交换与死亡》，车槿山译，169 页，南京，译林出版社，2009。

② ［英］特里·伊格尔顿：《审美意识形态》，王杰，傅德根，麦永雄译，10 页，南宁，广西师范大学出版社，2001。

及自我和他者相互联系的必不可少的基础，同时，与自我和他者的联系相伴而存在的是一种为公共社会秩序提供基础的潜能"①。

那么，如何实现这种潜能呢？伊格尔顿从马克思主义出发，认为劳动是社会主体的自然属性，人的主体性是在具体劳动实践中形成并发展起来的，然而在阶级社会中，人类的劳动被异化，人的劳动自由受到了他者的束缚，因而丧失了人类的主体性和主动性，这才是"主体"的真正迷失。伊格尔顿指出，只有消灭劳动异化及其产生的社会根源即资本主义私有制，恢复劳动的本来面目即人类自由自觉的劳动，才能真正实现人的自由而全面的发展，唯有如此，才能实现人类主体的地位和尊严。

在当今资本主义社会现实中，人类的主体确实存在迷失的现象，现实的路径是在分析和批判资本主义社会制度和意识形态的基础上，力拨"主体"于迷失之中，充分张扬人的主体性，恢复"主体"的自然属性和应有尊严。伊格尔顿指出，人类主体地位的实现既不能依靠理性主义所主张的仅仅进行思想领域的革命，也不能像后现代主义主张的那样用身体去取代主体性，而是要靠人自觉改造世界的"主体性"的劳动实践。"我们必须将主体视作一种实践，并把客观世界重新定义为人类实践的产物"②，也就是说，只有在具体的劳动实践中，人不但延续了自己的存在，而且创造了自己的主体性，也只有在劳动实践中才能恢复自己的主体地位。

伊格尔顿认为，激进的审美批判必须超越后现代主义之后的"主体"，坚持唯物史观的"主体"范畴，这是一种实践性的、以人为目的的

①　张亮主编：《英国新左派思想家》，334 页，南京，江苏人民出版社，2010。

②　[英]特里·伊格尔顿：《马克思为什么是对的》，李杨，任文科，郑义译，175 页，北京，新星出版社，2011。

主体性。面对资本主义社会人的主体性的迷失和异化现象的严重性，人类的解放思想必须建立在对资本主义现实的批判和社会主义运动的推动之上，这就需要坚持马克思主义的批判性，树立社会主义运动的革命目标，"造反者必须具有相当的自信和镇定，具有确定的目的和实现目的的始终同一性"①。针对后现代主义者对于社会主义革命的诘难和质疑，伊格尔顿坚持认为必须要进行社会主义运动，"历史必须被打破重写——这并不是因为社会主义者都是酷爱对抗的嗜血野兽，偏偏喜欢革命胜过改革，而是因为社会主义者认为治标更要治本"②。

这种确定的目标就是要批判资本主义的社会制度和意识形态，实现人类的自由和解放，在现实中就是要通过社会主义实践塑造"社会主义新主体"。需要指出的是，伊格尔顿提出的社会主义新主体，不是后现代所说的那种个体的人，而是一种具有集体意识的能动个体。按照伊格尔顿的看法，只有通过这样的新主体，在资本主义社会中才能汇聚起冲破一切社会物质权力和意识形态权力的资源和力量，才能最终打破资本主义社会制度和意识形态的束缚，从而在社会主义的基础上实现人的真正主体性，展现个人和整个人类的全部丰富性。

因此，伊格尔顿的文本审美批判理论主张通过批判资本主义意识形态和后现代主义来重新发现人的主体性，并尝试通过马克思主义理论的影响和社会主义实践运动的发展来培养社会主义新主体，并在这种新主

---

① Terry Eagleton, *The Illusion of Postmodernism*, Oxford：Blackwell, 1996, p. 18.

② ［英］特里·伊格尔顿：《马克思为什么是对的》，李杨，任文科，郑义译，101页，北京，新星出版社，2011。

体的建构运动中实现人类的解放和自由。

不难看出，从 19 世纪末 20 世纪初以来，西方哲学发生了"语言学转向"，在这种背景下，文本研究逐渐成为热门话题，文本学与解释学悄然兴起，诸多学者对文本结构和文本内容以及文本与社会的关系作了深入的探讨，形成了多种理论观点。其中后现代主义的文本理论颇有影响。后现代主义认为文本具有无限多层面的解释可能性，文本的字面意思及其解释更多地取决于文本所处的社会语境和读者的经历及其心理认知。由于阅读主体的社会地位、生活经历和文化风俗的不同，对于文本的解读也具有异质性，因此，后现代主义否认文本的本质性和真理性，也否认阅读者的主体性，由此提出主体死亡论的观点，陷入审美虚无主义的泥潭，这对于社会主义革命运动和人类解放具有消极的影响。

针对后现代主义这种反本质、反主体的观点，伊格尔顿深入考察了文本和社会历史条件以及思想观念之间的紧密关联性，认识到文本的解读不是思想异质性的传播和分散，而是集中指向意识形态中心，而意识形态和社会主体并没有终结。在资本主义条件下，随着资本主义意识形态的更加隐蔽化和表征化，主体的异化程度加深了，这就更需要进行文本审美批判，以实现主体的建构和回归。后现代主义有关意识形态的终结的看法是非常错误的，"我们必须深思一个异常的反讽，在一个强有力的、有时是致命的意识形态所左右的世界里，知识分子竟然断定意识形态的作用已经结束"①。伊格尔顿对后现代主义的这种批判，真实地

---

① ［英］特里·伊格尔顿：《后现代主义的幻象》，华明译，2 页，北京，商务印书馆，2000。

反映了阶级社会的现实状况。

在批判后现代主义文本审美意识形态的基础上，伊格尔顿重点揭示了文本的意识形态性，从审美意识形态的角度揭示了文本内在地包含着意识形态的内涵，并且这种文本意识形态在建构文本内容的同时，通过文本解读将意识形态灌输给阅读主体，从而潜移默化地建构了社会主体的审美意识，实现了意识形态的功能。伊格尔顿深入到现代文本审美的内部，揭露了现代文本审美的资本主义本质和对社会主体的内在压抑性，指出现代审美思想实际上就是一种资本主义意识形态的建构工具，通过树立所谓的自由和主体性，论证了资本逻辑对于人性的统治和压迫，并且深刻地揭示了这种压抑的内化过程，这对于我们深入认识资本主义社会所宣扬的个体自由的本质具有重要的启示意义。

"英国新马克思主义始终不以批判为目的……以实现社会主义为崇高目标，以人类的解放为终极目的"[1]，伊格尔顿秉承了这种精神，针对资本主义社会人类主体的异化和人性的压抑，伊格尔顿主张进行马克思主义的审美文本批判，既要改造审美的主体即建构社会主义新主体，又要改造文本审美的内涵，即通过修辞学文本批评，展现马克思主义的文本审美意识形态，以促进人类主体与社会客体的和谐，实现人类的自由和解放。伊格尔顿的这种文本审美批判，面对后现代主义的意识形态终结论和主体死亡的论调，在坚持马克思主义基本观点和理论旨趣的前提下，借助于语言学、结构主义以及文本学的理论成果对现代文本进行了深入细致的分析，揭示了文本审美内在的意识形态性及其意识形态批

---

[1] 乔瑞金：《英国的新马克思主义》，33 页，北京，人民出版社，2013。

判性，并在此基础上揭示了审美意识形态的修辞学效果，提出了建构社会主义主体的构想，这对于认识审美意识形态的本质具有重要的理论参考价值，值得我们做进一步的理论思考。

四、小结

英国新马克思主义在追求社会秩序变革的过程中，把马克思的思想与现实社会的发展结合起来，坚持科学主义，不断创新和变革思维方式，不断实现着思维方式的革命，在社会批判活动中，形成了新理性主义的思维方式，凸显了互存思维、合法思维和聚合思维对于社会认识、消弭社会混乱、变革社会结构、推进社会从无序向更高层次的有序方向发展，做出了积极的探索，不仅为马克思主义的科学性做出辩护，而且尝试把马克思主义有效运用于社会变革和改造世界的过程中，推进思想和理论的发展，这对于改进我们自己的思维方式，提升我们的社会批判能力，有着难得的参考意义。

英国新马克思主义围绕变革社会秩序的新理性主义思维，首先探寻引领社会批判的科学解释导向的思维方式，形成了互存思维的基本形式，包含人类社会是整体性的存在、社会变迁具有多样性、唯物史观内含"类型学"的思想意识、社会是以系谱的形式发展的以及思想创新需以思维方式创新强化社会批判等认识，系统地回答了人类社会以互存为基础的问题，为科学理性地认识社会存在及其发展规律提供了思维和思想导向；合法思维则是探寻对人类社会在历史的和现实的实践过程中形成的一般规范做出正确评价的依据和标准，开展对现代主义意识的社会批判，借此提炼引导社会有序发展的思想和规则，认为现代社会的无序集中体现为现代主义的合法性危机，思维范式变革提示了合法性危机的考量方向，重塑大众意识表征着合法性危机批判的学术指向，以及合法思维的基本原则是科学理性主义，深刻阐释了合法性与社会有序发展之间的关系，尝试解决建设合法性社会的基本理念和合理路径这一关涉形成良好社会秩序的关键问题；聚合思维集中讨论了如何凝聚变革社会秩序的发展动力的问题，包括协调生产力与生产关系，聚合变革社会秩序的物质力量和展开文本批判，聚合变革社会秩序的精神力量等，整体回答了如何发展作为社会发展动力的物质力量和精神力量的问题。通过互存思维、合法思维和聚合思维的整体运用，把新理性主义的思想意识贯彻于如何变革社会秩序的哲学考量之中，取得了推进社会秩序变革的理论构造，凸显出其理论价值和实践意义。

在我们看来，英国新马克思主义在社会批判和推进社会发展过程中形成的新理性主义的思维方式，突出了互存思维、合法思维和聚合思维的价值，其根本意义在于昭示出创新在科学的社会解释、社会认识和社会科学理论的有效运用与实践方面的作用，表明创新在新思想形成、思想理论的实践运用中有着根本性的意义。

英国新马克思主义的理论研究工作表明，思想创新要以变革思维方式为前提。我们知道，英国新马克思主义是在历史主义传统的基础上形成了新历史主义的思维方式，强调本真思维、生长思维和对话思维的重要性，突出过程和整体在科学认识中的价值意义，是整体主义的思想意识和思维方式。在英国历史主义和新历史主义传统影响下成长起来的新生代马克思主义者们，继承了新历史主义的思想精髓和内在特质，继承了马克思主义和英国马克思主义坚持科学理性的传统，形成了新理性主义的思维方式，突出了互存思维、合法思维和聚合思维的意义，在思维方式方面做出了突破性的进展。

新理性主义的代表佩里·安德森，由于接受了西方马克思主义者葛兰西和结构主义者阿尔都塞等人的思想，安德森等人开始了对新历史主义的批判性扬弃，形成了英国式的结构主义的马克思主义，表明英国新马克思主义思维范式的重大转向。安东尼·伊斯茹普认为，这种阿尔都塞式的马克思主义，是一种"试图寻求理论的、科学的和理性主义的"[①]马克思主义。安德森等人在马克思主义理论和学说遭到种种质疑的危机时刻，始终坚持站在马克思主义经典的立场上维护着它的纯粹性和必要性，而且也是一名经典的革命马克思主义者，始终坚守着马克思的革命设想，期待着马克思主义理论和工人阶级实践的完美结合，期待着社会从"必然王国"向"自由王国"的转变，期待着通过对社会的科学认识和理性改造，变革社会结构，推进社会的有序发展。

新理性主义强调马克思主义就是"历史唯物主义"的思想，认为历史唯物主义首先是一门历史的科学，是有关过去的历史事件、历史事实、历史过程和历史活动的记录，尽管如此，却不能把历史唯物主义完全等同于"历史编撰学"，因为历史唯物主义的目的在于从历史的编撰和书写中发掘出历史发展的一般规律和机制，从而为人类历史的发展提供一种

---

①　Antony Easthope, *British Poststructuralism Since 1968*, London and New York: Routledge, 1988, p. 2.

因果解释，因此，历史唯物主义就不应仅仅聚焦于过去，而应主要关涉现在和未来。正如安德森所明确表述的："理解过去的核心目的之一就是提供对于历史过程的一种因果解释，它能够为当前充分的政治实践提供基础，以便把现存的社会秩序变革为一种期望的、民众的未来，这就是《共产党宣言》的抱负。"①在此意义上，历史唯物主义就是"科学社会主义"，或者换言之，历史唯物主义就是理解当前和把握未来的事业，是带有无产阶级革命理想的社会主义的政治工程。

英国新马克思主义的新理性主义通过深入讨论生产力与生产关系的辩证关系、生产方式对于社会变革的意义，尤其是讨论科学技术是第一生产力对于社会发展的动力意义、文本批判对于形成正确的思想观念的意义等问题，把科学理性主义贯彻到底，不仅为马克思主义的科学性做了辩护，更为重要的是，通过对社会发展动力的科学理性的分析与认识，形成了聚合各种社会发展动力的思维方式，把能够推进社会进步和发展的坚实的物质力量和高尚理性的精神力量聚合起来，推进社会结构的变革，消弭社会混乱，创造新的社会秩序，为把马克思主义的科学的社会发展理论运用于改造世界的现实的社会实践，做出了积极的探索。

英国新马克思主义群体对现代主义以及资本主义危机的分析和批判的思想和观点极为丰富，除了威廉斯和安德森等人的工作外，也包含了汤普森对现代主义的人道主义虚伪性的批判，柯亨关于资本主义社会非公正性的批判，吉登斯对现代主义极权主义本性的揭露，佩珀关于资本

---

① Perry Anderson, *Arguments within English Marxism*, London: Verso, 1980, p. 85.

主义生态和社会危机的诘难，密里本德对资本主义权力系统丧失合法性的分析，伊格尔顿关于现代之后的哲学思考等，体现出马克思主义英国化的诸多特点。

英国新马克思主义在其发展过程中，不断地进行着思想的自我更新，不断地提炼和创造着新的思维范式。我们看到，新理性主义的思维方式突出了互存思维、合法思维和聚合思维运用的重要性，借此实现对社会存在和发展的科学解释及合法性解释，探寻聚合社会发展的坚实的物质力量和一切有意义的精神力量，推进社会的有序发展，把实践和空间二者有机地结合在一起，把存在和发展有机地结合起来，达到了一种对社会存在和辩证发展整体的理性认识的高度。

第三章 ┃ 实现社会制度革新的新人道主义思维

　　英国新马克思主义不仅仅是一个学术团体，更是一个政治共同体，它的兴起不仅有力地推动了英国马克思主义的发展，而且升华了其政治意识和思想，并形成了鲜明的政治追求的特色，其着眼点即在于探求在经济高度发达且矛盾重重的英国以及其他资本主义社会，如何实现社会主义制度，如何克服人的现实异化与社会异化，从而彻底实现人的解放。作为一个整体，它从历史和文化对于人的现实生存的意义着手，从追求有利于人的全面发展的社会秩序的建设深入，逐步把思想聚焦于马克思所主张的科学的社会主义，逐步把目标追求投射到如何实现新的不同于苏联和东欧的社会主义上来，从而产生了一系列新的理论和思想，在人类关于社会主义本质理解与践行的历史上，留下了一笔值得严肃对待和深入研究的思想财富。

　　肇始于文化、深入于社会秩序、落脚于制度革新，这或许就是英国新马克思主义的思维逻辑。英国新马克思主义的关于社会主义制度实现的政治似乎可以概括为解放的政治、启蒙的政治与和谐的政治的统一体，体现为一种对人的新的人道主义的关怀，这是新人道主义的思维方式，它内在地包含了人本思维、民权思维和合作思维等具体的思维形式。人本思维包含着一切社会认识和社会行为的出发点和目的都是为了人的一般理念，是基于生活方式的人的根本特征的文化本真思维的延续，它包含了如何从人出发来认识社会，人的政治存在、经济存在和共同体存在的一般特征，人的政治解放的内涵及本质等问题；民权思维直抵作为制度的国家权力基础、规范和运用形式等问题，它们基于现实的社会基础，结合科学社会主义的一般原则和英国以及全球近代以来社会发展的历史过程，一方面强化了对资本主义国家权力思想和现状的批判，另一方面深入揭示新社会主义制度的人民权利的内在特质、权力运作方式和表现形式等问题；合作思维则是英国新马克思主义的新理性主义思维方式的聚合思维的拓展，强调社会主义的新秩序不仅需要聚合各种社会发展动力，更需要全体人民的合作意识和共同努力，甚至把平等、合作、团结看作是社会主义制度生命力的根本特征，体现出和谐政治的基本内涵。英国新马克思主义实现制度革新的新人道主义思维方式通过人本思维、民权思维和合作思维等形式，反映了它关于实现社会主义理想的基本思想和认识。

一、人本思维夯实社会制度革新的政治基础

英国新马克思主义关于社会主义的认识，集中体现在它对社会主义的至善性、合理性和普遍性的理解上，其代表人物汤普森、霍布斯鲍姆和安德森认为，"英国社会主义的未来很大程度上会受到英国社会主义者对新社会的理解与感受的影响，因为他们总怀有以下信念：社会主义不仅在经济上是可行的，而且也非常符合人们的欲求，也就是说，社会主义社会将彻底改变人与人的关系，那将是一个以尊重人来取代尊重财产，以共有财富来取代贪得无厌的社会"①。"仅仅因为我们赞成社会主义而欣然拥戴这种预测是毫无助益的，但科学社会主义并非虚无缥缈的主观臆想，而是马克思以深邃的洞察力发现的某些人类基本的发展趋势。"②"社会主义是一种遍布整个世界的宣言。"③这些论断体现了英国新马克思主义关于社会主义的基本判断，反映了其思想特点和理想追求。对此，莫顿评论说，"英国的社会主义道路是人类走向未来的一次勇敢的尝试，是人类前进过程中的结晶"④。社会主义的至善性、合理性和普遍性首先表现为建立以人为本的社会主义政治，把人从资本主义现实的政治压迫、经济剥削和文化异化的现状中解放出来，实现社会制度的彻底变革，以人本思维为导向，强化对资本主义的政治批判，塑造社会

---

① 张亮主编：《英国新左派思想家》，4页，南京，江苏人民出版社，2010。

② ［英］艾瑞克·霍布斯鲍姆：《史学家：历史神话的终结者》，马俊亚译，6页，上海，上海人民出版社，2002。

③ Perry Anderson, Problems of Socialist Strategy, in Perry Anderson and Robin Blackburn(eds.), *Towards Socialism*, *Great Britain*, Cox & Wyman Ltd, 1965, p. 289.

④ A. L. Morton, *Socialism in Britain*, Great Britain: Hutchinson, 1963, p. 8.

主义的主体，消除资本主义在经济上对人的剥削，伴随民族解放的过程，使人过一种富裕而自由的生活，在实现社会主义民主政治的基础上，建设一个政治和谐的自由幸福的社会。

(一)实现社会制度变革必须强化政治批判

对于英国新马克思主义的群体思想意识来说，无论社会主义思想还是社会主义制度，它首先表现为一种政治，并断定其本性是"善"的。社会主义善的实质指向，就是要消除在资本主义社会产生的各种异化，使人成为全面发展的人，使社会成为有利于人的自由生存和发展的社会，从而构成其对好的生活和好的社会的一般理解。在他们看来，强调社会主义获得人类解放的政治意义，是在社会主义运动和实践过程中逐步实现的。社会主义关涉人的全部活动，[①] 是人类求得政治解放、获得自由的根本力量。它不仅仅是一种意识形态或社会理想，更是一种制度设计，体现无产阶级的阶级使命和实现人的解放的政治目的。他们认为，马克思所阐述的社会主义理论因应了 18 世纪末欧洲社会与政治的变化，而"社会主义所批判的世界，即资本主义世界，是会转化的"[②]，因此，社会主义处于形成政治力量的动态过程中，判断社会主义理论成败的标准是能否因应世界变化的事实。他们认同恩格斯的基本论断，即"所谓'社会主义社会'不是一种一成不变的东西，而应当和任何其他社会制度

[①] Editorial，*University and Left Review*[J]. 1957(1)：ii.

[②] ［美］约翰•麦克里兰：《西方政治思想史》，彭淮栋译，594 页，海口，海南出版社，2003。

一样，把它看成是经常变化和改革的社会"①。所以，期盼"社会主义国家必须，而且将会创造出一种新的社会主义习俗，使之摆脱老旧规矩的缺点，同时维持其原有的优点"②。

在英国新马克思主义看来，社会主义的原初意义既没有政治意义，也不指社会组织生产、分配和交换的特定方式，而是派生于"社会"一词，表征人在本性上是社会和群居的生物。1796年巴贝夫领导了近代史上第一次共产主义运动，英国的欧文于1830年前发起的合作运动在政治和意识形态上标志着独立的无产阶级趋势已经出现，虽然工人阶级企图绕过资本主义以建立全面性的合作经济，但是无法提出有效的政治策略和领导方针。19世纪30年代，社会主义从英国和法国向外传播，"在英国它被称'合作'或'合作社'；在法国它被称为'集体'或'集产'——后来成为'集体主义'，并以'互助论'而知名"③。工人合作社与劳工运动的密切关系成为1848年前乌托邦社会主义和新社会主义理想之间的桥梁，法国大革命是真正群众性和世界性的社会革命，为日后所有革命运动提供了榜样，"其教训融入了现代社会主义和共产主义之中"④。1830年的革命浪潮标志着西欧资产阶级势力对贵族势力的最后胜利，"同时也标志着一种甚至更加激进的政治变革：英法工人阶级开

---

① 《马克思恩格斯选集》第4卷，693页，北京，人民出版社，1995。
② ［英］艾瑞克·霍布斯鲍姆：《趣味横生的时光——我的20世纪人生》，周全译，102页，北京，中信出版社，2010。
③ ［英］艾瑞克·霍布斯鲍姆：《摆脱困境—社会主义仍然富有生命力》，1页，载《现代外国哲学社会科学文摘》，1992(1)。
④ ［英］艾瑞克·霍布斯鲍姆：《革命的年代》，王章辉译，72页，南京，江苏人民出版社，1999。

始成为一支独立自觉的政治力量"①。布郎基主义在社会分析和理论层面，肯定社会主义的必要性，肯定无产阶级是社会主义的建设者，确定中产阶级是社会主义的主要敌人，在政治战略和组织方面，确立近代社会主义革命运动的目标是必须夺取政权，实行"无产阶级专政"。但是在这个阶段：第一，社会主义的对立面不是资本主义，而是个人主义。个人主义社会的基础是竞争、市场，社会主义社会的核心则是合作、团结。社会主义的范围则非常广泛：从为了社会安全利益而对自由放任政策的限制，到完全没有私有制或货币的共产主义社会；第二，与共产主义不同，社会主义在此时仍然没有政治的含义，主要是自愿建立的团体。因此在美国存在着比其他国家更多的社会主义，在英国 19 世纪末工人运动兴起之前，社会主义的原始意义始终保持着中心地位。

全球性社会主义得以挑战资本主义的力量来源寄托在其对手本身的弱点之上，先有 19 世纪资本主义社会的解体，才有十月革命和苏联的成立。两次世界大战及革命浪潮，使势将取代资本主义的社会主义制度登上政治舞台，第一次世界大战后，其势力覆盖了全球陆地面积的六分之一还多，第二次世界大战之后，席卷了全球人口的三分之一以上。霍布斯鲍姆在他的新书《如何改变世界》中写道："取代资本主义在我看来仍然是可信的。"②他 2010 年在接受《新左派评论》的采访时认为，中国

---

① ［英］艾瑞克·霍布斯鲍姆：《革命的年代》，王章辉译，146 页，南京，江苏人民出版社，1999。

② Eric Hobsbawm, *How to Change the World*, London: Little, Borwn Book Group, 2011, p. 418.

现在处于经济发展的初级阶段，但具有巨大的发展空间，20、30 年后
中国在政治和经济上会拥有更加重要的国际地位，共产主义思潮将来
会再度兴起，霍布斯鲍姆在 2012 年接受《环球时报》的采访时指出中
国的崛起降低了 21 世纪全球战争的危险，具有重要的经济和政治意
义，他在接受张维为、陈平的采访时把中国视为解决贫困问题的正面
例子，工业化发展迅速，经济增长模式独特，生产力尤其是农业生产
力高得惊人。

　　社会主义作为政治力量出现是人类社会发展的必然，是文明社会唯
一的根本的政治力量，因此应该再次承担提供美好社会希望的使命，承
担为普通民众谋求利益的使命，而这正是当代左派所忽略的。美好社会
的基本原则是正义，平等和自由，马克思和恩格斯认为共产主义社会是
"以每个人的全面而自由的发展为基本原则的"①，霍布斯鲍姆认为：尽
管极端平等的社会主义可能会由于缺少刺激而导致经济增长缓慢，但普
遍平等对社会主义发展的作用仍然是无可争议的。②

　　社会主义一旦获得人类解放的政治意义，其巨大的政治生命力和社
会影响力就不可遏制。在霍布斯鲍姆看来，原初意义上的社会主义派生
于"社会"一词，表征人在本性上是社会和群居的生物，体现人的合作或
集体，是一种集体主义，只是在 1830 年欧洲的革命浪潮以后，"英法工
人阶级开始成为一支独立自觉的政治力量"③，社会主义才成为一种政

①　《马克思恩格斯选集》第 2 卷，239 页，北京，人民出版社，1995。
②　Eirc Hobsbawm, *Politics for A Rational*, New York：Verso, 1989, pp. 218-226.
③　［英］艾瑞克·霍布斯鲍姆：《革命的年代》，王章辉译，146 页，南京，江苏人
民出版社，1999。

治力量凸显了它的意义。1917 年 10 月苏联布尔什维克的胜利，开创了社会主义发展的新纪元，社会主义的真正内容成为颠倒的资本主义，成为社会组织生产、分配和交换的特定方式。"十月革命，建立了人类历史上第一个后资本主义国度与社会，不但为世界带来历史性的分野，而且也在马克思学说与社会主义政治之间，划下一道界线……十月革命之后，社会主义人士的策略与视野改变了，开始着眼于政治实践，而非徒穷于对资本主义的研究。"①威廉斯关于社会主义的主张同霍布斯鲍姆几乎是一致的，他也认为，社会主义思想是建立在"一个社会"的思想和实践基础之上。霍布斯鲍姆和威廉斯的看法，使人们从理性上看到了社会主义作为政治力量的意义和价值，对于树立社会主义信仰和坚持它的基本立场，起到科学认识论的作用。

作为政治力量的社会主义首先必须是人道的。汤普森率先提出社会主义是人道主义的思想，其着眼点在于针对斯大林主义的经济决定论、蔑视人的观念和道德态度在历史形成过程中的作用以及贬低人自身的存在意义。② 汤普森认为，英国是 20 世纪欧洲为数极少的几块未被国内或国际战争染指过的领地之一，也因此得以幸免于东西方所有参战国家都曾遭受的那些后果：毒气室、"内奸"政权、党派运动、恐怖与反恐怖。"我们很容易变得封闭、狭隘，因此，我们必须好好回想一下我们时代

---

① ［英］艾瑞克·霍布斯鲍姆：《极端的年代》，郑明萱译，560 页，南京，江苏人民出版社，1998。

② E. P. Thompson, "Socialist Humanism", in *New Reasoner*, 1957(1), p. 108.

的一些重大事实，以便可以着手讨论社会主义的未来。"①汤普森把社会主义界定为是人道的，始于对斯大林主义的批判。他说，当人们发现苏联从经济、肉体和心理诸方面对人形成压迫，而这却"根植于所谓社会主义社会本身，那么，一些人会放弃社会主义，或不再想积极参与任何为新社会奋斗的活动。另一些人会对社会主义的革命前途丧失信心，或对人类潜力持更有限、更单调的看法，由此不再为向社会主义者曾经认为可能的人的价值观转变而斗争"②，从而开始怀疑、甚至否定马克思主义，这会对英国的社会主义前途雪上加霜。因此，必须回归并实现马克思所倡导的社会主义，这才是真正有意义的社会主义。

社会主义的善的本质要求培养和塑造有尊严的和个体完善的社会主体。拥有善的本质的社会主义，其目标指向在于社会主体的完善性，这一立场既是对马克思关于人的全面发展思想的继承，也是在新的历史条件下对社会主义本质的新的意义赋予，是社会主义善的求索的集中表现和理论结晶。社会主义主体的塑造要在劳动人民的生活中汲取营养，要站在马克思主义的立场上，在对现实的批判和改造中找到科学的方式，尤其要强化政治批判和社会批判。因此，社会主义新人需要在对资本主义的批判中重新构造，在推翻资本主义的社会运动中培养。③ 或许，这就是社会主义最大的善，即解放的政治。

---

① 张亮等编：《伦理，文化与社会主义——英国新左派早期思想读本》，3 页，南京，江苏人民出版社，2013。

② 同上书，5 页。

③ ［英］雷蒙德·威廉斯：《希望的源泉文化，民主，社会主义》，祁阿红等译，315 页，南京，译林出版社，2014。

英国新马克思主义者特别强调政治批判对于实现社会制度变革和实现社会主义的重要性，他们以马克思主义为主要的指导思想和方法论基础，尤其把辩证法的思想和方法作为理论研究和社会实践的主要坐标。辩证的思想和方法在诸多学者的政治批判中得到了全方位的运用和展现，从而在一定意义上使他们的政治批判达到辩证理性的高度。

在英国新马克思主义者的系谱中，拉尔夫·密里本德以其国家理论和政治批判思想独树一帜，引发了旷日持久的关于国家本质的讨论，对于英国新马克思主义共同政治理念的形成和学术思想的凝练，产生了积极的作用。密里本德的国家理论与政治批判"与 1956 年后英国新左派的涌现以及随后数十年间马克思主义学术的繁荣活跃，有着最直接的关系"①，并从此确立了他一生"批判事业的主题"②，不仅使他成为"英语世界具有领导意义的马克思主义政治学家"③，而且开辟了以马克思主义一般哲学理论为基础汲取英国经验主义传统的优良品质，凸显了辩证理性的政治批判视域与理论架构。密里本德的政治批判以马克思主义为主要思想渊源和方法论基础，以总体的资本主义体系为对象，以评价和批判资本主义民主制度为核心，以在经济上高度发达的资本主义国家英国如何实现社会主义为最终诉求，表现出强烈的辩证理性特质，其对于丰富马克思主义政治批判的内涵，产生了广泛的影响。

---

① 张亮：《英国新左派思想家》，146 页，南京，江苏人民出版社，2010。

② 同上书，146 页。

③ Michael Newman, *Ralph Miliband and the Politics of the New Left*, London: the Merlin Press，2002, p. 1.

　　密里本德的辩证理性的政治批判思想具体体现在四个方面：第一，密切与现实社会的关联，展现马克思主义政治批判的活的灵魂；第二，辩证理解资本主义民主的特质，规约社会主义民主的内涵；第三，超越资本主义，达至社会主义的制度建构；第四，整体推进社会的微观革命，在过程中践行社会主义理想。

　　密切现实关联，展现马克思主义政治批判的活的灵魂。密里本德的思想成长期和成熟期，正是第二次世界大战后东西方社会主义阵营和资本主义阵营长期对峙、剧烈交锋的时期，这种交锋不仅以不时发生的军事冲突、区域战争、外交摩擦、外交危机等比较显性、激烈的方式表现出来，而且以各种非对抗、非冲突的隐蔽形式在意识形态领域、理论思想领域展开。在西方发达的资本主义社会，各种针对经典马克思主义思想中基本问题与基本论断的批判层出不穷。另外，在1956年苏共二十大上，赫鲁晓夫所做的秘密报告揭露了斯大林的独裁主义与极权统治，给西方的马克思主义知识分子带来了极大的震撼，他们不再相信苏联的社会主义是科学社会主义的理想模式，并且对苏联社会主义建设中存在的问题，尤其是其在一系列问题上的极端和专制做法，提出了强烈质疑、进行了严厉批判，并在这种批判性反思中展开了对马克思主义、对社会主义的多元化思考。

　　在这样的历史背景下，出于对英国共产党一贯的亲苏立场及其对党内自由而有意义的理论探讨的排斥与打击的不满，大量的英国共产党员纷纷退党，截至1956年11月，英国有超过7000名共产党员退党，其中包括爱德华·汤普森等后来成为重要的英国新左派代表的知识分子。"共产党内一部分对马克思主义深信不疑的知识分子，特别是一些较年轻的学者，义无反顾地提出要重新回到马克思的观点……围绕《新左派评论》的一批历史学家，倡导回到马克思、准确理解马克思主义的内容和'从下层看历史'的研究方法，他们呼唤大众意识，倡导一种作为合法政治力量的民族的、开放的、共产主义的自由主义。"①

坚信马克思主义、曾经在马克思墓前许愿"为工人阶级事业而奋斗"的密里本德，一生牢记其导师、英国著名的政治学家、社会活动家和工党政治家哈罗德·拉斯基的教诲：应当透过自己的眼睛，而不是卡尔·马克思的眼睛去观察世界。在这里，作为英国新左派的积极参与者和重要代表的密里本德，与作为具有自身独特经历和观点的密里本德，实现了现实中的契合。其外在表现就是，密里本德非常认同这种"回归经典本源"的理论态度和理论研究方式，且在其理论研究中身体力行；同时在回归经典的过程中，充分关注对马克思真实思想的整体的、客观的把握，并结合已经发展了的社会现实，对其加以原则性和灵活性相结合的解释和发展，力图在密切现实关联中展现马克思主义政治批判的活的灵魂。

密里本德认为，要增强马克思主义对客观现实的解释力、对理论受众的说服力，"回归经典本源"是前提和基础。"回归经典本源"首先意味着回到马克思，回到马克思的原著中，"要在阅读主要的马克思主义原著的基础上，首先是在阅读马克思本人的著作的基础上"②寻找马克思本人对一些重要问题的相关论述和阐释，并将其放到马克思著作的系统之中进行整体的、全面的、准确的理解和解读。在密里本德的诸多论文和著作中，都可以看到这种"回归经典本源"的理论初衷和理论尝试。

---

① 乔瑞金等：《英国的新马克思主义》，6页，北京，人民出版社，2013。

② ［英］拉尔夫·密利本德（密里本德）：《马克思主义与政治学》，黄子都译，18页，北京，商务印书馆，1984。

在密里本德重要的代表作《资本主义社会的国家》1969 年出版之前，密里本德于 1965 年发表了一篇题为《马克思和国家》的论文，其主要目的和内容就是为了整理和总结马克思著作中有关国家的基本理论和观点。他认为，长期以来被称为马克思主义的国家理论，或者被称为马克思、列宁主义的国家理论，"并不能被当成构成了对马克思本人观点的充分解释"①。这是因为，这些所谓的马克思主义国家理论仅通过超简化的方式强调了马克思思想的某些方面，并且在总体上忽略了马克思国家理论中一些相关的和重要的组成部分。鉴于这种状况，密里本德检视了马克思本人相关的著作，总结了马克思重要的国家思想的年代顺序和内在的逻辑发展，试图通过这种系统地整理和归纳，得出马克思对国家行为、本质、功能等问题的确切分析和看法。这样做的目的一方面是正本清源，另一方面是为随后写作《资本主义社会的国家》奠定基础。

在 1977 年出版的著作《马克思主义与政治学》中，密里本德再一次进行了回归经典、正本清源的具体工作。密里本德认为，马克思及其以后的马克思主义者，包括恩格斯、列宁、罗莎·卢森堡、葛兰西和托洛茨基等人的著作，"对政治理论的探讨不仅多半是不系统的和片断的，而且往往是其他著作的一部分"②。导致这种状况的原因是多方面的，但首先这与马克思主义对"基础—上层建筑"这一基本关系和概念的理解有关。虽然马克思本人并不是"经济决定论"者，但长久以来，马克思主义理论依然长期坚持"经济基础"具有第一位的作用和意义，而这种观点

---

① ［英］拉尔夫·密利本德：《马克思主义与政治学》，黄子都译，3 页，北京，商务印书馆，1984。

② 同上书，3 页。

和看法也在很大程度上导致了马克思主义在系统政治理论构建上的缺失。因此，为了在葛兰西以后运用经典而准确的马克思主义政治理论对葛兰西之后几十年所发生的经验性事实进行解释，"需要对马克思本人和恩格斯的原著给予最优先的注意。这是最重要的出发点，也是马克思主义作为政治学的唯一可能的'基础'"①。只有这样，才能够完成对系统的马克思主义政治理论的创建和重建，因为"不仅对原著可以有各种各样和相互矛盾的解释，原著本身确实也包含有矛盾、对立和没有解决的问题，这些也是马克思主义政治思想的一个内在组成部分"②。

回归经典本源的着眼点是密切关联现实，这不仅意味着对马克思主义经典著作的整体性研读、总结和提炼，还意味着对马克思主义经典思想和方法的原则坚持和具体运用。密里本德基于自己坚定的马克思主义信仰，在这一问题上选择了对"马克思主义基本原则"的坚守。首先，密里本德始终运用阶级分析的观点和方法分析政治现象和社会现实。"在经典的马克思主义形态中，阶级分析占据着重要的位置：也就是说，它提供了进行社会和政治分析时的十分强有力的组织原则；同样，它对构成历史记录和现实社会生活的大量的不同数据进行理论和经验相结合的分析提供了可能的最好的方式。"③在他的每一部重要著作中，都可以看到他对发达资本主义社会阶级结构和阶级关系的分析和解读，尤其是在

① ［英］拉尔夫·密利本德：《马克思主义与政治学》，黄子都译，7页，北京，商务印书馆，1984。

② 同上书，7页。

③ Miliband, *Divided Societies-Class Struggle in Contemporary Capitalism*, Oxford: Clarendon Press, 1989, p. 1.

1989年出版的专门研究当代资本主义社会阶级斗争的著作《分化的社会——当代资本主义社会的阶级斗争》中，围绕当代资本主义社会的各种矛盾和斗争，以阶级分析的观点和方法进行了研究和探讨。其次，密里本德对资本主义社会的无产阶级状况及其在实现社会主义过程中的作用进行了具体的、有针对性的分析。他认为，随着资本主义社会的进一步发展，资本主义社会的无产阶级并没有消失，而是随着技术、经济等方面的发展实现了重新分化和组合，也就是进行了一个"重组"的过程。"无论如何，工人阶级的重新组合与它作为一个阶级的消失完全不是同一个意思。相反，完全有理由认为处于生产过程从属地位的工薪阶层的数量已经有所增加，由于他们的从属地位，他们组成了发达资本主义国家的工人阶级，并由于他们的巨大人口数量，他们构成了工人阶级的最大部分。"[1]最后，密里本德始终确信经典马克思主义科学社会主义理论的正确性，认为从根本上改变资本主义制度、建立社会主义制度，不仅是理论逻辑推演的必然，也是历史唯物主义所决定的、人类社会历史发展的客观规律。而且，客观的现实存在也为这一转变提供了真实的基础和可能性。"在所有的国家，都有这样或多或少的一群人，他们追求一种崭新的社会秩序，在那里，民主、人人平等和合作——社会主义的基本价值——成为社会组织的优先原则。他们人数的不断增加和他们斗争获取的胜利，成为人类的最好希望。"[2]

---

[1]　Ralph Miliband, "The New Revisionism in Britain", in *New Left Review*, 1985, p. 150.

[2]　Ralph Miliband, "*Socialism for A Sceptical Age*, Cambridge: Polity Press, 1994, pp. 194-195.

在坚守马克思主义经典理论和方法论基础的同时，密里本德特别注意吸取苏联对待马克思主义极端教条主义的教训，认为对待马克思主义应当采取一种辩证的态度和方法，同时又应当具有变化和发展的眼光。"对于马克思思想，需要做出两方面的区分。……这种马克思主义保留了在理解阶级社会及其矛盾时的无与伦比的价值，尽管自马克思以后在用它分析已经发展了的世界时需要加以提炼。"①因此，马克思以后的马克思主义者、尤其是当代的马克思主义者，应当担负起发展马克思主义政治理论的时代重任，而不是不加分析地对其加以拒绝从而"严重地陷入贫困"②。这个论断绝非危言耸听或者言过其实。可以说，密里本德之所以能够在英国新左派乃至整个英语世界的马克思主义政治学领域享有很高的学术声誉和学术影响力，很大程度上就是由于其在结合现实、发展马克思主义政治理论方面所做的成就和贡献，而这种成就和贡献集中体现在其对马克思主义政治理论的"创建和重建"上。

虽然密里本德在《马克思主义与政治学》一书中明确提出了"创建和重建马克思主义的政治学"③的理论任务，但事实上，这一工作在更早的时期就开始进行了。在《资本主义社会的国家》一书中，针对资产阶级学者通过各种方式对马克思主义的攻击，面对马克思主义已经"过时"或者"失效"的断言和质疑，密里本德宣称"尽管各种各样关于权力精英的

---

① Ralph Miliband, *Socialism for A Sceptical Age*, Cambridge: Polity Press, 1994, p. 158.

② Ibid., p. 158.

③ ［英］拉尔夫·密利本德：《马克思主义与政治学》，黄子都译，3 页，北京，商务印书馆，1984。

理论是如此精巧，但对于权力的多元民主论最重要的替代理论仍然唯有马克思主义一家"①。但是，在葛兰西以后，"马克思主义者对于结合活生生的资本主义社会的社会经济以及政治和文化现实来讨论国家问题，只作了很少的有价值的努力"②。而密里本德明确表明，他写作《资本主义社会的国家》一书的目的就是"对这种不足作些贡献"③。而事实上，他也确实做到了这一点，在这本著作中，密里本德特别运用经验主义的思维方式和研究方法，集中分析了资本主义社会中的各种精英、精英与国家之间的关系、国家机构组成人员的来源和构成、政府的意向和作用、政治权力的有限竞争、统治合法化的过程，以及国家在处理阶级矛盾中的具体功能等，通过这一系列相关问题的分析，充分验证了马克思、恩格斯在《共产党宣言》中对国家本质所做的论断、在当代充分发展了的资本主义社会中的适用性和有效性。密里本德对资本主义社会中国家的功能和本质的分析，不仅是对各种资产阶级民主多元论、权力平等论的有力回击，也是对经典马克思主义政治理论的当代运用和发展，其影响力早已超出了英国的国界，在整个英语世界甚至在全世界范围内产生了深刻的影响，而如今，《资本主义社会的国家》一书已然成为经典的马克思主义政治学著作。

(二)塑造有尊严的社会主体是政治解放的基本要求

英国新马克思主义者特别重视社会主义主体的培育，在他们看来，

---

① ［英］拉尔夫·密里本德：《资本主义社会的国家》，沈汉，陈祖洲，蔡玲译，9页，北京，商务印书馆，1997。

② 同上书，11页。

③ 同上书，11页。

要使社会主义的政治力量充分发挥出来，必须依靠无产阶级和人民大众。早在新马克思主义形成时期，汤普森就在《英国工人阶级的形成》一书中联系工人阶级发展史较为充分地讨论了这一问题，其后，霍布斯鲍姆、威廉斯等人也做了许多研究。对这一问题阐释最充分的是伊格尔顿。

伊格尔顿站在马克思主义的立场上，对包括后现代主义在内的各种思想给予了犀利猛烈的"政治批判"，对社会主义主体培育作了全面的分析。在他看来，现在的问题就是资本主义生产力和生产关系的基本矛盾没有解决，因此，旨在改变社会制度的传统的政治运动形式并没有过时，只要紧紧抓住这一点，就可以走出幻象之境，寻找并培育新的社会主体力量，培养社会主义新人。

在伊格尔顿看来，围绕"主体"的争论，看似一个哲学问题，实际上是一个政治问题。因为谈论"主体"毕竟要谈论"人"，把"主体"放在什么样的位置，就是应该为"人"建立什么样的生活环境的问题。西方传统哲学的主体论并不如后现代主义所想象的那么简单，任何具有一定思辨能力的哲学，都不会把主体视为纯粹的物质或纯粹的精神。以启蒙思想为核心的西方传统主体理论的意识形态动机是为"人"设计能够保证个体自由的美好的生活或理想的政治社会。人天生是自由的，每一个个体都是独立自足的主体，社会和国家的责任是保证个体自由追求幸福的权利，最有力的保证是最少干涉个体的自由。这种自由人本主义的主体观反映了自由资本主义时期的政治需要，而后现代唯文化论则用"身体"置换"主体"，人及其行为和信念无不受到欲望、习俗、制度、权力、话语等力量的控制，多重决定的强大力量取消了"理性"自我的任何可能性，于是"主体"成了任由"他者"捏弄的泥团，成了随风飘荡的能指，这样的"主体"当然不能成为"主体"。伊格尔顿认为，后现代的主体解构理论恰恰也反映了发达资本主义时期的政治需要：所有个体不分种族、性别、年龄，一概成为可以互相交换的商品。

　　如果人连起码的自主性和自我辨别和决定能力都没有，那就更谈不上对现制度的革命改造了。鉴于后现代主义在政治上一贯的无所作为，伊格尔顿试图在身体自然性的基础上突出"主体"的能动创造力量，他用马克思主义的经典概念，指出主体的自然属性是人的劳动能力，主体性是在劳动实践中形成的。人的劳动能力使人能够自觉地、有目的地征服自然和改造世界，以满足自身需要。马克思说，人按照美的法则塑造自己，因此，劳动按其本性应该是充满想象的愉悦的审美活动，但是迄今为止的人类历史却书写了一部劳动异化的悲剧，绝大部分劳动没有给劳动者带来自由和满足，相反却成了折磨人的苦役，大多数男男女女的劳动收获竟然是没有尽头的贫穷，这是"主体"的真正迷失。显然，只有消除异化劳动，恢复劳动的本来功能，让无限丰富的劳动成果的使用价值取代单一的交换价值，才能实现个人的充分自由，那是"主体"及其尊严的真正确立之时，而不是"主体"的消失。

　　伊格尔顿认为，"人类的存在历程无论如何应该是'主体'完满实现其自然属性的过程，"[①]从目前来看，人类的出路不是像后现代主义指点的那样，拆除"主体"，恰恰相反，应该力拨"主体"于迷失，充分张扬人

---

　　① 马海良：《文化政治美学——伊格尔顿批评理论研究》，224 页，北京，中国社会科学出版社，2004。

的主体性，恢复"主体"的应有尊严。人类个体生于这个世界，是无法选择的，但是他能够选择与这个世界互动的方式，就像人们不可能选择地接受了一种母语系统，但是能够用这种语言系统书写自己的诗歌。个人自由的完全实现不是天上掉下来的馅饼，而是要靠人类天性中的创造能力去争取，离不开人的自觉改造世界的"主体性"的推动。激进批评不能舍弃"主体"范畴，当然这是穿越后现代主义之后的"主体"，"它既不是那种密闭的漂浮于物质实践之上的超验主体，也不是斯图亚特·霍尔断定的那种不完整、不确定、无中心的'个体'"①，因为若要社会主义事业成功，"造反者必须具有相当的自信和镇定，具有确定的目的和实现目的的始终同一性"②。

在伊格尔顿看来，既然马克思主义所针对的问题今天依然存在，既然地球村里的我们仍然在现代性的矛盾中挣扎，既然解放人的工程还未结束和取得最终胜利，既然人的自我力量和本质的完全实现依然只是美好的理想，既然资本主义的力量还如此蛮横，马克思主义就不会失效，社会主义就必然会实现。

英国新马克思主义者认为，实现社会主义，实现人的政治解放，必须同阻碍人的自由全面发展的各种力量进行斗争，除了要对现实社会进行批判，还必须使人摆脱经济上的贫困与对资本主义的依赖，要把民族解放同人的政治解放结合起来，在民族解放的过程中，使每一个人都获得尊严与自由，同时，人的政治解放也必须同人的生存环境的改善和建设一个生态

---

① 马海良：《文化政治美学——伊格尔顿批评理论研究》，226 页，北京，中国社会科学出版社，2004。

② Terry Eagleton, *The Illusions of Postmodernism*, Oxford：Blackwell. 1996, p. 18.

文明的社会结合起来，在生存和社会斗争中获得人的政治解放。

英国新马克思主义者对于资本主义的威权形式的经济运行模式和苏联式的所谓社会主义的集权形式的经济制度都深恶痛绝。在他们看来，只有建立起科学社会主义的经济民主机制，人民才能在经济上真正获得自由生活的权利。在这一方面，他们从经济民主、善治社会等方面做了深入的思考和研究，阐述了一系列十分重要的思想，其代表人物是德赛和多布等人，他们的工作提供了在经济实践中实现社会主义的很有启迪意义的思想。

梅格纳德·德赛是伦敦政治经济学院的名誉经济学教授。他曾任该学院全球治理研究中心主任，同时还是英国工党党员、英国上院议员，是著名的英国新马克思主义经济学家。他运用马克思对资本主义社会的经济学分析，重新审视自由主义经济观的积极作用，并从生产力和生产关系的矛盾运动把握社会发展的唯物史观的经典视角，尝试构建社会主义的社会发展思想来解决资本主义的困境。在他看来，社会主义意味着一个既平等又富裕的社会秩序，只有实现了这样的社会，资本主义才能从根本上走出它的现实灾难。当然，其前提是资本主义本身要发展到一个高度。在德赛的思想中，社会平等不仅包括政治平等，还包括消除了剥削的经济关系上的平等。在资本主义长期发展的过程中，基于民主原则的政治平等和社会财富的积累为阶级关系的发展变化提供了可能性。对于社会主义的憧憬，德赛首要关心的内容是资本主义能否实现积累和增长，这是一个阶级关系、经济增长方式不断变化和社会主义理念不断得到丰富的过程，也是一种关于新的经济关系不断"生成"的社会哲学思想。

德赛是从阶级共生关系入手来思考资本主义经济的剥削本性以及社会主义经济的民主特性的，为实现社会平等提供了动力储备。

从阶级关系的角度出发认识资本主义，在各种左翼学说中曾经一度沉寂。从客观现实来看，资本主义国家经济在 20 世纪后半期得到了长足发展，其社会结构也表现出新的面貌，引起了人们对无产阶级历史使命及构成的普遍质疑；从学术研究来看，传统的阶级理论偏重于阶级之间的斗争趋势探讨，对解释资本主义经济发展的现实困境并没有找到有效的逻辑途径。但是，关于阶级关系的论述是与马克思分析资本主义生产方式直接相关的，是马克思劳动价值论和剩余价值学说的基础理论。所以，从阶级关系方面出发观察资本主义社会，是马克思主义政治经济学传统中一个亟待创新的领域。德赛以阶级关系为切入点，分析了当代资本主义社会发展的新形势，提出了"当前两大阶级在斗争基础之上存在着合作共生关系"这一观点。

德赛认为，阶级分化产生的标志性事件是劳动力市场的出现。资本主义排除了等级制的封建束缚，恢复了劳动者的人身自由，在政治平等上取得了进步，使得人与人拥有自由订立契约的权利，但是由于生产资料的阶级垄断，这种劳动力市场上的交易在经济关系上并不平等。对德赛而言，其最重要的一点是，劳动力的价值是由先在于劳动者的工作而独立地被社会关系所决定的，也就是阶级关系决定劳动力价值。但是，在可见的层面上，劳动者跟资本家的交换关系是以工资的形式被表达出来的。这一点使大部分马克思的批评者和辩护者产生了一个误解，即劳动力价值与工资率是一致的，而且坚持认为在马克思的模型中存在着一个线性的生活资料的实际工资率。对于传统马克思主义者来说，只能维持生计的工资是对资本主义的一种控诉；而对于马克思的反对者来说，这种线性的维持生计的工资并没有被经验数据所证实。德赛认为这两种观点都不能反映出马克思的本意，最重要的是："实际工资的真实变化过程既不依靠自动决定也不依靠机械的劳动者生产力的提高。它是随着工人作为一个阶级同资本家作为一个阶级进行斗争而改变的。这些斗争包括工会的发展壮大、罢工、影响立法、政治行动等，它们是决定实际工资的最重要推动力量。"①

为了证明这一点，德赛进一步论述到，由于利润率与剩余价值率之间的联系是通过资本有机构成来表达的，而资本有机构成充分反映出两个阶级之间的对抗性斗争。当资本家与劳动者在劳动力市场相遇时，在劳动力价格的决定上会发生你死我活的斗争。所以，"资本有机构成"这个概念是一个定性的概念，它的意义主要体现在社会关系维度上。对于利润率来说，"阶级内的交易决定了资本有机构成可以降低利润率而对抗性的阶级斗争更是加剧了这种状况"②。所以，在可见的层面上，工资可以被分成两个部分：一部分是与劳动力价值相等的部分，一部分是通过阶级斗争从利润中回流到工资中的部分。最终，"利润仍旧来源于剩余价值，而剩余价值却没有全部成为利润。"③也就是说，工人阶级与资本家阶级通过互相斗争分享了利润，这是一种围绕着利润分享而展开阶级斗争的观点。

带着这样的观点，德赛考察了西方发达国家在 20 世纪以来存在的阶级斗争。在两次世界大战之间，以英法为代表的发达资本主义国家虽然都出现了经济大萧条的状况，但却并没有发生工人阶级革命。这段时

---

① Meghnad Desai, *Marxian Economics*, Oxford：Blackwell, 1979, p. 22.

② Ibid., p. 52.

③ Ibid., p. 80.

期，英国工党仅上台执政两年就因不能稳定资本主义经济而下台；在法国，社会党和共产党等左翼力量组成的人民阵线政府实行了带薪休假改革以改善工作状况，但是却以这届政府的倒台而终止。德赛认为，这种社会主义的替代方案被先进的资本主义民主政治所拒绝并不是偶然的，而是带有体制性的原因："绝大多数工人阶级优先选择——现在是合法的选举——要坚持一种可能的改良的资本主义：一种尽管存在着不公平与剥削，但却提供工会权利的体制。"①到了第二次世界大战之后资本主义发展的黄金时期，它的生产力发生了爆炸式增长。这个时候的美国，大量人口向制造业转移，农业也实现了高度机械化，就业状况良好，工人阶级享受到了有休闲的生活，他们拥有住房、汽车，他们的下一代也拥有更好的教育水平，社会学家发现了中产阶级化的工人。在 20 世纪 80 年代之后，西方发达国家普遍的状况是制造业衰退，利润增长点主要集中在知识密集型产业、新的服务业、金融业等方面。传统的工人阶级正在收缩，一种新的由白领职员组成的混杂集合体正在取代无产阶级，以至于左翼政党也不得不与这部分选民妥协。

德赛认为，之所以能够发生这种状况，原因在于拥有选举权的工人阶级被资本主义所赎买。民主赋予的权利可以将工人阶级进行工资谈判的力量推进到一定的高度，达到同资产阶级分享一部分利润的目的。但是，如果工人阶级的这种力量威胁到资产阶级的盈利能力，那么资本就会撤回或是转移。所以，在西方发达国家两大阶级之间存在着这种长期

---

① ［英］梅格纳德·德赛：《马克思的复仇——资本主义的复苏和苏联集权社会主义的灭亡》，汪澄清译，182 页，北京，中国人民大学出版社，2008。

互补的需求，而这种互补却是建立在它们互相斗争的基础上。在德赛看来，"如果工人与资本斗争所赢得的结果不是废除资本主义，而是资本短缺以及随之而来的失业，甚至最终只能强化这种互补"①。与资本的斗争被限制在了一定范围之内，超出这个范围，不仅会伤害到资本的盈利能力，而且工人阶级本身也会成为受害者。德赛认为这是历史上西方发达国家历次无产阶级革命不能成功的根本原因，也是马克思阶级斗争理论在资本主义发展现阶段必须要面对的现实状况。

　　实际上，马克思在描述两大阶级之间此消彼长的力量对比时，也并未僵化地看待两大阶级的划分。他虽然强调了阶级之间的斗争，但是它们之间的互相转化是时刻存在的，而且是随着在"旧社会内部形成新社会的因素"，同"旧生活的条件的瓦解步调相一致"的。随着资本主义发展的深化，不仅"工业的进步把统治阶级的整批成员抛到无产阶级队伍里去"，而且还使得"旧社会内部的所有冲突在许多方面都促进了无产阶级的发展。资产阶级处于不断的斗争中……在这一切斗争中，资产阶级都不得不向无产阶级呼吁，要求无产阶级援助，这样就把无产阶级卷进了政治运动"②。可见，马克思在对阶级关系进行概括的时候，其立足点仍旧是不断发展着的社会现实条件，现实中的阶级分界线必定是模糊不清和经常变动的。这就为阶级合作和共生提供了空间，在一定历史条件下，阶级关系的缓和有助于资本主义生产方式的深入发展。

---

　　① ［英］梅格纳德·德赛：《马克思的复仇——资本主义的复苏和苏联集权社会主义的灭亡》，汪澄清译，333 页，北京，中国人民大学出版社，2008。

　　② 《马克思恩格斯全集》第 4 卷，500 页，北京，人民出版社，2001。

因此，在德赛看来，虽然资本主义带来了天生的经济关系上的不平等，它导致了两大阶级之间冲突的固有属性，但是，由于两者之间又存在着对社会产品的分享，无产阶级为了自身的需要，对抗性的阶级斗争必须要得到缓和。在当前资本主义生产方式继续发展的情况下，"经济增长化解了工人和资本家之间关于他们在收入中应得份额的斗争。蛋糕正在增加，即使所得的份额是一样的，或者甚至有所减少，你也可以吃到更多的蛋糕"[①]。两大阶级之间的合作共生关系得到了政治权利上的保障，同时又被它所限制，其目的是动员整个社会为产品积累而运转。从这个意义上讲，当代资本主义社会表现出来的阶级之间界限模糊、工人阶级中产化等现象，是资本主义发展过程中财富增长的结果，也是资本主义为了保证获得利润而采取的自我调整。未来两大阶级关系如何调整，并没有人能够做出预言，但是在目前，阶级共生的确保障了资本主义社会的继续发展。如果说攫取利润是资本主义发展动力的话，那么也可以说现在阶级之间基于利润的分享与合作为将来实现经济关系、政治关系进一步变革提供了动力储备。

德赛认为，市场自由是实现社会制度转型的重要途径。在他看来，资本主义的发展带来了财富的极大积累，但是它依然依靠着经济关系的不平等而运转。由之，需要一个新的社会主义秩序来扭转这个状态，实现真正的平等和富裕。然而，历史在这里又一次显示出了它的诡奇之处："即将来临的无产阶级革命，只能逐步改造现实社会，并且只有在

---

① ［英］梅格纳德·德赛：《马克思的复仇——资本主义的复苏和苏联集权社会主义的灭亡》，汪澄清译，241页，北京，中国人民大学出版社，2008。

废除私有制所必需的大量生产资料创造出来之后才能废除私有制。"①德赛同样认为，没有资本主义经济的发展，便没有社会主义的出现。一个自主自发的市场是促进资本主义积累的重要途径，同时也是未来社会主义新秩序的保证。

德赛用马克思在1848年废除《谷物法》讨论中的观点作为证据来说明以上观点。他问道："在工人们眼里，关于粮食的自由贸易，例如《谷物法》，应该不应该废除？"②对于这个问题，马克思倾向于废除《谷物法》，他的回答并不是着眼于一种感情因素，比如说工人的境遇会比废除《谷物法》之前更好，而是因为它会带动进一步生产力的发展。随着这个妨碍自由贸易法律的废除，食物短缺、高地租等对于积累的妨碍都会被消除，英国的资本主义也会发展得更快。资本主义创造积累的能力是同自由贸易或自由市场联系在一起的，如果没有一个能够自由交易的市场，那么资本主义也就谈不上创造财富。

在这里，德赛显然继承了自由主义的衣钵，他将马克思列为古典自由主义中最具有代表性的思想家之一。他还将马克思关于自由贸易最著名的一段话作为他自己看法的注脚："全部论证可以归结如下：自由贸易提高生产力。假如工业在增长，假如财富，生产力，一句话，生产资本，扩大对劳动的需求，那么劳动价格即工资就会增高。资本的增长是

---

① 《马克思恩格斯全集》第4卷，366页，北京，人民出版社，2001。

② Meghnad Desai, *Lenianbnin's Economic Writings*, London: Lawrence and Wishart, 1989, p. 34.

对工人最有利的状况。"①德赛说道："《资本论》第 2 卷讨论的模型就好像
是亚当·斯密的观点进行了一段历史的旅行。也就是说，马克思的扩大
再生产模型表达出了'看不见的手'是如何运作的。"②所以，由于自由市
场——包括劳动力市场——本身是一个自组织的有机体，那么资本主义
经济在其中发展和积累、不断发展着的阶级关系的不平等，就是资本主
义最自然的表现。对于德赛而言，废除了封建约束的自由市场从促进生
产力发展和阶级关系的不断演化两个方面推进了资本主义的深入发展，
是资本主义之所以具有活力的原因所在。

自由市场第三个重要的作用是提供了将剩余价值实现为利润的场
所，使资本主义的剥削关系能够在其中周而复始地循环运作。德赛提
到马克思的三卷《资本论》的内容时说，马克思在第 1 卷提供了一个周
期性增长的古典模型，其中并没有涉及利润率下降问题；在第 2 卷提
供了一个两部类均衡增长的模型，并带来了所谓的"转化问题"；在
第 3 卷中马克思则描述了利润率不断下降的趋势。然而，马克思从来
也没有将这三种线索汇集到一个单一的理论中去描述资本主义再生产
的长期趋势。③ 出现这种状况的原因，是因为马克思劳动价值论的主要
目的是为了揭示出平等交易之下的不平等阶级关系，说明了剩余价值的
来源和资本积累的秘密，至于流通领域的价格问题，不是劳动价值论的

① ［英］梅格纳德·德赛：《马克思的复仇——资本主义的复苏和苏联集权社会主义
的灭亡》，汪澄清译，110 页，北京，中国人民大学出版社，2008。

② Meghnad Desai, *Marxian Economics*, Oxford：Blackwell, 1979, p. 152.

③ Meghnad Desai, "Rejuvenated Capitalism and No Longer Existing Socialism", in
Political Economy and the New Capitalism, London：Routlege, 2000, p. 8.

着眼点。① 然而，德赛认为，"实现问题"（转化问题）具有重要意义。因为"商品不单单由劳动生产，它还必须被出售，剩余价值必须作为利润来'实现'……如果不出售商品，剩余价值只是想象的，是没有实现的，因而对于劳动的剥削就是空的"②。所以，在德赛眼里，虽然马克思从分析劳动力市场出现到建构劳动价值论充分揭示了资产阶级剥削的秘密，但是如果没有了自由市场的发展，资本主义的生产力和物质财富就不能积累起来，两大阶级之间的关系也会停步不前。要想使社会主义出现的条件成熟，德赛主张率先发展资本主义，并且要依靠市场的自由发展。

为了说明这一点，德赛回顾了 20 世纪俄国革命期间的经济政策。俄国革命胜利之后，列宁认为最急迫的问题是发展国内的工业部门，以便使俄国能够迅速赶上资本主义发展的步伐。这个时候，列宁仍然认为实现资本主义生产方式是一种进步的力量，社会主义制度中市场的角色和价值规律如何应用也还是列宁眼中的重要问题；自由贸易被视为一个强有力的武器，它可以在工业部门和农民之间调动剩余。但是，当时俄国的国内外情况并不允许列宁像西欧早期那样按部就班地发展资本主义生产方式，"对'自由市场政策'的接受不是一个技术选择，它是一个政治选择，因为在内战期间，政府不可能负担得起这样一种政策"③。列宁最终退回到集中管理经济的模式。

---

① Meghnad Desai, *Marxian Eoonomics*, Oxford：Blackwell, 1979, p. 6.
② ［英］梅格纳德·德赛：《马克思的复仇——资本主义的复苏和苏联集权社会主义的灭亡》，汪澄清译，198 页，北京，中国人民大学出版社，2008。
③ Meghnad Desai, *Lenin's Economic Writings*, Lawrence and Wishart, 1989, p. 31.

20世纪西方国家的经济发展也经历了跌宕起伏的过程。在1929年，西方经历了长期快速增长和繁荣之后，资本主义从看似循环增长的轨道上突然跌落到大萧条之中。人们开始对自由贸易充满了恐惧，各个国家的贸易保护主义者试图挽救国内经济，其表现的顶点就是凯恩斯主义的救助方案。虽然凯恩斯创造出的调节工具在对付失业（劳动力市场）和刺激经济复苏方面的确有效，但是却极大刺激了通胀。当失业和通胀同时并存的时候，人们意识到凯恩斯主义的政策并不能解决问题，对市场管制的反思和解除壁垒的政策又流行起来。通过市场借款代替了钞票印刷，出售公共财产（私有化）帮助提高市场活力等。对自由市场的依靠通过新自由主义这个形式重新表达了出来。

因此，针对以上情况，德赛认为资本主义仍旧是一个正在发展的过程，他总结道："人们可以认为，正是资本主义的不发达，才允许和支持对市场进行实质性的干预。随着资本主义的发展，它将摆脱而不是加强这种限制。"[1]德赛对自由市场发展寄予厚望，认为它是实现资本主义生产力发展的主要途径和实现场所，因为自由市场的存在，资本主义可以实现积累，其中也孕育着一种新的社会制度。对自由市场的限制不仅仅是一国之内诸如货币政策或是财政政策等，还包括了对资本全球流动的限制。后者正是德赛针对社会主义理想的第三个立足点。

德赛认为，全球化是全面实现社会主义的必然过程。德赛在评论列宁与民粹派的论战时谈到后者反对资本主义在俄国的发展。他们认为这

---

① ［英］梅格纳德·德赛：《马克思的复仇——资本主义的复苏和苏联集权社会主义的灭亡》，汪澄清译，231页，北京，中国人民大学出版社，2008。

会为俄国带来悲惨的境况：资本主义在俄国的发展肯定会打破原有的农民公社式农业结构，破坏手工业，带来贫穷。俄国大众的购买力也会收缩，俄国本土资本家们不会指望着在国内市场上出售他们的产品，资本也会流向国外。对国内市场的收缩和资本流失的预期使俄国民粹派认为，资本主义生产关系在俄国的发展必将只是一场幻觉。① 德赛不同意民粹派的观点，主要是因为他们忽略了资本的增长潜力同它的缺陷之间的辩证关系，以及这种增长能够带来的社会发展。对这一点的忽视，使他们没有看到全球化是实现社会主义的必要过程。而对全球化的提示，从卢森堡开始就已经出现。

在德赛看来，马克思两部类的扩大再生产模型是对资本主义内部经济循环的模拟。而卢森堡为这个模型加入的第三部类，它能够吸收剩余产出，为第一部类和第二部类产品的实现服务，为资本主义发展模式提供了更多的说明。它的第一个重要作用是说明了资本主义对非资本主义的依赖性。不发达地区是发达资本主义的原材料产地和劳动力来源，发达地区则是消费市场，尤其是能够消化第一部类的机器产品；而不发达地区提供的原材料则降低了不变资本的成本，不断提高的劳动生产率也能更好地利用增多了的不变资本；非资本主义地区不仅提供廉价劳动力，它们还能提供廉价的生活资料降低劳动力价值。② 德赛认为，卢森堡的第三部类所依靠的正是对外贸易，即一个全球性的市场正在初步形成，它将资本主义体系和非资本主义体系连接在了一起，表明了资本主

---

① Meghnad Desai, *Lenin's Economic Writings*, London：Lawrence and Wishart, 1989，p. 14.

② Meghnad Desai, *Marxian Economics*, Oxford：Blackwell, 1979，p. 15.

义的发展潜力。卢森堡从这个方面很好地恢复了马克思主义理论的全球视野，他实际上说明了当时欧洲各个社会民主党在一国之内的无产阶级革命理论的局限性。

德赛将卢森堡的第三部类的另外一个作用与凯恩斯的救助方案联系在一起。[①] 卢森堡的第三部类指的是一个军事工业部门，它不需要将产品在市场上出售，因为它的产品不被第一部类与第二部类所接受，而政府则可以用税收来平衡这个交易；但是第三部类却可以吸收第一部类的机器剩余，促进马克思那里实现问题的解决。如果第三部类被扩展成一个纯粹消费部门的话，那么它就与凯恩斯的公共投资政策有了相当的吻合之处。凯恩斯通过公共支出创造了控制和调节私人资本与储蓄的工具，帮助马克思的剩余价值得到实现。但是，凯恩斯的公共工程虽然可以将剩余价值实现为利润，却对利润率的提高帮助不大。随着凯恩斯主义政策的实施，资本主义国家普遍实现了充分就业。但是，公共部门就业的增加必将加大政府开支，而这些部门又不生产任何剩余价值，在这个背景下会造成两个后果：一是公共部门的就业岗位会分享更多的利润，二是公共支出的增加会促成通货膨胀。因此，凯恩斯主义面临的双重问题是就业和通货膨胀对资本主义体系利润率的双重压力。

德赛对这一点的评论是，凯恩斯主义的问题在于它所针对的是一个封闭的经济体系，"在凯恩斯主义的模型中，贸易是一个'漏洞'。资本

---

① ［英］梅格纳德·德赛：《马克思的复仇——资本主义的复苏和苏联集权社会主义的灭亡》，汪澄清译，198 页，北京，中国人民大学出版社，2008。

的自由流动，会打乱甚至中断政府对储蓄、投资或者利率的控制"①。此外，贸易所起到的作用不仅是干扰了封闭经济体系中的固定循环，还是对利润率的最好补偿。德赛在讲到马克思的利润率下降规律时说道："利润率下降的趋势刻画出了两个资本主义矛盾，一是自由劳动同生产资料阶级垄断之间的矛盾；二是生产潜力与实际产出之间的矛盾，也即系统的生产能力与实际产出之间的矛盾不断扩大。"②也就是说，凯恩斯的政策虽然在一国之内可以暂时实现充分就业，但是它对挽救利润率并无大的作为。一个封闭体系内的资本主义循环面临的必然状况是利润率的下降，那么资本为了恢复利润率，最终会向国外市场进行扩张。

在德赛这里，全球化的资本运动的根本目的就是恢复盈利能力，即生产更多剩余价值的能力。当他谈到新自由主义政策的胜利时认为，正是后者对私有化及资本管制的放松，迎合了资本在全球寻找新的利润增长点的趋势。虽然新自由主义政策造成了大量失业，但是由于盈利能力的恢复，工人阶级在西欧、北美洲等发达资本主义国家地区都对其持支持态度。新自由主义因其对竞争力的释放，重新激发了市场的活力，使得资本可以在全球范围内寻找增长机会，一国之内的无产阶级则由于可以同资本分享利润而获得利益。这同德赛强调的阶级共生关系是相一致的。

在德赛看来，全球化"是解除资本运动的管制、在信息/通信/传输技术方面取得进步以及在意识形态方面从社会民主党和国家集权向新自

---

① ［英］梅格纳德·德赛：《马克思的复仇——资本主义的复苏和苏联集权社会主义的灭亡》，汪澄清译，223页，北京，中国人民大学出版社，2008。

② Meghnad Desai, *Marxian Economics*, Oxford：Blackwell, 1979, p. 192.

由主义和意志自由主义转变等三个方面的组合"①。当前的全球化，不仅使工人阶级在资本主义增长中获利，也在意识形态方面摧毁了历史上各种资本主义的替代方案。无论是西方发达国家内部的民主社会主义，还是以苏联为代表的威权主义经济模式都被人们抛在了脑后，取而代之的是自由主义意识形态的复兴，即新自由主义。它将解除资本管制的政策、对资本获利的期待、消费文化、政治策略等包裹在资本主义生产方式的外面而抛向全球。

但是，历史上已经出现过的社会主义解决方案均以失败而告终，并不意味着社会主义作为一个希望已经终结。全球化通过自由市场的逐渐扩张，也将资本获利的希望带到了不发达地区，而新的资本主义增长点则会使蛋糕做得更大。德赛认为，"以市场为导向的全球化的各种力量，正在慢慢但是确定地创建着一个世界"②。除了资本主义获得持续增长的动力之外，世界贸易组织等以协调利润分享为目的的国际组织正在扮演更加重要的角色，一个全球性的市场正在形成当中。

所以，德赛总结道，虽然工业高度集中和垄断权力看起来是新古典主义或西方马克思主义意义上的，但是资本主义的确仍旧停留在马克思意义上的竞争阶段，资本主义通过更高的生产力将自己再生产出来，马克思一直以来都是对的：在耗尽它的生产潜力之前，一种社会秩序是不会崩溃的。因此，在德赛看来，全球化现象说明的是市场的逻辑在财富积累方面的优势，也说明了资本主义生产方式在生产效率方面的领先地

---

① ［英］梅格纳德·德赛：《马克思的复仇——资本主义的复苏和苏联集权社会主义的灭亡》，汪澄清译，322页，北京，中国人民大学出版社，2008。

② 同上书，336页。

位。当人们保有社会主义理想，期待既平等又富裕的社会秩序时，全球化是这个理想得以实现的必经之路。

德赛总结了西方发达资本主义国家和社会主义国家在发展中遇到的经验教训，围绕着经济增长、市场发育和阶级关系调整这些主题，主张在资本主义发展的前提下谈论社会主义，使之拥有一个坚实的、在当代条件下的现实基础。德赛将阶级关系的协调和市场自由发展作为社会主义实现的新希望，期待社会主义在发展中逐步成形，这是他"生成"的社会哲学思想的最鲜明的特征。

(三)在生存和社会斗争中获得人的政治解放

关于人的政治解放与民族解放，英国新马克思主义新生代的代表人物汤姆·奈恩在继承马克思主义主义关于社会形态、人民群众和无产阶级基本思想的基础之上，传承英国新马克思主义的一贯立场和思想，结合英国乃至世界历史与现实的客观状况，提出了以民族独立运动、民族性的现代化事业和融入民族主义的阶级意识来实现社会主义的设想，作了全面的思考和思想阐释，其理论体系既涵盖了对民族主义现实问题的理性分析，又坚持和发展了马克思主义对相关问题的理解，尤其是发展了列宁对民族主义和社会主义关系的认识，形成了把二者相融合的解释框架，其"民族解放"和人民福祉的社会主义思想，值得我们进行深入探讨和分析。

奈恩认为，在高度发达的资本主义社会，实现马克思所预设的社会主义理想，必须要同民族独立运动相结合，要同民族性的现代化事业相结合，要同提高无产阶级的阶级觉悟相结合，这是英国学者奈恩的基本看法。汤姆·奈恩是英国新马克思主义的代表人物，如同他所在的整个群体一样，在英国这样高度发达的资本主义社会实现社会主义的跨越，是其总体的政治诉求和革命目标。奈恩的不同之处在于，他特别重视社会主义与民族主义的结合，并作了系统的分析和论证，形成了内容丰富的"三结合"的"民族解放"的社会主义思想，其思想内涵对于社会主义革命和建设，具有一定的启发意义。

奈恩认为，从全球范围和无产阶级革命的历史与现实来看，民族独立运动是实现社会主义的基础，离开民族独立和解放，社会主义是不可能实现的。在奈恩看来，在实现社会主义的过程中，民族主义不能缺席，这是奈恩的一个基本观点。在他看来，社会主义如果不同民族独立和解放运动相结合，不同民族自治相结合，就没有坚实的基础；而民族独立、自治、解放，在意识形态上会以民族主义的形式来表现，民族主义是实现民族独立、自治的核心指导观念，是社会民主和民族解放的前提，"民主将成为'社会的民主'，向社会主义本身过渡"[1]；民族主义是"所有社会发展的一个普遍必要阶段……理论所设想的社会都必须经历这一阶段。……民族主义因此是一个内在决定的必需品"[2]。换句话说，民族主义是民族国家走向社会主义的普遍必要阶段。正如梭罗莫·艾维尼里的观点："社会主义运动本身，既在马克思主义传统也在马克思主义传统的外围，并提出替代的非还原主义的模式。任何试图重振民族主义的社会主义理

---

[1] Tom Nairn, "The Twilight of the British State", in *New Left Review*, Vol. 101-102, January-April, 1977, p. 22.

[2] Tom Nairn, *The Break-up of Britain: Crisis and Neo-Nationalism*, London: NLB, 1977, p. 333.

论必须考虑这些，……在其中，关于社会主义和民族主义的一个未来的讨论将必须要发生。"①奈恩希望在资本主义危机之中，将民族主义与社会主义两者进行融合，通过"民族解放"的社会主义来拯救民族主体。

汤姆·奈恩特别重视联系英国现实来讨论这些理论问题，他以自身所属的民族——苏格兰——为例来进行阐述。在他看来，苏格兰民族是一个有着民族性而没有民族主义传统的群体，"存在着没有民族主义的民族性。我碰巧来自其中之一。在苏格兰20世纪50年代，每个人都知道他们是苏格兰人，但几乎没有人相信他们以后将同样需要麻烦的'主义'"②。这就是说，民族主义在苏格兰一度是缺席的，正是由于这种缺席，使得苏格兰在当时很难形成民族解放的政治力量。

我们知道，在第二次世界大战后的西方世界乃至整个世界，对资本主义经济不均衡发展的强烈反应，滋生了各种各样的政治自治运动，并以民族主义、地区主义、少数民族运动和次文化主义等形式表现出来，形成了世界性的民族解放运动，基于这一高涨的民族主义意识形态和运动，世界上许多国家走上了民族解放和社会主义道路，但英国没有，苏格兰也没有。对于苏格兰来说，民族主义缺席了。英国社会学家布莱恩·特纳在其《国家、市民社会和民族发展：苏格兰的问题》一文中认为，苏格兰民族主义的缺席是与它同英格兰的政治同盟相关的。"苏格兰和英格兰的政治联盟保存了苏格兰市民社会的自治权，培养了苏格兰

---

① Shlomo Avineri, "Marxism and Nationalism", *Journal of Contemporary History*, 1991(26), p. 650.

② Tom Nairn, "Internationalism and the Second Coming", in *Daedalus, Reconstructing Nations and States*, Vol. 122, 1993(3), p. 158.

和英国资产阶级在不列颠帝国主义扩张背景下的政治联盟。"①显然，虽然第二次世界大战后的世界局势是高涨的民族主义意识形态和运动，然而由于苏格兰与不列颠联合王国的关系特性，使其在当时能够享有帝国主义、资本主义扩张所带来的好处和利益，因此，虽然"在苏格兰工业化时期，苏格兰拥有通常被视为民族主义发展的所有社会和文化成分的关键（因素）"②，但是苏格兰地区并未发展出民族主义，这也导致了苏格兰民族并未实现民族解放和社会主义。

奈恩进一步把"苏格兰缺席的民族主义"的原因，放在对不列颠帝国和苏格兰地区资本主义发展的历史分析之上。第一，苏格兰与英国政府订立的《联合法案》并没有破坏苏格兰的民俗传统和身份认同，并保留了其自治权。这一联合王国的政治框架，是"两个统治阶级之间的一个特有的贵族交易"③，通过这一交易，苏格兰统治阶级进入了扩张帝国的市场，它"搭上了英国经济成功的便车，在一个帝国市场的保护茧内"④，享受了不列颠帝国的全部好处。第二，处于相对核心、发达地区的苏格兰，"没有遭受经济不发达和不均衡增长的命运，而经济不发达和不均衡增长正是民族主义反应的滋生地"⑤。因此，苏格兰并不需要

① Bryan S. "Turner, State, Civil Society and National Development: The Scottish Problem", in *Journal of Sociology*, Vol. 20, 1984(2), p. 161.

② Ibid, p. 165.

③ Tom Nairn, *The Break-up of Britain: Crisis and Neo-Nationalism*, London: NLB, 1977, p. 129.

④ Bryan S. Turner, "State, Civil Society and National Development: The Scottish Problem", in *Journal of Sociology*, Vol. 20, 1984(2), p. 166.

⑤ Ibid. , p. 166.

以民族主义来对抗资本主义发展的不均衡性。第三，因为"没有不发达引发的真实的、物质的困境"，所以，苏格兰知识分子并未感知到民族主义，也并未以正常的方式发展民族主义。奈恩这样写道："它没有'转向人'并试图首先动员中产阶层接着动员群众进行斗争；没有呼吁去创建一个新的阶级间的'共同体'……因此，在新的、民族主义的欧洲世界，苏格兰知识分子被剥夺了一个知识分子阶级的正常功能。"[①]可见，苏格兰没有"被民族主义意识的大觉醒果断地和永久地改变"[②]，其民族主义一直以来都是缺席的和迟到的。然而，"如果不均衡发展是资本主义工业化的一个永久的特性，那么人们也会期望，在资本主义社会所有的发展阶段中，分离主义政治运动是政治生活的一个长期存在的特点"[③]。从这一角度看，苏格兰的民族主义虽然是迟到的，但终将会发生。事实上，它确实发生了，2014年的苏格兰脱离英国的公投就是其最新近、最真实的表现。

奈恩认为，人类社会自始至终都行走于寻求工业发展、技术进步与社会文明的道路上，民族国家是社会构成的最基本体系。为了形成民族国家，民族主义的意识形态是必要的。民族主义作为牵涉到政治体制、经济制度、科学技术发展、社会转型和民族解放的一个大问题，是全体人类都难逃其外的意识形态。虽然，民族主义对于实现民族解放和社会主义十分重要，但是，现代流行的民族主义是一种幼稚的民族主义，如果任其发

---

① Tom Nairn, *The Break-up of Britain: Crisis and Neo-Nationalism*, London: NLB, 1977, p. 117.

② Ibid., p. 108.

③ Bryan S. Turner, "State, Civil Society and National Development: The Scottish Problem", in *Journal of Sociology*, Vol. 20, 1984(2), p. 165.

展，将是人类的灾难。奈恩认同爱因斯坦关于民族主义的一个著名论断，即民族主义是一种幼稚病，是人类的麻风病。之所以这样说，是因为尽管民族主义的原则是为了让民族共同体拥有自己的政治居所、维护自身的发展和利益、保持民族文化的多样性和独特性、寻求民族国家的自由和解放，但事实上民族主义却往往并非如此理性，它不仅有着诱发利己主义、沙文主义和极端种族主义的可能，而且在现实中已经有所表现。因此，"'民族主义'是现代历史发展中的病态。如同'神经衰弱'之于个人一样，不可避免；它既带有与神经衰弱极类似的本质上的暧昧性，也同样有着退化成痴呆症的内在可能性——这个退化可能性乃是根源于世界上大多数地区所共同面临的无助的两难困境之中（这种痴呆症等于是社会的幼稚病），并且，在多数情况下是无药可医的"①。这就是说，民族主义具有病态性的方面，是社会系统尚未完全成熟的过程，它根据社会自身的内在逻辑去演进，也依照政治共同体的利益需求而滋生，其发展具有多样的可能性和不确定性。

现代流行的民族主义作为社会的幼稚病，表现出其与生俱来的矛盾性，它"有着一种巨大的含糊、一个矛盾的心理"②。奈恩以"海德先生和哲基尔医生"（Jekyll and Hyde）来比喻民族主义的病态矛盾状况。"海德先生和哲基尔医生"是19世纪英国伟大小说家斯蒂文森的代表作《化身博士》一书中的主人公，善良的哲基尔医生是一位温文尔雅的大善人，而邪恶的海德先生则是四处作恶的恶魔，然而，他们确是具有善恶双重人格的同一个人。奈恩以此形象来描述民族主义，他写道："通常在大

① Tom Nairn, *The Break-up of Britain: Crisis and Neo-Nationalism*, London: NLB, 1977, p. 359.

② Ibid., p. 339.

多数哲基尔医生中都有一个海德先生，就像绝大多数海德先生里也有哲基尔医生一样。所有这一切都反映出他们在现代世界观中有潜在的联系，在现代世界观的大厦中他们占据着不同的楼层。"①现代民族主义作为一个过程、一样工具，当落后的民族国家运用其意识形态和运动来使民族共同体恢复骄傲和自尊时，它显现出积极、健康、建设性的一面；但是，当帝国主义、资本主义国家运用它来进行征战、侵略和沙文主义压迫时，它就是一种威胁、一种非理性的社会病态。

尽管民族主义是一种病态，是工业和资本异化滥觞的对象性存在，但人类不得承认这一幼稚病是难以避免的，人类要实现"命运共同体"的理想，必然要经历民族主义这一阶段。"如果对发展民族主义的反应没有发生，那么帝国主义只会加剧……"②奈恩把社会发展的本质与民族主义密切联系起来，认为生产力的不断发展、科学技术的不断创新，促使资本主义政治经济体系不断改良、发展和扩张，在社会的这一急速发展阶段，民族主义的意识形态必然会产生，因为它是工业和社会状况的结果，是历史和文化的产物。民族主义幼稚病的错路与疯狂、含糊与矛盾、病态与衰退，主要体现在区域间的暴力冲突方面，是人类的灾难，这是文明社会所不能允许的。

显然，这种具有幼稚病态的现代资本主义的民族主义是与社会主义格格不入的，因此，需要一种社会主义的新民族主义，即与马克思主义相关联的民族主义来克服其狭隘性，以新民族主义从帝国主义与资本主

---

① Tom Nairn, *Faces of Nationalism*: *Janus Revisited*, London: Verso, 1997, p. 41.

② Tom Nairn. *The Break-up of Britain*: *Crisis and Neo-Nationalism*, London: NLB, 1977, p. 342.

义手中拯救民族共同体，走向社会主义。反帝国主义、反资本主义的新民族主义意识形态和运动是民族主体寻求自由、发展、解放的最基本向度，它在不发达地区的困境中产生，在资本主义大行其道的时代，只有通过巨大的、无所不在的、反资反帝的新民族主义之路，并辅以其他重要手段，才能最终达成社会主义的民族共同体。"列宁认为，民族主义剧变可能导致社会主义革命，在其认为的伟大的中心。"[1]奈恩也表达了这样的理解，他写道："社会主义必须找到新的、后 1989 年的承载物，虽然有些人可能觉得这是其困境的一个仁慈的描述。它的新的承载物将带它通过资本主义，而不是反对它，即使社会主义者仍然希望，最终，去改变一切。替代物深藏在曾经被认为是敌人的地方，不是在其之外或在疏离的全球对位。"[2]在苏联解体后，能够带领社会主义走出资本主义并改变其一切社会状况的新的承载物正是新民族主义。

奈恩所倡导的新民族主义，包含四个最基本的要点，即弘扬传统民族主义所具有的追求民族独立、自治和解放的精神；全球主义的视野；普遍的现代化以及马克思所设想的社会主义的基本内涵。换句话说，新民族主义倡导在民族解放基础上的人类解放；不仅关注特殊民族的自治，而且要关注人类共同体的命运；要把民族解放运动同实现现代化结合起来；尤为重要的是，要在民族主义中体现社会主义的本质，尤其是要体现马克思所倡导的科学社会主义思想。只有这样，民族主义才能成为实现民族解放的

---

① Tom Nairn, "The Twilight of the British State", in *New Left Review*, Vol. 101-102, January-April, 1977, p. 59.

② Tom Nairn, "Internationalism and the Second Coming", in *Daedalus*, *Reconstructing Nations and States*, Vol. 122, 1993(3), p. 163.

思想力量，民族独立运动才能成为实现社会主义的坚实基础。

　　奈恩认为，民族性的现代化事业是实现社会主义的根本保证。实现社会主义要同民族主义相结合是一个基本前提，然而，如果没有民族性的现代化事业，社会主义的实现也是不可能的。资本主义现代化社会虽然让人类得以享受到史无前例的丰裕的物质生活条件，但是却并未带来人类渴望已久的、真正的、全面的自由与解放，反而带来了剥削与压迫、民族主体的现实危机，也导致了社会共同体之间和自身内部的一系列问题。那么，如何才能在资本主义社会中实现社会主义呢？要以怎样的路径走向社会主义民族国家的现代化呢？民族性的现代化事业何以能够成为资本主义的掘墓人呢？奈恩将这一系列问题的回答放在对整个资本主义社会的分析当中来阐释，并重点考察了不列颠帝国内苏格兰的民族解放问题。

　　第一，消除社会的不均衡发展，以民族经济的现代化推进民族解放和社会主义的进步。奈恩认为，英国作为世界上第一个进行工业革命的国家，虽然逐步建立起了资本主义经济体系，但在英国内部，存在着看上去并不显眼，但事实上却是不均衡发展的现实，苏格兰、威尔士、北爱尔兰的发展都与英格兰的发展有着一定的距离。对于苏格兰人来说，伴随英国自身经济的衰退和苏格兰北海石油的发现，他们看到了这种不均衡发展的现实。"正是在这种经济衰退的背景下，北海石油的发现，唤醒了苏格兰资产阶级历史分离的新意识，并培养了一个坦白的、不安的、对不列颠帝国不满的反叛精神。"①换句话说，苏格兰北海石油的发

---

① Tom Nairn, *The Break-up of Britain: Crisis and Neo-Nationalism*, London: NLB, 1977, p. 72.

现，重新激活了苏格兰的民族解放意识，作为英伦三岛中的一个行政区划，苏格兰民族解放意识是经济利益的一个激进的主体意识和载体。在这种民族意识中，实际上包含了苏格兰人对经济独立、现代化和自由解放的追求，以及对资本主义经济体制的不满。可见，社会经济、物质生产力、科学技术越发展，就越会带来相对不发达地区民族解放意识的觉醒，进一步带来对资本主义的摧毁，奈恩这样写道："资本主义在自己的神经中枢里头创造它自己的毁灭者，它的末日穷途，不为别的，只因为它也无法不这么做。"①

我们知道，在发达的资本主义阶段，物质生产力使得社会在物质层面上更加接近自由，奈恩从马克思主义对于物质生产力的解释当中汲取养分来解释民族经济的现代化发展对于实现民族解放和社会主义的重要性，他写道："很久以来一直有一个看法，认为只要人类能从物质生产的必需处境中超越出来，那么人类就可以达到'自由'的境地。也就是说，当人一旦能摆脱千万年来以辛苦劳动维生的束缚，那人就能在稳固的物质基础上耕耘原属于他但却荒废已久的潜能。……人类可凭借惊人的资本魔力，区区数十年就能超过过去千万年的努力，把自己推向自由的临界点。只有当这个临界点已到，只有当庞大的商品生产机器'完全'运转，资本主义方才允许人们从它所创造的异化情境中解放出来。"②从中我们可以读出这样的逻辑层次，物质生产的大丰裕必定会带来社会经济的大发展，经济现代化的大丰富必定会带来民族意识潜能的重新发现，人

---

① ［意］安琪楼·夸特罗其，［英］汤姆·奈仁（奈恩）：《法国1968：终结的开始》，赵刚译，148页，北京，生活·读书·新知三联书店，2001。

② 同上书，192—193页。

的社会意识潜能的释放必定会带来人类最终的自由和解放。易言之，当人依靠物质生产的力量去主宰自然时，资本和财富是寻觅的目标；而当物质生产的临界值到来时，自由和解放就成为了追求的对象。"当社会的物质生产力还未解放，那么'物质'一定支配'心灵'，社会一定支配个人。"①因此，实现民族解放的社会主义要以解放物质生产力、发展民族国家的经济为首要任务，以此才能实现对现代工业社会的单向度的超越，达成社会主义的民族国家。从现实的资本主义历史进程、马克思主义的宝贵理念、生产实践的深层意蕴出发，奈恩理解和阐释了民族国家不均衡发展的解决之道，为达成民族解放的社会主义共同体找到了第一个答案。

第二，追求政治体制的现代化，为社会主义的实现奠定政治基础。奈恩认为，英国在工业革命之后，虽然确立了资本主义政治经济制度，但是，"在其经济关系中却没有制度基础设施的一个彻底的转型"②，英国的君主立宪制度是资产阶级对旧封建制度妥协的产物，因而有着前现代的特质，其政治体制并未实现现代化。"这种盎格鲁-英国国家，仍然是从专制政治向现代立宪政治这一普遍转变的产物：它为走出前者指引了道路，但又未真正达到后者。"③"英国资产阶级从始至终都是保守的"④，

---

① ［意］安琪楼·夸特罗奇，［英］汤姆·奈仁：《法国1968：终结的开始》，赵刚译，201页，北京，生活·读书·新知三联书店，2001。

② Bryan S. Turner, "State, Civil Society and National Development: The Scottish Problem", in *Journal of Sociology*, Vol. 20, 1984(2), p. 166.

③ Tom Nairn, "The Twilight of the British State", in *New Left Review*, Vol. 101-102, January-April, 1977, p. 49.

④ Tom Nairn, "The British Political Elite", in *New Left Review*, Vol. 23, January-February, 1964, p. 21.

其君主立宪制是一种前现代政治的产物，导致了英国在现代化道路上的一系列问题并被其他现代化对手超越，英国国家政治体制为了实现自身的现代化，必须要实行民族主义导向下的政治体制改革，这是不以任何人的意志为转移的。"一旦帝国之茧被撕掉，英国未能适应资本主义强加的德国、美国和日本经济优势的严酷竞争。后果是，损失其重要的海外财富和联系，这必然会促进内部的重新调整。随着威尔逊政府的技术革命和加入共同市场以重振英国经济的失败，苏格兰传统重工业的逐步下降，以及跨国公司在苏格兰经济基础产业方面日益增长的主导地位，传统苏格兰和英格兰统治阶级之间的联盟，被置于相当大的压力之下。"①在这一巨大压力下，"全球性经济衰退在英国削弱了这个联盟，并摧毁了苏格兰工人阶级"②，"英国的内部解体是伴随着帝国失败的英国外部经济失败的后果③。"在奈恩看来，虽然英国的经济发展基本上实现了现代化，但是英国的政治体制仍然停留在前现代阶段，君主立宪制是众多社会问题的根源，因此，想要实现民族解放的社会主义，政治体制必须也必然要走向现代化。

在资本主义的不列颠帝国如何推进政治体制的现代化呢？奈恩认为，要靠新左派来重新确立社会主义的原则。"英国的社会主义已经遇到了其视角和其旧世界观都看不到的一个障碍物。就像飞机在达到某种

---

① Bryan S. Turner, "State, Civil Society and National Development: The Scottish Problem", in *Journal of Sociology*, Vol. 20, 1984(2), pp. 166-167.

② Ibid., p. 161.

③ Ibid., p. 166.

速度下遇到的音障一样，这种力量使它重新陷入混乱和无能为力。"①奈恩怀抱着浓浓的社会主义理想，指出在英国要突破社会发展的障碍、实现资本主义向社会主义的过渡，离不开新左派对社会主体的引导，"要想在社会主义的方向上利用一个开放的过渡情况，就必须有一个左派"②。奈恩从英国的现实状况进行分析，他指出："资本主义的主要挑战正是社会主义，但这一点几乎完全失去了当代意义……在新生的资本主义的压力下，配备了新方法和新诉求，劳动立法比以往任何时候都更有信心和强化了，工党似乎向后倒退到越来越绝望的位置。"③毫无疑问，在英国由于资本主义政治制度的强化，工党越来越倒退和妥协，在这种情况下，新左派必须要重申社会主义的意义，以此来挑战和战胜资本主义，帮助工人阶级重新确立社会主义的原则。他接着写道："如果我们要打动这个国家的工人……我们必须很肯定地回到我们所知的传统的社会主义……我们的政党必须尽快回到社会主义的原则，政党正是建立在这些原则之上。"④自下而上的政治体制的现代化变革，离不开英国新左派对社会主义理想和意义的重申，由此奈恩这样感叹道："那么，是否一个新的左派必须存在才能将现实带入社会主义的视角呢？在某种意义上，这是肯定的。"⑤英国新左派对于社会主义的实现有着不可忽视的作用，只有在工人阶级当中重新确立起社会主义的原则，才能够改变

---

① Tom Nairn, "The Nature of the Labour Party", in *New Left Review*, 1964(28), p. 39.

② Ibid., pp. 39, 56.

③ Ibid., pp. 39, 42.

④ Ibid., p. 44.

⑤ Ibid., p. 56.

英国的状况，带来政治体制的新气象。"在工人阶级和工人运动被长期锁于僵化之后，新的萌芽和新气候将带来一个不同的世界。这将是一个更加有利于真正的英国社会主义的世界。英国工人阶级仍能意识到一个多世纪以前马克思所预见的伟大未来的一部分，当时他预言，这将引领世界各地劳动力的解放。"①由此，奈恩从社会政治的自下而上的现代化变革为达成民族解放的社会主义共同体找到了第二个答案。

第三，对现代资本主义和帝国主义的抵抗。奈恩指出："所有种类的民族主义都因外部的伤害、威胁、侮辱、被冒犯的骄傲和攻击而成长。不列颠特有的帝国主义混乱、其'向外看的'反复无常行为和缺乏向内的衔接或关注，使其特别容易有这种效果。"②不列颠帝国的这种极具剥削性和侵略性的帝国主义本性，必定会锻造出反抗的元素，在不列颠帝国的海外殖民地区，民族主义早已引导了风起云涌的民族解放运动，而在不列颠群岛内部，迟到的苏格兰民族主义也悄然生成。"民族主义属于一个在喷发中的年轻的世界，在那里古老体系的崩溃释放了一个锻造在中心附近的新社会秩序的富有远见的可能性。"③奈恩注意到苏格兰民族主义对不列颠帝国瓦解的动力因素，其主体能量在不列颠边缘地区运作，扩大了不列颠旧国家机器瓦解的裂缝。苏格兰民族解放的热情是

---

① Tom Nairn, "The Nature of the Labour Party", in *New Left Review*, 1964(28), p. 62.

② Tom Nairn, "British Nationalism and the EEC", in *New Left Review*, 1971(69), p. 20.

③ Tom Nairn, "The Three Dreams of Scottish Nationalism", in *New Left Review*, 1968(49), p. 14.

"对英国帝国主义完整性的抵抗"，并"代表着权利向更小地区的某种转移"①，是真实的、富有意义的未来存在。

对资本主义和帝国主义的抵抗如何实现呢？奈恩指出，要以革命运动打破旧体制的樊笼。"'物化'只有透过革命才能终止。"②对于资本主义的"异化"状况，能且只能通过革命的手段才能真正消除，这恰恰继承和发展了马克思的异化理论，即批判人的异化、扬弃人的异化、实现人的解放。在资本主义的最后阶段，资本的统治愈来愈快、愈来愈无所顾忌、愈来愈完满地凌驾于社会主体，使得社会主体与资本主义异化的冲突矛盾越来越不可调和，并已达到一触即发的革命临界点。革命正是在资本主义对物质的不断追求中变得越来越明朗，这无疑是对资本主义的最大讽刺。奈恩写道："在先进资本主义的情境下，因为社会在物质层面上比前期更接近达到'自由'的可能性，所以手段和目的之间的距离也一定比以前更为缩短。就是因为从异化和权威的束缚之中解脱的需求比对面包的需求来的强烈，所以一种立即的、欲求解放的赫赫之声就在一般人心理层面上产生了更大的回响，与前期比较，更能作为一种真实的革命杠杆。"③这样，在革命实践中，人作为主体对解放的需求就很快显现出来了，我们必须要充分利用这一革命杠杆，把对抗异化扩展到整个资本主义世界，使革命的种子生根发芽。对于民族解放运动和社会革命

---

① Tom Nairn，"The Three Dreams of Scottish Nationalism"，in *New Left Review*，1968(49)，p.16.

② [意]安琪楼·夸特罗其，[英]汤姆·奈仁：《法国1968：终结的开始》，赵刚译，194页，北京，生活·读书·新知三联书店，2001。

③ 同上书，167页。

的产生，奈恩认为"主要的民族主义革命的开始是针对新近的欧洲帝国主义"①，民族解放运动和社会革命恰恰是"自第二次世界大战时代以来，在全球事务中最伟大的革命"②。由此，奈恩从民族主义对资本主义、帝国主义的抵抗以及革命运动的角度，为达成民族解放的社会主义共同体找到了第三个答案。

第四，经济、政治体制的现代化和对现代资本主义与帝国主义的抵抗，为社会主义提供了条件与路径，但它并非社会主义本身，因此，必须把社会主义意识贯彻于这三者之中，才能真正推进社会主义的发展。"因为社会主义必定会超越资本主义，而不仅仅是废除它。资本主义的成功需要'最大、最集权的国家'；而社会主义为了纠正资本主义的错误并让一切走上正轨，具有更大规模、更集中的计划。"③所以，必须把以上三点结合起来才能够真正形成"民族解放"的社会主义的伟大计划，超越资本主义的社会状况，瓦解资本主义的存在制度，变革资本主义的国家形态。

在奈恩看来，社会主义应该是苏格兰民族使用的工具和追求的理想。一方面，奈恩指出，只有发展出社会主义的苏格兰民族主义，才能够真正解决苏格兰的复杂矛盾。他写道："对于英国和其他地区的社会主义者，苏格兰民族主义的矛盾是棘手的情况；但是当然问题不是不可

---

① Tom Nairn, "The Twilight of the British State", in *New Left Review*, Vol. 101-102, 1977, p. 55.

② Tom Nairn, *Faces of Nationalism: Janus Revisited*, London: Verso, 1997, p. 60.

③ Ibid., p. 26.

解决的。对于苏格兰社会主义者，这些矛盾将是凶残的，除非他们建立自己的民族主义去反对苏格兰国民党以及——超越眼前的政治——与苏格兰复杂的文化传承达成一致。"①苏格兰社会主义者必须要建立起自己社会主义的民族主义才能够解决自身地区的矛盾并与民族文化相契合，除此之外，并无良药。"有必要支持民族主义的主张，并维持其对更多权力的需求，而不是更少（英国政府可能提供的温和的权利下放的形式是一针缓和剂）。不仅对于已经提到的原因——作为对不列颠帝国主义完整性的打击，并作为改变英国政治保守平衡的破坏性因素，而且还因为它代表了权力向更小地方的转移，更接近主体对它的把握——这是一个过程，在这个过程中（从长远来看，至少）社会主义必须认同它自己。"②另一方面，在对苏格兰民族主义的作用和理想的认知上，奈恩已经意识到民族主义对于实现社会主义的重大作用。在面对复杂的苏格兰问题时，他问道："苏格兰难道真的不可能，它已经如此长时间地和绝望地深思民族理念，产生一个名副其实的和符合这个时代的解放的和革命的民族主义吗？"③他给出的答案是，"对这一困境唯一可能的理智反应是一个社会主义的民族主义"，这种社会主义的民族主义，真正符合苏格兰民族的身份认同，"是活生生的当代历史和一个上升的未来的一部分"，而非"资产阶级民族性的一个陈旧的记忆"④。"事实是，在英

---

① Tom Nairn, "The Three Dreams of Scottish Nationalism", in *New Left Review*, 1968(49), p. 16.

② Ibid., p. 16.

③ Ibid., p. 18.

④ Ibid., p. 17.

国，新民族主义已经成为旧国家的掘墓人，而且这一主要因素促进了某种政治革命。"①不言而喻，这种新的社会主义的民族主义，无论对于民族解放，还是对于民族的现代化，都具有真实的历史意义和社会价值。至此，奈恩通过以上三点的结合为在资本主义社会实现社会主义找到了答案。

奈恩认为，融入民族主义的无产阶级意识是实现社会主义的强大动力。马克思主义哲学认为，人是社会历史的主体，人民群众是推动历史发展的动力，无产阶级是资产阶级的掘墓人。奈恩不仅同意，而且坚持认为这些基本观点是正确的。与此同时，奈恩也认为，马克思可能低估了民族主体与民族主义的力量，因为，在马克思那里，作为历史发展主体的无产阶级是作为"无产者"，而非"德国人""古巴人""爱尔兰人"等出现的。在当今社会，民族这个主体必须被赋予足够的历史主体地位。因此，一定要扩大马克思的阶级理论的内涵。这就意味着，进行社会主义革命的无产阶级，一定要同民族解放相结合。奈恩认为，民族主义为大众提供了一些真实的、重要的东西，这种东西是阶级意识在某些时期不可能提供的。民族主义在现代发展中必定有一种功能，而且有可能是一种比阶级意识和这一阶段中单个民族国家的阶级形式更重要的功能。奈恩从对世界历史的回顾中分析了民族与阶级的作用和关系，呈现了一幅复杂的——也许是令人困惑的——把民族主义融入马克思主义的图景。

在奈恩的思想意识中，民族独立和解放的新民族主义应该有社会主

---

① Tom Nairn, "The Twilight of the British State", in *New Left Review*, Vol. 101-102, 1977, p. 59.

义的目标，一个民族的经济和政治现代化，为社会主义提供了条件，但如果缺少社会发展的主体力量的革命行为，社会主义仍然不能实现。这个主体力量就是人民群众、无产阶级和民族主义的结合体。换言之，"无产阶级阶级意识关于斗争的神圣职责"①和民族解放运动的结合，构成了推翻资本主义和实现社会主义的强大主体力量。

通过追溯马克思主义关于无产阶级是否要同民族主义结合的思想争论的历史，奈恩讲清了自己的看法。在他看来，1914 年前，马克思主义者之间关于无产阶级和民族主义的关系问题有一次具有重大影响力的争论，这一争论在某种意义上塑造了马克思主义左派的民族主义观点。② 争论是在以罗莎·卢森堡为代表的一方与以列宁为代表的另一方之间进行的。当时在第二共产国际内部，一种普遍的信念是，全面的无产阶级革命会很快到来，而且会在最先进的资本主义国家当中进行。当它到来时，它在性质上将迅速成为国际的，虽然它会出生在一个民族国家中，但在其他地方，革命也是不可抗拒的，而且在这种扩散中，无产阶级的国际团结将成为久经考验的现实。因此，革命运动的基本任务在于为这个过程做准备。在 1914 年，无产阶级革命情势发展到顶点，它不仅被标记为是阶级斗争的发展和有组织的社会主义的增长，同样也是欧洲内外民族解放斗争的成熟。在欧洲内部，那些成熟的民族国家，如在奥匈帝国和沙皇俄国，以不同的民族性发生着推翻帝国统治的斗争；而在其他大陆，出现了民族主义的革命，矛头直指

① Tom Nairn, *Faces of Nationalism: Janus Revisited*, London: Verso, 1997, p. 26.

② Tom Nairn, "The Twilight of the British State", in *New Left Review*, Vol. 101-102, 1977, p. 54.

新近的欧洲帝国主义。如何把这两种反抗或斗争关联在一起，构成了第二国际内部争论的一个关键问题，并形成了两种非常不同的思想乃至斗争。

一方面，以思想家罗莎·卢森堡为代表，认为民族解放斗争明显处在次要的位置，虽然在这些地方民族主义具有积极的功能，例如简单的反殖民主义战争。但是，无论在哪（如在她的家乡波兰）似乎都存在着工人和知识分子可能需要在民族斗争和阶级斗争之间做出选择的紧迫问题，前者永远不应该被优先考虑，尤其在革命的中心，例如德国（当时大多数马克思主义者视其为未来革命的中心），有义务必须放弃"狭隘的民族主义"的愿望，对于整个领域来说，民族主义变得不合时宜。另一方面，列宁则在一系列相关作品中，批评了卢森堡主义的反民族主义思想。列宁主张，在欧洲，甚至在更接近大都会革命的现场，民族主义的解放斗争具有更积极的意义。民族主义的社会力量和激情是如此强大，以至于不能真正的"放弃"。而且无论如何，民族主义和无产阶级都致力于推翻旧的王朝，并因此培养了有利于社会革命的普遍条件。对于瓦解那些旧国家来说，马克思主义者努力争取这些改变的条件是必要的（尽管是不充分的）。奈恩认为，列宁的思想表现出一种务实的精神，在民族解放的斗争中，民族主义应该得到鼓励，至少在无产阶级夺取政权的那一刻，这种鼓励是必要的和正当的。当然，在取得政权之后，要与民族主义者划清界限，因为它会变成"资产阶级的民族主义"，成为更广泛革命事业的一个敌对力量。①

---

① Tom Nairn, "The Twilight of the British State", in *New Left Review*, Vol. 101-102, 1977, pp. 55-56.

在奈恩看来，"列宁曾经阐述的这些观念，无论对于不列颠群岛或其他地方，都是马克思主义者对新民族主义问题可以采取的唯一令人满意的态度。而无论是奥地利的马克思主义还是卢森堡主义，都不能提供这一可能性"①。列宁谨慎地承认，作为具有双面性现象的民族主义应该位于革命战略的核心。这一思想既是"现实主义"的，也是革命性的。它具有双重的积极意义，既是马克思主义思想在民族主义上的一个基础性的理论发展，也提供了一种实用策略。列宁主义关于无产阶级和民族主义结合的"民族解放"的社会主义思想，并没有被后来革命的发展所否证，而是进一步表明了他对于认识和解决问题的更务实的态度，表明它并不是一个直到革命来临时才适用的临时性的或战术性的构想，而是具有永久性的意义。这种意义，不仅体现在理论上，更体现在对世界的改造上。

然而，列宁的思想不仅没有得到有效的贯彻和发展，而且还被错误地修正甚至放弃。一方面，自1917年之后，列宁自己一直致力于应对这个问题，直到去世。伴随十分苦闷的过程，列宁已经认识到，即使在革命胜利以后，这个问题都无法取得令人满意的解决，甚至使复兴中的俄罗斯成为民族主义的受害者。"锁在一个被单一民族性所左右的欠发达地区，很可能使革命本身成为一种'狭隘的民族主义'"②；另一方面，列宁之后的几代实用主义者们僵化地对待这个问题，尤其是斯大林主义，完全改变了列宁主义思想的基本内涵，这是一个灾难性的后果；第

---

① Tom Nairn, "The Twilight of the British State", in *New Left Review*, Vol. 101-102, 1977, p. 57.

② Ibid., p. 57.

三个方面，预期中的欧洲无产阶级大革命以失败告终，资本主义得以延续和发展，世界经济的不均衡发展越来越突出。在欧洲，民族运动的结果却是形成独裁政权，并与保守主义或法西斯主义的复苏连接起来，人们仍然生活在资本主义的世界中。民族解放运动就像一扇门，古罗马的两面神贾纳斯站在那扇门上，注视着过去和未来，对于世界的大多数人来说，"这一现代性的入口，只是一个旷日持久的、黑暗的通道，而且已经占据了 20 世纪的大部分时间"①。

奈恩认为，列宁关于无产阶级和民族主义结合的思想以及民族主义剧变可能导致社会主义革命的看法，在今天仍然是重要的和有意义的，但需做两方面的发展，其一是对于多民族国家和社会（包括苏联）的本质要有新的认识，在这些国家和社会，民族主义的复兴很可能成为一个关键问题；其二是把民族主义放置在历史发展的马克思主义中，要对其概念进行新的认识，形成新的理论。对这两方面的新认识，绝不能像通常所作的那样，仅仅与列宁主义联系在一起进行幽灵式的考古学和对文本缄默的引用，而是要联系历史和现实加以发展。奈恩深信，通过适当修改，人们一定能制造出与列宁所认识的大致相同的情况。"事实上，在英国，新民族主义不仅已经成为旧国家的掘墓人，而且像在英格兰以及一些小国，这一主要因素已经促进了某种政治革命……从英国宪政主义的似乎无止尽的迷雾中解脱出来。"②奈恩强调，完全不需要为新民族主义作更进一步的辩护，从沉船的最后时刻逃脱出来必然有它自己的理

---

① Tom Nairn, "The Twilight of the British State", in *New Left Review*, Vol. 101-102, 1977, p. 56.

② Ibid. , pp. 59-60.

由。如果一个进步的"二次革命"没有在英格兰发生，那么保守的反革命就将发生。对于苏格兰、威尔士、甚至北爱尔兰(阿尔斯特)的民族解放运动来说，新民族主义将使其获得推进进步的动力和光泽，这是一种自我拯救，是凯尔特人政治美德的凸显。[①]

奈恩以列宁的思想为基础强调新民族主义的社会主义革命意义，把目光转向对民族主体、民族性力量的肯定，突出以民族主体为单位来对抗资本主义的压迫，动员以无产阶级为主导的整个民族群体，把所有阶层的人民以民族主义的热情和民族身份的认同广泛地联合在一起，形成强大的力量，推进"民族解放"的社会主义革命运动。奈恩的这一思想，对于实现社会主义无疑是重要的。

奈恩强调了民族在世界历史中的位置，在此基础上，他也同样看重阶级的作用与功能，他尝试基于列宁的思想把二者结合在一起，认为"阶级对民族主义的理解是至关重要的"[②]，这两者之间有着千丝万缕的联系，但总体来看，"民族性属性与无产阶级或社会主义的国际主义的属性之间，并没有真正的矛盾：前者只是在去往后者路上的一个阶段而已"[③]。奈恩把民族、民族性、民族主义和社会主义联系起来，这与马克思主义是一脉相承的，只不过奈恩特别强调了在高度发达的资本主义国家实现社会主义革命的现阶段，民族主义问题或民族解放问题更

① Tom Nairn, "The Twilight of the British State", in *New Left Review*, Vol. 101-102, 1977, p. 60.

② Tom Nairn, *The Break-up of Britain*: *Crisis and Neo-Nationalism*, London: NLB, 1977, p. 354.

③ Ibid. , pp. 354-355.

居于现代历史的中心，而伴随着社会结构的发展和成熟，民族主义会逐渐让位于社会主义。在资本主义主导的世界，"社会主义是一个早产儿，还远未'成熟'（或'熟透'）"①，只有社会经济、政治、主体意识的发展成熟，各共同体以民族为载体通过现代性资本主义阶段的通道，才能够真正达成社会主义的根本理想，而在社会发展的这段漫长旅途中，必须要以融入阶级意识的民族认同、统一、自主、发展和解放来对民族国家进行引导和实践。以此，"奈恩暗示了一个社会主义的未来"②，在社会结构日臻成熟的未来，融入民族主义的阶级意识将会结成民族解放的果实、促成社会主义的命运。

从人的解放和社会解放的意义上，奈恩阐释了新民族主义与社会主义的结合，形成了"民族解放"的社会主义的思想，认为"从来未曾如此明显，社会主义成为了主要意识形态武器，一个全新的朝向欠发达地区范围的强行军。它有效地融合他们的新民族主义，而不是发达国家的工人阶级意识。因为联合的帝国主义被第三世界国家的广泛起义所横扫，逐渐增加的不平衡发展的意识开始变得清晰"③。这种融合了社会主义的新民族主义，更加具有动员的充分性和运动的有效性，人民终将实现他们的民族解放和社会变革。"真正和谐的社会主义"有一天会从"遏制

---

① Tom Nairn, *The Break-up of Britain: Crisis and Neo-Nationalism*, London: NLB, 1977, p. 352.

② Tom Nairn, Paul James, *Global Matrix: Nationalism, Globalism and State-Terrorism*, London and New York: Pluto Press, 2005, p. 77.

③ Tom Nairn, *The Break-up of Britain: Crisis and Neo-Nationalism*, London: NLB, 1977, pp. 355-356.

资本主义的一种具体形式，以及一个附随的反资本主义"①的社会主义的民族解放运动中走出来。

如上的分析表明，奈恩的"民族解放"的社会主义思想是一种将民族主义与社会主义融合在一个解释框架内的理论阐释，是把民族解放运动和人民福祉以及社会主义紧密关联在一个体系之中的马克思主义的基本思想意识。从而为现代民族、社会问题的解答构建了一个基于唯物史观的新马克思主义的思想体系。政治学家琼·科克斯对奈恩有一个中肯的评论，她认为，"有充分理由表明，《不列颠的瓦解》（这是奈恩的一部最重要的著作——作者注）是一个新马克思主义的，而不是反马克思主义的文本。……奈恩相信马克思主义在理解西方资本主义的起源中是正确的，相信马克思主义作为现代世界决定性力量的绝对优势是正确的，相信马克思主义作为控制和发展的矛盾体系之特性是正确的，也相信马克思主义永恒发展的动态性是正确的。他期待着马克思主义成为'一个真正的世界理论，……建立在整个世界的社会发展之上'。他暗示这种发展将走向社会主义，尽管他所希望的社会主义的沉淀剂和形式是完全不清楚的。在《不列颠的瓦解》中，奈恩把民族主义带到了舞台中心，解释它、维护它，但并不相信它。他把民族主义视为是理性上的错误但是历史上的正确，并造成了错综复杂的政治含义"②。科克斯比较清楚地说明了奈恩的思想脉络，这种新的解

---

① Tom Nairn, The Twilight of the British State, in *New Left Review*, Vol. 101-102, 1977, p. 44.

② Tom Nairn, Paul James, *Global Matrix: Nationalism, Globalism and State-Terrorism*, London and New York: Pluto Press, 2005, p. 79.

释范式具有重大的价值和意义。

第一，奈恩是一个马克思主义者，他所倡导的"民族解放"的社会主义思想，既继承了马克思主义，又结合资本主义的现实，形成了新的认识。在他看来，民族主义是人民群众应对现代资本主义不均衡发展的关键，民族独立运动是反抗帝国主义剥削压迫、寻求发展解放的核心力量和实现社会主义的重要基础。民族性的现代化事业是实现社会主义的根本保证，只有在民族国家内完成经济、政治体制的现代化，结合人民群众对现代资本主义和帝国主义的抵抗，才能真正推进社会主义的革命和发展。人民群众是实践和认识的主体，因此，融入民族主义的阶级意识，不仅是民族解放的载体、社会变革的决定力量，更是实现社会主义的强大动力。这些新的认识应予以充分肯定。

第二，无论是在发展水平落后的民族国家，还是在相对发达的民族区域，民族共同体诉诸民族主义的意识形态和民族解放运动，都具有历史的必然性和合理性。在帝国主义和资本主义掠夺盛行的历史与现实环境下，世界范围内的民族主体逐渐认识到应当以民族共同体来反抗资本主义、帝国主义，并借由民族解放意识和运动来变革社会体制，使自身发展进入到社会主义阶段。在这样的大背景下，奈恩的社会主义的民族主义思想在一定程度上影响了当代世界范围内民族国家的反抗和解放。作为苏格兰裔的思想家，奈恩在苏格兰地区具有极高威望，他的思想直接影响了苏格兰的民族解放运动，推动了苏格兰独立公投的进程。虽然2014年秋天的苏格兰独立公投最终以55％的人反对脱离而保持了不列颠帝国的统一，但是这一历史性事件无疑在世界历史的舞台上留下了浓墨重彩的一笔，体现出苏格兰对不列颠帝国资本主义的反抗和不满，为未来埋下了革命与反抗的种子。历史证明，苏格兰民族与资本主义的不列颠政府之间的裂隙已然达到了相当的深度，资本主义的政治模式明显已逐渐失去其能量，民族解放的社会革命势在必行。可见，奈恩"民族解放"的社会主义思想不仅仅是一个学术性的理论分析，更是一个指导实践、影响现实的策略。

第三，奈恩"民族解放"的社会主义思想，秉持了马克思主义的思想传统，尤其是列宁把无产阶级革命与民族主义相融合的思想精华。奈恩在分析资本主义和世界民族独立与解放之现实的基础上，提出无产阶级革命、社会主义和民族主义具有内在一致性的看法，尝试赋予马克思主义新的活力和时代性，这不仅是难能可贵的，而且是马克思主义在 21 世纪的世界反帝国主义和反资本主义运动中发挥作用的重要理论和实践尝试。奈恩通过把民族置于社会历史的中心，把民族主义看成是在高度发达的资本主义实现社会主义跨越的必要途径，把马克思主义的社会主义思想看作引导民族解放的指南，充分肯定列宁主义的价值和意义，体现出马克思主义与时俱进的思想品格。整体上看，奈恩这一新马克思主义视域下的"民族解放"的社会主义思想，为现代民族国家解决棘手的政治经济矛盾及相关问题，提供了一些新颖的、正确的思路。

人的政治解放同样需要与人的生存环境的改善相结合，在这一方面，戴维·佩珀阐发了很重要的思想。佩珀认为，应当把马克思主义作为建设生态主义的社会主义社会的主导思想。"生态社会主义是对环境主义进行社会主义分析和应对的一种激进的、以人类为中心的（而不是生态中心主义的)应用"。① 生态社会主义首先是以社会主义模式为基础的，它强调了要用社会主义的观点来指导的环境运动和绿色运动，所以生态社会主义首先包括了社会主义的基本原则：平等、消灭资本主义和贫穷、根据需要分配资源和对我们的生活与共同体的民主控制，同时，这也是基本的环境原则。对于生态社会主义来说，环境包括了大多数人的关切，所以，佩珀指出，"他们以城市为基础，因此他们的环境难题包括街道暴力、交通污染和交通事故、内部城市的衰败、缺少社会服务、共同体和乡村可接近性的丧失、健康和工作安全，而最重要的是失业和贫穷"②。

同样，佩珀指出，这种生态社会主义一定是以人类为中心的，它不可能接受自然界其他物种存在"内在价值"的观点，也不会把人放在与其他物种平等的位置上；同时，人并不像其他物种一样受到自然极限的约束，而是能通过智力巧妙地处理与自然的关系，这其中包括管理、利用和保护，也就是说，"它拒绝生物道德和自然神秘化以及这些可能产生的任何反人本主义，尽管它重视人类精神及其部分地由与自然其他方面的非物质相互作用满足的需要"③，当然，它并不是在超越自然限制和规律的意义上支配或剥削自然。

生态社会主义也一定是绿色的和可持续的，它建立在对每个人的物

---

① ［英］戴维·佩珀：《论当代生态社会主义》，77 页，载《马克思主义与现实》，2005(4)。

② ［英］戴维·佩珀：《生态社会主义：从深生态学到社会正义》，刘颖译，356 页，济南，山东大学出版社，2005。

③ 同上书，354 页。

质需要的自然限制这一准则基础上，社会主义发展过程中人们持续地把他们的需要发展到更加复杂的水平，但不一定违反这个准则。在这样的社会中，人们吃更加多样和巧妙精美的食物，使用更加艺术化建构的技术，接受更好的教育，正如佩珀所想的，拥有更加多样性的休闲消遣，更多的追求和具有更加实现性的关系等，并且，它可能需要更少而不是更多的地球承载能力。所以，生态社会主义是人类获得自由的一个过程，在这个过程中，人们会逐渐体会到美与善。

佩珀认为，生态社会主义的未来方案再现了莫里斯关于分散化、直接经济民主、生产方式的公有制等乌托邦社会主义传统，所以在这里，佩珀指出，生产和分配将被合理地计划，或许由一个有能力的国家来完成，但总的来说，国家将不存在，而代之以共同体。生产和工业本身不会被拒绝，由于资本主义已阻碍了社会生产的发展，它必须被一种社会主义生产所代替，这种生产将建立在自愿劳动的基础上，人们通过创造而发挥各种才能。在生产中要强调生产的能力和控制力，同时，技术的应用适应所有自然和人而不会造成各种破坏。在生态社会主义社会中，将按照多样化路线重新分配财富，所有人都拥有合理的物质富裕生活的底线。在共同体中生活，个人与共同体保持精神一致，人与人将和谐相处共创财富。

关于未来社会主义建设，马克思主义是反对乌托邦的，因为乌托邦的观念可能会成为当代强加到后代身上的一种模式，可能因为一个蓝图而限制后代的思想自由，所以乌托邦理念是被马克思拒绝的。但佩珀认为，在西方环境运动中，即在追求生态社会主义社会中，存在着一种生态乌托邦倾向，这种乌托邦倾向在追求现实的过程中会引起许多方面的张力、悖论和矛盾，其主要表现在与社会变革相关的，与普遍原则和极权主义话语相关的，与现代性与后现代性相关的，以及与地理范围相关的等四方面。这些张力会影响理想目标的实现，但正如佩珀所言，"如果生态乌托邦成为一幅静态的蓝图，或者使现代社会返回原始主义的布道者，它将不会促进社会进步性的变化，如果它不能容忍竞争性的话语，它将可能鼓励绿色独裁者统治的道路"①。显然，佩珀相信，在生态乌托邦进程中存在的这些矛盾或张力是必要的，因为它能激发环境主义的"超越"性潜力，所以，这种乌托邦也是有益的，正是在这一过程中，人们通过对这些矛盾问题的思考和解决就可以跨越当今社会的樊篱，从而走向一个生态与社会真正持续的新社会。

二、民权思维规范社会制度革新的核心理念

如果说人本思维是英国新马克思主义思考和认识社会制度革新的基点，那么，民权思维则构成其把握社会制度革新的内核。在英国新马克思主义看来，如果说破除资本主义的统治形式是社会主义的基本任务，那么，如何获得国家的领导权则是学术工作的核心内容和根本目标。英国新马克思主义认为，就获得国家的领导权来说，马克思从阶级动力学的角度出发，把社会历史变迁和赢得社会权力的力量归结为无产阶级和

---

① ［英］戴维·佩珀：《生态乌托邦主义：张力，悖论和矛盾》，108页，载《马克思主义与现实》，2006(2)。

人民大众，是极其重要的论断。汤普森在《英国工人阶级的形成》一书的《前言》中认为，阶级作为一种历史现象，既不是一种"结构"，更不是一个"范畴"，而是在人与人的相互关系中确实发生的某种东西。阶级是共同利益和生产关系的表现，它以阶级觉悟的形式体现在传统习惯、价值体系、思想观念和组织形式中。① 阶级是有历史使命的，这个使命对于无产阶级来说，就是实现社会主义。正因为如此，汤普森在《新左派评论》的文章中把新左派的主要任务确定为宣传和深化工人运动，掌握文化传播工具为工人运动内外的重要的社会主义团体提供直接交流的渠道，复兴社会主义理论，形成社会主义共同体观念，改变人民的价值观和态度，通过对现存社会的乌托邦批判来激发人民进一步改变的渴望，发起无产阶级的革命运动，为掌握国家和社会权力而斗争。

汤普森作为新马克思主义的代表，认为必须"通过诉诸人的利益和潜力的整体性，以及为产业工人和科学、艺术专家建立新的沟通渠道，来挑战老左派的庸俗唯物主义和反智主义。它将不会再把社会主义的实现推迟到假想的'后革命'阶段，而将致力于在目前，尤其是在工人阶级生活的中心地带，鼓舞出更加丰富的共同体感"②。这就是说，新马克思主义不仅仍然把工人阶级看作实现社会主义革命的基本力量，不仅强调刻不容缓地开展现实的社会主义实践，而且把对工人阶级和人民大众进行新的马克思主义的启蒙看作一项现实的历史的政治使命。

---

① ［英］E. P. 汤普森：《英国工人阶级的形成》，钱乘旦等译，1 页，南京，译林出版社，2001。

② 张亮等编：《伦理，文化与社会主义——英国新左派早期思想读本》，222 页，南京，江苏人民出版社，2013。

新马克思主义者并不简单地认为作为制度的、现实的资本主义，仅仅依靠现有工人阶级的力量就可以推翻。在他们看来，现实的社会与马克思所面对的资本主义有着很大的不同，因为它是跟现代性社会的现实发展密切关联的。作为成熟的资本主义，它不仅把土地、产品和劳动力商品化，而且使之同国家和民族以及工业联系在一起。① 因此，推翻资本主义意味着从制度上改变现代性社会。现代性社会的制度性包括了资本主义和工业主义这两个既彼此不同又密切关联的组织类型，在全球化的背景下，资本主义仅仅是社会制度的四个维度中的一个维度，其他三个维度则是民族国家体系、国际劳动分工以及世界军事秩序。② 不难看出，这就使资本主义社会处在非常复杂的状态。尤其是资本主义和民族国家的结合，使之成为一种威权政治，操纵了国家最有力的权力机构和部门，并左右着社会的每一个角落，渗透到每一个个体的生活之中，同时也导致了经济增长机制的崩溃，极权的增长，生态破坏和灾难以及核冲突和战争等社会问题。尽管看上去现代主义乃至资本主义似乎已经走到了尽头，但改变或推翻它仍然是极其艰巨的任务，所以，必须提升对社会主义的认识，进行社会主义的新启蒙运动。

资本主义的现实灾难连同现代主义意识形态的衰落，给社会主义革命的发生和实现提供了可能与条件，因此，推进政治解放的运动，尤其是社会制度方面的变革，是迫切的任务。如何做呢？新马克思主义倡导

---

① ［英］安东尼·吉登斯：《民族—国家与暴力》，胡宗泽等译，185 页，北京，生活·读书·新知三联书店，1998。

② ［英］安东尼·吉登斯：《现代性的后果》，田禾译，62 页，南京，译林出版社，2000。

"必须恪守马克思主义的原则，即如果没有同制度的内在可能性结合起来的话，寻求社会变迁在实践上就没有什么作用。正是借助于该原则，马克思才使自己与乌托邦主义鲜明地区别开来"①。同制度联系在一起进行思考，新马克思主义设计了一系列不同于现存的任何社会主义类型的未来社会主义的理想模型，并尝试在同资本主义的现实斗争中贯彻实施。

在新马克思主义为未来社会主义理想设计的过程中，从政治化的意义上提出地方的政治化、生活的政治、解放的政治以及全球的政治化；从社会主义运动的角度看，着眼于劳工运动、言论自由和民主运动、生态运动以及和平运动；从超越现代主义的层面看，着眼于超越匮乏型体系、多层次的民主参与、技术的人道化以及非军事化，这意味着社会化的经济组织、协调化的全球秩序、关注生态的体系和对战争的超越等。基于这样一些看法，我们看到了新马克思主义关于未来美好社会的各种制度构想，诸如汤普森的人道主义的社会主义、柯亨的平等主义的社会主义、威廉斯的共同体文化的社会主义、安德森的革命主义的社会主义、德赛的自由市场的社会主义、佩珀的生态马克思主义的社会主义、科琴的实践唯物主义的社会主义、密里本德的议会社会主义以及哈维的城市社会主义等，这些思想大大开阔了人们对理想中的社会主义的认识维度，提供了社会主义制度建设的多维空间的思考。然而，无论对未来社会主义提出什么样的构想，掌控领导权、使国家和社会权利回归人

---

① ［英］安东尼·吉登斯：《现代性的后果》，田禾译，136 页，南京，译林出版社，2000。

民，都是其核心内容，都是围绕解决人的解放问题展开的，其目的是超越资本主义，创造更加有利于人的生存和发展的社会条件。可以看出，这是把民权思维贯彻到底的运用。

(一)领导权问题是社会制度革新的核心问题

我们知道，国家权力问题一直是政治哲学的基本问题。在英国新马克思主义看来，这一问题的实质就是国家的领导权问题，是核心问题。新马克思主义的代表安德森在对西方社会历史与现实的研究中，逐步形成了一种基于唯物史观的"具体的类型学"的权力阐释模式，并在这一模式下分析了英国独特的"三角地形学"的权力结构模式，集中反映了新马克思主义关于领导权问题的基本思想。安德森在有关西方资产阶级权力结构的说明中，提出了自己的整体主义的解释，即经济是基础，文化是主导，政治是决定性因素的思想。这一"类型学"的权力思想既蕴含着一种深层的结构主义思想和意识，也在具体的历史与现实中超越了结构主义，从而使对权力的解释回到了历史唯物主义的思想中。在他看来，权力不是一种永恒的先验与超验的存在，而是一种具体的历史与现实的存在，因而也是一种可以被超越的存在，从而为我们深入认识西方资本主义社会权力结构的本质、作用和功能，提供了一种颇具参考价值的认识论框架和方法论视角。

国家权力实际上是以"类型学"形式存在的。自古以来，权力就是西方政治学中的一个核心概念，甚至有不少学者将政治学定义为研究权力的学问。大多数学者认为，权力是某个人或某个组织影响、支配或控制他人或其他组织的能力和力量。从柏拉图、亚里士多德到马基雅维利，一直到当代西方政治哲学家，包括马克思主义者，最为关注的是统治权问题，即国家权力由谁掌握和被谁支配的问题。① 安德森也不例外，他所着重分析和探讨的也是统治权问题。

安德森在 1964 年发表的《当代危机的起源》一文中，从唯物史观的立场出发，提出了一种"具体的类型学"（Aconcrete Typology）的权力阐释模式。在他看来，关于权力的传统解释，往往把权力仅仅看做是经济基础的一种外在表现和形式，这就不免带有经济还原论的色彩。从历史发展的长期来看，权力最终来自对生产资料的占有和支配，或者说权力最终由经济所决定；但从历史发展的短期来看，权力可能或者由经济主导（如洪都拉斯），或者由政治主导（如中国），或者由军事主导（如德国纳粹时期），或者由文化主导（如一些西方国家），或者由法律主导（未来社会）。实际上，权力本身是多中心的，它存在于经济、政治、文化、军事等层面和要素之中，这些层面和要素之间相互关联和作用，形成一种整体的权力结构模式。同时，由于不同地区和国家的具体历史构成和社会构成的差异，从而形成了一种权力结构的"具体的类型学"。他明确指出："需要的不是对权力最终来自社会所有权模式的这一陈旧观点的重申，迫切需要的是对当今不同权力形态的一种具体的类型学。"②

在这一"类型学"的阐释模式之下，安德森详细分析了英国的权力结构。在他看来，由于其特殊曲折的历史轨迹和独居一隅的地理位置，英

①　陈炳辉：《西方马克思主义的国家理论》，94—95 页，北京，中央编译出版社，2004。

②　Perry Anderson，"Origins of the Present Crisis"，in *New Left Review*，1964，1（23），p. 47.

国形成了一种独特的"三角地形学"(Triangular Topography)的权力结构模式，即异常强大的经济—相对不重要的军事或政治—极端重要的文化和意识形态。

安德森从历史和现实两个方面对这一权力结构模式做了说明。从历史来看，军事或政治的相对不重要性是英国农业资本主义发展的一个必然结果；经济的异常强大是工业资本主义发展的一种必然产物；文化和意识形态的极端重要性源自英国古老的贵族权力模式。从现实来看，英国的议会民主制是这一权力结构模式的具体体现。在欧洲国家中，英国的这一议会民主制是独一无二的，它拥有不成文的宪法，这就使英国社会承担了无法想象的危险，但它从未经历这一危险。因为自17世纪以来，英国贵族阶级始终维持着霸权地位，而资产阶级与无产阶级对它的威胁和压力就被调解及消融于这一制度框架之中。因此，"在英国，民主制就是霸权的赎金"①。贵族阶级的霸权是今天英国社会及平和政治民主的现实。当然，这一霸权秩序不是完全没有弹性，它允许在右翼（保守党）和左翼（工党）之间进行转换和调节，但也仅限于此，尽管它允许选举权的扩大，但也仅仅是整合对立阶级的一种有效机器。

然而，英国的其他马克思主义知识分子如威廉斯等，却对这一民主制给予了一种完全不同的解释，认为它不仅仅是统治阶级自上而下维持霸权的一种有效工具，而且也是被统治阶级自下而上反抗霸权的一种积极成就。威廉斯说："它（工人阶级）所产生的文化是一种集体的民主制

---

① Perry Anderson, "Origins of the Present Crisis", in *New Left Review*, 1964, 1 (23), p. 49.

度，无论是在工会、合作运动还是政治党派中……如果在背景中加以考虑的话，它可能被看作是一种十分杰出的创造性的成就。"[1]同样，历史学家爱德华·汤普森也对这一民主制度给予了肯定，"尽管我们无法忘记帝国主义这一突出阴影，但英国仍是一个相对人性的社会；某些仍远离社会主义世界的民主价值得到了巩固；在工资问题和一种更广泛的要求上，工人的讨价权力是巨大的"[2]。

英国新马克思主义者之所以对议会民主制给予了截然不同的解释，就在于他们对权力的不同解释路径：一个是自下而上的，一个是自上而下的，前者以汤普森为代表，后者以安德森为代表。在此，安德森主要采用了马克思在《〈政治经济学批判〉·序言》中所提出的基础/上层建筑（Base/Superstructure）的理论概念和框架，试图在经济、政治和文化的基本划分中作出一种历史唯物主义的说明和解释。与绝对的经济决定论的解释不同，安德森认为，尽管经济仍在归根到底的意义上对权力起作用，但这是一种经济还原论的解释，它过于简单和笼统，无法说明当今世界上不同权力类型的存在。

安德森主张一种"具体的类型学"的阐释模式，认为历史与现实构成了权力研究的两个绝对前提和内在尺度，其中历史是逻辑前提，社会是逻辑框架。从历史维度看，权力是具体的和特殊的；从社会维度看，权力是结构的和整体的。由此，世界上的每个地区和国家，由于其具体的

---

① Perry Anderson, "Origins of the Present Crisis", in *New Left Review*, 1964, 1 (23), p. 44.

② E. P. Thompson, "The Pecularity of the English", in *The Poverty of Theory & Other Essays*, New York and London, Monthly Review Press, 1978, p. 284.

历史构成和社会构成的差异而形成了一种独特的权力结构类型。安德森在其代表性著作《从古代到封建主义的过渡》(1974 年)和《绝对主义国家的系谱》(1974 年)中，对"封建主义类型学"和"绝对主义类型学"进行了深入讨论，对欧洲不同地区和国家的权力类型做了对比诠释。然而，令人遗憾的是，安德森计划创作的有关资本主义国家结构的著作始终未能完成。如果我们对这一著作作一个适当猜想的话，那么他也将在其中对欧洲东西部地区和国家之间的社会权力结构的差异做出一种"类型学"的对比诠释。这一"类型学"的对比诠释就试图将历史学与社会学、历时性与共时性融为一体。安德森在评价英国社会学家迈克尔·曼的《社会权力的来源》一书时指出："这一系列的失误既不是文化上的，也不是我们所熟知的欧洲中心主义的，它们源于一种理论上的谬误，即认为社会学不可能同时是历史性的和比较性的。"①

国家和社会权力的核心是"领导权"。安德森的视野是世界的，但其焦点是西方的，他力图探讨西方资产阶级权力结构的独特性问题。由于他关于资本主义社会权力的类型学的著作未能完成，并没有一部专门的著作来阐述这一问题，只是在一篇有关葛兰西"领导权"理论的评述性文章中，提供了一些可供追寻的线索、痕迹和理念。在这里，有必要对安德森的这一评述加以详细梳理和说明，以阐明他对西方资产阶级权力结构问题的认识。

总体来看，葛兰西关于文化领导权的理论遗产是安德森思考西方资

---

① ［英］佩里·安德森，迈克尔·曼：《权力社会学》，101 页，参见［英］佩里·安德森：《交锋地带》，郭英剑，赫素玲等译，北京，中国社会科学出版社，2008。

本主义权力结构及社会主义策略的一个出发点。安德森在《葛兰西的自相矛盾》(1976 年)一文中，对葛兰西的领导权理论做了深入分析。在他看来，"领导权"(Hegemony)这一术语是葛兰西对社会主义理论最重要的贡献之一，葛兰西首次把这一概念从俄国资产阶级革命中无产阶级对于联盟阶级的最初使用扩展为发达资本主义社会中资产阶级对于无产阶级的统治机制，这是一个全新的和决定性的步骤。葛兰西经常把"领导权"看作是"理智或道德的指导"，并与"统治"(Domination)的概念相对，认为"一个社会集团的优越性包含两种形式：'统治'与'理智和道德的指导'。一个社会集团对倾向于'消灭'或屈服的敌对集团是统治性的，对姻亲或联盟集团是指导性的"[1]。在此，"统治"相应于一种暴力的或强制的阶级统治方式，"领导权"相应于一种文化的或同意的阶级统治方式。由此，这一领导权的内涵就发生了根本转变，从工人阶级与无产阶级之间的阶级联盟问题转变为资产阶级对无产阶级的统治问题，并突出了资产阶级对于无产阶级的文化优势。

安德森认为，在葛兰西的思想中，与"领导权"概念密切相关的是领导权的位置问题。葛兰西在《狱中笔记》的一个核心段落中指出："目前，我们可以确定两种主要的上层建筑层面——一个可称作'市民社会'，它通常被看作'私人机构'的集合，另一个可称作'政治社会'或国家。这两个层面一方面相应于统治集团在社会中实施的'领导权'作用，另一方面相应于国家或'司法'，政府所实施的直接统治，或'命令'的作用。"[2]这

---

① Perry Anderson, "The Antinomies of Antonio Gramsci", in *New Left Review*, 1976, 1 (100), p. 21.

② Ibid., pp. 21-22.

里，葛兰西把市民社会和国家(政治社会)看作是资产阶级权力实施的两种场所，领导权实施于市民社会，统治实施于国家。然而，安德森认为这一领导权在市民社会和国家之间并没有形成任何固定不变的位置，而是在《狱中笔记》的神秘拼贴中经历了一系列持续的滑移和变形，从而形成了对于西方资产阶级权力结构的三种不同解决形式。

在第一种解决形式中，葛兰西认为领导权仅仅位于市民社会，而市民社会优于国家，因而正是这一统治阶级的文化优势从根本上确保了资本主义秩序的稳定，这就导致了一种典型的改良主义的观点。

安德森指出，这一解决形式极易导致一种左派社会民主主义的幻象。它相应于一种广泛传播的理想，即西方不像沙皇俄国那样是一种政治统治的暴力机器，大众可以通过定期的民主选举对资本主义国家实施一种自我管理，并最终走向社会主义。而事实上，这一议会民主制并没有创造出一个专注于没收资本和实现社会主义的政府。那么，这一悖论的理由在哪里呢？它就存在于无产阶级的首要意识形态的服从中。按照葛兰西的观点，这一意识形态权力的核心位置应在市民社会，在诸如广播、电视、电影、出版、报纸、学校、教堂、政党等交往方式的控制机制中寻找。另外一种观点认为，这一核心位置应在生产方式、在工人阶级对资本市场的商品拜物教和工厂制度中寻找。然而，在安德森看来，在这一资产阶级的意识形态统治中，市民社会的交往控制机制和市场的经济管理机制仅仅发挥了次要的和补充的作用，而西方的议会民主制机器发挥了核心的和关键的作用。

安德森尖锐地指出："代议制国家的一般形式——资产阶级民主——本身就是西方资本主义首要的意识形态核心。其特殊存在就剥夺了工人阶级作为一种不同类型的国家、交往方式和其他文化控制机制的社会主义理想，因而解决了核心的意识形态作用……议会制，作为每四年一届或五年一届的人民意志的统治表述，反映了国家回归人民的虚假的统一，好像它是他们自己的政府。"①

在第二种解决形式中，葛兰西宣称资产阶级的领导权是在市民社会与国家的相互平衡中实施的，或者说领导权不仅位于市民社会中，同时也位于国家中，这就掩盖了压迫仅仅存在于国家而不存在于市民社会这样一个基本事实。安德森认为，这一解决形式表明了葛兰西对于第一种解决形式的担忧，他强烈意识到了西方资本主义国家中议会民主制的意识形态作用，但对国家尺度的评价却是选择性的，不是集中于议会制的民主机构，而是集中于教育和法律制度。他说："每个国家都是道德的，其主要作用之一是使绝大多数人提升到一个既定的文化和道德水平，这一水平或标准相应于生产力的发展要求，因而也相应于统治阶级的利益。作为一种具有积极教育功能的学校和作为一种具有消极压制教育功能的法庭都是最重要的国家活动。但实际上，大量其他所谓私人的机构和活动都倾向于这一相同的目的，它构成了统治阶级的政治和文化领导权的机器。"②

同样，对于警察和法律这样一些国家的专有机器，葛兰西也倾向于把它们消融于一种更为广泛的和模糊的社会现象中。对此，安德森指出了其核心缺陷，认为"这一权力在同意和强制作用的分配上总是存在一

---

① Perry Anderon, "The Antinomies of Antonio Gramsci", in *New Left Review*, 1976, 1 (100), p. 28.

② Ibid., pp. 32-34.

种结构的不对称。意识形态被市民社会和国家所共享；暴力仅仅适用于国家。换言之，国家两次都未能进入两者之间的任何等式中"①。

在第三种解决形式中，葛兰西把市民社会完全消融于国家中，认为国家包括了市民社会与政治社会，这就导致了极左主义的问题。葛兰西曾多次表述过，"国家不应仅仅被理解为一种政府机器，同时也是领导权或市民社会的'私人—机器'"②，"实际上，市民社会和国家是同一个东西"，"市民社会也是'国家'的一部分，事实上就是国家本身"③。

在安德森看来，所有这些解决形式都是有问题的。在第一种解决形式中，西方资产阶级的权力结构本质上采取了一种文化领导权的方式，它基本上依赖于工人阶级的同意。在第二种解决形式中，西方资产阶级的权力结构是在同意和强制作用的相互结合中得以实施的，毫无疑问，这是对第一种解决形式的改进，但这一改进并无助于两者之间关系的进一步探讨。在第三种解决形式中，它既无法说明东西方之间社会权力结构的差异性，也无法说明西方资产阶级权力结构的独特性。

因此，尽管葛兰西的领导权理论凸显了西方资本主义社会中资产阶级统治的文化优势，但它并没有能够说明西方资产阶级国家中市民社会与政治社会之间的真实关系，因而也没有能够说明资产阶级统治的真正本质。

---

① Perry Anderson, "The Antinomies of Antonio Gramsci", in *New Left Review*, 1976, 1 (100), p. 32.

② Ibid., p. 32.

③ Ibid., p. 34.

　　国家和社会权力是经济、政治和文化的整体表现。安德森在对西方资产阶级权力结构问题的分析和探讨中，不仅指出了葛兰西提出的三种解决形式中所存在的矛盾和问题，而且提出了一个更为深层的问题，即在市民社会和国家（政治社会）之间，究竟谁具有更为根本的地位和作用？

　　对于市民社会，马克思早期用它来指称经济需求和经济活动的领域。在葛兰西这里，市民社会的含义发生了转变，它不是指称经济基础，而是指称文化上层建筑。在安德森看来，葛兰西的这一界定并没有违背马克思的思想，而是与后期马克思的思想之间存在相同和一致之处。因为尽管青年马克思使用市民社会的概念指称了经济基础，但这一意义已随着《资本论》中生产力和生产关系等概念的出现而消失了，市民社会更多的是指称了资本主义社会中一种非国家的制度。马克思在《路易·波拿巴的雾月十八日》一书中对波拿巴主义的分析就采用了这一用法，他认为："国家管制、控制、指挥、监视和监护着市民社会——从它那些最广大的生活表现起，直到最微不足道的行动止，从它的最一般的生存形式起，直到个人的私生活止。"①安德森肯定了葛兰西对于市民社会的界定，认为这是对资产阶级权力结构的一种必要划界，在经济基础与政治上层建筑之间区分出了文化上层建筑，突出了资产阶级权力的文化优势，也肯定了市民社会的自主性和独立性。但是，安德森并不赞成葛兰西有关市民社会超越于国家的完全自主的宣称，而只是承认了它的相对独立性，认为国家依然管理、

①　《马克思恩格斯全集》第 11 卷，127 页，北京，人民出版社，1995。

控制和调节着市民社会。

对于国家，阿尔都塞认为国家不仅包括镇压性的国家机器，而且包括意识形态的国家机器，诸如市民社会中的家庭、学校、政党、教会、报纸、杂志等都是作为国家的意识形态机器而发挥作用的，它们是国家机器不可分割的一部分，从而说明了国家的超越性存在。他在《意识形态和意识形态的国家机器》一书中写道："公私之分是资产阶级法律内部的区分，在资产阶级法律行使'权威'的（从属）领域是有效的。而国家领域避开了这种区别，因为国家高于法律，国家是统治阶级的国家，既不是公共的，也不是私人的；相反，国家是公共与私人之间一切区分的前提。从意识形态国家机器出发，我们也可以这样说。它们在'公共'机构还是'私人'机构中得到实现，这并不重要，问题在于它们如何发挥功能。私人机构完全可以作为意识形态国家机器'发挥功能'。"①这样，阿尔都塞不仅突出了国家的作用，而且走向了对国家作用的过度宣称。然而，安德森并不赞成阿尔都塞的这一宣称，认为这是对西方资产阶级权力结构的另外一种极端说明，只是强调了国家的作用而完全抹杀了市民社会的作用。

安德森肯定了拉尔夫·密里本德的说明。密里本指出："对我而言，表明这些相关制度实际上只是国家制度的一部分似乎并不符合事实，并且在这方面倾向于掩盖政治制度与意识形态制度之间的差异，而后者实际上是国家权力垄断制度的一部分。在权力垄断制度中，意识形态制度

———————

① ［法］阿尔都塞：《哲学与政治——阿尔都塞读本》，陈越译，282页，长春，吉林人民出版社，2011。

确实享有一种极大的自主性，因而能够更好地掩盖它们确实从属于资本主义社会权力机制的程度。这说明它们的方式不是宣称它们是国家制度的一部分，而是表明它们如何在国家之外实施它们的意识形态作用。这就是我试图去做的。"①这不仅是密里本德要做的，也是安德森自己要做的，他不仅试图说明政治制度的最终决定性，而且试图说明文化制度的相对独立性和自主性。

由此，安德森不仅区分出了西方资产阶级权力的两种场所，市民社会和国家(政治社会)，而且区分出了两种统治方式——文化统治和政治统治，并力图说明两者之间的相互关系。在此，安德森一方面采用了葛兰西有关军事斗争和政治斗争之间关系的分析，认为军事是根本的(Fundamental)，政治是主导的(Preponderant)；另一方面采用了阿尔都塞有关"决定"(Determination)和"主导"(Domination)概念之间的划分，从而为当代西方资产阶级的权力结构提供了基本的说明和解释。当用强制或压迫取代葛兰西的"军事斗争"，用同意或意识形态取代他的"政治斗争"时，就会看到这一双重权力之间的关系：文化统治居主导性的地位，政治统治居决定性的地位，前者是由同意所实施的文化或意识形态的统治，后者是由暴力所实施的强制或压迫的统治。安德森明确指出："要否认当代资产阶级权力体制中文化的'优势'或主导作用就废除了西方议会制与俄国绝对制之间的显著差异，并把西方议会制还原为一种神话……与此同时，要忘记当代资本主义权力结构中最终暴力的'根

---

① Ralph Miliband, "The Capitalist State: Reply to Nicos Poulantzas", in *The New Left Review*, 1970, 1 (59), p. 59.

本的'或决定性的作用就会回到改良主义,即选举的大多数能够通过议会制和平实现社会主义。"①可见,安德森一方面肯定了资产阶级文化的主导作用,另一方面也肯定了资产阶级政治的最终决定作用。

尤为重要的是,在对资产阶级文化主导作用的说明中,安德森着重分析和考察了资产阶级的议会民主制机器。在他看来,"西欧社会的构成与东欧完全不同,更不要说亚洲。它们高度发达的经济以及复杂深厚的历史已经完全创造出了一个只属于它们自己的社会文化世界。这个世界伟大的政治成就就是民主制"②,这一成就体现在一些诸如定期选举、公民自由、集会结社等具体的制度当中。正是这一议会民主制的机器使生活于其中的工人阶级产生了一种意识形态的幻象,认为他们对资产阶级国家实施了最终的自我决定,从而无法设想出完全不同的社会主义民主的世界。那么,与历史上不同社会形态中的文化统治相比较,这一资产阶级的文化统治有何特殊性呢?众所周知,历史上所有的统治阶级都赢得了被统治阶级的同意,如奴隶对奴隶主的同意、农民对封建主的同意,同样,资产阶级也赢得了无产阶级的同意。在安德森看来,其区别就在于这一同意的不同含义,在资本主义社会之前是被统治阶级承认了统治阶级的存在,而在资本主义社会中是无产阶级不承认统治阶级的存在,或者说无产阶级不认为资产阶级是统治阶级。这就是资产阶级文化或意识形态统治的新颖和独特之处。

---

① Perry Anderson, "The Antinomies of Antonio Gramsci", in *New Left Review*, 1976, 1 (100), p. 42.

② Perry Andersoa, "Problems of Socialist Strategy", in Perry Anderson and Robin Blackburn (eds.), *Towards Socialism*, London: Collins, 1966, p. 230.

　　然而，这里依旧存在一个疑问，安德森对西方资产阶级权力结构的说明仅仅强调了文化和政治的层面而缺少经济的层面，而这一层面恰恰是他想要说明却没有真正说明的一个方面。安德森明确指出了葛兰西在这个方面的缺陷，"显然，被剥削阶级在资本主义所遭受的直接经济限制的整个范围无法归为压迫或同意——武力或文化说服的任何一种政治范畴。同样，无论国家与市民社会之间的这一正式二分法作为初始工具多么必要，都无法产生出对资本主义社会结构不同制度之间复杂关系的具体认识"①。在他看来，正是资本主义的生产关系分配给所有的男男女女不同的社会阶级，并通过他们在生产方式中的结构位置来加以界定，这一阶级的划分就是法律自由和公民平等背后的潜在事实。

　　值得注意的是，安德森在与罗尔斯、哈贝马斯等的争论和交锋中，也指出资本主义社会中资产阶级对无产阶级的经济剥削这一事实总是被排除在他们所设想的各种公平、正义等原则和程序的政治或哲学议程之外。实际上，在安德森的权力视野中，资产阶级对无产阶级的经济剥削就是政治权力和文化权力所竭力掩盖的一个基本事实，也是资产阶级权力结构的一个不言自明的前提和基础。

　　这样，安德森便通过对经济、政治和文化三个层面及其相互关系的考察和分析，形成了对西方资产阶级权力结构的整体认知，经济是最根本的，政治是决定性的，文化是主导性的，它们共同构成了西方资产阶级的权力结构机制。这一权力结构机制不仅凸显了资产阶级独特的政治

① Perry Anderson，"The Antinomies of Antonio Gramsci"，in *New Left Review*，1976，1（100），pp. 25-26.

文化制度，而且也揭示了资产阶级对无产阶级的全面而多样的统治制度。不难看出，安德森的"具体的类型学"的权力阐释模式，既是结构主义的，同时也是超结构主义的。

对于当代西方资产阶级国家的权力结构，安德森基于唯物史观和对具体历史的分析，不仅看到了社会不同层面和要素各自的独立性和自主性的作用和功能，而且看到了各层面和要素之间的相互关联，以及由这种关联所构成的作为有机整体而存在的社会权力，这就形成了一种本质主义和整体主义的思维方式，并蕴含着某种深层的结构主义和功能主义的思想和意识，从而使本质、作用和功能成了其权力阐释的核心话语。

安德森不是极端的结构功能论者，而是一位温和的或弱的结构功能论者。他不是在纯粹的理性思辨中来阐释权力，而是在历史与现实的具体境况中解释权力，认为权力不是纯粹理智的创造物，而是具体的历史与现实的产物，因而他所希望创建的就不是思辨的"类型学"，而是"具体的类型学"，试图在具体的历史与现实中回到经典历史唯物主义的阐释路径。

安德森基于对权力是政治、经济和文化的整体表现的认识，尝试建构西方无产阶级进行革命的具体的社会主义策略。葛兰西指出："一个社会集团对它试图用武力废除或压制的敌对集团是主导性的，而对其姻亲或联盟集团是指导性的。一个社会集团在夺取政府权力之前能够而且必须成为指导性的（这就是夺取权力自身的一个主要条件）；之后，当它实施和维持权力时，它就变成了主导性的并且继续是指导性的。"[1]对葛

---

[1] Perry Anderson, "The Antinomies of Antonio Gramsci", in *New Left Review*, 1976, 1 (100), p. 45.

兰西的这一论断，通常的解释是，西方无产阶级首先需要掌握市民社会的文化领导权，然后才能夺取国家的政治领导权，如科拉柯夫斯基所说："无论如何，在葛兰西的学说中，这是一个重要的论点，即工人们只有在获得'文化领导权'之后，才能获得政治上的权力。"[①]然而，在安德森看来，葛兰西这一论断遭到了极大的误解，因为这段话表明，文化领导权的实施只适用于联盟阶级，对于敌对阶级只能采取政治领导权的方式，抑或说，文化领导权的夺取只能发生在政治领导权的夺取之后。因此，正确的革命步骤应首先是赢得联盟阶级对社会主义民主制度的文化领导权，其次是用革命甚至暴力的手段夺取资产阶级的政治领导权。这一观点就与经典马克思主义的思想相一致，认为在资本主义社会中，无产阶级不可能成为文化上的统治阶级，由于其所处的结构位置，它被剥夺了某些重要的文化生产方式，如教育、传统和闲暇，甚至在无产阶级夺取政治权力的社会主义革命之后，文化上居主导地位的阶级在某些方面或在一定时期内仍将是资产阶级。[②] 总之，正是资本主义社会的政治或国家，构成了资本主义通向社会主义的最终障碍，所以，只有通过政治层面的急速变革，才能为资本主义的经济和文化变革创造必要条件，从而为资本主义社会的全面改造奠定基础。换言之，只有资本主义的权力结构在性质上完全转变为社会主义之后，权力才能在经济、政治和文化等层面和要素中回归到无产阶级或人民大众的手中，而非掌握在

---

① 俞吾金、陈学明：《国外马克思主义哲学流派新编（西方马克思主义卷）》，124页，上海，复旦大学出版社，2002。

② Perry Anderson, "The Antinomies of Antonio Gramsci", in *New Left Review*, 1976，1 (100)，p. 46.

特权阶级的手中。这样的革命才是完全的和彻底的，这样的社会也才是真正大众的。

然而，安德森这一"类型学"的权力思想也存在先天的缺陷和不足。

首先，安德森过度关注权力，尤其是阶级权力的问题，而忽视那些与阶级权力无关的历史与社会现象。爱德华·汤普森曾批评安德森存在对"权力的不健康迷恋"，认为他"对于权力的关注，对于政治分析的关注，这是适当的。但并非所有的人类现象都能同化为权力或阶级的范畴；然而，在马克思主义者中似乎存在某种倾向，即它们能够而且应该同化为权力或阶级的范畴……这一目标——工人阶级的权力——总是存在于那里，预先存在于某个地方，并且历史——尤其是工人阶级的历史——就在朝向这一目标的实现中而获得完全评价"①。

其次，安德森遵循传统史学的研究对象和主题，对以国家为主体的政治史给予了极大的关注，对于权力而言，只是专注于自上而下的国家权力，而非自下而上的民众权力。他在《绝对主义国家的系谱》一书前言中明确指出："今天，当'自下向上看的历史'（History from Below）已经变成无论马克思主义还是非马克思主义学术界的一句口号，而且在我们对过去的理解中产生"了重大成果之时，"十分有必要重提历史唯物主义的一个基本原理……'自上向下看的历史'（History from Above）阶级统治的复杂机制的历史，其重要性不亚于'自下向上看的历史'；实际上，

①　E. P. Thompson, "The Pecularity of the English", in *The Poverty of Theory & Other Essays*, New York and London, Monthly Review Press, 1978, pp. 296-297.

没有前者，后者最终只是片面的历史（即使是较重要的一面）"①。因此，这是统治阶级的权力而非被统治阶级的权力，也是一种单向性的权力而非双向性的权力。

再次，安德森试图构建的是一种宏观权力学，尤其是国家的统治权在谁手里、由谁支配的问题，因而侧重分析的是宏观的、整体的和中心化的权力，而没有注意到权力的微观存在。而后现代主义的权力哲学家米歇尔·福柯则试图构建一种微观的权力学，认为权力是分散的、异质的和非中心化的存在。在此意义上，安德森也没有能够说明这一权力的复杂而多元的存在。

最后，对于未来如何实现权力向民众的真正回归和转变，安德森提出了"革命主义"的策略。这种"革命"不是点点滴滴的改良，而是大刀阔斧的改革、全面而彻底的社会变革工程，由此安德森走向了经典马克思主义的政治经济学路线，形成了"革命的政治学"。在他看来，"自由就在于把国家由一个站在社会之上的机关变成完全服从这个社会的机关；而且今天也是如此，各种国家形式比较自由或比较不自由，也取决于这些国家形式把国家的自由，限制到什么程度。一个世纪之后，彻底废除国家依然是革命的社会主义者的目标之一"②。然而，尽管这一革命策略是全面而彻底的，但它对于当今资本主义社会中无产阶级的革命实践并没有产生足够的影响。当然，理论只能预测，只

---

①　[英]佩里·安德森：《绝对主义国家的系谱》，刘北成，龚晓庄译，5—6页，上海，上海人民出版社，2001。

②　同上书，6页。

有未来的实践才能够证实。①

(二)平等是社会主义的核心价值观

英国的新社会主义理论把建立平等的自由社会看作是社会主义的根本所在，看作是实现民权思想的核心价值观。英国新马克思主义者安德森认为，资本主义最初是以自由、平等、博爱、人权等宣言深得人心的，但是，这样的宣言在当代已经破败不堪。然而，令人惊奇的是，自由主义的意识形态并未枯竭，当资本主义在 1974 年经历了严重的经济危机之后，自由主义并未随之衰落，而是再次以一种更加激进的"新自由主义"的面貌出现，并成为了当今资本主义国家的施政纲领。以撒切尔和里根为首的英美资本主义国家率先实施了新自由主义的纲领和政策，随之，这一模式成为了当今世界上几乎所有国家效仿的模式。"新自由主义，不管实践中有多少局限性，都是迄今为止世界历史上最成功的意识形态。"②然而，虽然新自由主义意识形态取得了阶段性胜利，体现出一定程度的能动性和积极性，但从长远来看，这种纯自由主义的市场经济体系和价值对于社会的平等和民主而言并不是最为有效的，它存在着极大的局限性，在新自由主义美好价值的背后隐藏着极大的不平等和不民主。2008 年以来资本主义社会的金融危机、社会危机以及民主政治危机，说明新自由主义并非是不可战胜，无懈可击的，它不会一劳永逸地永恒存在下去，具有很大的改造空间。正如安德森在《更新》一文

---

① Perry Anderson, *Arguments within English Marxism*, London：Verso, 1980, p. 197.

② 甘琦：《向右的时代向左的人》，39—40 页，载《读书》，2005(6)。

中所说的："一个十年并不造就一个时代，新自由主义 20 世纪 90 年代的胜利也并非永恒实力的保障。"①安德森满怀希望地宣称要"超越新自由主义"，超越资本主义，建立更趋平等的社会，即社会主义社会。

在分析的马克思主义者柯亨看来，资本主义在当代的发展，是借助于科学技术的力量达到的。然而，科学技术的滥用，带来了社会的巨大不平等。本来，科学技术作为人类解放的工具，其根本目标是要追求平等与自由相统一的正义社会，但现实社会却是一个异常异化的社会，是极度不平等的社会。因此，柯亨致力于发展"深层"机会平等，提出了"可及优势平等"概念，其平等理念的目标是创造一个社会主义的共同体，在其中，每个人与他人都处于平等的关系之中。柯亨反对诉诸人的自私性来扼杀改变现实的平等要求，他认为社会主义变革的最大障碍，不是变革激起的特权阶层的反抗，而是人们认为"变革不可能实现"的观念。因此，他特别强调社会伦理风尚的改造，倡导动机结构的革命。

柯亨认为，平等主义有两个主要的检验原则。第一个原则是机会平等。该原则认为，收入和其他生活条件的不平等是一种自然状态，但同时也认为，社会底层的人可以通过自己的努力，譬如通过勤奋、毅力、才智和正当手段等使自己的经济和社会地位得到提升。对于拥有大量未开垦土地，且土地价格十分低廉的农业社会或前工业社会来说，这种原则是恰当的。同时，当初期工业社会大多数非农业企业的规模仍然较小，学徒和熟练工都有理由期望自己最终能够成为小企业的所有者时，

---

① Perry Anderson，"Renewals"，in *New Left Review*，January/February，2000，p. 15.

这种原则也是恰当的。然而，在 18—19 世纪，新技术及更广阔的市场促进了企业规模的扩大，对多数人而言，机会平等成了一句空话。

20 世纪出现了一种新的道德伦理，其标准是条件平等而不是机会平等。居于改革运动中心地位的平等主义政策，是建立在物质产品再分配的基础上的。[①] 条件上的平等主要是通过政府项目来完成的。设置这些项目的目的是要通过降低劳动力的供给和支持工会提高工资、改善工作条件的要求来使工资水平上升。通过对富人征收所得税并使用这些收入为穷人设立福利项目，政府还可以使富人的收入转移给穷人。20 世纪 70 年代中期，现代福利制度得以建立。

现在，机会平等原则重新居于主导地位。这种向"旧"的原则回归的部分原因在于强调个人责任和选择，另一部分原因在于大多数还没有解决的平等问题，诸如在选择职业和接受教育过程中所遇到的障碍，大多属于深层机会问题而与收入转移无关。单纯增加额外收入并不能确保这些不平等的消除。正是新出现的一些平等问题——在享受养老金、医疗保险、教育机会、闲暇活动、弹性工作制及使工作与家庭生活相结合等方面应享有的权利——才使得机会平等的原则更为突出。

柯亨认为，社会主义社会应该主要有两个基本原则，即平等主义原则和共同体原则。平等主义原则是基本机会平等的原则，并且与结果的不平等是相容的。共同体原则限制了平等主义原则的运作，因为它禁止平等主义原则所容许的某些结果不平等。

---

① ［美］罗伯特·威廉·福格尔：《第四次大觉醒及平等主义的未来》，王中华，刘江译，2 页，北京，首都经济贸易大学出版社，2003。

　　规范的社会主义是反对诉诸人性来扼杀掉对平等地改变现实的要求的，因为，诉诸人性倾向于把局部的、偶然性的事物与普遍的、自然性的事物混淆起来。柯亨争辩说，有利于经济状况好的人的激励性体系，只有在不平等的观点和体系设定了约束条件的清况下，才可以使生产力和产出达到最高水平。

　　柯亨"积极"地理解自由概念，即不仅把自由看做个人不受强制的"消极"的防御性领域，而且从概念分析入手，从普通民众的立场出发，将自由视为个人"积极"追求并获致幸福的能动性作为。鉴于普通民众追求并获致幸福的能力严重不足（即金钱的缺乏），因此，政府（或其他的社会组织）要在贫困救济、就业安置、福利保障、公共卫生、国民教育等方面有更多的责任担当。从政策之下的深层层面来看，对普通民众追求幸福的"可及优势"给予积极促进，就必须把自由与平等紧密联系起来，不仅在政治意义上，而且在经济与社会意义上，积极扩充公民的权利。

　　建立社会主义的平等观必须彻底批判自由主义的政治意识，这是柯亨所作的一个重要工作。柯亨认为，平等是人类的永恒理想。平等观念是理解当代政治实践及各种理论流派历史演变的一个核心概念，也是明辨各流派思想家本真意蕴的关键。当代世界两种与平等话题紧密相关的矛盾凸显了柯亨思想的价值：其一是全球范围内普遍存在的社会—经济不平等现象与自由主义理论家对不平等的辩护，其二是国际共产主义运动遭受重大挫折、平等主义的政治目标日渐淡化与分析马克思主义对社会主义理想的"不合时宜"的辩护。

　　柯亨在最近30年里对平等问题的研究，构成了我们透视自由主义丛林的不可多得的"社会主义的"话语平台；它清晰地展示了缜密地探索未来理想社会的理论趋势，其"根本目标就是批判并取代自由主义的正义理论"①。如若考虑到与资本主义全球化相伴的当代西方主流政治哲学的全球化，那么梳理、分析柯亨的思想内涵，观照有中国特色社会主义的现实进程，就成为一项很有意义的课题。

平等是马克思政治哲学思想的内在追求与道德理想。著名学者威尔·金里卡认为，马克思主义与自由主义相比具有更大的平等主义特征②。柯亨也坚持同样的观点，尽管他不太认同马克思对平等问题的处理路径，认为马克思将物质丰裕视为实现平等的前提，只允许规范性论断在其历史理论中隐约显现，实际上消解了平等问题本身。因此，面对可以预见的持续的物质匮乏，柯亨明确提出需要发展马克思主义的规范的政治哲学，从而展现马克思哲学中所蕴含的深刻的和正确的平等思想。

柯亨认为，马克思政治哲学思想以平等为基本诉求和道德理想。马克思及其追随者对种种不平等现象进行了无情的批判，并分析了消除不平等的基本道路。柯亨认为，尽管他们没有明确地说出自己所赞同的平等原则是什么，但是他们事实上都赞同某种平等观："自卡尔·马克思以来，假装不关心正义的马克思主义者都是在自我欺骗。"③历史唯物主

---

① ［加］威尔·金里卡：《当代政治哲学》（上册），刘莘译，305 页，上海，上海三联书店，2004。

② 同上书，320 页。

③ Cohen, G. A., *Self-ownership*, *Freedom and Equality*, Cambridge：Cambridge University Press，1995，p. 2.

义把阶级统治的结束视为一个由"超越阶级对立的……真正人的道德"①
所统治的社会的开始。平等、结社和人的自我实现这些价值无疑是马克
思主义信仰中不可分割的一部分。因此，与分析马克思主义的其他成员
一样，柯亨"忙碌于道德哲学和政治哲学中那些过去没有引起马克思主
义者注意的问题"②，力图澄清马克思主义者信奉的美好社会制度的规
范性基础。

　　马克思认为，平等既是历史发展所不可避免的，在道德上也是合理
的。两种历史趋势推动政治平等和经济平等必然来临：一种趋势就是有
组织的工人阶级的兴起。由于工人阶级处于不平等的末端，这种社会地
位会促使他们赞成平等，工人运动最终一定能够把不平等社会消灭。另
一种趋势是技术的不断进步和生产力的持续发展。这必然带来极为丰富
的物质财富，每个人都可以拥有所需的一切，过上富裕、自足的生活，
不平等会自然消失。因此，马克思并未专注于考察任何抽象的平等原
则，而是着力于探索消除不平等的社会制度和阶级根源的方式。然而，
在柯亨看来，马克思主义平等观得以建立的上述前提，即马克思主义区
别于空想社会主义的事实硬壳，已然破碎。原因之一是虽然无产阶级在
一定时期内确实发展壮大，但随着资本主义生产过程在技术上日益高精
尖化，无产阶级发生了分化，其队伍减少："一个由于受剥削和贫困而
与社会主义革命有必然的利害关系、同时由于其本身的生产力和人数而

---

　　①　《马克思恩格斯选集》第 3 卷，435 页，北京，人民出版社，1995。

　　②　Cohen, G. A. , *Self-ownership, Freedom and Equality*, Cambridge：Cambridge
University Press, 1995, p. 144.

有能力进行社会主义革命的群体已不复存在。"①与此相反，资本主义生产却有望继续扩大规模、扩张势力，马克思主义者对无产阶级的传统信念遭遇了资本主义的自然演进过程的挑战。原因之二来自生态困境。柯亨曾经对生产力的发展必然导致的美好社会充满信心，但生态危机再一次釜底抽薪。生产力的发展遭遇了资源匮乏的无情制约，地球资源并未证明人类可以随着技术知识的增长创造无限的剩余价值。这意味着不平等的消除"不再是一个选择项，……巨大的贫富差距，从道德的角度讲，变得更加不能容忍"②。尽管在这样的历史背景下，马克思政治哲学对平等的基本诉求和道德理想很难圆满实现，但它们却越发值得受到我们的深切关注。

柯亨认为，物质匮乏的社会更需要建构实现平等的规范的政治哲学。马克思认为，在物质稀缺的状态下，不平等的阶级社会是不可避免的，其产权结构决定着分配问题，因此，讨论正义就是空谈，政治运动的任务应当是推翻阶级社会。在"集体财富的一切源泉都充分涌流之后"③，不平等会消失，每个人都可以拥有所需的一切，任何形式的正义(无论是平等主义的还是自由主义的)都能得到实现。

在柯亨看来，"规范性终极真理是历史中的不变量，虽然历史环境无疑会影响公正的具体要求，但它们之所以能施加这种影响，就是因为

---

① Cohen, G. A. , *Self-ownership*, *Freedom and Equality*, Cambridge: Cambridge University Press, 1995, p. 8.

② Ibid. , p. 10.

③ 《马克思恩格斯选集》第 3 卷，305 页，北京，人民出版社，1995。

永远有效的公正原则在不同的时间有不同的内容。"①因此，平等问题本身不能被消解，需要的是转换研究路径："西方资本主义社会阶级结构的深刻变化能够解释我们注意力的转变。这些变化导致了以前并不存在的规范性问题，或者更准确地说，它们导致了以前几乎没有政治意义的规范性问题。"②"为了倡导社会主义，必须从哲学的高度对价值和原则进行阐述，这一点现在已变得空前的明朗。"③"资本主义培育出社会主义革命的主体，但并没有自掘坟墓。因此，社会主义者在构想未来时必须少些浪漫，必须改变它流行时的作风，多从道德的角度来维护自己。"④

"未来必然会实现物质的充裕"是预测平等的一个前提，而目前持续存在的物质短缺则是要求平等的新的根据。实现马克思的终极平等——"各尽所能，按需分配"——的前提是，生产力进步使社会达到一种丰裕状态，无论是个体之间还是群体之间再也不存在争取优先权的竞争。这种在环保思想之前出现的盲目乐观主义已然落伍。因为，"生态困境的出现为平等要求提供了新基础，这一点不仅对传统的马克思主义来说是全新的，而且对主流自由主义来说也是一样的"⑤。现实的挑战表明：稀缺是人类社会的痼疾，我们不得不在稀缺的条件下去寻求平等。这意味着对立的主张、需求、志向之间的抉择总是不可避免的；因此，"我

---

① Cohen, G. A., *Self-ownership*, *Freedom and Equality*, Cambridge: Cambridge University Press, 1995, p. 2.

② Ibid., p. 145.

③ Ibid., p. 8.

④ Ibid., p. 9.

⑤ Ibid., p. 9.

们不能光靠技术为我们的福祉拾遗补缺：如果有什么灵丹妙药的话，那就是必须自己动手，做艰苦的理论工作和政治工作。……这种认识应当是未来的社会主义经济学家和哲学家努力的指南。"①正是由于平等是马克思政治哲学思想的内在追求和道德理想，因而，探索平等实现机制的规范的政治哲学，在世界马克思主义的研究中成了一个越来越重要的问题。

现代自由主义平等观是现实不平等的遮羞布。自由和平等曾经是资产阶级革命的旗帜，然而"由'理性的胜利'建立起来的社会制度和政治制度竟是一幅令人极度失望的讽刺画"②。资本主义平等的虚幻性昭然若揭。随着资本主义的演化，新自由主义积极响应社会平等的呼声，似乎开始"左"转。柯亨敏锐地指出，现代自由主义所设计的平等蓝图"总还是被限制在一个资产阶级的框框里"③，只不过较之从前更精巧罢了。

现代自由主义"重视"平等，但又为不平等作辩护。第一种辩护认为，平等所要求的只是机会平等。只要人们不会由于种族、性别、年龄等因素而受到歧视，那么无论市场竞争导致的收入差异有多大，都不违反平等的精神。第二种辩护认为，自由是最重要的个人权利，市场经济制度是平等地保障每个人的自由和私有产权的最佳安排，任何财富的再分配都会侵犯这些权利。第三种辩护认为，追求经济平等会削弱人们的经济动机，阻碍经济增长。总之，不平等激活生产、捍卫自由和符合正

---

① Cohen, G. A., *Self-ownership, Freedom and Equality*, Cambridge：Cambridge University Press, 1995, p. 11.

② 《马克思恩格斯选集》第3卷，723页，北京，人民出版社，1995。

③ 同上书，304页。

义的原则。柯亨把这三种辩护分别称之为经济论证、自由论证和正义论证。①

诺齐克是第二种辩护的代表。他所倡导的资本主义"没有社会福利税收，并且允许不平等，其程度远远超过了当代资产阶级社会的许多辩护者现在可以容忍的范围"②。古典自由主义者洛克认为，当一个人把自己的劳动和力量加之于自然的无主的事物时，就是使自己的东西与对象相结合，从而使之成为属于自己的私有财产。诺齐克把洛克的原则改造为：如果一个人对原始无主之物的占有未导致其他人境况的恶化，那么他的占有就是合法的。他还进一步认为："无论什么，只要它是从一种公正的状态中以公正的步骤产生的，它本身就是公正的。"③在柯亨看来，上述说法是对私有制以及由私有制带来的不平等的赤裸裸的辩护。他以平等的名义，通过三个论断质疑自由和自我所有的合法性：第一，前提推不出结论。也就是说，即使我们承认自我所有，但由此并不能得到私有财产起源合法、其后的不平等合理这种结论。第二，自由或自我所有能够与平等相容。柯亨提出了另一个命题，来取代诺齐克有关外部世界"人人可得"的假设，即外部世界归所有人共同所有，每一个人都拥有否决权。当平等主义有关外部资源的所有权的假设与自我所有思想结合在一起时，最终的条件平等就能得到保障，不会产生贫富差距和不平

---

①　柯亨：《马克思与诺齐克之间——G. A. 柯亨文选》，吕增奎译，38 页，南京，江苏人民出版社，2007。

②　Cohen, G. A., *Self-ownership, Freedom and Equality*, Cambridge University Press，1995，p. 19.

③　Nozick, R., *Anarchy, State, and Utopia*, New York：Basic Books，1974，pp. 161-162.

等。第三，质疑自我所有原则。自我所有原则不等于自主，也不等于康德的伦理主张——"人是目的"①。

差异原则是"与资本主义所塑造的自私性格的冷静妥协"。柯亨认为，罗尔斯的差异原则认可了一种以物质激励策略为中心地对不平等的论证。② 以罗尔斯为代表的左翼自由主义者拒斥包含在"三重论证"的大前提中的原则（资格、应得和总体效用）。罗尔斯提出，只有在对社会中受益最小者最为有利的情况下，经济不平等分配才可以被容许③。较诺齐克而言，罗尔斯允许大范围的再分配，也允许趋向更不平等——只要有利于最小受惠者的利益。他不认为发达国家的巨大不平等有利于穷人，但又认为："容许企业家有较大的期望，将会鼓励他们做一些可以改善劳动者长远前景的事情。他们较好的前景，将会起到激励的作用，使经济过程更有效率，创新加速进行等。最后得到的物质利益，将会惠及整个社会并辐射到最小受益者。"④柯亨指出，这才是差异原则容许不平等的主要原因："激励论证"（the Incentive Argument）为穷人提供了一个接受不平等的理由。⑤

柯亨在《激励、不平等与共同体》一文中针对这一论证进行了深刻的

---

① Cohen, G. A. , *Self-ownership*, *Freedom and Equality*, Cambridge：Cambridge University Press, 1995, pp. 19-115.

② ［英］柯亨：《马克思与诺齐克之间——G. A. 柯亨文选》，吕增奎译，196 页，南京，江苏人民出版社，2007。

③ Rawls, J. , *A Theory of Justice*, Boston：Harvard University Press, 1971, p. 322.

④ Ibid. , p. 78.

⑤ ［英］柯亨：《马克思与诺齐克之间——G. A. 柯亨文选》，吕增奎译，215 页，南京，江苏人民出版社，2007。

批判。① 首先，"激励论证"与穷人和富人共享同一个道德共同体发生冲突。"激励论证"类似于向绑匪支付赎金的论证：仅当绑匪收到赎金，被绑架的儿童才会被释放。支付赎金之所以被认为是错误的，不仅在于它的一些后果，而且在于它本质上是向卑鄙的威胁支付赎金。当富人自己提出激励论证时，就会产生绑匪一样的欺诈。如果差异原则的实际诠释权最后依赖于优势者的动机系统，那么一个社会贫富悬殊的程度将是我们无法估量的。而在大力鼓励人们追求个人利益的资本主义社会，差异原则的平等主义理想可能更难实现。其次，松散解释的差异原则并不是一个正义原则，而是一个处理不正义的原则。柯亨尖锐地指出：罗尔斯的差异原则不再是体现平等理念的最好原则，它只是基于现实的限制的次佳选择。罗尔斯把"激励政策"说成正义社会的一个特征，但事实上正如穆勒所言，只有在我们所了解的社会中它才是"非常方便的"，是一种"与资本主义所塑造的自私性格的冷静妥协"②。罗尔斯在人人道德上平等的前提下，经由"无知之幕"的理性选择，为经济不平等的道德正当性提供证明。

不平等的根源在于社会关系和阶级结构。在不平等的起源问题上，自由主义与马克思主义尖锐对立。不平等（异化）的原因是私有制的存在，这是从卢梭到马克思的共识。马克思的深刻之处在于，他坚持唯物史观，否认私有制是基于人性的永恒制度，认为不平等是和私有制、阶

---

① ［英］柯亨：《马克思与诺齐克之间——G. A. 柯亨文选》，吕增奎译，193—239页，南京，江苏人民出版社，2007。

② ［英］约翰·穆勒：《政治经济学原理及其在社会哲学上的若干应用》上卷，赵荣潜等译，239页，北京，商务印书馆，1991。

级同存共生的，是一个问题的不同表述。柯亨从契约和剥削切入，重塑了马克思的主张，批判自由主义平等观的肤浅和自欺。

科亨认为契约平等是平等的麻醉剂。在自由主义者看来："劣势者"的存在不是由于历史的、社会的问题，而是由于自身不可避免的缺陷（包括能力和条件的差异），或者由于偶然的机遇等[1]。他们坚称建立在契约基础上的资本主义社会是近乎公正的。马克思认为，资本家与工人之间的契约关系是与平等原则相矛盾的，因为在资本家和无产阶级之间没有真正的平等，只有形式上的平等。柯亨认为，契约的平等并不要求财产的平等。[2] 契约关系提供的平等原则只能说明没有人是被"强迫"的。在他看来，契约关系是互利的关系，然而互利的契约关系并没有包含对所有人的（平等）再分配。没能力的人不能够进入契约关系，因为没有人能够受惠于他们。因此，契约关系所要求的平等仍然是狭隘的资产阶级平等。而且，更深层次的问题在于：为什么这样一种互利的合作模式导致了社会分化？柯亨用著名的"张伯伦论证"来分析这一问题。假设球队所在的城市只有一家工厂，张伯伦用他积累的球票附加费收购了其球迷工作的工厂。然后，他打算将生产线转移至工资水平只是美国零头的越南，工人们只有接受大幅削减工资，并且同意放弃公司的医疗保险和退休金。这样，作为他们自愿的契约交易的结果，球迷们的经济状况极大地恶化，而这种交易在其原初状态没有人认为它不公平。在这个例子中，张伯伦和其球迷之间的权力关系发生巨大改变。利用契约平等，

---

① 魏小萍：《契约原则是否带来了自由和平等，国外马克思主义者与自由主义者的论战——雅克·比岱的元结构与罗尔斯的正义理论》，17页，载《哲学研究》，2002(3)。

② 同上书，14页。

张伯伦拥有了控制球迷的生活的权力，限制了球迷"结构上的自由"，从而有权毁掉他们的生活。

社会关系和阶级结构铸造了不平等。柯亨认为，自由主义抱着人在天赋方面的差异不放，认为正是这些差异才导致了不平等现象——这一观点完全没有能力解释全球范围内的特权和权利结构何以如此根深叶茂。"劣势者"存在的根源是社会关系和阶级结构。① 马克思认为："劳动者在经济上受劳动资料即生活源泉的垄断者的支配，是一切形式的奴役即一切社会贫困、精神屈辱和政治依附的基础。"②解决平等问题的根本方法是废除产生阶级社会的生产资料私有制，而不是仅仅倾向于"劣势者"的权力分配。

从表面上看，可让渡的生产资源的不平等分配，似乎与不可让渡的天赋一样，是非常接近盲目运气的情形，但马克思的剥削概念提供了与自由主义截然不同的关于不平等起源的解释。马克思把资本主义剥削看成是生产性资源不平等分配的一种结果：工人们被剥夺了直接拥有生产资料的权利，被迫向资本家出卖他们的劳动力，而资本家则控制着这些最终导致工人受剥削的资源。剥削者与被剥削者之间的这种敌对关系，反过来形成了阶级结构的基础。柯亨认为，剥削之不公正，并非取决于劳动贡献原则。③ 根据马克思的解释，剥削直接的就是不公正的——独

①　魏小萍：《契约原则是否带来了自由和平等，国外马克思主义者与自由主义者的论战——雅克·比岱的元结构与罗尔斯的正义理论》，17 页，载《哲学研究》，2002(3)。

②　《马克思恩格斯选集》第 2 卷，609 页，北京，人民出版社，1995。

③　[英]柯亨：《马克思与诺齐克之间——G. A. 柯亨文选》，吕增奎译，31 页，南京，江苏人民出版社，2007。

立于生产物质初始分配中的不公正，因为工人被非法强迫为资本家工作。就其结果是对优势拥有的不平等的分配而言，剥削还间接地导致了不平等——当代经济结构降低了大多数人的生活水平，增加了少数人的财富。不仅如此，剥削者和被剥削者在社会结构中所处的位置，使他们各自对维持和减少不平等感兴趣：在这种意义上，剥削直接与借以纠正不平等的政治活动相关联。

"对什么平等"的问题构成当代关于平等问题争议的焦点①。柯亨对"平等之物"的探寻是与研究"平等如何促进"一起进行的，二者共同构成了社会主义平等理想的实现问题。柯亨对这个问题的探讨富有想象力，代表了一种探索未来理想社会的理论趋势。

可及优势平等：从表层实物到深层机会。区别于罗尔斯、诺齐克和德沃金，柯亨提出了"可及优势平等"（Equal Access to Advantage）的观念。这里的"优势"是指人们希望获得的不同种类的状态，这些状态既不可降低他的各种资源，也不可降低他的福利水平②。所谓"可及"，是指只有当一个人确实有获得某物的机遇和能力时，他对他不具有的那个东西才享有可及性。③"从平等主义的观点来看，一个不负责任地养成一种奢侈习性的人与一个不负责任地丧失一种珍贵资源的人，两者之间在道德上是无所谓什么差别的。正确的分界线在于责任与厄运，而不是偏好

①　［印］阿玛蒂亚·森：《论经济不平等·不平等之再考察》，王利文等译，233 页，北京，社会科学文献出版社，2006。

②　Cohen, G. A., "Equality of What? On Welfare, Goods and Capabilities", M. Nussbaum and A. Sen(eds.), *The Quality of Life*, Oxford, 1993, p. 28.

③　［英］柯亨：《论平等主义正义的通货》，138 页，载葛四友主编：《运气均等主义》，南京，江苏人民出版社，2006。

与资源之间。"①"可及优势平等"的观念是发展"深层"机会平等的有益尝试，它为平等提供了积极的理论支持，即通过把人们获得幸福的个人能力、自由平等化，从而逐步达到每个人的完美状态。

柯亨通过"野营旅行"（Camping Trip）的假设，进一步阐述了（社会主义）机会平等的根本原则。他认为存在三种类型的机会平等形式（A）和三种相应的机会障碍（A'）：第一种是资产阶级的机会平等（A1），它消除了地位对生活机会的限制。这种机会平等并未扩大到所有人的机会；它表明促进机会平等不仅是一种平等化的政策，而且是一种再分配政策。第二种是左翼自由主义机会平等（A2），它超越了（早期）资产阶级的机会平等。它指出，贫困直接源自一个人的环境。当左翼自由主义的机会平等完全实现的时候，人们的命运由他们的天赋和选择决定，因而不完全由他们的社会背景决定。第三种是社会主义的机会平等（A3），它试图纠正所有非选择的劣势，即行为者自身没有理由为之负责的劣势，不管是社会不幸还是天生不幸的劣势。当社会主义的机会平等得以实现的时候，结果反映的只是趣味和选择的差异，而不是天生的和社会的能力与力量的差异。尽管如此，当大量的不平等产生时，共同体就陷入紧张状态。这时共同体原则就会干预（以适应共同体的形成和巩固）。在社会主义的观念中共同体形式的互惠性（不同于市场形式的互惠性）具有极端的重要性。"按照（共同体）原则，我之所以为你服务，并不是因为我能够得到的回报，而是因为你需要我的服务，而且你因为同样的原

____

① ［英］柯亨：《论平等主义正义的通货》，124页，载葛四友主编：《运气均等主义》，124页，南京，江苏人民出版社，2006。

因来为我服务。"①所以，柯亨的平等观念的消极目标，不仅仅是从人类事务中消除运气的影响，而且是结束由社会所强加的压迫；其积极目标不是确保每个人得到他们道德上应得的东西，而是创造一个共同体，在其中每个人与他人都处于平等的关系之中。

"适应性偏好"是社会主义平等理想的最大障碍。社会主义的理想是把共同体扩展到整个经济生活领域。② 但是，社会主义平等的"可致性"问题遭到了来自两个方面的质疑：第一个方面与人类的动机有关，第二个方面则与社会技术有关。柯亨认为："社会主义理想所面临的主要问题是，我们并不知道如何设计出那种实现社会主义理想的机制。从根本上说，我们的难题并不在于人性的自私，而在于我们缺乏一种合适的组织技术：……每一个人身上都存在自私和慷慨。……我们知道如何在自私的基础上使经济运转起来，但我们却不知道如何在慷慨的基础上使之运转起来。即使在现实的世界中，在我们的社会中，许多方面都依赖慷慨……依赖非市场的激励。"③柯亨反对诉诸人的自私性来扼杀改变现实的平等要求，因为有利于优势者的激励性体系，只有在容忍不平等的观点和体系被设定为约束条件的情况下，才具有真值；因而，这并不能否定个人在一种不同的社会环境下会做出不同的行动。

柯亨认为对社会主义变革的最大障碍，不是变革激起的特权阶层的

---

① ［英］柯亨：《马克思与诺齐克之间——G. A. 柯亨文选》，吕增奎译，270 页，南京，江苏人民出版社，2007。

② Cohen, G. A. , "Back to Socialist Basics", in Jane Franklin（ed.）, *Equality*, London：IPPR, 1997a, p. 37.

③ ［英］柯亨：《马克思与诺齐克之间——G. A. 柯亨文选》，吕增奎译，272 页，南京，江苏人民出版社，2007。

反抗，而是人们认为"变革不可能实现"的观念。20 世纪末，国际共产主义运动陷入低潮后，有些人未经反思地接受了新的理想和政治，实践的是"适应性偏好"："一个人之所以非理性地偏爱 A 胜过 B，只不过是因为他相信可得到 A 而不是 B⋯⋯主体的评价顺序完全专心于赞同（他认为）可行集合中的选择⋯⋯在当代欧洲社会主义思想运动中，这种病态心理集中表现在未经反思的追逐市场社会主义的时尚冲动。"①市场社会主义减少了对经济平等的重视，而且真正的互惠性交换没有成为市场的核心，所以市场社会主义至多是次优的选择。

实现社会主义平等需要动机结构上的革命。面对一个贫富悬殊的世界，柯亨问道："那些拥有生产能力且天资较好的人对于那些相对缺乏生产能力或有残疾或有特殊需要的人，应担负何种类型的义务？"②柯亨看到，许多（或全部）富有的平等主义者并没有向任何一项致力于平等的社会事业捐赠任何东西。即使他们降低自己的舒适生活的标准，从而可以向那些平等事业捐赠，但这可能仍然只是沧海一粟：它对于全球的贫富状况不会产生足够的影响。③

因此，柯亨强调："一个社会的正义不完全取决于它的立法结构、法律强制规则，而且取决于人们在那些规则中作出的选择。"④事实上，"仅靠纯粹结构性的手段是无法获得分配式正义的"，因为"在一个公正

---

① Cohen, G. A., *Self-ownership, Freedom and Equality*, Cambridge: Cambridge University Press, 1995, pp. 253-254.

② Ibid., p. 144.

③ Ibid., p. 153.

④ Cohen, G. A., "Where the Action Is, on the Site of Distributive Justice", in *Philosophy and Public Affairs* 26(1), 1997b, p. 9.

的结构内还是有相应的正义和不义的余地"①。一旦"物质利益上的不平等不是反映不同的人们在艰苦劳动上的差异，或者不是反映人们在收入和闲暇上的不同偏好和选择，而是反映数不清的幸运的和不幸运的情况"②，那么上述可能性就会出现。个人选择对于社会正义来说是决定性的，而且(信仰与行为分离的)"富人的慈善行为无助于消除不平等的权利：它只不过是不平等收入的一种特殊用途而已，仅仅反映出不平等的权利"③。因此，除了强调我们要重视正义制度的建设之外，柯亨还特别强调社会伦理风尚的改造："平等主义道德风尚的一个功能就是要使对境况最不利者的有意识关注变得没有必要。"④为了克服不平等，需要在我们的动机结构上发起一场革命。

(三)民主是社会主义掌控领导权的唯一形式

推进社会秩序变革，建设社会主义社会，使人民掌控国家和社会的领导权，民主是唯一的形式和手段。英国新马克思主义拉尔夫·密里本德以唯物史观为基础，聚焦社会秩序变革，从社会制度层面，深入批判了资本主义的腐朽性与非正义性，尝试从生产力与生产关系、社会存在与社会意识、阶级与阶级斗争等方面，深入探讨了如何掌控社会主义领

---

① Cohen, G. A. , "Where the Action Is, on the Site of Distributive Justice", in *Philosophy and Public Affairs* 26(1) , 1997b, p. 13.

② Ibid. , p. 12.

③ Cohen, G. A. , *If You're an Egalitarian, How Come You're So Rich?*, Boston: Harvard University Press, 2000, p. 166.

④ [英]柯亨:《马克思与诺齐克之间——G. A. 柯亨文选》，吕增奎译，224 页，南京，江苏人民出版社，2007。

导权的问题，并借此全方位地构建了新形态的社会主义思想体系。在密里本德看来，"把马克思的理论的社会主义转换成有特色的和具有针对性的理想的社会主义"①是完全可行的，其关键点在于要建立起社会主义的民主制度。

面对当今资本主义社会巨大的社会不平等、两极分化以及不可抗拒的周期性的经济危机和社会危机，英国新马克思主义思想家密里本德认为，资本主义制度的优越性已经过时，那种试图通过宣扬高福利政策来掩盖资本主义内部的深刻矛盾，甚至认为资本主义制度就是人类社会的终结的思想，已经没有说服力。密里本德秉持历史唯物主义观点，立足当前社会发展实际，认为第二次世界大战以来，特别是 20 世纪 50 年代以来，资本主义以及整个世界的经济、文化和政治危机告诉我们，必须重新审视资本主义制度的合理性，探寻新的引领社会发展的替代方案，重新建构社会秩序。

资本主义的国家本质是当今社会危机的根源。密里本德认为，"根据历史唯物主义原理，国家职能就是指国家在实际生活中所发挥的功能和作用。"②总体来看，资本主义国家的职能集中体现在政治统治、经济干预、文化教育和国际交往四个方面，并依次分析了它目前的现实状况。

就政治统治来看，资本主义为了维护自身的阶级统治和现存制度，一直实行专制统治，镇压人民反抗，即使是福利资本主义国家，福利政

---

① 乔瑞金等：《英国的新马克思主义》，33 页，北京，人民出版社，2013。

② ［英］拉尔夫·密里本德：《资本主义社会的国家》，沈汉，陈祖洲，蔡玲译，207 页，北京，商务印书馆，1997。

策虽然一定程度上缓和了阶级冲突，但是这种缓和作用并没有取消阶级的统治，甚至作为一种制度，有助于保证这种统治的进行。[①] 就经济干预来看，密里本德认为尽管资本主义国家创造了表面繁荣的社会景象，但其贫富差距日益增大，社会矛盾日益激化，究其根源是因为"资本主义是由企业的微观理性所驱动，而不是由社会所要求的宏观理性所驱动的"[②]。这种微观理性根植于资本主义社会的性质，资本家的目的是为了实现利益的最大化，榨取更多的剩余价值，因而引发巨大的社会矛盾和冲突。就文化教育方面来看，"统治阶级至少在一定程度上依赖于他们对主要沟通和说服手段的控制"[③]，此处的"沟通和说服手段"主要是指大众传媒和教育等。在密里本德看来，资本主义统治者在武力镇压之外进行文化意识形态的"洗脑"，干预民众的社会主义意识形态的形成，宣扬资本主义社会有利的一面，让广大民众认可现存的社会制度，从而达到加强和巩固其自身统治的目的。就国际交往方面来看，16世纪开端的世界贸易呈现出来的特征就是西方资本主义国家对其他地区的无情剥削，资产阶级发动"战争是权力拥有者寻求实现其自身目的的最终手段"[④]，"战争成为美国及其盟国捍卫资本主义利益和整个自由企业利益的方式"[⑤]。资本主义的这种国际交往，目的在于在国家竞争中获得国

---

① ［英］拉尔夫·密里本德：《资本主义社会的国家》，沈汉，陈祖洲，蔡玲译，267页，北京，商务印书馆，1997。

② Ralph Miliband, *Socialism for a Sceptical Age*. Cambridge: Polity Press, 1994, pp. 12-13.

③ Ibid. , p. 31.

④ Ibid. , p. 36.

⑤ Ibid. , p. 42.

际话语权，谋求在国际政治中的一席之地，从而更好地维护自身的统治。

不难看出，密里本德着眼资本主义国家发展的实际，分析了其国家的主要职能，揭露出当代资本主义国家仍然是以生产私有制为基础的维护自身利益的阶级本质，表明资本主义的存在已经成为人类自由和解放的障碍，必须寻找新的替代方案，建立新的社会秩序，而这个方案只能是社会主义。

资本主义的社会改良不可能解决根本问题。英国新马克思主义是一个学术群体，其共同的政治纲领在于断言资本主义制度已经完全丧失了其创造力，因而，只有彻底改变社会制度才是人类社会的根本出路，只有"坚持唯物史观的基本立场，把社会生产力的发展看成社会发展的根本动力，把生产方式的变革看作是社会变革的基础"[①]，正确处理社会关系，彻底变革资本主义制度，而不是一般的社会改良，才能最终走出困境。密里本德作为新马克思主义的一员，秉持这一基本立场，认为马克思主义主张通过社会革命或者渐进的变革过程，推翻资本主义，实现社会主义。密里本德认为，马克思主义所说的渐进的变革过程和资本主义国家所进行的社会改良有着本质区别。马克思主义的渐进变革过程是由资本主义社会达至社会主义社会的手段和途径，根本是要实现社会制度的变革；而社会改良则是打着"社会主义"的幌子进行改良，根本目的是维护现存资本主义制度，防止社会主义抬头的手段。"零敲碎打的改

---

① 乔瑞金：《英国新左派的社会主义政治至善思想》，3 页，载《中国社会科学》，2014(9)。

革不足以解决体质的根本弊端，而抛弃社会主义所代表的根本变革的观点，也会对改革本身的性质和范围产生深远影响。"[1]密里本德认为资产阶级所进行的社会改良是对特定事件的应激反应和暂时的公关行为，希图通过改革让步，缓解社会矛盾，遏制来自社会下层的斗争，这种社会改良是不彻底的，只是资产阶级的"缓兵之计"。他主张在资本主义国家实行的改革不是蜻蜓点水式的，而是要大刀阔斧式的最终实现社会制度的更迭。

正确处理生产关系，探索用社会主义替代资本主义的方略。密里本德认为，资本主义的捍卫者们经常援引马克思和恩格斯在《共产党宣言》中对资本主义的无穷的创造力给予的肯定和赞扬，"资产阶级在它不到一百年的阶级统治中所创造的生产力，比过去一切世代所创造的全部生产力还要多，还要大"[2]。事实上，资本主义社会目前也还在存续，非但没有如马克思恩格斯所预言的在自身矛盾的重压下"崩溃""瓦解"，反而通过不断自身调整找到了新的活力和源泉。在密里本德看来，这是一种假象，我们不应为假象所遮蔽而忽视"资本主义是建立在雇佣劳动基础上的制度"[3]这一本质，被雇佣者为了得到工资而付出自己的劳动，而雇主因拥有或控制生产资料的所有权不断榨取剩余价值实现对被雇佣者的剥削。密里本德认为，"从社会主义的角度看，雇佣劳动是一种社

---

① Ralph Miliband, *Socialism for a Sceptical Age*, Cambridge：Polity Press，1994，p. 9.

② 马克思，恩格斯：《共产党宣言》，32 页，北京，人民出版社，1997。

③ Ralph Miliband, *Socialism for a Sceptical Age*, Cambridge：Polity Press，1994，p. 28.

会关系，在道义上是可憎的，因为它是以剥削为基础的，因此是一个需要服从的过程"①。他所倡导的社会主义新秩序是以民主、平等和经济中占主导地位的部分的社会化为主要特征的，其中社会化是实现民主和平等的基本手段。社会主义意味着社会主义经济的形成，其根本特点就是生产资料的公有制。"社会主义假定，在适当的时候，一个完全不同的经济制度将取代资本主义，而这个经济制度的基础将是这样的原则：任何人都不应为他人的私利而工作，在强迫的服从的条件下工作。"②密里本德认为，生产资料公有制本身并不意味着消除劳动的雇佣方式，而在于消除剥削，"因为公有制不依赖于和不需要剥削，并且至少为生产者在民主控制的条件下进行合作联合提供了基础，并在商定的范围内给予不同的奖励"③。相比之下，资本主义的生产资料私有制下的整个经济活动是剥削的，是为所有者和控制者谋求利益的，而社会化为实现废除雇佣劳动提供了希望和可能，资本主义自身的性质对社会化是拒斥的。因此，尽管资本主义如马克思所言创造了史无前例的巨大财富，但是就其本身的性质和目的，它维护的只是个人利益，理论基点是个人主义，而非社会主义，与人民的美好生活是不相容的。

密里本德坚持历史唯物主义的方法，基于生产力和生产关系的辩证关系，生产力决定生产关系，生产关系反作用于生产力的认识，深刻指出资本主义国家的经济基础仍然是生产资料私有制，国家性质仍然是资

---

① Ralph Miliband, *Socialism for a Sceptical Age*, Cambridge：Polity Press，1994，p. 29.

② Ibid.，p. 29.

③ Ibid.，p. 30.

产阶级统治的，为资产阶级而服务，进行的社会改良仍然是为缓和阶级矛盾来维护自身统治。而社会主义是一种"新的社会秩序"，在这个秩序中，人与人之间实现了真正的平等，各种权力之间有效制衡，真正做到为人民服务，但它的实现是一个贯穿数代的过程，尤其在经济高度发达的资本主义社会，不是一蹴而就通过暴力革命推翻国家机器就能实现，而是需要改革，通过民主化和平等化的改革过程，促进一种新的社会秩序的构建，即建立社会主义社会。简言之，社会主义替代资本主义是必然趋势，是生产力发展的必然结果。

在回答为什么资产阶级政党在选举中会得到群众的支持时，密里本德援引葛兰西的"文化霸权"理论指出，它们只是在意识形态上暂时取得了对抗阶级的优势。马克思早在《德意志意识形态》中就这个问题做出标准化回答，"统治阶级的思想在每一个时代都是占统治地位的思想"，其原因在于"一个阶级是社会上占统治地位的物质力量，同时也是社会上占统治地位的精神力量。支配着物质生产资料的阶级，同时也支配着精神生产的资料，因此，那些没有精神生产资料的人的思想，一般地是隶属于这个阶级的。"[1]密里本德认为，"我们进行反对霸权的阶级斗争的最终目的是使社会主义成为我们时代的共识"[2]。这包括两方面的事情，"一是激烈地批判现行的社会秩序"，"二是证明一个全新的社会秩序……不仅是大家可期待的……而且是完全可能实现的"[3]。因此，进

---

[1] 马克思，恩格斯：《德意志意识形态节选本》，42页，北京，人民出版社，2003。

[2] Ralph Miliband, "Counter-Hegemonic Strategies", in *Socialist Register*, 1990, p. 363.

[3] Ibid., p. 348.

行社会主义改革时，我们要充分重视意识形态的作用，密里本德特别强调在社会中要塑造和形成一种社会主义共识，把它看成是进行社会变革的思想基础。

社会主义政党是社会主义共识的执行者，这是密里本德的一个基本观点。密里本德认为，"在所有发达资本主义国家，一般来说都存在着为某些实业阶级和统治阶级所宠爱、被选作传播媒介和工具的政党"[①]。这些实业阶级和统治阶级占有大部分的生产资料和掌握着大部分的社会财富，在国家的政治和经济生活中有话语权。他们所选出来的政党其实就是统治阶级意识形态的"传话筒"和"代言人"，这种政党以维护资本主义社会经济秩序为己任，比如英国的工党，事实上工党已经是英国从资本主义国家向社会主义国家转型的主要障碍。尽管历史上工党多次执政，但执政理念的基调始终是反对实行激进的政策，工党所领导的工会虽也起到一定的作用，但基本作用是"调节工人与雇主或政府之间的冲突"[②]。因此，要实现社会转型，必须成立一个新的社会主义政党，密里本德所提倡的社会主义政党首先是一个马克思主义的政党，不拘泥于资本主义向社会主义转型的形式，其最终指向是社会主义社会；其次，该政党是一个革命的政党，他们所构建的社会主义不是一个乌托邦式的空想，而是将彻底改变现有的资本主义制度，此处的革命是与保守相对的；最后，该政党是一定程度上相对松散的统一，它的目的是促进工人、教师、护士和学生等群体在经济、政治、文化、生活等方面的联

---

① [英]拉尔夫·密里本德：《资本主义社会的国家》，沈汉，陈祖洲，蔡玲译，187页，北京，商务印书馆，1997。

② 同上书，2页。

合。用社会主义意识形态武装头脑的新政党将对社会主义国家的合法化进程起到至关重要的作用。

利用大众传媒助产社会主义共识的产生和传播。密里本德认为,大众传媒是指"出版物、一般的书面语言、无线电广播、电视、电影和戏剧"等①。在资本主义社会中,大众传媒表面的自由性和开放性掩盖了其维护资本主义意识形态的本质,"在所有资本主义国家中无线电广播和电视一直是并且主要是灌输保守主义的机构"②,其核心理念是宣扬和赞美现行资本主义制度,那些经过筛选的、允许播放异己的政见变成加强和承认现有统治合法地位的素材。另一方面,大众传媒的娱乐性和营利性与更普遍意义上的政治灌输并不矛盾。密里本德认为人们往往被大众传媒的娱乐性和营利性所蒙蔽,而指责其唯利是图,体系琐碎,但是"这种指责也常常是忽略或忽视这些娱乐产品的具体思想内容,以及被用作特定世界观的宣传工具的程度"③。在密里本德看来,大众传媒之所以能够成为传播资本主义意识形态的"喉舌","大众媒体产生政治气候的性质是由对大众媒体压力最大的团体决定的"④,主要是因为以下三个因素的影响,一是"统治阶级至少在一定程度上依赖他们对主要沟通和说服手段的控制",资本主义国家的大多数媒体是由私人控制的,因而大众媒体成为其价值观念和政治倾向的门户。二是广告商,大众传

---

① [英]拉尔夫·密里本德:《资本主义社会的国家》,沈汉,陈祖洲,蔡玲译,221页,北京,商务印书馆,1997。

② 同上书,226页。

③ 同上书,227页。

④ 同上书,227页。

媒的衣食父母是广告商，广告商是其盈利的重要来源之一，因而大众媒体要听命于广告商。三是政府，政府虽然并不是大众媒体的直接管理者，但是当社会事件引起社会舆论时，政府要进行干预从而分流社会舆论，维护良好的政府公共形象。密里本德认为在社会主义民主制度中，这种压力是没有的，"社会主义民主将使媒体摆脱资本主义的束缚，从而帮助它们在加强民主公民意识方面成为宝贵的同盟"[①]。因而在社会转型中大众媒体传播社会主义意识形态的方式更全面，宣传社会主义意识形态的效果更明显，营造社会主义主流意识的氛围更直接，大众传媒将成为社会主义共识的助产师，从而能更好地更快地推进社会从资本主义向社会主义的转型。

发挥教育的基本功能培育社会主义共识的拥护者。密里本德认为，"实现我所说的大致平等条件……有许多不同的方面，其中最重要的是教育"[②]。资本主义国家的教育是以精英教育与大众教育的分化对立为基本特征的，这种划分的基础就是阶级因素。社会主义教育则是要打破精英教育和大众教育的壁垒，创造平等条件。就培育社会主义共识来说，密里本德特别重视学校教育的作用，尤其是大学教育的作用，认为学校作为一个重要的意识形态机构，教育不止一个目的，但最重要的目的是要教育学生驯服地接受作为社会基础的现实的社会秩序[③]。密里本

---

①　Ralph Miliband, *Socialism for a Sceptical Age*, Cambridge: Polity Press, 1994, p. 95.

②　Ibid. , p. 95.

③　[英]拉尔夫·密里本德：《资本主义社会的国家》，沈汉，陈祖洲，蔡玲译，241页，北京，商务印书馆，1997。

德认为随着劳工运动力量的增长、政治权利的扩张、工人阶级政党的兴起、大众政治的产生,学校会逐渐支持和宣传民主的思想,这种思想与社会主义社会的核心理念是并行不悖的。

密里本德坚持历史唯物主义的方法,注重社会主义共识的形成、作用、意义和领导,主张不断瓦解资本主义的意识形态,对社会主义社会新秩序进行构建和宣传。

马克思和恩格斯在《共产党宣言》中说,在"资产阶级时代","阶级对立简单化了。整个社会日益分裂为两大敌对的阵营,分裂为两大相互直接对立的阶级:资产阶级和无产阶级。"[1]历史唯物主义的基本观点是阶级斗争是社会发展的直接动力,密里本德在《马克思主义与政治》一书中提到"马克思主义政治的特点是它阐明了斗争的性质,以及它指出了斗争的必然结局"[2]。在密里本德看来,斗争是有实用价值的,是一种稳定力量而不是一种破坏力量。

密里本德认为,工人阶级是社会变革的关键力量,无产阶级是在共同的斗争中才逐渐成为一个"自为的阶级","从而组织成为政党"[3]。无产阶级的斗争是以觉悟到自身的利益为先决条件的。无产阶级只有具备了政治组织能力,才能算一个真正的阶级。在密里本德看来,资本主义的特殊的社会生产方式,必然会把社会分裂为两个日益明显的阶级,一个是相对较小的主导阶级,一个是构成人口绝大多数的从属阶级。从属阶级由两个不

---

① 马克思,恩格斯:《共产党宣言》,28页,北京,人民出版社,1997。

② [英]拉尔夫·密利本德:《马克思主义与政治学》,黄子都译,19页,北京,商务印书馆,1984。

③ 马克思,恩格斯:《共产党宣言》,37页,北京,人民出版社,1997。

同成分组成：占资本主义国家人口绝大多数的工人阶级和属于小商业和自谋职业者阶层中的中下阶层。资本主义社会是以生产资料私有制为基础进行雇佣劳动的，在进行资本主义生产过程中，主导阶级和工人阶级的关系是对立的。这种对立在一定程度上推动着资本主义的发展，但是由于资本主义本身的剥削性质，时刻在加剧两个阶级之间的矛盾，当矛盾激化到不可调和的地步时，拥有数量优势和共同利益目标的工人阶级就会联合起来，推翻资本主义的统治，因此，工人阶级是社会转型的关键力量。

密里本德认为，阶级斗争是社会变革的重要形式。"什么样的阶级斗争？阶级对抗总是采取许多不同的表现形式，其剧烈的程度和范围也有很大的不同。"①尽管阶级斗争有多种形式的，但是通常提到阶级斗争，大家只想到自下而上的斗争。密里本德认为，政治在很大程度上都是由持续的斗争构成的，这种斗争在占主导地位的阶级和占从属地位的阶级之间尤为尖锐，阶级斗争呈现双向互动形式，即一方面是受到来自底层的压力和斗争的影响，反对各种形式的统治、歧视、排斥和剥削的斗争，另一方面是为了维持社会秩序而从上而下的压力和斗争所决定的模式，这种"自下而上的斗争"和"自上而下的斗争"都是社会秩序的重要组成部分。因此，我们在进行社会主义社会秩序建设时，不要只注重无产阶级，而应该全面和具体来分析和对待，不能忽视资产阶级自身为了捍卫社会秩序所做的努力。

密里本德认为，阶级觉悟是社会变革的思想武器。马克思和恩格斯

① ［英］拉尔夫·密利本德：《马克思主义与政治学》，黄子都译，32 页，北京，商务印书馆，1984。

在《共产党宣言》中说:"无产阶级的运动是绝大多数人的,为绝大多数人谋利益的独立的运动。"①生产过程将导致工人阶级或多或少地统一起来,并由工人阶级成员的共同条件结合起来,而只有当无产阶级意识到无产阶级的解放和社会的解放要求推翻资本主义,无产阶级的阶级觉悟才能上升为革命觉悟。密里本德非常注重"社会主义共识"这个概念,认为这个概念在一定条件下能够转化为工人阶级的阶级意识。尽管在一般情况下,无产阶级很难实现暴风雨般的革命,但"在最特殊的情况下,资本主义民主制度会出现'革命局势'"②。现实地看,虽然工人阶级自身可能暂时尚未产生强烈的革命的阶级觉悟,但是占统治地位的阶级的统治意识却是非常明确和强烈的,他们为了维护自身的统治,不会支持改革派和革命派。这就意味着工人阶级的社会主义意识是非常重要的,当工薪阶层要求提高工资、改善工作条件、缩短工时和扩大权利和福利时,无产阶级革命就会发生,这种要求的压力会导致资本主义经历"社会民主化"的改革,这为我们进行社会主义社会的构建提供了契机。因此,必须团结工人阶级,提升工人阶级的社会主义共识,推进工人阶级革命的自觉性。

马克思主义创造性地对旧的民主观念,尤其是自由主义民主观的唯心主义哲学基础进行唯物主义改造,确立了马克思主义民主观。密里本德在构建社会主义民主政治体系时,坚持马克思主义民主观,对社会主义民主观的分析拓展到政治、经济和文化等多个领域,认为民主是一种国家制度,是一种组织原则,也是社会主义社会的根本特征,资本主义

---

① 马克思,恩格斯:《共产党宣言》,北京,39 页,人民出版社,1997。

② Ralph Miliband, *Socialism for a Sceptical Age*, Cambridge: Polity Press, 1994, p. 73.

民主具有虚伪性和局限性。

密里本德运用政治批判的方法，对于资产阶级与资本主义民主给予了尖锐的批判，在他看来，当今的资本主义在政治上的一个明显特征就是政治的民主化以及各种具体的政治民主制的确立和完善。"在这样的社会中，市民享有普遍的、自由的和规定的选举权、代表制度，包括言论、结社和表示反对的自由在内的实质性的市民权利；无论是个人还是集体，在法律、独立的司法和自由的政治文化保护下，都能充分地行使这些权利。"①对于这样的制度，"马克思和恩格斯曾描述过的那种制度模式，以后的马克思主义者继续在描述它，称之为'资产阶级民主'制度，它越来越熟悉地被人简称为'民主的制度'"②。

对于应当如何认识和对待资本主义民主的问题，密里本德始终坚持辩证理性的观点和态度，主张运用历史的、发展的、比较的眼光对资本主义民主制进行客观、理性的分析。

资本主义社会是异化的社会，资本主义的社会关系是异化的关系。在资本主义条件下，人们难以获得真正的自由和解放，资源难以得到合理的配置，环境恶化日益严重，各种极端主义思潮和行为大肆泛滥，"只要资本主义所有的内在罪恶依旧存在，社会主义替代选择就依然有活力"③。因此，社会主义不仅是人类解放的政治力量，更是对现存的

---

① ［英］拉尔夫·密里本德：《资本主义社会的国家》，沈汉，陈祖洲，蔡玲译，6页，北京，商务印书馆，1997。

② 同上书，26页。

③ Ralph Miliband, Fukuyama and the Socialist Alternative, in *New Left Rewview*, 1992(1)，p. 113.

资本主义社会的最佳的现实替代选择。

1956 年以前，与其他英国新左派知识分子相似，密里本德对苏联的社会主义实践抱有极大的热情和期望，认为它在实践领域开辟了不同于以往的新社会模式，形成了"新的经济结构、新的社会主义和新的政治制度"①。1956 年之后，随着赫鲁晓夫关于斯大林的秘密报告内容的公开以及苏联出兵镇压匈牙利革命，密里本德对苏联的社会主义进行了激烈的批判，认为理想的社会主义与苏联的模式毫无关系。"社会主义民主不是包括包罗万象的、命令式的中央计划，不是官僚国家所有制下的计划经济，不是一党制下领导人对权力的垄断，不是党和国家对社会的总控制，不是个人崇拜。所有这些都与社会主义无关，或者与马克思的马克思主义无关。"②也就是说，苏联的社会主义只是社会主义的一个"反例"，即它并不能说明社会主义应是什么，而是充分说明了社会主义不应是什么。

密里本德承认，在西方发达资本主义社会，各种形态的民主形式、尤其是政治民主，确实是一种客观的现实。也就是说，从现实的、经验的角度去观察，资本主义民主是真实的、客观的存在，资本主义民主"是一种复合的印象：它包括统治者对被统治者的职责以及有限的行政特权；军队服从于文职权力；自由地获得准确的信息和公开开放的政府；活跃的选民对相关事务的连续辩论；传播异见的自由；自由而有效

---

① 张亮，熊婴：《伦理，文化与社会主义——英国新左派早期思想读本》，4 页，南京，江苏人民出版社，2013。

② Ralph Miliband, Fukuyama and the Socialist Alternative, in *New Left Review*, 1992(1)，p. 112.

地选择真正的政策替代方案"①。对此，左派不能轻易地加以否定，或故意视而不见。因为对于各种左派而言，这种故意低估资本主义民主真实性和广泛性的倾向还是非常明显和常见的。而这种故意忽视甚至无视资本主义民主事实和民主现实的观点和做法，"远未提供一种对于现实的指导意见，却造成了一种对于现实的深刻的困惑"②。在资本主义现实条件下，如果对资本主义民主不加分析地、笼统地加以批判，很难有充分的说服力，而且也对实践中实现资本主义民主的超越极为不利。从历史的角度而言，资本主义民主代表着一种深刻的历史进步。对于资本主义的民主形式和民主成果，不能仅从上往下把它看成统治阶级的有效统治工具，还应当从下往上看。"没有任何疑问，统治和剥削与资本主义民主制紧密相连，至少在发达资本主义国家里确实如此。但它仍旧是来自下层的、旨在扩大政治、公民、社会权利的要求以及来自上层的、力图限制与腐蚀这些权利的激烈斗争的结果。"③"不管公民自由是多么不充分和多么不可靠，它们是资产阶级民主制度的一个组成部分，是数百年来人民坚持不懈斗争的产物。"④因此，资本主义民主作为来自下层的人民群众通过不断斗争取得的胜利果实，体现了民主的意愿和需求，

①　张亮，熊婴：《伦理，文化与社会主义——英国新左派早期思想读本》，201 页，南京，江苏人民出版社，2013。

②　[英]拉尔夫·密尔本德：《资本主义社会的国家》，沈汉，陈祖洲，蔡玲译，9 页，北京，商务印书馆，1997。

③　Ralph Miliband，Fukuyama and the Socialist Alternative，in *New Left Review*，1992(1)，p. 110.

④　[英]拉尔夫·密利本德：《马克思主义与政治学》，黄子都译，201 页，北京，商务印书馆，1984。

不能轻易地被否定和放弃。在此基础上，就会自然而然地涉及第二个问题，那就是既然资本主义已经在现实中实现了广泛的民主，而且在一定程度上还是真实的民主，那为什么还要批判它、超越它、替代它呢？这就回归到马克思主义对资本主义批判的传统主题上了。诚然，从一定意义上讲，资本主义民主，尤其是资本主义政治民主是广泛的、普遍的，但存在着根本的不足和缺憾，主要体现在如下几个方面。

第一方面，在资本主义社会，其政治上的民主与经济上的民主并非同步发展。资本主义社会在政治上实现了普选制、代议制、多党制等具体的民主制度，在一定程度上实现了政治权利的平等，选民的权利和利益受到关注，竞争性民主政治充分发展；但工人阶级经济上的权利却无法保障，广大的挣工资者在资本主义经济发展过程中几乎没有什么决定性的权力。"在两个方面，劳动过程仍然是居支配地位的主体：发达资本主义的产业大军，不管其雇主是谁，都持续地在组织内部起作用，他们对于其权力机构的存在没有起任何作用，他们对于其政策和意图的决定也没有做出任何贡献。"①这导致工人的经济利益受到损害，尤其是在经济不景气或者经济危机的年代，首当其冲的受害者就是工人阶级。工人阶级与资本家阶级相比，在经济领域中处于劣势地位，比如在工资谈判中工人为了避免失业、或者在资本主义国家偏袒性的干预下，工人阶级经常会忍气吞声，被迫接受对自己十分不利的工资和工作条件，否则就会面临被解雇的危险或者被指责为"不顾国家利益、自私自利的人"。

---

① ［英］拉尔夫·密里本德：《资本主义社会的国家》，沈汉，陈祖洲，蔡玲译，43页，北京，商务印书馆，1997。

在资本主义国家，虽然法律上工人享有广泛的权利，但事实上这些权利经常会受到限制，尤其罢工权更是如此。

第二方面，即便是政治上的民主和自由，也并非是真正的、受到充分保障的权利。密里本德观察到，"拥有财产的人总是厌恶民主"[1]。因此，选择民主制度而不是专制制度或者其他类型的独裁制度，从资本主义民主发展的历史来看，完全是一种无奈之举。"'资本主义民主制'这一提法，也往往用来表示像在英国这样一个资本主义社会中经常存在和无法消除的矛盾现象或紧张关系，一方面保证民众享有现在奉为神圣的普选权中的权力，另一方面又横加阻挠，拒不实行那种诺言。"[2]"经验一再表明，资本主义能够产生包括极端的独裁主义在内的许多不同类型的政治制度形式。……关于资本主义同专制主义难以两立，或者说它提供了反对独裁主义的保证的说法，也许是很好的宣传，但它在政治社会学上是拙劣的。"[3]密里本德在《英国资本主义民主制》一书中，就对英国的民主发展进行了回顾，他认为，英国资本主义政治民主制的发展很大程度上是统治阶级压制下层压力和反抗的有效工具。通过资本主义政治民主制度的精心设计和运行，把对资本主义有所不满并试图反抗的各种"反对派"吸纳进资本主义体系当中。这样，资本主义民主政治制度就和资本主义制度融为一体了。

---

① 张亮，熊婴：《伦理，文化与社会主义——英国新左派早期思想读本》，191 页，南京，江苏人民出版社，2013。

② ［英］拉尔夫·密利本德：《英国资本主义民主制》，博铨，向东译，2 页，北京，商务印书馆，1988。

③ ［英］拉尔夫·密里本德：《资本主义社会的国家》，沈汉，陈祖洲，蔡玲译，26 页，北京，商务印书馆，1997。

第三方面，资本主义民主并非真实的民主，具有虚假性和欺骗性。在资本主义普选制的背景下，其实还有大量的政治职位并非通过选举产生具体的人选，而是通过普遍存在的委任制得以进行。在资本主义政党政治中，工人阶级政党在经济来源上远不能与资产阶级政党相比。另外，在资本主义的整体背景下，不仅是经济方面存在着不平等，就是在其他的诸多领域也存在大量的不平等现象，比如教育、就业机会、社会流动等领域的不平等现象比比皆是。因此，在资本主义社会，所谓的自由竞争只不过是一种虚假的表象，在资本主义自由、平等、民主的表象下，是统治阶级对权力和机会的垄断，是平等表象遮蔽下的真实的不平等。"总之，有这样一些国家，尽管一切宣传都说那里是平等的，那里的人民依旧存在着人数相对来说很小的一个阶级，他们以这种或那种形式拥有大宗财产，他们的大宗收入通常全部或部分是从他们所有的或控制的财产中得到的。"①

第四方面，从资本主义民主的发展前景来看，在资本主义社会多重矛盾和危机的挤压下，资本主义引以为傲的自由民主制将受到多方面的限制。就是说，虽然其表面上仍旧承认公民的权利，依旧维持着自由民主的形式，但对公民权利和自由的限制却不断增加，各种监控形式不断地被采用。"它现在拥有高度广泛的内部间谍系统；它公开信件，窃听电话，否认护照，查抄'颠覆性的'文学，以怀疑过去、现在和将来的

---

① ［英］拉尔夫·密里本德：《资本主义社会的国家》，沈汉，陈祖洲，蔡玲译，30页，北京，商务印书馆，1997。

'不忠诚'的原因解雇它的雇员；除此之外还有许多其他手段。"①这样，资本主义民主将会走向它的反面，从而完全暴露它的专制本性和阶级本质。"自由主义与直接的独裁主义之间不再有一种质的断裂"，自由民主与专制之间"纯粹就是一个程度的问题"②了。

第五方面，资本主义民主无法根治资本主义的根本弊端和困境。"政治体系的改变和民主的出现改变不了社会秩序"，改变不了资本主义体制的"病变"以及由此带来的对生命、人类、环境等方面的整体威胁。因为资本主义从本性上而言，是功利的、异化的，具有破坏性和反道德性的特征，这完全植根于资本主义私有制基础之上，资本主义私有制是资本主义的基本特征，也是资本主义自由主义的基本特征和根本内涵，而这是资本主义民主和资本主义本身所无法克服的。"从人的本性来讲，资本主义社会是极其不道德的社会，迄今为止，它本质上具有统治和剥削的特点，这决定性地影响着人际关系。这一观点是早期社会主义的重要组成部分：现在它迫切需要重申。"③因此，资本主义民主本身就是资本主义社会各种矛盾、尤其是阶级矛盾突出的集中体现，是资本主义种种紧张状态所释放出来的一种张力关系。"我认为资本主义民主本身就是一种矛盾的存在；这种矛盾的一个结果就是它是被当成维护现存社会秩序的一种被操纵的、欺骗的交往方式。"④

---

① 张亮，熊婴：《伦理，文化与社会主义——英国新左派早期思想读本》，204 页，南京，江苏人民出版社，2013。

② 同上书，204 页。

③ Ralph Miliband，"The Plausibility of Socialism"，in *New Left Review*，1994 (206)，p. 13.

④ Ralph Miliband，*Socialism for a Sceptical Age*，Cambridge：Polity Press，1994，p. 34.

可以看出，密里本德对资本主义民主的分析和批判，基本上遵循了经典马克思主义的视角、方式和路线。作为一名信奉马克思主义的英国马克思主义政治学家，批判资本主义并非其根本的宗旨，他的终极目的是实现理想社会模式的建构。对于资本主义民主的超越问题，密里本德设想通过社会主义民主制的构建，实现资本主义民主的整体替代。那么，如何处理社会主义民主与资本主义民主的关系呢？是在资本主义废墟上建立完全不同于资本主义体制的社会主义民主，还是认为社会主义民主与资本主义民主之间存在着天然的联系从而必须继承和借鉴呢？密里本德认为，对于两者的关系，依然必须严格本着辩证的态度来对待。资本主义民主是人类政治文明发展的结果和成就，体现了人类共同的政治智慧，因此应当充分继承它的优点和长处。"社会主义民主体现出自由民主的许多特点，包括法律治理、权力分立、公民自由、政治多元以及一个充满活力的公民社会"①。同时，也应当认识到："坚持把'资产阶级自由'吸收进任何严肃的社会主义民主的观点，强调了正在从事的事业并非一种来自于蓝色彼岸的乌托邦式的建构，而是赋予已存在事物以新的实质内容，以及为丰富社会主义民主的内涵而探寻更多的路径。"②同时还应该看到，社会主义民主并非对资本主义民主的简单重复，它是在更高基础和目标上对资本主义民主的一种扬弃。"简而言之，它将赋予公民权比在阶级分化社会下更真实、更广泛的意义。社会主义

① Ralph Miliband, "Fukuyama and the Socialist Alternative", in *New Left Review*, 1992(1), p. 113.

② Ralph Miliband, *Socialism for a Sceptical Age*, Cambridge: Polity Press, 1994, p. 72.

民主包含资本主义民主的扩展，同时也是对它的一种突破。"①

　　密里本德在批判资本主义民主的同时，系统阐发了社会主义民主的本质特征，认为社会主义的基本特征是"民主、人人平等和合作"②，这是与资本主义社会秩序完全不同的、一种崭新的社会秩序。在这个崭新的社会中，人与人之间实现了真正的平等，除了基于性别、身体条件等不可避免的差别外，不再存在其他人为的、不合理的差别；各种必要的权力仍将存在，但却受到了广泛的监督和制约，确保权力真正为人民服务；人与人之间是一种真正的互补和合作关系。真正的社会主义是人道的社会主义，它的主体是现实的、具体的人，社会主义关怀的对象也是现实中的"男人和女人"。社会主义之所以是人道的，"是因为它再一次将现实的男人和女人，而不是那些抽象概念置于社会主义理论和抱负的中心位置"③。

　　社会主义也是实现了真正民主的社会主义，民主是其最重要的特征和本质之一。与资本主义民主相比，社会主义民主是普遍的、真实的民主，从而也是真正的民主，与资本主义民主"始终尽可能致力于扼制而决非助长民众行使决策权和处理国事的权力"④不同。在社会主义社会，

　　① Ralph Miliband，"Fukuyama and the Socialist Alternative"，in *New Left Rewview*，1992(1)，p. 113.

　　② Ralph Miliband，*Socialism for a Sceptical Age*，Cambridge：Polity Press，1994，p. 195.

　　③ 乔瑞金：《英国新左派的社会主义政治至善思想》，23 页，载《中国社会科学》，2014(9)。

　　④ ［英］拉尔夫·密利本德：《英国资本主义民主制》，博铨，向东译，2 页，北京，商务印书馆，1988。

"简单地说，民主遍布于全社会，成为社会秩序理所当然的组成部分，从而使参与权成为一种'自然'的公民权利"①。

同时，社会主义充分尊重和保障公民真正的民主意愿和自由，在做出自己的行为决策时享有充分的决定权和选择权，因此，它实现了权力和责任、权利和义务的完美结合和统一。虽然"有效地参与是社会主义民主的一个规定的特点"，"但是如果人们选择不参与，这将不得不被接受。参与应当被看成一种权利，而不是一种义务"②。

社会主义民主是一种整体化的民主化过程和状态，它不仅包括社会的民主化，也包括国家的民主化，"国家的民主化与社会的民主化密切相关"③。社会主义国家需要强有力的执行权，但是这种执行权是受到高度民主控制的执行权。从一定意义上而言，权力和民主具有一定的紧张关系，"这种紧张意味着政府的权力被限制，但不能被颠覆，从而恰好地维持在一种所需的状态之中"④。

社会主义的经济是民主基础上的"社会化经济"，这种社会化经济一个基本的目标就是拓展非商品化的领域，非商品化的领域涵括健康、教育、体育、文化等诸多公共服务领域；这些领域应当被看成是公民的基本权利范畴，与个人的支付能力无关，因而在非商品化领域应当充分排除市场机制的作用。总之，社会化经济与资本主义经济不同，"资本主义经济和社会化经济的区别不仅仅在于'经济'方面：它们包含经济、社会、政治和道

---

① Ralph Miliband: *Socialism for a Sceptical Age*, Cambridge: Polity Press, 1994, p. 90.
② Ibid., p. 91.
③ Ibid., p. 74.
④ Ibid., p. 76.

德等诸方面，并且影响整体的结构以及现存社会秩序的模式。"①

在密里本德看来，首先，民主是社会主义国家的制度保障。密里本德认为，"'资本主义民主制'这一提法，也往往用来表示像在英国这样一个资本主义社会中经常存在和无法消除的矛盾现象或紧张关系，一方面保证民众享有体现在奉为神圣的普选权利中的权力，另一方面又横加阻挠，拒不实行那种诺言。"②在他看来，英国的政治体制是伴随着1918年和1928年两次选举法改革逐渐形成的"资本主义民主制"，表面上扩大了民众参与决策和控制国家事务的权力，实则只是部分打开民众反映其民声民愿的"窗口"，迫使统治者采取一些措施来缓和阶级矛盾。在《英国资本主义民主制》一书中，密里本德明确指出："议会制度的实质是它在政府和人民之间起着缓冲作用。"③英国资本主义民主具有欺骗性，表面上是给予人民选举权和广泛参与政治活动的权利，但实质上给人民施加压力，让他们支持和维护现存制度的统治。密里本德在批判资本主义民主制度的基础上尝试构建其社会主义民主制度的理想体系，认为"社会主义本身必须被看作是民主运动的一部分，民主的概念在资本主义社会中的范围和实质已大大缩小，以减少它对既有权力和特权构成的威胁；社会主义则相反，它致力于大大扩展民主的范围"④。密里本

---

① Ralph Miliband, *Socialism for a Sceptical Age*, Cambridge：Polity Press，1994，p. 121.

② ［英］拉尔夫·密利本德：《英国资本主义民主制》，博铨，向东译，2页，北京，商务印书馆，1988。

③ 同上书，47页。

④ Ralph Miliband, "Counter-Hegemonic Strategies", in *Socialist Register*，1990，p. 60.

德所构想的社会主义力图使公民权和人民主权的概念具有实际政治意义，远远超出普选、定期选举、政治权利和资本主义民主的其他特征。他主张对社会主义政权的行政、立法和司法进行有效配置，根除三者之间的严重冲突，有效缓解三者之间的权力紧张关系。社会主义国家确实需要强有力的行政权，但是这种行政权必须是建立在权力的民主制衡之下，才能真正形成社会主义民主，用制度保障社会主义国家民主的实现。

其次，民主是社会主义国家的经济选择。资本主义经济发展的显著特征就是国家对经济的干预，"因为资本主义本质上是由企业的微观理性所驱动的，而不是由社会所要求的宏观理性所驱动的"[1]，所以，资本主义所实行的国家干预，目的是为了保护自身的利益不受侵犯。资本主义生产力的大力发展，巨大的社会弊病也随之而生，直接的后果就是资本主义经济中充斥着各种不平等，贫富差距日益增大，社会矛盾不断激化。密里本德认为，"社会主义民主的辩论并不集中在扩大公有制是否可取的问题上，而是聚焦于应该在多大程度上实行公有制以及它应该采取什么形式"[2]。社会主义民主原则指导下的经济，首先是生产资料公有制，这区别于资本主义经济的以雇佣劳动为基础，"从社会主义的角度看，雇佣劳动是一种社会关系，在道义上是令人憎恶的，因为它是以剥削为基础的，因此是一个需要服从的过程。"[3]密里本德认为生产资料公有制是人民民主联合的基础，"因为公有制不依赖和不需要剥削，

① Ralph Miliband, *Socialism for a Sceptical Age*, Cambridge: Polity Press, 1994, p. 12.

② Ibid., p. 100.

③ Ibid., p. 29.

并且至少为生产者在民主条件进行合作联合提供了基础"①。其结果就
是缩减了社会中不平等的权力来源，意味着社会结构的根本改变——资
本主义经济活动中的生产资料所有人和控制者的最终消失；其次，生产
活动的水平及其目标将取决于民主决策。密里本德认为，"社会化经济
将使一套全新的生产关系成为可能，在这种关系中，真正的、非资源的
合作将成为规范，并为充分发展个人能力提供机会"②。社会主义政府将
把实现充分就业放在首位，"民主决策的一个基本方面将是为工人再培训
和技能更新提供充足的设施"；③ 最后，密里本德认为，社会化的经济将
会更多地关注人的需要，尽可能创造条件满足人的需要，从资本主义强加
给经济的剥削秩序中解放出来，人与人之间"合作与和谐将成为可能"④。

　　民主是社会主义国家的组织原则。密里本德注重双重政权建设，一
方面是国家政权层面，另一方面是社会治理层面，具体而言，就是"建
立起一个相当于'双重政权'的人民参与的机构网"⑤。首先，在社会主
义社会中，实行"参与性民主"的目的就是"使普遍民主和基层组织能够
接管官员所履行的许多职能，从而使自治的概念具有实际意义"⑥；其
次，社会主义充分尊重和保障公民的基本权利，真正实现权力和义务，

---

　　①　Ralph Miliband, *Socialism for a Sceptical Age*, Cambridge：Polity Press，1994，
p. 30.

　　②　Ibid. , p. 124.

　　③　Ibid. , p. 124.

　　④　Ibid. , p. 124.

　　⑤　［英］拉尔夫·密利本德：《马克思主义与政治学》，黄子都译，200 页，北京，
商务印书馆，1984。

　　⑥　Ralph Miliband, *Socialism for a Sceptical Age*, Cambridge：Polity Press，1994，
p. 78.

权力和责任的统一；再次，"权力下放原则"是重要的行政权力的组织原则，"统一国家的社会主义制度肯定赞成将相当大的权力移交给民选的区域和地方当局，理由是这些当局在一系列问题上比中央政府更能代表其选民的利益和愿望"①。密里本德认为只有适当的权力下放，才能最真实地反映民众的诉求，维护民众的权力，落实真正的民主。"权利下放原则也对政府提出了另外一个问题，政府必须进行彻底改革"，扩大工人阶级的参与权；最后，密里本德认为，"在向社会主义民主迈进的过程中，国家的权力与国家的限制之间会不断地相互冲突"②，社会主义民主应该秉持"集体领导"原则，杜绝个人崇拜，"社会主义民主将创造一种政治氛围，在这种氛围中，伟大的个人权利将被视为一种不适当和危险的特权"，应有效保证权利的更民主的实施。

密里本德秉持历史唯物主义的基本观点，深刻剖析和坚决批判资本主义民主的欺骗性和伪善性，从国家制度、经济秩序和组织管理等方面探索社会主义民主模式的内涵。作为"20世纪后半叶马克思主义政治理论发展的主要贡献者"③的密里本德，从马克思主义者的立场出发，成为社会主义政治中的积极分子。密里本德的社会主义思想，以其明确的批判方向和坚定的政治立场，将历史唯物主义方法和英国经验分析传统相结合，着眼于当今资本主义社会发展的现状，尝试构建一条社会主义

---

① Ralph Miliband, *Socialism for a Sceptical Age*, Cambridge: Polity Press, 1994, p. 80.

② Ibid., p. 81.

③ Paul Wetherly, Clyde W. Barrow, Peter Burnham. *Class, Power and the State in Capitalist Society Essays on Ralph Miliband*, London: Palgrave Macmillan, 2008, p. 1.

替代资本主义的发展道路，这对于英国社会，甚至整个人类的社会主义事业而言，都是一种有意义的尝试。他关于社会主义的理论探索，对于我们理解社会政治理论中的问题，特别是国家、民主、阶级分析和社会主义政治战略，有一定的启示和借鉴作用。

(四)社会主义的民权基础是全体人民的意志

从安德森的社会批判话语来看，一方面，他试图对当代资本主义社会进行一种深层的探寻和剖析，其本质结构是什么？处于这一结构中的人民又如何？这些问题成为安德森社会批判话语所关注的现实焦点；另一方面，他试图通过对资本主义的批判使资本主义民主过渡到社会主义民主，从"必然王国"走向"自由王国"，从而实现马克思所设想的人的真正自由而全面的发展，这些问题就成为安德森社会批判话语所期盼的一个理想王国。正如他在《英国马克思主义的内部争论》一文中所明确表达的："理解过去的核心目的是提供一种有关历史过程的因果解释，它能为当代充分的政治实践提供基础，目的就是把现存的社会秩序转变为一个期望的、民众的未来。"①因此，一种乌托邦的社会理念是安德森社会批判话语的真正落脚点，然而，这一理念首先需要破除当代资本主义制度的神话。

从历史和现实来看，尽管资本主义拥有诸如自由、民主、平等、博爱等美好的价值，但这些价值是否真正实现了呢？安德森的回答是否定

---

① Perry Anderson, *Argument Within English Marxism*, London: Verso Press, 1980, p. 85.

的。首先，就其民主的政治结构而言，资本主义民主已经被工具化了，但在官方的话语里却总是带有太多的遮掩和修饰。例如，美国作为资产阶级最典型的社会，安德森指出："美国有着世界上实行得最古老的民主制度，但是，实际上，在今天美国的政治制度生活中，只有不到一半的成年人参加选举，国家中另一半的人完全被排斥在这个政治体制之外，而在政治制度之内的这一半人中，能够选上的官员，要么自己极度的富有，要么从大公司那里得到了贿赂，极度的腐败，因为竞选需要很高额的资金，至少几百万美元。这是一个非常明显的事实。"①其实，不仅仅是美国的民主，包括其他资本主义国家的民主，也都不具有至高无上的价值，因为存在于民众中的民主依然是很少的，我们需要更多的、更广泛的民主。对此，安德森认为："民主制——就现在的情况而言——不是一个偶像，不能把它当作人类自由的尽善尽美的表现来崇拜。这只是一个暂时的、不完全的形式，是可以重新塑造的。但根本的方向应当和新自由主义者所指出的方向相反——我们需要更多的民主。"②其次，新自由主义所强调的自由只是经济层面的绝对自由，而不是社会和政治层面的自由，它极大地忽视了社会的平等和公平这些更为美好的价值。如果在公平和效率之间进行抉择的话，新自由主义者们的可能选择就是效率优先、兼顾公平；而安德森认为，自由和平等、效率和公平这两种价值不是非此即彼的对立关系，而是彼此相容的和谐关

---

① ［英］佩里·安德森等：《三种新的全球化国际关系理论》，10 页，载《读书》，2002(10)。

② ［英］佩里·安德森著：《新自由主义的历史和教训》，费新录译：《天涯》，170页，2002(3)。

系。平等并不意味着均一化，而是意味着多样化，注重社会的公平，并
不就会带来经济的低效率，相反可能会带来经济的高速度，安德森如此
说道："不公平同样可能带来低效率，而不平等因素最少的社会，却可
能是最有效率的社会。斯堪的纳维亚半岛的国家就做得很好，瑞典、丹
麦、芬兰取得了非凡成就，比美国、英国都要好很多，那里的生活品质
很不一样。"①因此，资本主义所宣扬的那些美好价值也仅仅只是统治者
愚弄人民的意识形态工具而已，其结果只能是一种有局限的存在：尽管
资本主义的财富在不断增长，但社会的贫富分化却日趋严重；尽管公民
拥有经济上的竞争自由和法律上的消极自由，但其政治上的积极自由却
没有什么更大的进步；尽管性别之间的不平等得到了极大改善，但社会
的不平等却依旧在上演。

其实，这种不平等现象不仅仅存在于资本主义国家的内部，同样也
存在于国际关系当中。安德森在谈到多极关系时说到，国家与国家之间
的不平等"是所有不平等当中最严重的。过去一百年间，国家间的不平
等达到前所未有的程度，而且，全球范围内还在不断增加"②。在资本
主义的全球扩张中，不仅仅是经济的扩张，同时也是文化和政治的扩
张，更为重要的是，这一扩张本身在很大程度上往往会诉诸暴力的手
段，因为文化不仅仅是一种信仰体系，同样也是一种权力体系。作为超
级大国的美国却把这一侵略行为加以神圣化，并把它宣扬为一种民族主
义的情感和责任，它总是能找出各种冠冕堂皇的理由和借口来发动所谓

---

① 施雨华，杨子：《我们的支持和反对——对话安德森》，63 页，载《南方人物周
刊》，2007(3)。
② 同上书，62 页。

"正义的战争"：有时是为了控制前现代国家中诸如屠杀之类的行为，如南斯拉夫战争；有时是为了限制大规模杀伤性武器，如伊拉克战争；有时是为了打击恐怖主义的基地组织，如塔利班战争。其实，战争本身就是非正义的，无论发动战争的借口是什么。安德森毫不讳言地把这一政策看作是一种"新帝国主义"的表现，这一侵略性的对外策略其实是由资本主义的内在本性所驱动的。几百年前，马克思当年对于资本主义扩张和侵略本性进行了生动的描述，现代资产阶级社会："把一切民族甚至最野蛮的都卷入文明的漩涡里了。它那商品的低廉价格，就是它用来摧毁一切万里长城、征服野蛮人最顽强的仇外心里的重炮。它迫使一切民族都在唯恐灭亡的忧惧下采用资产阶级的生产方式，在自己哪里推行所谓文明制度，就是说，变成资产者。简短些说，它按照自己的形象，为自己创造出一个世界。"①然而，在今天所谓现代的文明社会中，依旧如此，在这种普世主义的文化价值背后所隐藏的是帝国主义和霸权主义的侵略行径。

当然，资本主义的全球扩张并非是一帆风顺的，相应地，它也带来了反全球化的运动。安德森认为，最为显著的事例就是妇女运动和生态运动，他在《更新》一文中说道："发达世界中的女权主义和生态运动所取得的成就是真实的和受欢迎的，它是后 30 年中这些社会中人类进步的最重要的因素"②。尽管与传统的社会主义运动相比，这些形形色色的新社会运动拥有截然不同的斗争主体和斗争目标，但有一

---

① 《马克思恩格斯全集》第 4 卷，470 页，北京，人民出版社，1965。

② Perry Anderson, "Renewals", in *New Left Review*, 2000, p. 16.

点是共同的，那就是与资本主义的抗争。在这些新的反资本主义因素的不断增长中，安德森看到了资本主义终结的希望，他信心十足地宣称道："不是资本主义终结了乌托邦，而是对于资本主义的乌托邦式的观念，即把资本主义视为一种平和的稳定的秩序的概念，在这里终结了。"①

资本主义之后是一种怎样的世界？在安德森的构想中，未来的社会无论被称作社会主义还是共产主义，它应该是在性质上完全不同于当前资本主义的社会。这种社会的全景是：就其经济而言，我们将拥有控制经济和财富的各种社会形式，而不是控制一切生产资料的资本主义私有制；就其政治而言，我们将拥有更加多样的选举机制，而不是只具象征意义的每四年或五年一届的选举机制；就其文化而言，我们将拥有更加丰富和更具创造性的社会文化生活，它由各种各样而不是单调机械的美学实践所构成。这就是安德森所构想的未来社会的乌托邦，它是社会主义的伟大工程。

在安德森看来，它是一种完全的集体的民众的工程，首先，它不同于一般的个人工程，如制订计划、婚姻选择、技能培训、家庭供给、取名字等，因为这些工程对个人而言是极有目的的事业，但却刻写在现存的社会关系之中；其次，它不同于一些集体的或公共的工程，如宗教运动、政治斗争、军事冲突、外交事务、商业探险和文化创造，因为无论多么崇高和悲壮，它们在很大程度上都仅仅是局限于自发的范围，追求着某种局部的目的；再次，它也不同于这样一些集

---

① ［英］佩里·安德森：《文明及其内涵》，66 页，载《读书》，1997(12)。

体的工程，如早期的政治殖民，宗教异端或文学乌托邦。但严格来讲，这一工程的典型代表是法国革命和美国革命，它们始于自发的反抗，止于政治司法的重建。然而，它们仍然不同于完全的民众代理人的运动，即现代的工人阶级运动。因此，所谓真正的社会主义运动，是伴随其创始人称之为科学社会主义而出现的试图变革现存社会关系的集体性工程，这一工程与可预想的未来相连，最为典型的标志就是20世纪初俄国的社会主义革命。① 尽管最终的结果与最初的预想之间存在着极大的差距，但创立社会主义社会的这一事实是不可更改的，或者换言之，这一社会主义工程就是民众可欲求的工程，可实现的工程。

安德森遵循着经典马克思主义的议程，试图开创"革命的政治学"，认为社会主义的代理人依旧是工人阶级(与资本相对的劳动者一方)，社会主义的策略依旧是革命主义(非改良主义)。然而，安德森的这一战略依据在哪里？可以肯定地说，它就是历史。那么，历史提供给我们的核心内容是什么？我们从历史中能够学到怎样的经验教训？他如此说道："从封建主义向资本主义的经济转变仅仅是从一种私有制过渡到另一种私有制，从私有制向公有制转变的这一更巨大的历史变革将必然使对权力和财富的剥夺更加剧烈，那么，它会承担更少伤害的政治形式么？"② 历史向我们证实，我们需要革命。对于"革命"一词的含义，安德森依旧遵循着一种古典的定义，它首先是指政治革命。在他看来，最初，"革

---

① Perry Anderson, *Argument Within English Marxism*, London: Verso Press, 1980, pp. 19-20.

② Ibid., p. 195.

命"一词在 17 世纪的晚期使用，是指在政治上推翻旧的国家秩序并产生新的国家秩序。1640 年爆发的英国内战仍被简单地称作是"伟大的反抗"；1968 年英国资产阶级革命获得了一个永久的名称"光荣革命"；1789 年法国革命爆发时，连路易十六本人都知道这是一场革命而不是暴动。从时间上看，"革命"是非延续的、有着明确的边界；从概念上看，它始于社会的危急时刻，也止于社会的危急时刻，它是指来自下层民众地对国家秩序的政治推翻和取代。对于社会主义革命来说，它同样"意味着一些更艰难、更明确的东西：现存资本主义国家的解体，从生产方式上对有产阶级的没收；新的国家和经济秩序的建立，其中，相关的生产者首次对其工作生活和政治政府实行直接的管理和支配。"[1]其次，安德森的政治革命与马克思的政治革命相一致，它不是具有政治精神的社会革命，而是具有社会精神的政治革命。正如马克思在《评"普鲁士人"的"普鲁士国王和社会改革"》一文中所指出的："如果说具有政治精神的社会革命不是同义语就是废话，那么具有社会精神的政治革命却是合理的思想。一般的革命——推翻现政权和破坏旧关系——是政治行为。而社会主义不通过革命是不可能实现的。社会主义需要这种政治行为，因为它需要消灭和破坏旧的东西。但是，只要它的组织活动在哪里开始，它的自我目的，即它的精神在哪里显露出来，社会主义也就在哪里抛弃了政治的外壳。"[2]在他看来，社会主义革命的前提是政治革命，没有这种革命，资本主义的生产关系和社会关系就得不到根本的转变，也无法实

---

[1]　Perry Anderson, *Argument Within English Marxism*, London: Verso Press, 1980, p. 194.

[2]　《马克思恩格斯全集》第 1 卷，488—489 页，北京，人民出版社，1956。

现真正的社会主义，然而，它仅仅只是一个必要式，而非一个充分式。

三、合作思维成就社会主义的和谐政治

英国新马克思主义者特别强调作为制度的社会主义是以建立互惠性共同体文化和合作意识为基础、以全体人民和社会整体的积极合作和社会实践为导向，因为共同文化和合作意识在社会主义思想中具有理论和战略中心的地位，① 对此，在第一章中已有详尽的讨论。他们把社会主义看作是能够很好地治理社会的社会制度，并把这种制度的优越性和活力归于社会主义共同体文化和合作意识的建设。

共同体文化与合作意识是共同体全体成员具有真诚合作的意愿，是互惠性文化，它的首要特质是某种意义上的财富均等和合作共事。威廉斯认为，"社会主义的核心价值观就是共享思想"②。它产生于强调整个社会福利的理念。柯亨则认为，如果一个人获取的财富是其他人的好多倍，那么，人们就不可能共享一个完全的共同体，因为生活的条件有本质的不同。收入的巨大差别导致了社会缺陷的巨大差别，这些社会缺陷也就破坏了共同体。在共同体文化中，人们关心的是互惠性，它是一种非市场的原则。在共同体的互惠性内，人是本着对自己同胞的责任的精

---

① R. Williams, *Culture and Society 1780-1950*, London: Chatto and Windus, 1958, p. 9.

② ［英］雷蒙德·威廉斯：《希望的源泉：文化、民主、社会主义》，祁阿红等译，310 页，南京，译林出版社，2014。

神进行生产：按照这种原则，我之所以为你服务，并不是因为我能够得到的回报，而是因为你需要我的服务，而且你因为同样的原因来为我服务。

共同体文化与合作意识意味着生命平等。生命平等是共同文化与民主一致遵从的原则和奋斗的目标，共同文化是实现社会民主的观念保障，民主是共同文化理念的手段。在共同文化中体现的是更广义上理解的民主——生命的平等，而不是狭义上的阶级或政党的平等。通过构建共同文化的理想并使之实施，将有助于排除社会的等级区分和不平等，创造使所有社会成员可以进行有效交流的体制。没有共同文化和真实的共同体验，我们的社会将不复存在。对于这些看法，伊格尔顿认为，"创造一个社会，其价值既是共同创造的，又是被人们所共同批评的。在此社会里，有关阶级的讨论可以用共同的平等成员关系来代替，这就是共同文化的观念，在发达社会里，它正日益成为小规模的革命"①。共享社会主义是唯一可能的、有希望的方向，它是共同体文化的力量源泉。②

英国新马克思主义坚持社会主义制度以体现人民意志为根本。威廉斯强调，一个民主的社会，"这只能是社会主义。不只是名称，也不是某种进口模式。我们可以说，我们必须朝着另一个方向前进，朝着另一种可行的民主前进，真正平等地逐步控制那些可怕的、有限的客观条

---

① Lisley Johnson，*The Cultural Critics*：*From Matthew Arnold to Raymond Williams*，London：Routledge & Kegan Paul，1979，p. 72.

② ［英］雷蒙德·威廉斯：《希望的源泉：文化、民主、社会主义》，祁阿红等译，313 页，南京，译林出版社，2014。

件。这确实是一个正确的方向，但这不仅意味着大踏步前进。这将意味着实际上重新思考我们每一次的积极努力，同时考虑它们之间的关系。这将意味着建立一个新社会秩序的总体形态，不仅要有令人信服的细节，还要从我们共同的实践经验和严格的理性分析出发。在我们找到共同点之后，这也将意味着我们要尽可能地联合起来向前进，克服真正的阻力，开始付诸实施，也许还要一再进行修正"①。新马克思主义的理念表明，社会主义民主，必须让社会的全体成员，在我们共同生活的最基本的组织中，得到实际的共享，这是至关重要的。

正义、平等和制度自由的社会主义，是一种服务型的社会，是一种和谐的政治，它不仅要服务于本国人民，同时也服务于国际范围内的人民群众。没有国际主义就没有社会主义。社会主义不是国家所有，而是公共所有和控制，包括拥有或控制的主体、对象和量，控制的目标，以及达到理想社会的设想和计划。但是公共社会所有、计划和控制并不等同于完全排斥市场，现实"社会主义"中纯粹的计划经济体制是荒谬的，只可以作为非常时刻的临时措施，甚至可以说是一个灾难。公众所有、计划和控制是关于设定普通公众，也可以理解为社会最小受益者的优先权必不可少的工具。②

在新马克思主义的构想中，未来的社会无论被称作社会主义还是共产主义，在政治上是和谐的，它应该是性质上完全不同于当前资本主义

---

① ［英］雷蒙德·威廉斯：《希望的源泉：文化、民主、社会主义》，祁阿红等译，278 页，南京，译林出版社，2014。

② Eric Hobsbawm, *Politics for a Rational Left: Political Writiing, 1977-1988*, London: Verso, 1989, pp. 218-221.

的社会，同样也是不同于目前存在的各种社会主义的社会。这种社会以其拥有巨大的社会财富为基础，拥有良好控制社会经济和财富的各种社会形式，而不是控制一切生产资料的资本主义私有制。作为和谐政治的表现，它将拥有一种更加多样的人人参与的民主管理制度，而不是只具象征意义的定期选举机制。就其文化来说，它将拥有一种更加丰富和更具创造性的社会文化生活，打造共同体意识和文化，建立宜居的生态文明社会。新马克思主义把社会主义看成是一种新的社会秩序，看成致力于努力达到其设定目标的过程，① 并深信社会主义必将取代资本主义。②

(一)共同体文化与合作意识是社会主义具有活力的基础

英国新马克思主义认为，社会主义以共同体文化与合作意识为基础，首先，共同体文化与合作意识意味着人与人之间财富的平等和行为的互惠。社会主义的核心价值是建立一个平等的社会，它的目标不是确保每个人得到他们道德上应得的东西，而是创造一个共同体，在其中每个人与他人都处于平等的关系之中，③ 即建立一个有着内在特质的共同体意识与文化。在这一共同体意识和文化中，人与人的关系主要表现为为了共同的事业而合作的关系。

在柯亨看来，共同体文化的首要特质是某种意义上的财富均等。如

---

① Ralph Miliband, *Socialism for a Sceptical Age*, Cambridge: Polity Press, 1994, p. 3.

② Eric. Hobsbawm, *How to Change the World*, London: Little, Brown Book Group, 2011, p. 418.

③ [美]伊丽莎白·安德森：《平等的意义何在》，246 页，见葛四友编：《运气均等主义》，南京，江苏人民出版社，2006。

果一个人获取的财富是其他人的好多倍，那么，人们就不可能共享一个完全的共同体，因为生活的条件有本质的不同。收入的巨大差别导致了社会缺陷的巨大差别，这些社会缺陷也就破坏了共同体。在文化共同体中，人们关心的是互惠性，它是非市场的原则。按照这种原则，我之所以为你服务，并不是因为我能够得到的回报，而是因为你需要我的服务，而且你因为同样的原因来为我服务。共同体的互惠性与市场的互惠性并不是一回事，因为市场推动的生产性贡献并不是出于对自己同胞的责任和为他们服务同时又得到他们服务的欲望，而是出于金钱的回报。在市场社会中生产活动的直接动机通常是贪婪和恐惧的结合物，其比例随着一个人的市场地位和个性而有所不同。就贪婪而言，其他人被视为可能的致富源泉；而就恐惧而言，其他人则被视为威胁。不管这些方式作为资本主义数百年文明的结果，我们对之是多么的习以为常，它们都是看待他人的可怕方式。

在共同体的互惠性内，人是本着对自己同胞的责任的精神进行生产的：我渴望在为他们服务的同时又得到他们的服务。毫无疑问，在这样的动机中，有对回报的期望，但它完全不同于市场动机中对回报的期望。如果我是一个商人，我愿意提供服务，但只不过是为了得到服务：如果提供服务不是获得服务的手段，我是不会提供服务的。因此，我付出尽可能少的服务来换取尽可能多的服务：我渴望贱买贵卖。我之所以为他人服务，要么是为了得到我想要的东西——这是贪婪的动机，要么是为了保证避免我试图避免的东西——这是恐惧动机。从商人的本性来看，他不会因为与别人合作本身的好处而重视这种合作：因为同样的原因，他是不会看重服务和被服务这种关联的。

其次，共同体文化与合作意识意味着生命平等。生命平等是共同意识与文化同社会民主高度一致遵从的原则和奋斗的目标，二者的关系也因此而难分伯仲，共同意识与文化是民主实现的观念保障，民主是共同意识与文化理念的核心。在共同意识与文化中体现的是一种更广义上理解的民主——一种生命的平等，而不是狭义上的阶级或政党的平等。正如威廉斯所说："我们需要一个共同的文化，这不是为了一种抽象的东西，而是因为没有共同的文化，我们将不能生存下去。"①也就是说，凝聚共同意识与文化的理想将有助于排除社会的区分和不平等，创造一种使所有社会成员可以进行有效交流的共同体。没有共同意识与文化和真实的共同体验，我们的社会将不复存在。正如伊格尔顿所所认为的，威廉斯的共同文化观念和他的政治理想是一致的："创造一个社会，其价值既是共同创造的，又是被人们所共同批评的。在此社会里，有关阶级的讨论可以用共同的平等成员关系来代替，这就是共同文化的观念，在发达社会里，它正日益成为小规模的革命。"②

在威廉斯看来，共同文化与合作意识是一个开放的、动态的文化概念和实践导向，是自由的、参与的和共同的对意义和价值体系的创造性过程，是所有成员在集体性的社会实践中持续创造和重新定义的过程。

再次，共同体文化体现为"与邻为善"。针对这一特定的社会构成状况，威廉斯提出共同意识与文化应以"与邻为善"的原则来代替保守的

---

① ［英］雷蒙德·威廉斯：《文化与社会》，吴淞江，张文定译，395页，北京，北京大学出版社，1991。

② Lisley Johnson，*The Cultural Critics*：*From Matthew Arnold to Raymond Williams*，London：Routledge and Kegan Paul，1979，p.72.

"团结"原则。威廉斯承认"团结观念是社会潜在的真正基础",是个人的利益在共同体中得到实现的基础。但是,"团结"原则是在理想社会中的一种理想的型构原则,只有在充分民主的社会中,才有可能以它真实的面貌发挥其应有的作用。而在现代社会,由于存在的两个重要困难,导致团结只能作为一种保守的甚至是消极的力量发挥作用。

日益增加的社会专门化与真正的共同文化并存的问题。技术的专门化带来的是个人的独立性的增强,但是,单靠个人的力量是无法有效参与社会文化的,它需要的是人们承认别人的技术,承认自己掌握的技术与别人的区别,同时承认比技术更广大的共同体,这是个人意识深处调解产生的结果。人们正是在面对共同资源,互相接触,来实现自身对社会文化的参与的。对任何个人来说,充分的参与整个文化是不可能的,因为文化是极为复杂的。但从整个文化中选择一部分,进行有效地参与却是现实的,人们也往往都是通过这样的形式来参与社会文化的。但是,这样的选择总是体现出许多的差别和不平衡,这就需要人们之间相互负责、相互调整,才能使得自己的选择、现实的不平衡与一个有效的文化共同体和谐共存。

由此看来,这种"与邻为善"的原则是当前现实社会存在和发展的需要,也是共同意识与文化得以实现的现实保障。它是开放的、参与的,同时也是政治上更为广义的民主的文化原则。这种"与邻为善"的原则,其精神实质在于精英文化与大众文化的共存,"一个好的共同体,一个有生命力的文化,不仅会容纳而且会积极鼓励所有的、任何能够对人们共同需要的意识的进步做出贡献的人。"所以,他主张"在工人阶级运动中,虽然那紧握着的拳头是个必要的象征,然而拳头决不应该握得太紧，以致手摊不开，手指伸展不了，不能发现并塑造一个新出现的，正在形成的现实"。这样的思想，体现了威廉斯思想的广博性与包容性。

"与邻为善"把握住了当代社会共同文化与合作意识的内在实质。表面看起来，共同意识与文化强调的是一种"共同"的概念，而这个"共同"绝非"同一"的意思，而是一种兼容了诸多"不同"的共同，他强调的是异质的和谐共存状态，而非同质的同一状态。因此，共同意识与文化是一个具有极强包容性的概念，在当前这样一个个性化、多元性极强的时代里，更显出了其可贵的现实性。

社会主义文化是"社会主义共同体"文化，它能够为社会主义建设提供统一的意识形态支持。社会主义共同体文化是民主的、公民广泛参与的文化。有效地参与应当被看成是公民美德，它可以在社会化个人的形成过程中得到培养和塑造。在社会主义共同体文化建设中，密里本德十分注重知识分子和教育的作用，"在此过程中，知识分子能够做出重要的贡献"[1]。在教育方面，"资本主义社会的教育总是在一方面是精英教育，另一方面是大众教育中陷入一种深刻的分裂"[2]。与资本主义体制下的精英教育不同，社会主义的教育是真正平等的大众教育，人人都享有平等的教育机会、教育条件和教育资源。"在社会主义的核心中，总是存在一种信仰，即相信绝大多数的人们都是有潜力的，社会主义民主

---

[1]　Ralph Miliband，*Socialism for a Sceptical Age*，Cambridge：Polity Press，1994，p. 157.

[2]　Ibid.，p. 95.

的基本目标就是创造条件，使得这种潜力得到全方位的展现。"①

(二)民族国家的解放与社会主义制度建设期盼人民的合作共赢

在当今世界，科学技术的发展越迅猛、全球化的进程越猛烈，文明的冲突就越严重，民族国家之间的对立甚至战争似乎就越不可避免。因此，如何处理好民族国家自己的事务以及民族国家之间的关系，不仅事关人类文明的发展进程，更重要的是关涉人类自己的生存和发展。研究民族国家的重要性不言而喻，关键在于应该如何正确地认识它。和谐社会建设从某种意义上讲，就是和谐的民族国家建设。在国外马克思主义的诸多学说中，英国新马克思主义对民族国家问题做了最深刻而广泛的研究，它把民族国家的发展同社会主义运动和社会主义制度建设一致起来，号召人民积极参与合作，共同推进民族解放与社会主义制度建设，赢得社会主义革命和建设的成功，从而形成了丰富的新马克思主义的社会主义的民族国家思想，其中尤以霍布斯鲍姆、柯亨、吉登斯、安德森和奈恩等人为代表，在继承马克思主义民族国家思想的基础上，把全球化的问题和民族国家问题作为一个整体来分析，提出了许多值得深入思考的问题，同时也提供了许多值得借鉴的思想。

英国新马克思主义认为，民族国家必须走向社会主义才能真正获得民族解放。霍布斯鲍姆是极力主张民族国家必须走向社会主义才能真正获得民族解放的新马克思主义思想家，并阐述了一系列重要的新的思想。

---

① Ralph Miliband, *Socialism for a Sceptical Age*, Cambridge: Polity Press, 1994, p. 95.

在霍布斯鲍姆看来，民族解放要以马克思的思想为基础。霍布斯鲍姆对民族国家问题的思考，是从关注马克思的《黑格尔法哲学批判》开始的，他认为马克思是在试图解决黑格尔理论中的国家问题时开始自己的思考的。① 这一看法不同于当代西方学者对《1844 年经济学哲学手稿》的重视，而与新实证主义的马克思主义的代表人物德拉-沃尔佩的观点有相似之处。霍布斯鲍姆认为，正是在《黑格尔法哲学批判》中，马克思追求以科学的唯物主义国家观来取代黑格尔式的唯心主义国家观。② 我们知道，黑格尔在《法哲学原理》中提出了国家和市民社会二元化的理论，认为国家相对于市民社会更具有本原上的意义，市民社会是绝对精神的特殊领域。③ 黑格尔把国家看作是高于家庭和市民社会的普遍概念，体现为一种伦理理念。马克思在《黑格尔法哲学批判》中从客观事物和现实的国家出发，而不是从理念出发来把握国家的逻辑。

许多人认为，在《黑格尔法哲学批判》时期，马克思还不是共产主义者，而是民主主义者，因此他的方法与卢梭的理论有些类似。德拉-沃尔佩在《卢梭与马克思》的论文集中，认为马克思主义的国家学说直接继承了卢梭的人民主权学说和平等主义学说，卢梭的学说是其直接的理论渊源。④ 科莱蒂甚至认为马克思的政治理论"重复了卢梭早已发现了的

①　Hobsbawm，E.，*The History of Marxism*，Brighton：The Harvester Press，1982，pp. 227-259.

②　Ibid.，pp. 227-259.

③　赵剑英，陈晏清：《马克思主义政治哲学：阐释与创新》，121 页，北京，社会科学文献出版社，2007。

④　俞吾金，陈学明：《国外马克思主义哲学流派新编》，354—355 页，上海，复旦大学出版社，2002。

主题"，"没有在卢梭的思想上增添任何东西"①。但是，与他们的看法不同，霍布斯鲍姆认为马克思和卢梭之间没有直接联系：卢梭的人民主权学说是建立在社会契约论的自然法基础上的博爱，而马克思的国家理论主要是对资本主义政治理论的批判。② 霍布斯鲍姆认为，马克思和恩格斯写作的历史年代不同于后来的马克思主义者，包括马克思主义政党发展成大规模的组织或重大政治力量的时期。他们通常只是提供理论建议，唯一的政治经验是对 1847—1852 年共产主义者联盟的领导；马克思在实际政治中发挥重要作用是在 1848 年革命时，成为《新莱茵报》的编辑和领导第一国际。马克思晚年对国家的历史起源问题发生了兴趣，专注于原始公有制和前阶级社会，但留下的只是读书笔记和支离破碎的资料。③ 马克思和恩格斯首先强调政治、司法和意识观念起源于基本的经济事实是正确的，但是为了突出内容有些忽略形式。后来的马克思主义者提出更为复杂的问题：国家不仅是统治的机构，而且是领域的基础，也就是它在资本主义经济发展中作为民族的功能。马克思和恩格斯没有论述这种政治单位的未来，但是他们坚持在中央集权形式中保持民族单位，后来的伯恩斯坦和列宁提出了民族问题。④ 因此，马克思和恩格斯关于民族国家的思想中有较多的空白，而当时代呼唤更全面的马克思主义的国家理论时，就有必要来发展和完善它，霍布斯鲍姆自认正是

---

① Colletti, L, *From Rousseau to Lenin*, New York, Monthly Review Press, 1972, p. 185.

② Hobsbawm, E., *The History of Marxism*, Brighton, The Harvester Press, 1982, pp. 227-259.

③ Ibid., pp. 227-259.

④ Ibid., pp. 227-259.

在做这样一个工作。

霍布斯鲍姆强调，民族与民族国家是真实的社会存在，民族国家与资本主义国家具有相同的性质和发展历程，但各自也具有相对独立性，履行社会管理的公共职能。[①]

霍布斯鲍姆认为，民族最原初的意义是指血统来源，1908 年之前其意义与族群单位几乎重合，之后则强调作为政治实体及独立主权的含义。[②] 他认为民族政治理念与新意识诞生于 1789 年的法国大革命；1789—1848 年，也就是革命的年代，政治社会开始系统地运用民族这个新概念，民族原则主宰了 19 世纪 30 年代，这时的民族国家数目较少。[③] "1830 年革命后由马志尼创建或发起的'青年'运动：青年意大利、青年波兰、青年德意志、青年法兰西、青年爱尔兰。它们标志着欧洲的革命运动碎裂成民族的革命运动"[④]。新兴的民族主义作为 19 世纪 30 年代双元革命的结果和产物，在政治自觉中显露出强大的力量。新兴的民族商业阶级在统一的民族大市场中有着明显优势，教育系统使用民族语言出版教科书和报纸，并进行官方活动，表明民族发展迈出了关键的一步。1918—1950 年民族主义达到最高峰，民族认同等于国家认同的观念在欧洲日渐得势。"有史以来第一次，欧洲这块拼图几乎全都由民族国家拼凑而成，而且这些国家全都拥有某种资产阶级式的国会民主。可

① ［英］埃里克·霍布斯鲍姆：《民族与民族主义》，李金梅译，159—184 页，上海，上海人民出版社，2006。
② 同上书，17 页。
③ 同上书，17 页。
④ ［英］艾瑞克·霍布斯鲍姆：《革命的年代》，王章辉译，174 页，南京，江苏人民出版社，1999。

惜这种局面为时甚短，且再也没有出现过。"①凡尔赛和约之后世界局势呈现新现象：民族运动广泛传播于世界各地，衍生出欧洲民族主义的新变形，依赖国家特别是殖民地区的民族解放和独立运动已成为追求政治解放的主导力量，可借此摆脱殖民帝国的行政和军事掌控。第三世界国家打着民族原则的名义，强调民族自决的权力，争取独立地位和民族解放，实际上是反帝国主义运动。1945 年之后，各国争取独立、反殖民化运动与社会主义、共产主义的反帝国主义运动结为一体，民族解放便成了左派的口号。大体而言，"1919 年之后的欧洲民族运动，多半都是朝着反对民族国家的方向走去"②。

民族主义不再追求统一，几乎成了分离主义的同义词。都市化和工业化带来了社会变迁和人口迁徙，使同一领土的居民具有相同族裔、文化和语言渊源的民族主义理想变得不可实现。霍布斯鲍姆认为，"族群及语言民族主义有可能会走上分离道路，而且也都可以摆脱对国家权力的依赖"③。

20 世纪末的民族主义呈衰微之势，以苏联和南斯拉夫的解体为开端，开始了举世瞩目的民族分离运动。欧洲的分离主义主要是 20 世纪的历史背景造成的，1918 年到 1921 年的凡尔赛和约和布列斯特-立陶夫斯克条约种下了恶因，其未竟事业是 1988 年到 1992 年的分离狂潮，比如马其顿问题。西欧的民族分离运动比东欧尤甚，几个最老牌的民族国家都在经历民族分裂运动：大不列颠及北爱尔兰联合王国、西班牙、法

① ［英]埃里克·霍布斯鲍姆：《民族与民族主义》，李金梅译，128 页，上海，上海人民出版社，2006。
② 同上书，136 页。
③ 同上书，156 页。

国，程度较轻的瑞士以及最严重的加拿大。"魁北克(脱离加拿大)、苏格兰(脱离英国)或其他地区是否真能争取到完全独立，在今天(1992年)仍是有待观察之事。"①苏格兰和威尔士的民族分离主义产生于英国资本主义的危机，是 20 世纪 60 年代英国工人党失败的直接结果。但是，分离主义既不能解决普遍性问题，也不能解决地方性难题，它无法切中 20 世纪晚期面临的问题。

关于什么是民族国家，霍布斯鲍姆认为，它是源于特定地域及时空环境的历史产物，须纳入国家体制、行政官僚、科技发展、经济状况、历史情境与社会背景下来讨论。②

霍布斯鲍姆认为，马克思在考察市民社会与国家的关系时，科学地解释了国家的阶级实质，"国家是统治阶级的各个人借以实现其共同利益的形式，是该时代的整个市民社会获得集中表现的形式。"③市民社会克服不了特殊利益与共同利益之间的矛盾，所以，"共同利益才采取国家这种与实际的单个利益和全体利益相脱离的独立形式"④。"现代的国家政权不过是管理整个资产阶级的共同事务的委员会罢了。"⑤诚如霍布斯鲍姆所说，民族国家是由居上位的资产阶级所创建，运用强势的政府机器和工业化技术，通过官方语言和价值规范的学习来渗透其意识形态，例如，借助印刷术的发明、识字率的普及以及公立教育的设置来推

---

① ［英］埃里克·霍布斯鲍姆：《民族与民族主义》，李金梅译，164 页，上海，上海人民出版社，2006。

② 同上书，10 页。

③ 《马克思恩格斯选集》第 1 卷，132 页，北京，人民出版社，1995。

④ 同上书，84 页。

⑤ 同上书，274 页。

广口语或书写文字,"传播民族的意象与传统"①。

霍布斯鲍姆在回答波立陶关于民族主义神话的问题时指出:"民族主义神话不是从人民的实际经历中自发产生的,它们是人民从其他方面获得的,包括从书本、历史学家和电影里获得,现在则是从制作电视节目的人那里获得。它们并不是历史记忆或者生活传统中的普遍部分,而是一种宗教的产物"②。民族国家的统治阶层出于特定的政治目标重新设计过去,有点像"最新时装式样",将他们对于历史的看法强加到人民头上,从而使它以他们所希望的面目出现。如在德意志统一及美国南北战争中,民族观念成为压迫民意的工具。

霍布斯鲍姆认为,民族国家的未来必然是走向社会主义。在霍布斯鲍姆的视域中,民族国家是理解现代工业社会的关键,其建立、发展和衰微以至消亡与资本主义社会相一致,并认为这是马克思的基本观点。③ 从一定意义上来说,民族国家就等同于资本主义国家。④

霍布斯鲍姆认为,民族国家通过先进的运输、通信和信息处理技术,依赖非暴力的方式使资本主义的主流意识形态获得集体认同,从而达到和平控制和高强度的行政监控。⑤ 民族与民族主义依附于国家政

---

① [英]埃里克·霍布斯鲍姆:《民族与民族主义》,李金梅译,88页,上海,上海人民出版社,2006。

② [英]艾瑞克·霍布斯鲍姆,[意]波立陶:《霍布斯鲍姆:新千年访谈录》,37页,北京,新华出版社,2000。

③ [英]埃里克·霍布斯鲍姆:《史学家—历史神话的终结者》,马俊亚,郭英剑译,103页,上海,上海人民出版社,2002。

④ [英]埃里克·霍布斯鲍姆:《民族与民族主义》,李金梅译,9—10页,上海,上海人民出版社,2006。

⑤ 同上书,79—81页。

体，同样有产生、转型、高潮、衰落以及最终将走向消亡的过程。①

民族国家和族群语言团体在未来超民族主义重构全球的过程中，或者被淘汰，或者被整合到世界体系中。民族国家正在失去旧有的一项重要功能，即组成以领土为范围的国民经济：由于国际分工的发展，经济的基本单位由跨国或多国企业取代，借由政府控制范围之外的国际金融中心和经济交换网络进行沟通。旧式的国民经济没有欧洲经济共同体等新世界体系的沟通工具。交通和通信的双重革命使货物、人口在世界范围内流动，民族和民族主义意识形态完全失效。当代世界的政治冲突与民族国家关系不大，国民经济臣服于跨国经济，小国的经济生命力不输于大国。②"随着资产阶级的发展，随着贸易自由和世界市场的确立，随着工业生产以及与之相适应的生活条件的一致化，各国人民之间的民族孤立性和对立性日益消逝下去。"③民族脱离了民族国家这个实体，"就会像软体动物被从其硬壳中扯出来一样，立刻变得歪歪斜斜、软软绵绵"。④ 未来的历史绝不可能是民族和民族国家的历史，民族国家和民族主义会逐渐消失。

霍布斯鲍姆认为，民族国家具有相对独立性，甚至会反对自己的统治阶级。⑤ 他认同恩格斯在《家庭、私有制和国家的起源》中关于国家的

---

① ［英］埃里克·霍布斯鲍姆：《民族与民族主义》，李金梅译，184 页，上海，上海人民出版社，2006。

② 同上书，177 页。

③ 《马克思恩格斯全集》第 4 卷，487 页，北京，人民出版社，1995。

④ ［英］埃里克·霍布斯鲍姆：《民族与民族主义》，李金梅译，182 页，上海，上海人民出版社，2006。

⑤ Hobsbawm, E., *The History of Marxism*，Brighton：The Harvester Press，1982，pp. 227-259.

定义：从社会中产生但又居于社会之上，并且同社会相异化的力量。这一方面指出了国家阶级统治的实质，另一方面强调了国家是表面上凌驾于社会之上的力量。国家的双重身份决定了在实际政治生活中必然采取各种有力措施维护经济上占统治地位的阶级的利益，同时为维持社会秩序，使冲突双方不至出局，又必须在某些方面采取独立于、甚至有损于统治阶级利益的行为。①

随着社会中不可调和与难以管理的阶级对抗的加强，明显居于社会之上的政治力量对于调和这种冲突和把它维持在秩序内变得很有必要。霍布斯鲍姆认为，如同早期社会一样，民族国家的统治比"国家＝强制力量＝阶级统治"的简单公式更为复杂，至少具有作为否定机制在阶级社会中阻止社会分裂，以及作为肯定机制调整资产阶级私人利益和公共利益之间冲突的作用，它还具有通过隐藏因素或表面一致来进行统治的作用。② 如美国政府的唯一敌人就是自己狂热的极右派："今日的危险来自于理性之敌——此即宗教上与种族上的基本教义派、排外主义；其中也包括法西斯余孽或受到法西斯主义启发的政党，而他们目前正坐在印度、以色列和意大利等国的政府里面。历史的反讽之一就是经历了半个世纪的反共冷战之后，华盛顿政府唯一的敌人们，就是美国自己的极右派狂热，以及'逊尼派'的基本教义穆斯林好战分子，而'自由世界'曾经为了对抗苏联刻意向后者提供援助。有鉴于罗莎·卢森堡所列出的社会主义与野蛮主义之间的二择一问题，这个世界或许将后悔自己曾经决

---

① Hobsbawm, E. , *The History of Marxism*, Brighton: The Harvester Press, 1982, pp. 227-259.

② Ibid. , pp. 227-259.

定要对抗社会主义。"①

　　霍布斯鲍姆把民族国家与全球化都看成是世界政治发展的过程。他认为 1914 年之前的半个世纪，各种民族主义的意识形态和政治内容发生改变，它们的共通之处是反对新兴的无产阶级社会主义运动（信仰国际主义者）。史学家的主流观点以及大众认为民族主义和国际主义（社会主义）是水火不容的。② 英国新马克思主义者汤普森坚持认为只有站在民族的立场上才能看清民族性自身的问题，同时他也不否定国际主义视野的必要性和重要性。但是，他坚决反对通过国际主义走向民族虚无主义。③ 安德森与奈恩认为，英国缺乏革命的文化传统，因此不可能自发地形成革命的理论，进而发动成功的革命；反过来说，英国的马克思主义者只有扬弃英国民族文化的狭隘性，走国际主义道路，从欧洲大陆移植先进的马克思主义理论，才能创造出革命的文化和理论。很显然，这是对汤普森等第一代新左派所坚持的理论立场的公开批判，或者说就是一种挑衅。④ 霍布斯鲍姆则既不偏于民族立场，也不偏于国际立场，他认为民族国家的发展将最终走向全球化，两者都是世界政治发展的

---

　　① ［英］艾瑞克·霍布斯鲍姆：《趣味横生的时光——我的 20 世纪人生》，周全译，338 页，北京，中信出版社，2010。

　　② ［英］埃里克·霍布斯鲍姆：《民族与民族主义》，李金梅译，118—125 页，上海，上海人民出版社，2006。

　　③ 张亮：《汤普森视域中的民族性与马克思主义》，60 页，载《福建论坛（人文社会科学版）》，2008(7)。

　　④ Thompson，E.，*The Poverty of Theory and Other Essays*，New York，Monthly Review Press，1978，p. 249.

过程。①

在自 1989 年开始的国际动荡时代中，民族国家面临政治因素不稳定的问题，国际强权体系希望以单边力量建立全球化秩序遭到失败，苏联和南斯拉夫共产党政权的解体导致世界的大部分地区分裂，中央政府实质崩溃，获得国家主权的国家增多。全球化引发的规模空前的人口跨国界流动对民族国家造成强烈冲击，贫穷国家的居民向富裕国家移民，尤其在美国、加拿大和澳洲更为明显，而在种族、信仰和文化认同感很高的国家中对于大规模的移民有着很强的仇外力量。②

维护公共利益、实施公共管理的社会职能是一切国家形态的共有职能，也是民族国家的基本职能。在这一点上，霍布斯鲍姆完全同意恩格斯的看法，即"政治统治到处都以执行某种社会职能为基础，而且政治统治只有在执行了它的这种社会职能时才能持续下去"③。

现实地看，民族国家在今天遇到了巨大的挑战和灾难。霍布斯鲍姆认为，今日，讨论民族与民族主义之本质与历史的学术研究越来越多，而且主要出现在 20 世纪 80 年代几部影响深远的书籍出版之后。④ 20 世纪发生的屠杀、种族灭绝和"种族清洗"狂潮以及所谓的武力介入，引发了巨大的民族对立，而科技进步和全球化过程在近十年来的急速成长，以及它对人

---

① ［英］埃里克·霍布斯鲍姆：《民族与民族主义》，李金梅译，118—125 页，上海，上海人民出版社，2006。

② ［英］艾瑞克·霍布斯鲍姆：《霍布斯鲍姆看 21 世纪》，吴莉君译，72—82 页，北京，中信出版社，2001。

③ 《马克思恩格斯选集》第 3 卷，523 页，北京，人民出版社，1995。

④ ［英］艾瑞克·霍布斯鲍姆：《霍布斯鲍姆看 21 世纪》，吴莉君译，72 页，北京，中信出版社，2010。

类的移动和流动性的影响，对传统意义上的民族国家构成了巨大的挑战。伴随民族认同而产生的仇外心理也大大激化了民族矛盾，深藏于这些矛盾之中的是新帝国主义和极端民族主义。那么，"在 21 世纪，是否有任何东西可能取代民族国家而成为人民政府的普遍模式呢？我们现在还不知道"①。

霍布斯鲍姆认为民族国家趋于衰微，并会逐渐消亡。在他看来，民族主义运动是建立民族国家的最主要途径，列宁的民族政治理论主张把马克思主义和民族运动联系起来，把马克思主义者转变为民族运动的领导，产生了三方面的影响：扩大了 20 世纪民族运动的范围，特别是在反法西斯期间；促进了马克思主义革命运动的发展，不仅包括被压迫阶级的运动，也包括整个民族的解放斗争，不仅包括中国、越南、南斯拉夫等国家的革命运动，而且包括葛兰西式的共产主义；承认民族运动成为现实的社会政治力量。②

列宁的民族政治理论取得了显著成功，但是霍布斯鲍姆认为它存在着事实上的弊端：马克思主义者只在少数情况下成为民族运动的领导力量，而在大部分的情况下他们被非马克思主义者或反马克思主义者所支配或排斥。因此在这个意义上，卢森堡的立场是有现实性的：马克思主义者的意识忠诚体现在把自己国家和人民的利益屈从于国际利益。③

霍布斯鲍姆认为列宁的民族政治理论不足以解决当前的问题，目前

---

① ［英］艾瑞克·霍布斯鲍姆：《霍布斯鲍姆看 21 世纪》，吴莉君译，82 页，北京，中信出版社，2010。

② Hobsbawm, E., *Politics for a Rational Left*, New York: Verso Press, 1989, pp. 126-168.

③ Ibid., pp. 126-168.

的形势不同于列宁的时代：第一，现代民族运动的特征是分离，包括最古老的民族国家，比如英国、法国、西班牙和瑞士，民族国家的正当性及其加在公民身上的命令日渐衰落。第二，帝国的消失中断了反帝国主义和民族自决之间的联系，大部分国家拥有领土，因此新民族主义的目标不是建立独立的政治国家。第三，社会主义力量的彰显引起了民族分离问题，大部分发生于发达资本主义国家，民族国家与社会主义的关系发生了深刻的变化。[①]

霍布斯鲍姆认为，社会主义的内涵真正体现民族国家解放的本质。在他看来，在 21 世纪，资本主义经济空前繁荣，却遭受到民族分离、生态破坏和贫富差距拉大等政治和社会问题的困扰；社会主义也遇到了严峻的挑战，现实的两种主要社会制度都面临着变革、重构，甚至有可能彻底毁灭的危机。面对现状，作为英国新马克思主义杰出代表的霍布斯鲍姆认为，理性的左派必须重新考虑社会主义的基本原则、目标、途径，以及使之成为现实政治力量的问题。霍布斯鲍姆通过对英国、法国、意大利和德国等西方国家的社会主义的独特分析、对苏联布尔什维克政权的辩证研究，以及对中国特色社会主义的长期存在和改革开放的肯定，探讨了西方国家走向社会主义的道路和构想，并且坚定地相信现在可能的东西未来必然会成为现实。因为社会主义的内涵真正体现出民族国家解放的本质。

在霍布斯鲍姆看来，社会主义的本义是集体价值观。社会主义是智力的产物，是自 18 世纪以来表示人类改变社会的名称、模式和标记。

[①]　Hobsbawm. E., *Politics for a Rational Left*, New York: Verso Press, 1989, pp. 126-168.

霍布斯鲍姆认为，社会主义的原初意义既没有政治蕴含，也不指社会组织生产、分配和交换的特定方式。它的对立面不是资本主义，而是个人主义。个人主义社会的基础是竞争、市场，社会主义社会的核心则是合作、团结。社会主义所涉范围非常广泛，包括了从限制自由贸易的政策到完全没有私有制的共产主义社会。1917 年的十月革命使社会主义成为颠倒的资本主义，成为社会组织生产、分配和交换的特定方式。现在资本主义的个人主义价值基础与自由市场的逻辑完全相适应，但它并不符合国际政治的需要，它使人从属于经济，"损害和败坏了组成社会的人与人之间的关系，造成了道德真空，除了眼前的个人需要之外，一切都微不足道"①。"个人主义社会的高度发展，影响到集体价值观的衰落"②。因此，应该使社会主义回归到原初的集体价值观的本义上，使其与极端的个人主义截然对立。

马克思阐述的社会主义理论回应了 18 世纪末欧洲社会与政治的变化，而"社会主义批判的世界，即资本主义世界，是会转化的"③，社会主义处于形成政治力量的动态过程中。因此，霍布斯鲍姆认为判断社会主义理论成败的标准是能否回应当代世界的事实，如同恩格斯所说"所谓'社会主义社会'不是一种一成不变的东西，而应当和任何其他社会制

---

① ［英］霍布斯鲍姆：《摆脱困境——社会主义仍然富有生命力》，5 页，载《现代外国哲学社会科学文摘》，1992(1)。
② ［英］艾瑞克·霍布斯鲍姆，［意］波立陶：《霍布斯鲍姆：新千年访谈录》，殷雄、田培义译，177 页，北京，新华出版社，2001。
③ ［美］约翰·麦克里兰：《西方政治思想史》，彭淮栋译，594 页，海口，海南出版社，2003。

度一样，把它看成是经常变化和改革的社会"①。社会主义最初只是派生于"社会"一词，表征人在本性上是社会和群居的生物。19世纪30年代，社会主义从英国和法国向外传播，"在英国它被称为'合作'或'合作社'；在法国它被称为'集体'或'集产'——后来成为'集体主义'，并以'互助论'而知名"②。与共产主义不同，社会主义在此时没有政治的含义，主要是自愿建立的团体。因此，直到19世纪末社会主义的这种原始意义在英国始终保持着中心地位，美国则存在着比其他国家更多的社会主义。

第一次世界大战之前的社会主义思想主要是对资本主义的批评。19世纪80年代，马克思主义者通过自愿联合的形式建立合作社，开始了集体性的政治运动。自此，社会主义与夺取国家政权联系了起来，但是它仍然不是社会组织的特定方式。1880—1914年，进入工业革命时期的国家，即欧洲、北美、日本及其殖民区的工人阶级已经形成，使资本主义的社会和政治秩序蒙上了一层阴影："只要是在民主和选举政治允许的地方，以工人阶级为基础的群众党派便会信仰社会主义，并以惊人的速度增长。"③1880年时，除了刚于1875年完成结盟的德国社会民主党外，其他群众党派几乎还不存在。到了1906年，大规模的社会主义政党的存在已是常态。1912年澳大利亚的劳工党组成联邦政府，1914

① 《马克思恩格斯选集》第4卷，693页，北京，人民出版社，1995。

② ［英］霍布斯鲍姆：《摆脱困境——社会主义仍然富有生命力》，1页，载《现代外国哲学社会科学文摘》，1992(1)。

③ ［英］艾瑞克·霍布斯鲍姆：《帝国的年代》，贾士蘅译，137—175页，南京，江苏人民出版社，1999。

年美国产生了大规模的社会主义政党，阿根廷的社会主义政党则得到10％的选票。西方的社会主义政党成为重要的选举力量，尤其是德国和斯堪的纳维亚国家的社会主义政党获得高达35％～40％的选票。选举权的每次扩大都意味着工业群众选择社会主义，他们不但投票，还组织成庞大的群体：比利时劳工党在1911年拥有27.6万党员，德国社会民主党则有100多万党员，而工会和合作社等劳工政治组织的规模更大。社会主义发展的新纪元开始于1917年苏联布尔什维克的胜利，至此社会主义的真正内容成为颠倒的资本主义，成为社会组织生产、分配和交换的特定方式。十月革命的重大意义在于第一次在人类历史上建立社会主义秩序和共产党政权，是真正意义上的无产阶级革命。霍布斯鲍姆在《极端的年代》一书中引用德彭的话说："十月革命，建立了人类史上第一个后资本主义国度与社会，不但为世界带来历史性的分野，而且也在马克思学说与社会主义政治之间，划下一道界线……十月革命之后，社会主义人士的策略与视野改变了，开始着眼于政治实践，而非徒穷于对资本主义的研究。"①

因此，社会主义思想的主要成就是在1917年到1950年期间，苏联吸取了两次世界大战的经验，发展了适用于落后国家的国有化和快速工业化计划，其他国家的社会主义政权纷纷效仿。20世纪30年代后，战争重创了资本主义，资本主义在经济发展上出现了危机，社会主义和资本主义各暴露出自身的特点和局限性，苏联早期的社会主义模式已经显

---

① ［英］艾瑞克·霍布斯鲍姆：《极端的年代》，郑明萱译，560页，南京，江苏人民出版社，1999。

示出重大缺点，因此马克思主义者对社会主义进行了重新思考：社会主义不应该等同于完全的国家计划经济，国家控制和中央计划也不是社会主义的专有性质。恩格斯在 1891 年曾指出："如果我们从股份公司进而来看那支配着和垄断着整个工业部门的托拉斯，那么，那里不仅私人生产停止了，而且无计划性也没有了。"①1917 年，列宁再次强调了恩格斯的这个观点，并指出："现在资本主义正直接向它更高的、有计划的形式转变。"②大部分社会主义者改变了公共所有和控制的旧思想，允许非国家的所有制形式，如集体所有制企业和私有制企业并存。霍布斯鲍姆认为从社会主义国家的实际经验看来，完全无市场的社会主义是荒谬的，只能作为非常时刻的暂时策略③。

日本、韩国和中国在 20 世纪工业化最后阶段取得了重大成功，而这并不是基于个人主义的价值基础而取得的。霍布斯鲍姆认为，只要生产过程还需要人力，就不可能消除人们的满足感与动机的重要性，就会具有诸如忠于社会与国家的集体荣誉感。但是左翼的价值观不再是集体主义而是个人主义，比如社会高层为了私利可以牺牲整座城市，社会底层中十几岁的孩子为了时髦的羊皮夹克或锻炼器材而杀人。

从经济学方面来说，资本主义需要不断地提高生产率，工资的增加不能快于生产率的提高，而与效率越来越高、价钱越来越便宜的机器及其产品不同，人仍顽强地保持着人性。比如美国的汽车工业曾经为贫穷

---

① 《马克思恩格斯全集》第 22 卷，270 页，北京，人民出版社，1965。
② 列宁：《列宁全集》第 29 卷，436 页，北京，人民出版社，1985。
③ Hobsbawm, *Politics for a Rational Left*, New York：Verso，1989，pp. 218-226.

的工人提供了大量的就业机会，使他们获得了经济利益和人格尊严。但是，现在的汽车工业不再需要他们，唯一能为他们提供自尊的工作机构是军队。失去工作、处于困境中的工人群众成为痛苦不堪、无法无天的贫民窟住户，伴随他们的是恐惧、毒品和暴力。这充分说明人类不能适应资本主义，社会主义的公平仍然是可行的目标。"今天，这一目标意味着经济发展所产生的巨大财富被国家与公共权力机构重新分配，而市场是不能履行这种职责的。"①

在霍布斯鲍姆看来，社会主义是大力发展生产力的社会制度。马克思主义的强大生命力"在于既始终坚持社会结构的实际存在，又坚持社会结构的历史性、亦即重视社会变迁的内在动力"②。社会发展理论必须以"生产方式的分析为起点"，"社会物质生产力具有向前发展的必然的进步的趋势"③，与现存的生产关系及其相对固定的上层建筑发生矛盾，使生产关系和上层建筑让步。霍布斯鲍姆在《史学家——历史神话的终结者》一书的序言中说："仅仅因为我们赞成社会主义而欣然拥戴这种预测是毫无助益的，但科学社会主义并非虚无缥缈的主观臆想，而是马克思以深邃的洞察力发现的某些人类基本的发展趋势。"事实上，自 1917 年俄国君主制覆灭以来，在某种程度上布尔什维克制度比其他制度运行得要好，并把苏联带上了国际强国和威望的顶峰；

---

① ［英］艾瑞克·霍布斯鲍姆，［意］波立陶：《霍布斯鲍姆：新千年访谈录》，殷雄，田培义译，4 页，北京，新华出版社，2001。

② ［英］埃里克·霍布斯鲍姆：《史学家——历史神话的终结者》，马俊亚，郭英剑译，170 页，上海，上海人民出版社，2002。

③ 同上书，188—189 页。

当代世界经济中活力最足、增长最快的是中国特色的社会主义市场经济。

苏联的经济发展方案，即国家统筹、中央计划之下超高速发展现代化工业社会的各项基本建设，尤其适合缺乏私有资本的国家。因此，两次世界大战之间及战后的 15 年间，社会主义国家的经济增长速度远较西方为快。此外，苏联的经济发展使社会主义较大程度地普及了大众教育，从而使存在大量文盲的国家向现代化转变。由于苏联的社会主义实践是用以解决一个广大无垠、却惊人落后的国家的特殊状况的，是特定历史场合下的特定反应，"并非建立在取代全球资本主义的规模上"①，所以其中央集权的经济从 20 世纪 60 年代开始运转不良，陷入了日益严重的困难之中。苏联社会主义的困境，并不表示其他形式的社会主义便不可行，当时西方的社会主义经济学家提出计划（最好是非中央集权式的计划）和市场双管齐下的社会主义经济，然而两者之间存在着极大的差异，苏联式中央指令计划的经济无法将自己改造成市场性社会主义。中国的社会主义事实上绝不是苏联共产党的分支，其作为苏联卫星集团成员的色彩更淡，因而经过毛泽东时期的经济建设，中国人均粮食消耗额居于世界的中等水平以上，高于美洲 14 国、非洲 38 国，远超过新加坡、马来西亚以外的南亚和东南亚全部地区。中国人的平均寿命也由 1949 年的 35 岁增加为 1982 年的 68 岁，死亡率则持续下降。20 世纪 70 年代，邓小平特别忧心中国在经济上不如西方资本主义国家的落后状

---

① ［英］艾瑞克·霍布斯鲍姆：《极端的年代》，郑明萱译，738 页，南京，江苏人民出版社，1999。

态，因而实行改革开放的新路线，取得令世人瞩目的经济成果。当世界步入 20 世纪 80 年代时，除了中国，其他的社会主义国家都出现了严重问题。霍布斯鲍姆在接受 2010 年《新左派评论》的采访时认为，中国现在处于经济发展的初级阶段，但具有巨大的发展空间，二三十年后在政治和经济上会拥有更加重要的国际地位，共产主义思潮将来会再度兴起。他在 2012 年接受《环球时报》的采访时指出，中国的崛起降低了 21 世纪全球战争的危险，具有重要的经济和政治意义。霍布斯鲍姆在接受张维为、陈平的采访时把中国视为解决贫困问题的正面例子，认为中国的工业化发展迅速，经济增长模式独特，生产力，尤其是农业生产力高得惊人。

从第二次世界大战中愈益发展并且保持历史上最高增长速度的资本主义经济，并不是纯粹的市场经济，而是带有大量公有成分和相当程度的政府计划的混合经济，作为社会主义经济典范的计划和公有制被非社会主义体制所同化和吸收，社会主义则试图采用被视作典型的资本主义因素的市场经济。由于社会主义如中国采取了市场经济，因而生产力获得了快速发展，在经济形态上似乎与资本主义的界限日益模糊。霍布斯鲍姆认为两种制度的本质区别在于市场是作为经济效益的指南还是作为经济资源分配的唯一机制，后者必然产生人和人之间的不平等，恶化生产关系，扩大发达国家和贫穷国家之间的差距。这种资本主义发展的后果有助于我们说明 21 世纪的社会主义议程。

在霍布斯鲍姆看来，社会主义的实现必须强化共产党的领导。马克思把社会看作是人与人之间关系的体系，也就是以"生产和再生产的目的为主的关系体系对马克思来说至关重要"①。资本主义通过市场获得的经济增长非常显著，扩大了世界工业化的范围，但是由于没有考虑社会正义、道德和伦理，不能合理配置资源，造成了严重的经济和政治问题。"因为融到历史发展中的不平等既是权力的不平等，也是福利的不平等。"②霍布斯鲍姆认为，"平等在今天意味着社会公益服务以及政府对财富进行重新分配，自由市场不能保证这一点"③。社会主义对资本主义财产及社会地位的威胁令其感到害怕。资本主义在社会、制度及意识形态等方面，"原本是生产力的力量，反而转变成生产力的桎梏——再也没有比社会主义革命更清楚明白的实例了。于是依此理论发动的'社会革命时期'，它的第一项结局便是旧系统的解体"④。西方发达国家的社会主义道路障碍重重，两次世界大战和经济衰落，都没有从根本上撼动西方资本主义政权的社会基础，西方的劳工运动总是处于倾覆的危险中。但是霍布斯鲍姆认为共产党是马克思主义的先锋政党、训练有素的职业革命者、最强大的政治发明以及最有效的革命组织，在非社会主义世界具有远远超越自身规模的非凡影响；在社会主义世界则统治着世界上三分之一的人口，使资本主义不可能强迫所有国家都走资本主义道路。

---

① ［英］埃里克·霍布斯鲍姆：《史学家——历史神话的终结者》，马俊亚，郭英剑译，170 页，上海，上海人民出版社，2002。

② 同上书，38 页。

③ ［英］艾瑞克·霍布斯鲍姆，［意］波立陶：《霍布斯鲍姆：新千年访谈录》，殷雄，田培义译，147 页，北京，新华出版社，2001。

④ ［英］艾瑞克·霍布斯鲍姆：《极端的年代》，郑明萱译，737 页，南京，江苏人民出版社，1999。

西方共产党的规模小而波动，其成员由资本主义国家体制外的人构成，他们的劳力和心理在社会中处于劣势，受教育程度更不乐观。据塞缪尔（Raphael Samuel）在《英国共产主义的失落》一书中的统计，1917 年苏联统治时期英国的布尔什维克成员约 1 万人，其中 3000 人在首都；1932 年南斯拉夫共产党的人数至最低点，大概有 200 名，1940 年扩展至 6000 名；越南共产党从 1941 年争取独立，到 1945 年宣告成立民主共和国，其成员都没有超过 2 万名①。英国共产党在大多数时候处于边缘状态，20 世纪 30 年代成为有效的民族左派，50 年代力量不断下降以至分裂。德国共产党的成员由缺乏经验的年轻人构成，如在 1926 年80％的领导干部小于 40 岁、30％的领导干部小于 30 岁，平均年龄为 34岁。德国共产党成员的社会地位低下，其中不熟练的工人占到高达 13.5％的百分比，即使在 1927 年的经济稳定期，失业工人也占到 27％的百分比。德国共产党的领导成员中，75％仅受过初等学校教育，10％具备大学文凭；德国共产党的成员中，95％只读过初级学校，1％毕业于大学。

第一次世界大战和俄国十月革命影响到法国工人阶级及其运动的形成。法国具有西方革命的传统，其共产党在西方世界是大规模的政党和左派的主要力量。但是 1789—1794 年、1830 年、1848 年和 1871 年的法国革命的性质都不是马克思主义的，而是雅各宾派、布朗基派和蒲鲁东派的。在此期间法国的社会主义运动并未完全进入政治领域，与英国相比，法国在 1917 年对苏联革命的反应非常弱。法国的劳工运动在

---

① Hobsbawm, *Communism in Britain*, London: Review of Books, 2007 (4), pp. 23-25.

1914 年到 1920 年期间遭遇重大失败，因为社会主义者把资金用在选举上，但从来没有争取到大多数的选票。另外，极端左派在西方进行无产阶级革命的计划失败，社会主义改革的道路暂时受到了阻碍。在艰难的环境下，法国共产党的大部分成员做出了追随苏联的选择。克里格尔认为，早期法国社会主义潮流和规划的破产、作为西方传统和世界模式的法国革命失败是不可避免的。① 但是霍布斯鲍姆认为，法国的社会主义政党具有的独特品质启示了新的社会主义道路：既不是理想的费边政党即通过选举和逐渐改革来接近社会主义，也不是简单的改革政党即退化到社会和经济的保守主义。

　　1914 年第一次世界大战爆发，社会主义者认定"不断爆发的战争和衰退必定会渐渐削弱资本主义的力量"，② 因而不支持本国战争，并变帝国主义战争为无产阶级革命。但是西方世界中的社会主义政党却选择了放弃国际主义的旗帜，追随民族主义，只有少数马克思主义者如德国的卡尔·李卜克内西、罗莎·卢森堡和俄国的列宁坚持国际主义，希望自己的国家战败。共产国际在第三时期（1927—1934 年）主张法西斯是邪恶资本主义国家的穷途末路，是资本主义秩序的崩溃，因此不能与资产阶级联合对抗法西斯主义，而是让其走完短暂之路，然后在苏联的领导之下收拾残局，在此期间西方的社会主义运动跌到最低潮。1939 年 9 月，英国和法国的共产党在民族主义和国际主义之间迅速地选择了国际主义的错误战线，不支持反法西斯战争。但是霍布斯鲍姆认为不应该嘲

① Hobsbawm, *Revolutionaries*, New York: Pantheon Books, 1973, pp. 16-24.
② ［美］乔治·萨拜因：《政治学说史》（下卷），邓正来译，524 页，上海，上海人民出版社，2010。

笑国际主义和苏联战线的失败，而是要肯定他们积极行动的精神，这也正是西方社会主义者在 1914 年应该做却没有做到的。

意大利共产党是西方世界中规模最大的共产党，其领导帕尔米罗·陶里亚蒂认为不能为民族主义去反对苏联共产党，并向葛兰西等西方马克思主义者做出解释。霍布斯鲍姆认为意大利共产党真正值得关注的是在法西斯统治期间极端脆弱和反抗法西斯期间极速扩张之间的强烈对比。1934 年 5 月，意大利共产党只有 2400 名成员，处于历史最低点，政治活动的程度达到最低。甚至在 1934 年的 7 月，共产国际接受新的反法西斯团结战线、推动社会主义运动时意大利共产党也没有进步，但是霍布斯鲍姆认为他们在反法西斯组织的移民中发挥了最积极的作用。如在 1936 年的移民中，大约有 5000 名社会主义者，600 名苏联共产党和大约 100 名无政府主义者，还有大约 50 万意大利工人，他们是 1.5 万名共产党的群众基础。

1923 年之前列宁构想德国成为世界社会主义的中心，其革命成为苏联革命的必要补充。1918 年，斯巴达克同盟与不来梅左派合并成立德国共产党，对抗正统的资本主义体制。1919 年德国共产党加入共产国际，1920 年德国共产党同独立社会民主党左翼联合为德国统一共产党，代表了反抗魏玛共和国的所有力量：无产阶级、知识分子、警察、资产阶级和法官。1923 年德国工人运动掀起新高潮，10 月中旬，德国共产党与左派社会民主党联合组成萨克森—图林根工人政府，10 月 23 日发动汉堡起义，但由于孤立无援遭到失败。德国共产党在 1923 年失败后致力于系统学习苏联模式，成为苏联发展的副产品。1924 年后德国共产党出现内部民主萎缩和过度官僚化问题，法西斯上台后，德国共产党再也没有从希特勒的打击中恢复过来。但是霍布斯鲍姆认为德国共产党对苏联的模仿和依附意味着斯大林化,其历史性悲剧来自 1919—1933 年执行毁灭性战略和高级领导的不稳定性,但是德国共产党与苏联事务紧密相连,是集革命可能性和世界整体性于一体的典范。

苏联在布尔什维克政权的统治之下建设国际性的社会主义,虽然贫困落后,却决心建立与资本主义迥异、坚决反对资本主义的社会。其他的社会主义国家都出现在第二次世界大战之后,执政的共产党也都效法苏联模式(斯大林模式),甚至连中国共产党也不例外(虽说早在 20 世纪 30 年代毛泽东领导的中国共产党便已从苏联获得了实际的自治地位)。所有这些国家都实行中央集权的政治制度、官方推行的文化思想以及国家计划经济。而正是这些国家的社会经济体系及政权在 20 世纪 80 年代末 90 年代初纷纷崩溃。与此紧密相连的西方共产党的力量相继瓦解,不是被逐下台、便是从此消失,从此不复声称要推翻资本主义国家。霍布斯鲍姆认为,苏联的社会主义对于其他国家的影响在于:20 世纪的前 50 年,整个西方把它视为解放的力量;20 世纪(除了 1933—1945 年),它是资本主义国家的典型敌人和工业化国家的左翼力量,并威胁富人把政治优先权给予穷人。历史的实践和经验表明:社会主义的实现必须强化共产党的领导。

在霍布斯鲍姆看来,社会主义是实现人的解放的根本力量。历史地看,社会主义是文明社会根本和唯一的政治力量,因此,它应该承担提供美好社会希望的使命,承担为普通人民谋求利益的使命,这正是当代左派所忽略的。美好社会的基本原则是公平、正义、自由和平等,马克

思认为共产主义社会是"以每个人的全面而自由的发展为基本原则
的"①，霍布斯鲍姆完全赞同马克思的观点："在'现在'和无法预测的
'发展过程中'，存在一种联合体，'在那里，每个人的自由发展是一切
人的自由发展的条件'，这种联合体存在于政治活动领域。"②

在霍布斯鲍姆看来，尽管极端平等的社会主义可能会由于缺少刺激
而导致经济增长缓慢，但是普遍平等对社会主义发展的作用仍然是无可
争议的③。社会主义站在底层人民群众的立场上，优先关照工人阶级。
他们默默无闻，为人所遗忘，正如他们是新的社会群体一样；共产党成
为工人阶级和低层人民群众的政党，对抗资本主义社会，旨在创造一个
新社会。人们要求一个不仅能从失去控制的生产体制中挽救人类的社
会，而且要求一个人们在其中能过合乎人的身份的生活的社会，"这就
是为什么在马克思和恩格斯的《共产党宣言》发表 150 周年之后，社会主
义仍是一项议程的原因"④。

总体来看，霍布斯鲍姆关于民族国家解放与社会主义制度建设内在
一致的思想和理论，在坚持马克思国家观的基本经济立场的同时，侧重
于从政治哲学的维度进行诠释，更强调用由下而上的底层历史观来观察
民族国家。霍布斯鲍姆以欧洲国家为中心来探求民族国家问题，从而赋
予民族国家以独特的责任。

---

① 《马克思恩格斯选集》第 2 卷，239 页，北京，人民出版社，1995。

② ［英］埃里克·霍布斯鲍姆：《史学家——历史神话的终结者》，马俊亚，郭英剑
译，341 页，上海，上海人民出版社，2002。

③ Hobsbawm, *Politics for a Rational Left*, New York：Verso，1989，pp. 218-226.

④ ［英］霍布斯鲍姆：《摆脱困境——社会主义仍然富有生命力》，6 页，载《现代外
国哲学社会科学文摘》，1992(1)。

　　霍布斯鲍姆把民族国家的政治义务凌驾在所有责任之上，以主权为基础，领土意味着公民身份，公民身份决定管理机构的性质。吉登斯也认同霍布斯鲍姆的这一看法，他认为，民族国家首先是一种政治架构，是一种具有特定特征的政治秩序。

　　霍布斯鲍姆认同吉登斯把现代性作为现代民族国家的基本特征的观点，即："民族国家、公民身份和领土都是现代性的产物。"现代民族主义的政治线索是"自我决定"，民族国家是主权和意识同质的领土单位，栖居的公民同以各种传统方式如种族、语言、文化、历史等定义的民族一样，不同的是现代领土国家的公民通常被认为是建立民族，那些不符合要求的人被划分为少数或其他民族，逻辑上应该有他们自己的祖国，国家和民族在现代意义上可以互换。马克思虽然没有明确说明但隐约表达了民族具有政治性："既然无产阶级首先必须取得统治，上升为民族的阶级，确立为民族，所以它本身暂时还是民族的，不过这完全不是资产阶级所理解的那个意思。"领土标志着民族国家的政治管辖范围结束于某个地方而另外一国的统治开始于此，意味着民族国家拥有了自治权，它的建立是艰难漫长的历史过程。在 1884 年版的《西班牙皇家学院辞典》中，民族指的是"辖设中央政府且享有最高政权的国家或政体"或"该国所辖的领土及子民，两相结合成一整体"。民族国家的统辖范围是其公民居住的范围，具有"明确疆界，与邻国的领土壁垒分明"。可以看出，霍布斯鲍姆的这一思想对于我们建设和谐的民族社会有着重要的认识论与方法论意义。

　　霍布斯鲍姆的民族国家是以欧洲为中心的，他在《民族与民族主义》一书的序言中提出：本书的主题仍然是倾向欧洲中心观点，甚至可以说是特别针对发达地区所作的讨论。吉登斯在这点上与霍布斯鲍姆一致，并直接以西方民族国家或者欧洲民族国家的名称来进行理论研究。英国新马克思主义的其余学者如汤普森、安德森、奈恩、威廉斯则把英国作为标本寻求民族国家问题解决的方式与方法。以欧洲为中心作民族国家的理论研究和蓝本，虽有欧洲中心主义的嫌疑，但对于厘清民族国家的内涵、特征与职责来说，则是可取的。

霍布斯鲍姆的民族国家理论体现了英国新马克思主义"从下往上看"的思维方式，开始了从一般人，而非政府和民族主义者的角度理解民族国家的艰巨工程。多数学者只从现代化（由上而下）的角度阐释民族国家，疏于关照一般人（由下而上）的看法，霍布斯鲍姆则另辟蹊径，不以报章言论推断民意走向，而是从通俗文学的资料中研究普通人的想法、意见和态度，认为"官方或民族主义运动的意识形态，并不足以代表最忠诚的公民和支持者的看法"。

从上往下看，民族国家以中央集权的巩固为前提，监控公民的日常生活，对其公民行使宪法、行政或法律命令，对日常生活的监管愈益制度化。它通过基层组织及警政网络将每个公民的出生、结婚以及死亡等建档管理，公民生活与国家公务的紧密联系前所未有。从下往上看，公民积极地参与国家事务，民族国家必须关注公民的意见，获得公民的普遍支持，因为公民是"税收和军队的主要来源"。一般国民特别是劳工大众的政治态度都攸关民族国家的利益，民族国家依赖一般公民的程度堪称史无前例。

霍布斯鲍姆把民族国家看作具有人为建构的因素，是"被发明的传统"。他认为，随着经济的发展、人民文化水平和意识的提高，19

世纪国家对人民的管理深入到了日常生活，交通与通信的日益发展使
人民生活与国家公务的关系密不可分。变化中的社会使传统的国家、
社会和政治等级制的统治形式变得艰难甚至不通，暴力统治越来越不
能达到有效的管理。国家需要设计新的政府形式，建立新的统治方式
来有效管理国民并使人民认同国家及统治体系。从 19 世纪 70 年代以
后，统治者和中产阶级观察家们重新发现非理性因素在维系社会结构
和社会秩序中的重要作用，因此政治传统被怀有政治目的的机构发明
出来。

"被发明的传统"是在新的环境中为了新的目的对过去的旧用途进行
调整，意味着"一整套通常由已被公开或私下接受的规则所控制的实践
活动，具有一种仪式或象征特性"，试图与适当的具有重大历史意义的
过去建立连续性，通过重复来自上而下地灌输一定的价值和行为规范。
有些表面看起来或声称是古老的传统实际上是被发明出来的，起源的时
间相当晚近。

国家将正式与非正式的、官方与非官方的、政治与社会的传统发明
结合在一起，通过政治顺从与忠诚联系的纽带成为公民集体活动的框
架，完成了普遍性的政治传统。

拥有整体的文化和语言认同，现代文明所赖以存在的理念前提即自
由派资本主义持有的理性与人性假定。

民族依附在强大的国家政体之下，民族语言是人为建构和创造出来
的。在 1884 年，民族语言指的是："一国官方的正式用语，有别于地方
方言，亦跟别国的国语不同，是该国国民最常用的语言。"民族语言基本
上是人为建构的，是从各种通行语言中"精练出一套标准化的对话方式，

然后再把所有的通行语言降格为方言。"语言间接影响到一般人对民族性的认定。精英分子或官方行政所通用的优势语言在政治上拥有绝对的地位，依靠国家教育和行政措施奠定其作为国语的独尊地位，有助于通俗民族主义的形成。民族国家的演化伴随着军事暴力的垄断过程，武力征服是其构成要件。如霍布斯鲍姆所认为的，优势民族的强权威胁使被侵略的人群生出休戚与共、一致对外的民族情感。因此，如何建立平等与和平的国际秩序是民族国家面临的最大挑战。

霍布斯鲍姆以整体性视界来研究社会主义，在系统结构和因果联系中，从经济因素来解释其社会政治活动。他对整体性社会主义与特定性社会主义做了区分，正确看待社会主义制度本身与欧洲、苏联、东欧和中国社会主义之间的关系。他认为私有制倾向于无限制的经济增长，破坏了人类社会的基本联结，社会主义作为政治力量的出现是人类社会发展的必然，社会主义制度具有无可比拟的优越性，其目标是结束资本主义制度。"整体思维不仅着眼于现在，而且也着眼于过去和未来，它把历史和人类文化作为一个有机整体来理性地处理，并通过这种处理提供人们历史进步的辩证法，以此规范人的现实实践活动。"过去是现在和未来的模型，社会主义的理想不应该简单地被幸福、自由和平等术语来限定，因此霍布斯鲍姆认为必须关注现实的社会主义计划，而社会主义的障碍不是人类的自私性和落后的社会技术，也不是反对社会主义的政治和文化力量，而是缺乏合适的社会组织技术，也就是具体的运行方案。因此我们认为虽然世界共产主义运动遭遇挫折和困境，但是以中国为代表的社会主义国家开拓了有自身特色的道路，前景光明，为社会组织技术的具体方案提供了现实参考，社会主义的终极目标具有现实性。社会主义理论随着实践和现实社会的发展会不断发生变化，它是一个依然敞开着的领域。

(三)技术批判促工业进步为人类合作发展利器

在历史主义的思维和思想框架内，英国新马克思主义聚焦人的发展和社会进步问题，开展了一系列十分重要的哲学理性反思，从文化批判、社会批判、技术批判和政治批判等方面深入研究自文艺复兴和启蒙运动以来的现代化发展进程，深入研究资本主义的发展过程、积极意义和异化现实，探寻社会主义制度替代资本主义制度的解决方案，其中技术的理性批判，发挥了厘清历史、凝聚思想、引导社会秩序变革方向的基础性作用。汤普森、霍布斯鲍姆、多布、密里本德以及奈恩等人都做了大量研究工作，尤以密里本德和奈恩的技术理性批判直接关涉在社会主义制度下，如何发挥技术理性批判的功能，推进社会秩序变革，引导工业进步成为人类合作发展社会主义的利器，具有清晰的思想内涵和积极的价值意义。

密里本德的技术理性批判思想是对马克思技术哲学思想的继承和发展。他把高度工业化看作当代发达资本主义社会的必要条件，技术则是高度工业化社会的前提，资本主义工业关系构成了发达资本主义社会生产关系的主要内容和基础。密里本德认为，工业关系本质上是一种合作关系，而资本主义条件下的工业关系则是一种极度异化的社会关系，资本主义法治背景下的工业关系制度化不能从根本上消解这种异化工业关系的紧张状态。只有社会主义制度，才能够实现技术与人、工业与社会的和谐发展，从而真正展现技术的功能和本质。

在当代，技术不仅具有广泛的工具理性，而且承载着深刻的价值理性。长期以来，许多思想贤达都对技术的价值理性进行了客观的观察和多维的反思。从技术与资本主义结合的角度，对技术的价值理性进行审视和批判，这一点，从早期的空想社会主义者那里就开始了。自那以后，无论是经典的马克思主义思想家，还是 20 世纪的西方马克思主义学者，许多人都曾经尝试从不同角度思索技术的多重价值意蕴。

密里本德作为英国新马克思主义政治学者，秉承马克思主义的理论传统，辩证理性地考察了发达资本主义工业基础上资本主义政治的多元发展，集中研究了发达资本主义社会中技术与政治的关联与共生问题，着重分析了技术与工业关系在资本主义体制下的特征与制约，从技术的角度论证了只有社会主义才能实现技术与人类、社会的和谐发展。他的技术批判，始终与以技术为核心和背景的工业社会政治批判相结合，寓技术批判于工业社会政治批判之中，其本质上是一种发达资本主义技术政治批判。在如今技术发展日新月异的客观背景下，对密里本德的技术理性批判思想进行梳理和分析，具有重要的理论和现实意义。

与以往的技术哲学思想家相比，密里本德更关注现代意义上技术的政治含义和价值。他认为，现代资本主义社会是一个生产力高度发展以致"造成大规模破坏的经济和社会变化"①的时代，这些发展和变化，都与技术的创新、发展和应用密不可分。正是技术的不断发展和应用，促进发达资本主义社会"极其宏大的、复杂的、极为完整的和技术上很发

---

① ［英］拉尔夫·密利本德：《英国资本主义民主制》，博铨，向东译，3 页，北京，商务印书馆，1988。

达的"①工业体系的形成、完善与加强,同时在政治领域也产生了深刻的影响。第二次世界大战后,由于大量新技术的创新和运用,社会生产力大幅提高,各发达资本主义社会一改战后初期经济匮乏的状态,尤其是在20世纪五六十年代,发达资本主义国家相继进入所谓的"丰裕社会",与丰裕社会相呼应的是"消费革命"的发生。在资本主义企业内部也发生着显著的变化,这尤其体现在以下几点:一是资本主义私人所有制企业所有权和管理权的分离,出现了专门的经理人阶层;二是企业股东的分散化,资本主义企业的所有者范围扩大了,不再限于传统个人或家族式所有制模式了;三是企业发生了"管理革命",这不仅体现在前述两点上,而且还意味着企业将更加注重自身的社会责任,不再以利润作为企业行为的唯一目标和价值;四是出现了一批以公有制为基础的企业,发达资本主义社会的经济结构变成了"混合所有制模式"。在社会治理方式上,发达资本主义国家对社会的干预大量出现,涉及的范围日益广泛,从经济计划、市场公平到社会福利、社会保障等诸多领域。

针对发达资本主义社会的这些崭新变化,社会各界都做出了一系列的反应和回应。英国工党政治活动家克罗斯兰认为,由于资本主义出现的这些新变化,后资本主义社会能够通过有效的经济政策来取代传统的资本主义,社会主义应当更加注重公平和福利,而不是集体主义,因此英国工党传统的政策目标即实现公有制已经变得没有必要。这种观点成为20世纪50年代英国左派修正主义的一个主要观点,在英国工党中占

---

① [英]拉尔夫·密里本德:《资本主义社会的国家》,沈汉,陈祖洲,蔡玲译,12页,北京,商务印书馆,1997。

有重要的地位。1957 年，英国工党公共政策纲领《工业与社会》开始正式启用，这是上述修正主义观点的重要反映，同时这一纲领还提出通过获得大型资本主义工业实业股票的方式获得国家对企业的控制，对资本主义经济方式新变化抱有过分乐观的态度。克罗斯兰的修正主义观点以及其对英国工党的政治影响，引起了英国新左派理论家的关注和批判，密里本德就是其中的有力代表。密里本德认为，第二世界大战后资本主义的新变化，以及英国工党的修正主义战略，并没有影响资本主义私有制企业的核心利益，同时，"边际的集体主义要想在资本主义内部存在就必须要或多或少地通过经济关怀来表现出一种资本主义特质。到现在为止还没有一个发达的工业系统能够脱离它来操控哪怕是效率最低的资本主义"①。

在密里本德看来，判断一个社会的根本性质，不应只看事物的表象，更应当透过表象关注真正的"客观存在"②及其本质。第二次世界大战后资本主义社会经济、政治、文化等方面发生的诸多变化，都没有从根本上改变资本主义社会的基本性质。在发达资本主义社会，"尽管存在着'公有部分'，它们至今仍然是其大部分经济活动仍为私人和企业所控制的社会"；同时，"国家对经济生活的干涉、管理和控制也不像希望的那样按照'后资本主义'理论家所设计的方式对资本主义企业的经营起

---

① ［美］玛德琳·戴维斯：《资本主义新变化与新左派的"丰裕社会"之争：论英国新左派在社会主义论战中的思想贡献》，31 页，载《南京大学学报》，2014(1)。

② ［英］拉尔夫·密里本德：《资本主义社会的国家》，沈汉，陈祖洲，蔡玲译，15 页，北京，商务印书馆，1997。

着那样重要的影响。"①至于在资本主义企业内部，出现的"职业经理人主义"，无论从资本主义社会的阶级构成方面，还是从企业资本的控制力方面而言，都不代表着资本主义社会性质的根本转变，因为经理人阶层同样属于统治阶级范畴，而资本主义企业股权结构的变化，与其说是企业的所有制性质变化了，还不如说资本的控制力更为增强了。

因此，"这种在资本主义发展过程中出现而其缺陷行将进入历史垃圾箱的信念，是极端不成熟的。"②因为"无论为它们虚构出什么精巧委婉的说法，无论它们已经在进行怎样的变迁，它们在所有本质方面确实属于资本主义社会"③。可以看出，密里本德"是以'资本主义社会'进行写作的"④，发达资本主义社会是其政治批判的现实基础和场景。在《资本主义社会的国家》一书中，密里本德对发达资本主义社会有一个明确的界定，他认为虽然各个发达资本主义国家存在极大的差别，有着不同的历史、传统、文化、语言和制度等，但是它们却有着基本的共同点：首先，它们都是高度工业化的社会；其次，它们都是生产资料私人所有制的社会。这两点共性削弱了其他差异的重要性，构成了发达资本主义社会国家的"基本的一致性"⑤。而且，随着资本主义的发展，这种一致

---

① [英]拉尔夫·密里本德：《资本主义社会的国家》，沈汉，陈祖洲，蔡玲译，15页，北京，商务印书馆，1997。

② 同上书，15页。

③ 同上书，15页。

④ [英]安东尼·吉登斯：《社会学：批判的导论》，郭忠华译，26页，上海，译文出版社，2013。

⑤ [英]拉尔夫·密里本德：《资本主义社会的国家》，沈汉，陈祖洲，蔡玲译，12页，北京，商务印书馆，1997。

性将更为显著。那些不发达的第三世界国家，虽然也可能是生产资料私人所有制的国家，但是它们的工业技术落后，工业基础十分薄弱，工业在整个国民经济体系中没有占据重要的比例和地位；至于苏联等国家，虽然也是高度工业化的国家，但却不是生产资料私人所有制的社会。因此前两类社会，都不能称之为发达资本主义社会。在这些不同性质的社会里，有着完全不同的经济关系、政治关系以及文化关系。而在发达资本主义社会内部，"尽管差别没有消失，却逐渐趋于缩小"①。

因此，在发达资本主义社会，随着不同资本主义国家内部经济形态和经济发展模式的不断趋同，它们日益表现出生产关系的同质性。"作为其结果，这些国家之间不仅在经济方面，而且在社会方面甚至政治上，出现了很大程度的相似性：在越来越发达的精神和物质生活领域内，它们许多基本的方式具有更多的共同性。"②这使得把发达资本主义社会作为统一的考察对象，进行整体的分析和批判成为可能。

密里本德认为，工业关系是发达资本主义社会的主要生产关系和社会关系。工业关系地生成与发展，"与西方工业先进国家自 18 世纪以来之工业化之历程有关，由于人类社会在生产模式与技术上之选择（大量生产模式），相对地造成人类社会制度之因应"③。工业关系的形成与西方发达资本主义国家的物质生产模式和经济结构息息相关，也可以

---

① ［英］拉尔夫·密里本德：《资本主义社会的国家》，沈汉，陈祖洲，蔡玲译，12 页，北京，商务印书馆，1997。

② 同上书，12 页。

③ 潘世伟：《从工业关系到雇佣关系——劳动关系研究之变迁与发展》，［2012-03-31］. http://old.npf.org.tw/PUBLICATION/SS/094/SS-R-094-009.htm。

说，后者是前者的前提和基础。密里本德观察到，西方发达资本主义国家经济类型最大的共性就是，它们都"具有极其宏大的、复杂的、极为完整的和技术上很发达的经济基础，同时工业生产在整个国民生产总值中占极大比例，而农业在经济活动中只构成较小的部分"①。因而，它们都是技术高度发达、经济门类齐全的工业社会，在资本主义工业经济的基础上，结合其生产资料私有制的所有制性质，形成了资本主义工业关系。

在现代工业生产的背景下，工业关系成为发达资本主义社会主要的生产关系。因为工业关系虽然以生产过程为基础，但其影响力却远不限于此，可以说发达资本主义社会的制度规定、政治进步、文化发展、社会矛盾、理论生产等都可以在工业关系不断地冲突和协调中得到解释和说明，工业关系"组成了它们经济外观一个特殊的重要部分，并同时深刻地影响着它们的社会和政治外观"②。

工业关系包含"工业的两个方面"③，即资本家和工人。在成熟的工业关系中，工人往往是以集体的形式出现的，比如以工会的形式。一般认为，工会的斗争目标是争取更有利的"工资、工时和工作条件"，除此之外，难以提出更高目标的斗争要求，因而容易形成"工联主义"意识，按照较为正统的理解，"工联主义"对彻底的阶级斗争有阻碍作用。但密里本德认为，在诸如英国这样的老牌工业化国家，"在地方、

①　[英]拉尔夫·密里本德：《资本主义社会的国家》，沈汉，陈祖洲，蔡玲译，13页，北京，商务印书馆，1997。
②　同上书，16页。
③　同上书，86页。

地区或全国范围内，在一个工业部分或跨越许多工业部门，在团结较强或较弱的情况下，围绕着工资、工时和工作条件，或者为了实现更大的经济、社会和政治目的，通过种种不同的形式，阶级冲突一直是并且现今依然是英国生活中主要的和持久的事实"①。也就是说，在这些国家，工业关系领域是发达资本主义社会阶级关系的主要发源地和发生地；对于"工联主义"，密里本德评价道："列宁的'工联主义'观点，极大地低估了这种压力的本质和范围。正是'工联主义'诸如更高的工资、更短的工时、更好的工作条件等这些看似平凡但至关重要的诉求，扩大了公民权和政治权，并且极大地影响甚至威胁着现状。"②在一定程度上甚至可以说，资本主义国家职能、民主政治、法律制度等所谓上层建筑的不断发展和完善，与工业关系顺利发展的要求和推动是分不开的。

在国家职能方面，资本主义国家的许多职能都是为资本家利益服务的。比如第二次世界大战后，发达资本主义社会中的国家"通过管理、控制、协调、'计划'等途径，在所有的资本主义经济中常常起着一种更大的作用"③。对于私有企业，"某些重要的工业部门如果没有国家的光顾和贷款、补助金以及国家所实施的保护，就无法维持下去"④。但是，

---

① ［英］拉尔夫·密利本德：《英国资本主义民主制》，博铨，向东译，15 页，北京，商务印书馆，1988。

② Ralph Miliband, *Socialism for A Sceptical Age*, Cambridge: Polity Press, 1994, p. 135.

③ ［英］拉尔夫·密里本德：《资本主义社会的国家》，沈汉，陈祖洲，蔡玲译，13 页，北京，商务印书馆，1997。

④ 同上书，13 页。

也不能简单地把资本主义国家视为资本的工具，因为资本主义国家还具有一定的自主性，"在实行普选制和政治竞争的条件下，任何政府都不能全然漠视其他一些在其不同利害关系上往往是互相冲突的力量"①，其中最重要的力量就是"参加工会的工人"②。

在民主政治方面，虽然从形式上看，发达资本主义社会公民意识发达，拥有完善的民主制度和保障，但是密里本德认为，资本主义国家机器的所有称为"民主"的体制，从本质和本意上而言，完全不是按照民主的原则和要求设计和运行的，反而是为了在主要的权力领域排除民主的精心安排，因此资本主义民主政治充满着矛盾、紧张和冲突。那么，为什么资本主义要保持平等和民主的表面特征呢？其主要原因就在于工业关系中民众"自下而上地施加压力和提出要求"③的结果。

在法治方面，发达资本主义社会法律制度的不断发展和完善，与资本主义工业关系中劳资双方的矛盾、对立和冲突的解决密不可分。资本主义统治原则倾向于在法治的范围内来化解社会阶级矛盾，形成"工业冲突制度化"④，从而避免劳资双方过于激烈的阶级斗争，把双方的矛盾限制在可控的范围内，"以使所谓的'工业关系'免予走上政治对抗的轨道"⑤。工业冲突制度包括许多方面，比如经济上劳资谈判模式的确

---

① ［英］拉尔夫·密利本德：《英国资本主义民主制》，博铨，向东译，115 页，北京，商务印书馆，1988。

② 同上书，115 页。

③ 同上书，2 页。

④ ［英］安东尼·吉登斯：《社会学：批判的导论》，郭忠华译，38 页，上海，译文出版社，2013。

⑤ 同上书，31 页。

立与常态化，工业谈判内容限于工资、工时、工作条件等针对性内容，劳工运动组织的合法化，民主政治范围的扩大，代议民主制的逐步发展和完善等。在密里本德看来，工业冲突制度化既有利于资本主义"契约自由"精神的贯彻和灌输，又符合资本主义"同意工程学"①的原理，实现了权威性和合法性的结合。比如英国的议会民主制，不仅是作为英国资本主义宪政原则的一项基本制度而存在，"它的重要性并非源出于它拥有的实权，而是在于这样的事实，即它十分重视一切经过选举的原则，从而使我国政府具有绝对不可缺少的合法性"②。

　　密里本德认为，社会主义是实现和谐工业关系的根本制度条件。马克思指出："工资决定于资本家和工人之间的敌对的斗争。胜利必定属于资本家。资本家没有工人能比工人没有资本家活得长久。"③这句话表明，资本主义国家形式上的平等是以事实上的不平等为基础和前提的。密里本德始终坚持这一马克思主义的基本观点，他认为，在资本主义权力体系中，资产阶级和无产阶级一直处于极不平衡的地位，"无论工业争端发生与否，总有一个统御'生产关系'的法制框架；那种框架总是优先关注雇主权利和特权的保护"④。因此，发达资本主义社会的工业关系是一种极度不平等的关系，而这种不平等是建立在财富不平等的根本

---

　　①　［英］安东尼·吉登斯：《社会学：批判的导论》，郭忠华译，32 页，上海，译文出版社，2013。

　　②　［英］拉尔夫·密利本德：《英国资本主义民主制》，博铨，向东译，25 页，北京，商务印书馆，1988。

　　③　马克思：《1844 年经济学哲学手稿》，7 页，北京，人民出版社，2008。

　　④　Ralph Miliband, *Divided Societies*, *Class Struggle in Contemporary Capitalism*, Oxford：Clarendon Press，1989，p. 122.

基础之上的。

在发达资本主义社会，财富不平等的基础就是资本主义私有制，资本主义私有制使得在资本主义社会，一切有价值和有意义的事物都可能成为资本的工具，服从于赚取更多的利润以及无休止地"对私人利益的攫取"。[①] 这样，资本主义就成了一种剥削和压迫的体系，成为产生诸多罪恶的原因和根源。但是，人们经常会被其表面的虚假意识所迷惑，从而疏忽了其真正的本性，"资本主义生产方式通过把它自己打扮成自由的、没有约束的和等价交换的样子，大大地比它以前的生产方式更能够掩盖和模糊这种'生产关系'的剥削性质"[②]。

现代社会的生产是一种工业生产，而工业有它自身的逻辑，"工业是一种合伙关系，一种合作事业"[③]，只有在各方的相互配合、相互合作中，才能够发挥更大的效用，产生更多的价值，实现其真正的目的，即为人类创造更多的财富，为人的解放提供更坚实的物质基础，"然而恰恰是资本主义社会的本质使之不可能"[④]，因此，在资本主义条件下，工业日益走向了它的反面，"即工业资本主义是社会的一种激烈的高压组织形式"[⑤]。

[①] Ralph Miliband, *Divided Societies*, *Class Struggle in Contemporary Capitalism*, Oxford: Clarendon Press, 1989, p. 109.

[②] ［英］拉尔夫·密利本德：《马克思主义与政治学》，黄子都译，50 页，北京，商务印书馆，1984。

[③] ［英］拉尔夫·密里本德：《资本主义社会的国家》，沈汉，陈祖洲，蔡玲译，268页，北京，商务印书馆，1997。

[④] 同上书，268 页。

[⑤] 同上书，268 页。

　　那么，什么样的社会制度，能够产生和谐的工业关系呢？密里本德认为，只有社会主义才能够实现这一目的。社会主义意味着"资本主义的超越"，它脱胎于资本主义社会，继承了资本主义社会发达的技术条件、制度优势以及卓越的生产能力，同时又是对资本主义根本弊端的一种扬弃。在社会主义条件下，虽然"不能由它自己解决同工业社会有关的所有的问题"，但是社会主义"由公众支配最大部分的社会资源"，这样"至少是建立一个理性和人道的社会秩序所需要的基础"①。同时，社会主义民主是比资本主义更高形式的民主，它体现在国家和社会的所有公共领域，能够为实现真正的平等创造制度条件。总之，社会主义的基本特征是"民主、人人平等和合作"②，只有在社会主义条件下，才能够发挥现代工业化生产的真正服务于人的功能，为人的解放提供丰厚的物质基础，"社会主义将使人与人之间的关系得到彻底改变，它将以维护人的自由、尊严和权利，重视人的价值和自由全面发展来代替尊重财产与金钱"③。

　　在密里本德看来，社会主义不仅是一种理论构想，更是一种现实的社会实践。作为客观的、现实的社会实践，不能幻想社会主义能够一步到位，它必然是一个长期的过程和目标。"社会主义是一种新的社会秩序，实现它需要很多代人的奋斗，并且永远不会完全'达成'。也就是

---

　　①　［英］拉尔夫·密里本德：《资本主义社会的国家》，沈汉，陈祖洲，蔡玲译，268页，北京，商务印书馆，1997。

　　②　Ralph Miliband, *Socialism for a Sceptical Age*, Cambridge：Polity Press, 1994, p. 195.

　　③　乔瑞金等著：《英国的新马克思主义》，34 页，北京，人民出版社，2013。

说，社会主义是致力于努力达成其设定的目标的过程。"①

同时，社会主义是一种完全不同于资本主义的社会秩序和社会形态，从这个意义而言，社会主义又是一场深刻的社会革命。那么，"实行社会主义革命需要什么样的战略"②？

应当明确的是，实现社会主义是由多种战略和方式构成的整体的、连续的步骤和过程。在这一过程中，存在着不同的实现路径和方式，它们各自适合于不同的背景和环境。比如，革命的策略就适合于经济落后、民主化程度不高的国家和社会；而在西方发达的资本主义社会，改良主义策略则更为适宜，因为"对资本主义社会工人运动中的大多数人来说，合法性、宪政、选举制和议会类型的代议制机构具有极其强烈的吸引力"③。无论革命还是改良主义，"它们至多只是通向一个要大得多的目标的最好步骤和部分手段"④。同时，不应当把改良主义与革命对立起来，改良主义不意味着没有暴力，革命也不意味着没有协商和妥协。比如，对于改良主义而言，"'改良主义'是从斗争方面来设想这一过程的，更具体地说，它包括许多不同阵线和不同方面的阶级斗争。"⑤改良主义"不包括放弃必须用暴力对付保守派的暴力的可能性"⑥。

革命或者改良主义只是实现社会主义的第一步，社会主义政党通过

---

① 张亮：《英国新左派思想家》，171 页，南京，江苏人民出版社，2010。
② ［英］拉尔夫·密利本德：《马克思主义与政治学》，黄子都译，164 页，北京，商务印书馆，1984。
③ 同上书，182 页。
④ 同上书，168 页。
⑤ 同上书，171 页。
⑥ 同上书，183 页。

这些策略和方式取得政权以后，还将面临更为复杂的状况。"必须镇压资产阶级并粉碎它们的反抗"①，必须进行必要的社会组织和社会管理，因此，在社会主义的初级阶段，国家的存在不仅是必需的，还是必然的。"当无产阶级革命打碎旧的国家机器时，并不能够废除国家本身：国家必须存在，并将长期存在，即使它终将'消亡'。"②因为"工人阶级在其自身的斗争过程中，将需要创造自身的权力机构，而这将最终成为社会主义民主超越资本主义民主的基础"③。

那么，什么是国家呢？国家仅是一种抽象的概念呢，还是具体的、实在的实体呢？"'国家'并不是一个不存在的事物。"④在这里，密里本德把它看成一种现实的、具体的社会存在，看成最为重要的上层建筑。"所谓'国家'，其本体是由一系列特殊机构共同构成的，它们的相互作用构成了可被称为'国家制度'的要素。"⑤具体而言，国家包括政府、议会、法院等传统三权分立基础上形成的国家机关，还包括其他各级各类国家机关，它们的具体构成及其相互关系构成了国家的整体景观。

在一个具体的社会中，国家的职能分为对内职能和对外职能，对内职能主要是指国家的社会管理职能和阶级统治职能，对外职能主要是抵

---

① ［英］拉尔夫·密利本德：《马克思主义与政治学》，黄子都译，190 页，北京，商务印书馆，1984。

② Ralph Miliband, *Class Power and State Power*, London: Verso, 1983, p. 155.

③ Ibid., p. 125.

④ ［英］拉尔夫·密里本德：《资本主义社会的国家》，沈汉，陈祖洲，蔡玲译，54 页，北京，商务印书馆，1997。

⑤ 同上书，54 页。

御外敌侵略和国际交往职能。在典型的自由主义者眼中，信奉"管的最少的政府是最好的政府"，尤其在经济领域更应如此。密里本德认为，这是一种谎言，在资本主义社会中，正是大量的资本主义企业接受了政府的帮助、国家的干预，或者渡过难关、或者得以发展。因此，在资本主义社会，"从其最本质意义而言，国家毫无疑问通过预算和税收政策卷入了'经济生活'之中，而这是因为国家可以通过独立地颁布和推行法令而行动。但是，国家的干预远超于此"①。

同理，在社会主义的建设过程中，同样需要国家的存在以及政府对社会生活广泛的干预，"经济领域的国家干预是其中意思的最佳表达"②。社会主义的国家职能相比于资本主义国家的职能，将更为广泛和深刻，目的也更为正当，"国家干预将总是成为实现有利目标的必要的最佳方式"③，因而它的存在和运行将更具合法性。

因此，实现社会主义不是要立即废除国家，而是应当保障实现国家的民主化改造，实现国家本质的超越。"不再需要建立作为旧的残余的全权的国家"，而是需要一个崭新的社会和国家。这种社会是"一种真正民主的社会秩序，一个由男人和女人自己管理的真正自由的社会"。"在这个社会中国家将'由一个站在社会之上的机关变成完全服从于这个社会的机关'"④。

---

① Ralph Miliband, *Socialism for a Sceptical Age*, Cambridge：Polity Press，1994，p. 98.

② Ibid. ，p. 98.

③ Ibid. ，p. 99.

④ ［英］拉尔夫·密里本德：《资本主义社会的国家》，沈汉，陈祖洲，蔡玲译，276页，北京，商务印书馆，1997。

同时，在社会主义的实现过程中，密里本德特别强调双重政权建设。双重政权除了国家层面的政权建设以外，还包括社会层面政权的建设，具体而言，就是"建立起一个相当于'双重政权'的人民参与的机构网"①。在民众中，普及社会主义教育，达成社会主义共识，至为关键。为了达成这一目的，在现实的微观政治实践中，需要超越不同的人群界别和界限，在社会主义共识的基础上进行广泛的联合，"从传统的模式中解放出来，要耐心地和灵活地贯彻执行"②。因为社会主义事业并非只是少数人的事业，它是全体社会成员的共同事业，需要广泛的民众基础和支持。

从如上的讨论可以看出，密里本德作为一名马克思主义政治思想家，在其相关的著述中，专门谈论哲学思维和哲学问题的机会并不多，但是这并不妨碍其运用马克思主义哲学的思维和视角进行理论研究、参与微观政治活动，其政治批判中表现出的强烈的辩证理性思想即是他在哲学上所达到的思想高度。

密里本德政治批判中展现的辩证理性思想，给予我们的借鉴之处在于：第一，在相关的理论研讨中，摒弃个人偏见，主张并积极推进开放的、平等的、多元的对话和辩论，在持续的辩论中，不断发现问题、解决问题，在差异和包容中逐步达成一致，形成基本的社会主义共识。第二，在对待马克思主义基本理论问题的态度上，主张回归经典本源，探寻相关问题的原初含义，并且时刻注意原则性和灵活性紧密结合，在一

---

① ［英］拉尔夫·密利本德：《马克思主义与政治学》，黄子都译，200页，北京，商务印书馆，1984。

② 张亮：《英国新左派思想家》，161页，南京，江苏人民出版社，2010。

些基本问题上坚持原则，有力辩护；对于社会历史发展中出现的新现象、新情况，密里本德主动自觉地运用马克思主义基本原理进行分析，力图在坚持中不断发展和更新马克思主义的具体观点，增强马克思主义的解释力、说服力。第三，在对资本主义的政治批判中，随时注意辩证法的运用，主张客观、理性地分析、批判资本主义，正确处理社会主义与资本主义的历史关系和逻辑关系。第四，密里本德把社会主义作为自己根本的政治理想并非盲目自信或者盲目崇拜，而是完全建立在对资本主义的客观分析和深刻批判的基础之上，是在具体运用历史唯物主义和辩证唯物主义进行理性思考基础上所得出的客观结论。正是基于这样客观、理性、辩证的认识，使得密里本德在人们对社会主义充满激情时能够保持冷静，但当人们对社会主义前景灰心失望时又能够满怀希望、不断获得激励。

同时，由密里本德受所处的具体环境和个人经历所限，他在自己的著作中一直把苏联的社会主义模式当成理想社会主义模式的反例，认为其对真正的、理想的社会主义事业毫无贡献，即便有，也是负面的教训。这个观点并不符合辩证法的基本要求，因为他只看到了苏联社会主义事业消极的一面，并没有看到其值得借鉴之处。只看到失败的教训，而不总结其成功的经验，反映了密里本德政治批判思想和方法的局限性。

就密里本德的技术理性的政治批判来说，我们可以看到，人类社会的发展史，同时也是人类技术的发展史与应用史。尤其在现代，技术研发与创新突飞猛进、日新月异，技术不仅帮助人类奠定了雄厚的生产能力，创造了极大的物质财富，而且在更大范围、更深程度上改变着人们的生活方式、生产方式和生存方式。在这种背景下，如何考察技术的功能？如何认识技术的本质？如何辨清技术与人的关系？如何实现技术与社会的和谐发展？等等。这些问题都是长期以来时常困扰人们的现实的社会问题，同时又是深刻的哲学问题。

密里本德承认，技术进步尤其是第二次世界大战以来科学技术的迅猛发展，确实是考察发达资本主义社会政治关系时不可忽视的基本事实，其对发达资本主义的经济、政治、文化、社会生活等方面的影响是显而易见的。因此，应当客观、现实、辩证地看待技术。从技术对一国总体经济影响的情况来看，"最近的 QECD（经合组织）研究预测，在现在和 90 年代之间，自动化将会在西方削减掉 4% 到 8% 的现有工作岗位，在世界范围内则会削减 2% 至 5% 的工作岗位"①。密里本德同时又引用同一位作者的话说："全面高度自动化在 70 年代早期对总就业（被雇佣的工资劳动者的数量）在短期和中期的影响本质上是不存在的（考虑到不同职业部门的转换，这点当然很真实），在今日以及可预见的将来，它都会保持着适度的影响。"②可以看出，在发达资本主义社会的发展中，技术确实是不可忽视的力量，尤其在经济上，技术的作用和影响则更为直接和明显，但是，也不能过分高估，以致形成某种类型的技术决定论思想。

因为，"当我们在研究人类事物时，必须谨防任何形式的决定论错误，如果我们把技术从它所适用的社会框架中抽离出来，那我们就不可

---

①　Raph Miliband, *Divided Societies*, *Class Struggle in Contemporary Capitalism*, Oxford: Clarendon Press, 1989, p. 49.

②　Ibid., p. 49.

能对技术有充分的认识。"①因此，客观、正确地认识技术，还需要从技术本身，甚至从技术的直接功能中跳脱出来，转而考察技术的社会价值、政治意义，以及社会对技术发展的影响、制约甚至决定作用。"使用机器的方式和机器本身完全是两回事。火药无论是用来伤害一个人或是用来给这个人医治创伤，它终究还是火药。"②因而，密里本德反对任何形式的技术决定论思想。密里本德认为，技术的问题，说到底还是人的问题，在资本主义条件下，则是生产关系的问题。资本主义不会停止其追求超额利润的脚步，技术也不会停止其发展和扩张的现实。资本主义采取各种令人迷惑的形式进行统治，技术随之表现出各种各样的异化方式。在资本主义的控制下，人们滥用技术，造成资源浪费、毒品泛滥、暴力频发、浪费严重、生态破坏等数不胜数的罪恶。在这个过程中，"人工劳动，在统治和从属的背景下，总是一个问题；'死的'劳动，机器，则几乎没有如此麻烦"③。

这样，密里本德就把技术批判自然引申到政治批判，具体就是发达资本主义体制下的技术政治批判，在此基础上，探寻和重新解释发展变化了的资本主义的基本矛盾和主要矛盾，并为社会主义取代资本主义寻找现实中的依靠力量。他认为，超越资本主义，实现社会主义，并非是不切实际的老生常谈和凭空幻想，因为在资本主义体制下，"由于经济

---

① [英]安东尼·吉登斯：《社会学—批判的导论》，郭忠华译，45 页，上海，译文出版社，2013。

② Ralph Miliband, *Divided Societies*, *Class Struggle in Contemporary Capitalism*, Oxford: Clarendon Press, 1989, p. 10.

③ Ibid., p. 10.

体制的物质能力以前所未有的步伐展示它对人类解放的宏伟诺言，这使得它在履行其诺言时的无能变得更加显眼了，这并非新矛盾，只是在生产和技术进步中更加清楚地暴露了它自己"①。而"新社会的追求并非一种愿景和空想，而是客观上牢固地植根于物质条件、人类愿望和历史经验之中"②。

民族国家发展社会主义必须建立强大的动力基础，是英国新马克思主义者汤姆·奈恩研究工作的一个重要方面。奈恩以其独特的"民族进步"的技术批判维度，考察了工业革命对民族国家和社会主义建立的关键作用，他把技术进步和工业发展看作是民族国家成型的动力基础，揭示出技术进步是现代民族国家身份认同的核心动力，工业发展是实现利益共享和民族进步的根本原因，具有重要启迪意义。他从民族国家发展与社会制度建设的视角入手，以唯物史观为基础，以人的解放为诉求，深入思考技术进步与民族进步之间的关系，阐述出一系列重要的民族主义哲学思想，借此揭示现代民族国家的产生过程，剖析资本主义社会中的异化问题，形成了一种以技术批判为基点的民族国家理论，产生了重要影响，赢得了世界的尊重。

奈恩认为，工业革命是现代民族国家成型的动力基础。在他看来，民族性、民族国家、民族主义等现象，都是伴随工业革命和资本主义发展而形成的，它们不仅在人类历史发展的时间顺序上是新近的，而且在

---

① ［英］密里本德：《资本主义社会的国家》，沈汉，陈祖洲，蔡玲译，268 页，北京，商务印书馆，1997。

② Ralph Miliband, *Divided Societies*, *Class Struggle in Contemporary Capitalism*, Oxford: Clarendon Press，1989，p. 18.

本质上也是新的。现实社会结构的复杂性和历史性表明，工业革命是现代民族国家成型的动力基础，生产力、工业、技术是主导民族进步、社会发展、体制构架的最关键因素。民族国家作为国际政治的基石，已经存在了至少一个多世纪，这种复杂的存在不仅使我们的政治、经济、文化、生活具有多样性和创造性的发展，同时也制造了许多难以克服的问题与障碍。

奈恩运用马克思主义技术观的社会、经济分析方法，结合现代主义理论范式来解释民族以及民族国家的成型问题，"自工业革命以来人类社会被迫通过的所有的真实'发展'都是不均衡的"①。在这种真实的不均衡发展中，"民族是现代化环境下最适合的和占支配地位的身份识别方式，这种民族认同表现出来对工业化'天气'行之有效的顺应"②。在他看来，民族是现代共同体最重要的身份识别因素，民族认同是工业化的后果，是一个与政治、经济、科学技术、社会转型等密切相关的问题。就民族国家而言，奈恩以马克思主义"不均衡发展"思想为出发点，认为随着现代化从西欧心脏地带向外扩展，工业化将世界分割为不平等的区域，在不同的时间、程度和深度上冲击后进的区域，世界范围的民族国家也由此产生。他写道："发展更喜欢更大的有竞争力的实体结构，即民族国家单位。"③"在新的模式下，通过发展的压力和限制，民族国家成型了，换句话说，这些确保了只有实体超过一定规模的临界值，才

---

① Tom Nairn, *The Break-up of Britain: Crisis and Neo-Nationalism*, London: NLB, 1977, p. 336.

② Tom Nairn, *Faces of Nationalism: Janus Revisited*, London: Verso, 1997, p. 4.

③ Ibid., p. 147.

有生存的机会，或获得独立。"①奈恩特别强调技术工业发展造就了民族国家的成型与建立，在现代社会的生存层面，民族国家具有特别重要的意义。

　　工业、技术改变了一切社会状况，并产生了现代民族国家机制和现代民族主义政治。奈恩指出民族主义是资本主义工业化边缘地区对来自先进地区剥削的一种反应，是反抗极端不发展的一种动员，"民族主义是世界历史中现代资本主义发展的一个关键的、公平的核心特征"②。他把民族主义与工业革命相联系，指出"'民族主义'在其最普遍的意义上讲，是由世界政治经济的某些特性决定的，从法国和工业革命到现在的时代之间。我们仍然生活在这个时代中"③。可见，民族主义广泛地存在于工业革命之后的时间与空间里，是工业、技术发展的必然，"是把'主义'注射进入民族的反应"④。而借由民族主义的意识形态和运动，社会才能够逐渐推动自身工业、技术的发展，进而实现民族进步，"事实是，通过民族主义，社会尝试推动他们自己向某种目标前进（工业化、繁荣与其他民族平等，等等）"⑤。只有通过民族主义，落后的边缘地区的民族才能够以统一的共同体载体去对抗工业革命之后形成的帝国主义

---

　　① Tom Nairn, *Faces of Nationalism：Janus Revisited*, London：Verso, 1997, p. 144.

　　② Tom Nairn, *The Break-up of Britain：Crisis and Neo-Nationalism*, London：NLB, 1977, p. 331.

　　③ Ibid., p. 332.

　　④ Tom Nairn, *Faces of Nationalism：Janus Revisited*, London：Verso, 1997, p. 3.

　　⑤ Tom Nairn, *The Break-up of Britain：Crisis and Neo-Nationalism*, London：NLB, 1977, p. 348.

殖民压迫,"民族主义是在分离的更深层次的工业化和经济社会现代化的过程。远非是发展的一个非理性障碍,对于大多数社会它是在发展竞赛中唯一切实可行的道路——在这唯一的道路上他们可以竞争而不被殖民或消灭"①。

在对民族国家的技术批判分析中,奈恩十分同情不发达地区的民族解放斗争,批判帝国主义、资本主义、殖民主义对不发达地区的侵略扩张,认为只有通过认识现代工业发展并理解不同民族国家的历史形成过程与机制,才能解决资本不均衡发展所带来的问题。"与民族国家紧密相连的,是在西方国家中所爆发的工业革命,以及此后大规模进行的成功的工业化和现代经济增长,以及与经济增长相连的史无前例的经济繁荣。"②民族国家作为政治、经济、文化、科技的外化载体是现代性向人类社会的投影,现代民族国家成型的动力基础即是技术、工业。"马克思主义技术哲学是一个开放的体系,它随着技术进步和社会发展的历史进程,不断研究新的问题,不断产生新的思想,使自身的思想内核得以巩固,理论系统逐步得以完善,其时代性和现实性也得以展现。"③奈恩将马克思主义技术批判传统嵌入到民族国家的解释框架之中,指出工业革命对民族、民族国家、民族主义的巨大作用,推进了现代主义范式认知,形成了技术批判嵌入民族国家理论

---

① Tom Nairn, *Faces of Nationalism*: *Janus Revisited*, London: Verso, 1997, pp. 65-66.

② [德]汉斯-乌尔里希·维勒:《民族主义:历史、形式、后果》,赵宏译,159—160页,北京,中国法制出版社,2013。

③ 乔瑞金,师文兵:《从人的解放看马克思主义技术哲学传统的多重意蕴》,56页,载《科学技术哲学研究》,2011(3)。

母体的新理念，体现出马克思主义技术哲学的生命力和创造力，展示出其理论的特殊性。

奈恩认为，技术进步是现代民族国家和社会主义凝聚力的内在力量。在他看来，在近两个世纪的现代世界历史进程中，民族性诉求开始获得政治支配地位，国家的边界划在何处，谁被包括在这一边界中，是什么让人归属于这一边界，变得越发重要。"人们愈来愈坚定、愈来愈有组织地在肯定自己的历史、文化、宗教、族类和领土之根。换句话说，就是人们在重新肯定自己的特殊认同。"①民族国家作为近代工业革命以来世界范围内主导的政治实体形式，为民族共同体的政治主权、经济利益、身份认同提供了合法性边界，使共同体成员联结在一起共同维护、发展民族国家。奈恩从现代民族国家的产生场域进行审视，阐释出身份认同是现代民族国家的核心凝聚力，而这一凝聚力的内在力量就是工业发展下的技术进步。

民族是现代性社会中人民大众最重要的身份认同范式，这是奈恩基于现代工业社会发展做出的重要论断。奈恩把工业化、现代化、全球化之下的身份认同看作是现代民族国家的运行基础，并为建立、巩固和发展现代民族国家提供了最核心的凝聚力。现代民族国家的身份认同就是要对民族身份进行政治的肯定和保护。什么是民族身份呢？奈恩指出："'身份'是一个非常当代的词，关涉令人困惑的和政治的重大意义。"②

---

①　［英］胡安·诺格：《民族主义与领土》，徐鹤林，朱伦译，27—28页，北京，中央民族大学出版社，2009。

②　Tom Nairn. *Faces of Nationalism：Janus Revisited*，London：Verso，1997，p. 183.

可见，"身份"是一个具有政治合法性的概念。"民族性一直都有身份。但现在看来，他们必须拥有它。不再是想当然的，身份必须符合一定的标准。"①在现代共同体的运行和建构过程中必须拥有民族性的身份，这种民族身份是现代社会的一个政治标准，是社会群体位置的信念。寻求身份认同是人民区分自身与其他群体的表现，是证明其独特性和价值性的来源，"民族或人民现在可以被描述为正在寻找……'他们自己的身份'，这些东西使得他们是不同的和有价值的，或者，至少是独特的。"②国家对民族身份的肯定和保护起着至关重要的作用，"国家通常被认为是现代机构的关键"③，它作为共同体运作的最重要的机构，为身份认同提供了政治保护，是人类多样性存续发展的关键，是民族凝聚力的载体。

奈恩主张，工业化对民族凝聚力有决定性影响，它带来了民族国家思想与意识层面的身份认同。"认同之所以可能，就在于人需要归属感。"④民族国家成为人的归属和带来民族凝聚力的关键场域就是工业化。"资本主义的趋势'在某种程度上，统一世界上最遥远的地方，通过使他们减轻彼此的需求，增加彼此的享受，并促进彼此的工业'"⑤，工

① Tom Nairn, *Faces of Nationalism: Janus Revisited*, London: Verso, 1997, p. 183.

② Ibid., p. 183.

③ Ibid., p. 194.

④ 徐迅：《民族主义》（第二版），34页，北京，东方出版社，2015。

⑤ Tom Nairn, *Faces of Nationalism: Janus Revisited*, London: Verso, 1997, p. 148.

业的飞速发展带来了文明程度的提高，同时也"导致了新世界的奴隶制度"①，带来了一部分人对另一部分人的剥削和压迫，使得自尊的民族意识到应该拥有自决的身份认同和自治的政治机制。"决定性的身份认同模式是被'迫'或在帮助下显现的，它似乎是自然的决定而非个人的意愿。"②正是工业化为身份认同提供了这一"逼迫"和帮助。在工业社会，工业生产规模越庞大、资本主义市场越发达，身份危机、认同心理和民族凝聚力越强烈，民族国家越发能够发挥其在工业秩序中的控制效应。"资本主义的'世界市场'——所谓的现代政治文化的基质，和此后的民族国家——碰到并剧烈震动了农业世界。"③在这一背景下，民族身份的特殊性展现出它在对抗工业化冲击上的重要作用，"民族是现代化环境下最适合的和占支配地位的身份识别方式；它表现出对工业化'天气'行之有效的顺应。这一'天气'本质上是一个风暴，即 20 世纪 40 年代核武器创造以来，猛烈到几乎足以摧毁社会文化自身的风暴。对抗这种状况需要构建一个大规模的、坚固的、文化上有凝聚力的以及政治上有防御力的防波堤；在多数情况下民族性可以提供以上这些需求，而别的团结的方式却不能"④。工业化严重冲击了人类社会的文化与政治，面对此种冲击，人类必须要构建团结的共同体来对抗，而民族身份恰恰可以提供这样的凝聚力，为共同体提供意识形态层面的身份认同。

现代化进一步带来了民族国家政治与制度层面的身份认同。现代化

① Tom Nairn, *Faces of Nationalism*: *Janus Revisited*, London: Verso, 1997: 9.
② Ibid., p. 4.
③ Ibid., p. 16.
④ Ibid., p. 4.

科学技术发展引发了越来越多的民族性政策，民族性政策反过来又需要依托国家的现代化建设。"'现代化'本身永远只是另一个单词——工业化的发展过程，通过这一过程最后一定会产生更伟大的人和文化的多样性。"①这种多样性需要一个边界，需要特定的共同归属感与认同感，由此必须要有民族性的政治结构提供集体的身份，培养共同的忠诚，满足共同体成员道德上和情感上的认同。奈恩写道："有意识的、集体的'身份'……只有在共同的目的和行动出现时，他们的意义才可以是完整的。"②民族身份认同是在共同的意愿和行为下发生的，只有身处公众的目的和行动中，才会是有意义的和全整的。奈恩相信"科学引领的技术发展可能引发一系列我们称之为'现代化'的可能性的变化"③；"社会学的现代化哲学的积极输入，似乎是科学和工业所带来的新的变化动荡的冲击"④。由此他进一步指出，"现代性召唤我们出示身份的通行证"⑤，伴随着现代化的深入，民族国家的归属意识越来越清晰，民族国家这一政治共同体结构承载着人类在多元社会中的凝聚力。奈恩认识到了民族国家与现代化的辩证关系，"现代化理论曾注意到并解释了为何工业现代化是民族性政策中不可缺少的条件"⑥，民族性政策离不开工业的现代化，现代化同样离不开民族国家的身份认同，两者相互促进、共同发

---

① Tom Nairn, *Faces of Nationalism*：*Janus Revisited*，London：Verso，1997，p. 164.

② Ibid. , p. 184.

③ Ibid. , p. 7.

④ Ibid. , p. 10.

⑤ Ibid. , p. 190.

⑥ Ibid. , p. 6.

展，以互为因果的方式构成了现实社会。

经济全球化最终带来了民族国家体制与建构层面的身份认同。民族国家是共同体成员具有合理性和合法性身份认同的现代政治体系。"民族国家认同……在很大程度上正在变为全球化条件下各个国家捍卫自身利益的最为重要和有效的武器。"①奈恩感叹道："无论涉及什么情况，'身份'都是一个问题的答案。在一个大的和增长的典型的现代情况下，'你是谁?'必然是一个集体的而非个体的疑问。"②基于唯物史观的科学分析，奈恩看到了民族国家身份认同凝聚力的内在力量就是技术进步，揭露出技术对民族国家的合法性和民族身份认同的内在性的深层社会效用，就像他所写道的："保持完整，或者获得一个新程度的社会和文化凝聚力，是由于工业化而变得必要——甚至(在很多情况下)是由于遥远的希望，即工业化前进的影子。而民族提供了确保这一凝聚力和共同的目的唯一途径。"③

奈恩认为，工业发展是现代民族国家实现利益共享的主导因素。在他看来，在发达资本主义工业社会中，科学技术作为最具操控性的社会统治力量，对个体、对民族国家的压制已经强化到了前所未有的地步，伴随其广泛的发展和应用，已然成为全面的统治力量，导致了发达资本主义社会对技术落后区域的剥削和压迫。"通过'工业'不幸的人口"④，

---

① 翟金秀:《解读西欧后民族主义:传统与后现代语境下的多维视角》，212 页，济南，山东大学出版社，2012。

② 同上书，206 页。

③ 同上书，66 页。

④ 同上书，5 页。

人类进入了一个异化社会，作为其载体的民族国家则要在农业社会向工业社会变迁中寻找其根源，奈恩把这一根源视为因应于资本主义体制下不均衡发展模式而出现的政治体制形态。为了"让'每个人'达到最大的利益"①，奈恩从技术批判维度出发对工业发展这一主导因素做出了多重解读：

其一，奈恩解释了民族国家为何要寻求利益共享，以及民族国家利益共享的诉求和民族主义为何总是在边缘地区发生。每个民族共同体都有利益共享的积极诉求和美好愿景，为了尽可能实现自己的民族利益而大力发展科学技术，并对资本的不均衡发展进行反抗和斗争。资本主义工业发展的不均衡性主要体现在边缘地区，资本的不平衡波动形成了边缘地区寻求利益共享的推动力。奈恩写道："不均衡在边缘发生，寻求找齐。"②资本主义带着帝国主义的脚镣来到边缘地区，并对殖民地进行剥削。"中心地区往往以边缘地区的牺牲为代价来获取利益。……它一味追求征服，绝不是寻找一个均衡状态。"③"现代国家与全球资本主义劳动分工的要求有着密切的联系，后者为了使资源非匀称性流动，必然在资本主义的核心区域缔造强大国家，而在边缘区域缔造弱小国家。"④

---

① Tom Nairn, *Faces of Nationalism：Janus Revisited*, London：Verso, 1997, p. 5.

② Tom Nairn, *The Break-up of Britain：Crisis and Neo-Nationalism*, London：NLB, 1977, p. 337.

③ ［美］乔治·索罗斯：《开放社会：改革全球资本主义》，王宇译，189页，北京，商务印书馆，2001。

④ ［美］杜赞奇：《从民族国家拯救历史：民族主义话语与中国现代史研究》，王宪明等译，6页，南京，江苏人民出版社，2009。

面对这一状况，被殖民化的边缘地区的人们十分无助，他们没有枪炮、没有财富、没有技术来与这些帝国主义者抗衡，只能在不发达的真实状况下，求助于能大量提供团结力量的民族主义意识形态和民族国家共同体来寻求发展、实现利益共享。因为，"从来没有时间或社会学上的空间提供给均衡发展"①，所以，民族国家"共同利益"②的诉求总是在边缘地区发生，边缘地区的人民必须认清工业发展的不均衡现实，并在此基础上以民族国家的合力来实现利益共享和民族进步。

其二，奈恩探寻了如何在不均衡发展的环境下寻求利益共享。"工业的现代性发展无法避免总的不均衡性。"③西方工业化的发展过程是不均衡的，先发展的核心地区剥削边缘地区，使得两者的差异持续拉大。然而，"在历史上从来没有任何政府希望去推迟利益"④，边缘地区的民族国家政府为了寻求利益共享必须看到资本主义发展的本质，并寻求克服之道。"不均衡是资本主义发展的条件。"⑤这种不均衡发展是从何处起源，又带来了什么样的后果呢？奈恩的答案是："'发展'（工业化和相关的现代性社会结构）在特定的地方开始：在欧洲而不是亚洲或非洲，而且是在欧洲的某些区域的而不是其他区域。这些区域获得了一个多种形式的压倒性的优势。这一不同的帝国带来了一种新型的隶属——一个

---

①　Tom Nairn, *The Break-up of Britain*: *Crisis and Neo-Nationalism*, London: NLB, 1977, p. 338.

②　Tom Nairn, *Faces of Nationalism*: *Janus Revisited*, London: Verso, 1997, p. 185.

③　Ibid. , p. 169.

④　Ibid. , p. 202.

⑤　Ibid. , p. 40.

发达世界和一个普遍运动的行政区划或殖民地，所有人迟早都会被迫加入而非邀请加入这一世界和运动。"①可见，工业化和现代性社会结构构成了资本主义的条件，工业发展在英法等民族国家开始，并逐渐显露出其与生俱来的不均衡性，在世界范围内掀起了一场帝国主义殖民运动，进而通过这一资本运作和利益追逐引起了整个时代、社会的突变。因此，为了实现"'落后的'文化和人民占用现代性的权力和利益供他们自己使用"②，达成不发达地区的民族进步和利益共享，必须要诉诸民族国家生产力、科学技术的发展和民族主义意识形态及运动对帝国主义侵略、资本主义压迫的反抗。

其三，奈恩结合不均衡发展的资本发展逻辑，认识民族国家彼此之间的关系，分析了利益共享为何总是会指向革命战争和社会演化。"'不均衡发展'是一种辩证关系。"③奈恩对不同发展程度的民族国家进行了分析，"不均衡发展不仅仅是贫穷国家的不幸故事。它也牵扯到那些富有的国家"④。他以英法与德意日为例，虽然"新的发展力掌握在英法资产阶级的'肮脏的物质利益'手中"⑤，但是在 19 世纪末，本属于发展边缘地区的德意日的工业化程度逐渐追赶上了英法这两个老牌帝国主义国家，由此引发了世界范围内更为广泛的殖民主义和战争。不均衡发展的

---

① Tom Nairn, *Faces of Nationalism*：*Janus Revisited*，London：Verso，1997，p. 50.

② Ibid.，p. 71.

③ Tom Nairn, *The Break-up of Britain*：*Crisis and Neo-Nationalism*，London：NLB，1977，p. 344.

④ Ibid.，p. 344.

⑤ Ibid.，p. 338.

双方是对立统一的辩证关系，两者不断地改变对方，随着民族国家的发展政策，边缘不发达地区可能会成为新的中心发达地区，而发达地区为了维持自身利益会与之产生矛盾，在两者相互影响和斗争之中世界局势也会随着改变。因此，不同地域民族国家的发展都是一个辩证法，必须要理解、把握和合理利用"不均衡发展"的辩证关系，追逐合理、合法的利益共享。

从如上讨论不难看出，作为一个马克思主义者，奈恩不仅把民族国家理论与马克思主义相结合，而且为民族国家相关问题努力探寻有效的解释方法和途径，这是值得肯定的。他把技术批判作为理解民族国家的工具，把民族进步看作科学技术发展的结果，揭示出蕴含在民族国家之中的工业技术因素，可见，技术的社会功能不仅在于社会的现代化、生产的工业化和物质的资本化，还在于民族国家的合法性、民族身份认同的内在性、民族共同体利益共享诉求的主导性和民族进步需求的必然性。

奈恩的民族国家理论的焦点是工业和技术发展以及由此引发的社会政治的思考，这是对经济的深层次理解。他认为，"哲学思考的真正基础是围绕经济发展的复杂问题"[①]。在现代社会经济领域内，不均衡发展把民族国家间的现实状况带入到了资本主义的显像之中，使一系列复杂问题与之相联系，并继续影响和支配这些问题的发酵和展现。

奈恩基于现代社会生产力发展和科技进步，聚焦民族与民族国家问

[①]　Tom Nairn, *The Break-up of Britain：Crisis and Neo-Nationalism*，London：NLB，1977，p. 358.

题的思考，把握住了资本主义社会发展的核心问题。其理论探讨了现代民族国家与工业技术之间的关系，分析了工业、技术对现代民族国家的重要作用，提供了民族国家理论的初步框架。这说明，工业发展和技术进步既是民族国家成型的基本动力，也是引发重大社会问题的根源，因此，必须在为实现人类共同理想和民族解放斗争的意义上，合理利用和发展科学技术，使之成为人类解放的真正力量。

(四)权力监控是建设社会主义合作共赢的人道主义机制

英国新马克思主义主张社会主义是真正的人道主义，作为英国新马克思主义的奠基人之一，汤普森特别重视马克思关于共产主义与人道主义内在统一的思想。马克思认为，"共产主义是以扬弃私有财产作为自己的中介的人道主义。只有通过扬弃这种中介，——但这种中介是一个必要的前提，——积极从自身开始的积极的人道主义才能产生"[①]。在汤普森看来，马克思的思想是深刻的和正确的，共产主义是积极的人道主义的实现过程，是现实的社会运动。汤普森把马克思对资产阶级人道主义以及费尔巴哈等抽象人道主义的批判进一步深化，提出社会主义的人道主义概念，并把它看作是马克思科学社会主义思想的核心价值观之一。

汤普森认为，历史在过去已经习惯于为社会精英和成功者树碑立传，那些默默无闻的普通人只被当作历史舞台下的看客，而另一些失败者以及他们所探索过的"走不通的路""迷失的事业"，则更容易被遗忘。

---

① 《马克思恩格斯全集》第 42 卷，174—175 页，北京，人民出版社，1979。

在英国的思想和学术传统中，没有人民群众的历史地位，即使有，也只是政治派别操纵和利用的工具；或者把工人群众看成是自由放任政策的被动牺牲品；经济史学家则"把工人看成劳动力，看成移民，看成一系列统计数字的原始资料"①。

这种情况必须改变。在《英国工人阶级的形成》一书的"前言"中，汤普森道出了写作此书的初衷：一是证明工人群众的主观能动性，二是肯定他们在创造历史的过程中自觉做出的贡献。汤普森通过对工业革命时期英国下层人民经历的细致描绘，表达了这样一种观念：正是那些被掩埋在厚厚的历史尘埃中长期被遗忘的劳动者，用苦难换来了今天我们的美好生活，他们承继了"生而自由的英国人"自由、乐观和激进的品性，我们正在享受的许多权利都是经过他们与统治者的斗争取得的，诸如陪审、养老金、免费卫生保健、劳动权以及参政权等制度，都是民众斗争的结果。通过搜集整理大量的史料，汤普森发现了这种被长期冷落的下层力量。"我想把那些穷苦的织袜工、卢德派的剪绒工、'落伍的'手织工、'乌托邦式'的手艺人，乃至受骗上当而跟着乔安娜·索斯科特跑的人，都从后世的不屑一顾中解救出来。"②通过"从下往上看"，汤普森把被忽略的下层民众放到了历史的中心位置，使他们获得了作为历史创造者应有的尊严。

汤普森所要证明的是，工人群众不但是历史剧目的表演者，同时也是历史剧本的创作者。在他们的血脉中，流淌着生而自由的道德理想的

---

　　①　［英]E. P. 汤普森：《英国工人阶级的形成》，钱乘旦等译，5 页，南京，译林出版社，2001。

　　②　同上书，2001。

血液，同时，他们也继承了先辈传承下来的激进的文化传统。他们具有反抗资本主义剥削的直接利益和要求，也能够凝聚成为与强大的统治集团相抗衡的阶级力量。所以，社会主义的政治实践不是由所谓的代理人来完成的，而是由工人阶级通过自我救赎来完成。这也是马克思所指明的通向社会主义的唯一路径，即无产阶级通过自我解放，最终实现包括资产阶级在内的全人类的解放。

在汤普森的政治理想中，在未来社会，人与人应该是平等与合作的关系。"社会主义的目标不是创造在一个在剥削社会中机会的平等，而是一个平等的社会，一个合作的团体。这一目标的前提条件是为消费而生产取代为利益而生产。社会主义社会或落后或发达，或贫穷或富裕，它与资本主义社会的区别不在生产力的发展水平上，而在对产品的特定关系上，在于社会追求的目标和整体运转方式。"①在汤普森看来，以利益为目的，为生产而生产的资本主义终将成为过去式，取而代之的必将是以人为目的，一切活动都围绕人的美好生活而展开的社会主义。社会主义将使人与人之间的关系得到彻底改变，它将以维护人的自由、尊严和权利，重视人的价值和自由全面发展来代替尊重财产与金钱。汤普森延续了马克思对资产阶级人道主义批判的思想，重视人的地位和价值，把每个人的自由全面发展作为人类解放的目标。同时，他也继承了马克思对形而上学人道主义的批判，着重突出实现人类解放这一政治理想所需要的前提条件：把抽象的人变为具体的人，并以此与形而上学人道主

---

① E. P. Thompson, *At the Point of Decay*: *Out of Apathy*, London: Stevens & Sons Ltd, 1960, pp. 3-4.

义划清了界线。

汤普森主张"社会主义的人道主义",这种人道主义代表着"向人的回归,从抽象概念和经院教条回到真正的人;从欺骗和虚构回到真正的历史"①。在这一人道主义中,人的价值得到体现,地位得以提高。它与形而上学的抽象的人道主义形成了鲜明对比,也与以抽象理论建构历史的欧洲大陆理性主义相区别,并且从根本上与漠视人的存在,把人作为工具的斯大林主义划清了界限。马克思认为,共产主义不是应当确立的状况,也不是一种理想。而是消灭现存状况的现实运动。②

在英国新马克思主义看来,要改变不合理的现实,推进人的全面发展,实现社会主义制度下人的全方位的合作共赢目标,必须建立起体现人的价值的人道主义机制,使民族国家的权力得到有效控制,只有这样,才能使国家权力真正成为有利于人的存在和发展的工具,使国家权力体现人民的意志,维护人民的利益。国家权力控制的思想主要体现在新马克思主义者汤普森、吉登斯、密里本德、安德森、威廉斯、霍尔等人对现代性社会的批判与反思的研究工作和思想中。在此,笔者将集中讨论吉登斯的思想。

吉登斯认为,民族国家权力是现代国家权力形式的主要指称。随着全球化的发展,民族国家权力在现代国家体系中的作用日渐突出,在维护国家权利、协调国际关系等方面都表现出重要的作用。但是民族国家权力的扩张又必然冲击公民权利的维护和个人的自我认同,再

---

① E. P. Thompson, "Socialist Humanism", in *The New Reasoner*, 1957(1), p. 109.
② 《马克思恩格斯选集》第 1 卷, 87 页, 北京, 人民出版社, 1995。

加上极权主义等方面的威胁，使民族国家权力在运用的过程中陷入两难的困境。吉登斯对构建未来社会的发展模式进行了大胆且有益的尝试。民族国家作为现代国家存在的主要形式，拥有独特的权力特征。国家权力延伸到了先前社会所不能触及的角落，把个体和国家组织联系了起来。吉登斯曾归纳了现代性的后果，并指出了威胁人类的共同风险。伴随现代民族国家权力形式的发展，民族国家权力的后果也成为我们关注的焦点。

在吉登斯看来，现代民族国家权力处在滥觞之中。民族国家的形成是一个历史的过程，其权力的后果也表现出多方面的特征。首先，就军事权力而言，在民族国家以前，并不缺乏战争以及相应的暴力手段，只是这种形式在由传统国家发展到民族国家阶段，同现代科技的结合日益紧密起来。吉登斯认为，技术的发展从来都没有同战争绝缘，它总是直接或间接地在为战争服务。武器工业发展了，军事职能实现了转变，却引起了新的军备竞赛。大国之间以各种名义和借口开始的军备竞赛，使更多的破坏性武器降临人间。20世纪的两极争锋从更多的意义上讲是战略平衡的结果，这种所谓的平衡使世界陷入了巨大的心理危机和恐慌之中。要知道，如果天平的平衡稍加倾斜，灾难则接踵而至。再加上核武器的威慑，还有更多不知名的杀伤力不逊于核武器的武器，使我们这一共同相处的世界又再一次陷入了生存的危机之中。

资本主义商品经济是资本主义经济体系中的核心。资本主义商品经济的发展并没有带来社会大众的普遍利益与整体繁荣，反而是使阶级对立更加尖锐，贫富分化更加悬殊体现在国家内部的不同阶层、不同国家及其东西方国家之间。另一方面，大量的劳动力在市场中被交易，劳动力商品化与资本主义制度下普遍的商品生产发展成为同一过程。资本追求利润的特性和商品经济的无限制扩张使社会生态与可持续发展陷入了危机。束缚在生产领域的劳动异化和劳动者自由权利的丧失并没有使工人阶级有多少幸福感。

行政力量是现代民族国家权力的突出特征之一。现代民族国家"国界"的确立标志着国家权力的渗透已经同现实意义上的统治范围趋于一致，并使国家从形式的实体步入了权力的实体，这不仅仅是象征意义上的控制，还是实际意义上的控制。行政力量的强化使国家有能力采取大规模的集体活动，并使之运行有效。行政力量的强化也使军事的职能发生了转变，这是国家内部自我意识觉醒的表现。但是现代民族国家行政权力的扩张又带来了极权统治的新威胁。

监控是吉登斯国家权力的一个核心概念，并且是现代性制度维度中的一个独立丛结。在吉登斯的国家权力理论中，监控处于重要的位置。正是由于监控形式的完备才使国家的控制力延伸到了先前社会所不及的区域。吉登斯认为监控是权力产生的中介，是实现大众权利的必要条件。监控也是国家行政力量的必要条件，它不仅和多元政治有密切的联系，而且同公民身份权利的实现有更特殊的关系。正是由于监控的存在，国家才能准确地把握地方的发展状况。

监控形式的密集化不仅使众多的个人隐私暴露于公众面前，也使个人的自我认同产生了危机，监控的发展隐含着对大众自由的威胁。正如后现代主义者对现代性的批判一样，如果一切都运用理性去衡量，那么生活从此也就失去了光彩；对于监控来说，如果人的一切行为都纳入到国家权力的监控范围，那么人的一切权利将从此消失。

　　吉登斯认为，民族国家权力的后果亟须批判性超越。在他看来，国家权力的扩张必然引起相应的社会运动的回应，这是一种相对而非相符的权利运动。很显然，吉登斯已经意识到了社会运动在对抗权力危机方面的作用。他深入地分析了和现代国家权力密切相关的几大运动形式以及它们之间的相互关系，以期构成一个相对完整的社会运动体系，来对抗和超越权力危机所带来的消极方面。

　　和平运动并不是现代国家的产物，追求和平是历代人类的共同梦想。只是把和平运动置于现代核危机的领域有着特殊的意义。我们已经认识到了现代武器和现代战争在破坏生命力方面的巨大威力，因此，从消解核武器、常规武器和裁军方面，进一步避免战争的发生和冲突的升级便是和平运动的首要任务。和平运动旨在宣扬这样的理念：祥和有序的社会活动应该摒弃有组织地使用暴力，应该更进一步地消解暴力的存在，因为冲突与不和平状态的根本原因在于暴力的存在以及引发这些冲突的利益纷争。因此，和平运动的兴起不仅以反对战争为目的，更应该从平衡利益和预防战争冲突发生方面着手。

　　现代和平运动的意义还在于反对战争对环境的破坏。现代战争能瞬息之间将一片山岭夷为平地，原本充满活力的生命源地顷刻之间寸草不生、尸横遍野。这就是许多学者把和平运动和生态运动放在一起的重要原因，它们具有内在的关联性。

　　生态运动也有其独特的关注点，除了直接意义上的现实生态危机之外，它还具有丰富的内涵。吉登斯指出，用"生态运动"来指与重塑人工环境有关的那些运动，这些运动最关心的主要是工业在现代世界中的作用。生态运动开始重新思考人与自然的关系，并且改变了"以人类为中心"的价值观。生态运动不仅从宏观上关心从地方到国家再到全球的生态问题，而且进一步深入到了关心其他物种的生存状态和生态系统的演化，以可持续的发展观来综合考虑全球性的生态发展。生态运动同和平运动一样，在消解国家权力的悖论方面有重要的作用。生态运动的兴起有利于抑制资本主义商品经济体系的无限扩张，同时，以重塑人工环境为目的，又为现代劳工运动注入了活力。

劳工运动是吉登斯提出的超越国家权力困境的又一种方式，在争取平等、自由和权利方面有着特殊的内涵。工人在资本主义工厂工作，靠出卖自己的劳动力维持生计，因为工人没有生产资料，只能承受资本家的剥削。所以马克思认为工人阶级在反抗资本主义的斗争中最坚决、最彻底。一些学者认为，现代劳工的历史地位已发生了重大变化，因而赋予劳工运动以改变历史的使命已没有意义。当然我们必须承认，当代劳工在组织成分上更加复杂化这一事实。但也应看到劳工运动是和资本主义联系在一起的，劳工运动是斗争性的联盟，它直接起源于企业的剥削和扩张。劳工运动已深深地根植于资本主义经济体系之中，它通过工会制度对工作场所进行防卫性控制或通过社会主义政治组织去影响或左右国家权力。劳工运动作为劳工争取言论自由和民主权利的手段，甚至有影响国家经济权力方面的作用。因此，吉登斯认为，由于劳工运动内在的阶级特性，它在资本主义社会中仍能享有中心地位。

言论自由和民主运动的目的不同于劳工运动，虽然劳工为了维护其工作场所而进行的斗争包含有争取民主权利的意图，但言论自由和民主运动却是直接根源于现代国家所实施的监督。我们已经知道监督同行政权力之间有着密切的关联，二者共同维系了国家及其组织对其他人或组织的控制，并深入地影响了个人的自我认同和公民权利的发展。言论自由和民主运动正是针对这种威胁作出的努力，这又必须回到监控这一权力中介的核心范畴。马克思曾正确地指出，冉冉升起的企业主群体所信奉的理想部分是意识形态性的。然而，控制辩证法所带来的反作用又使监控成为了迈向民主参与的必要条件，因为现代政治所要求的多元化本身就是民主得以实现的形式之一。这里的一个关键问题在于，个体在争取言论自由及相关权利方面，能够多大程度地影响到现代政府的决策和权力运用。民主运动并不是一个追求权力的过程，而是在多大程度上能积极促进国家权力在运用中趋于合理化和增加透明度，从而尽量避免走向极权主义的深渊。民主的构建更应该是制度的构建问题，这种制度构建的目的更多的不是为了满足（往往是虚伪地而不是有效地）参与政权的要求，而是为了创造出各种手段以便使对统治者的监督变得切实有效，并使人们不使用暴力便能实行改革。

应当说，社会运动的兴起，在对抗国家权力的危机方面表现出了积极的作用。而且，确切地说，现代社会运动的形式不仅仅只有这些，重要的还有民族主义运动、女权运动和学生运动等。但是，社会运动并非解决权力危机的根本途径。这主要因为：首先，虽然社会运动的目的总体来说旨在扩大民主的权利，但由于各种运动的主体不同，具体目的和方式也各不相同，因而，在各种运动之间又存在着冲突。如劳工运动和生态运动之间，和平运动和民族主义运动之间，民族主义运动并不必然导致战争，但历史和现实证明战争大多不可避免；其次，资本主义社会的社会运动虽然也具有阶级性，但这种运动的根本动力已不同于马克思所倡导的社会运动，它没有坚定的革命性，运动主体之间异质性较大，因而不能形成长期改变和推动社会的力量；更重要的在于，现代社会运动是针对现代性危机而兴起的，它只是头痛医头脚痛医脚的权宜之计，并不是解决现实危机的根本路径。

吉登斯认为，以马克思主义原则为基础管控权力的人道主义机制必须建立起来。在他看来，人类正处于历史变革的十字路口，我们必须正视可供选择的未来，遵循马克思的教导，建立起一套有效的机制。吉登斯认为，马克思把解释世界和改变世界的实践联系了起来，使价值理性和工具理性紧密地结合在了一起。因此，我们必须恪守马克思主义的原则，即如果没有同制度的内在可能性结合起来的话，寻求社会变迁在实践上就没有什么作用。吉登斯所谓的乌托邦的现实意义，事实上是对现实和理想进行有机结合的有益尝试。运用胡伟希教授的话说，就是要求政治范导性原理和政治构成性原理在现实中的结合。乌托邦的现实主义是吉登斯创造良好社会模式的政治选择，也是对未来社会发展的预期。正如詹姆士·拉伍·洛克提出的"伽亚假设"一样，提供了一种用可能的方式去实现全球关怀的目标。乌托邦的现实主义就是要在理论的理想架构和现实之间寻求一种平衡。乌托邦的现实主义就是在社会现实与反思性理论之间建立平衡的一种模式。因而，吉登斯提出了乌托邦的现实主义维度。

全球的政治化是个广义上的概念，正如吉登斯对"政治"内涵进行界定时所指出的，政治不仅指民族国家和它的政府，也指在全球背景影响下个体和集体的政治选择。全球化已不是神话传说，当然也并非如部分学者认为的，已经扩张到了无以复加的地步——甚至民族国家在全球化的冲击下已成为虚拟的实体，而政治家们则失掉了所有有效的权力。客观地讲，民族国家的形态确实在发生着变化。从各个民族过去所拥有的某些权力（包括支撑凯恩斯主义经济管理的那些权力）已经削弱的意义上讲，全球化正在从民族国家中脱离出来。改组思维和跨国关系引起和影响着民族国家间的相互作用，是改变自我和国际关系及世界事务的原动力。全球化也在"向下渗透"，它创造了新的需求，也创造了重建地方认同的新的可能性。

地方的政治化同全球的政治化有着莫大的关联。事实上，地方政治并不是现代性的产物，只是到了现代性阶段，在全球化的冲击下，地方政治才表现出日趋活跃的态势。在这里我们必须提到一个连接地方和全球的纽带——现代性的风险，运用本文的解释就是现代国家权力运用中所形成的风险。因为事实已经证明，当民族国家把全球每一个角落都划归所有的时候，任何决定及其后果都不能同其脱离干系，而这一切又都与国家权力有直接或间接的关系。吉登斯指出：至少就某些抽离化机制的后果而言，全球化意味着没有人能"逃避"由现代性所导致的转型，如核战争或生态灾难所造成的全球性风险。而在那些发达地区，在日常生活的本质中，地方和全球之间的连结已被束缚在一组更深刻的演变中了。地方的政治化的另一种突出表现是原教旨主义的兴起，这是一种典型的对抗全球化的地方式政治表现。全球化消解着地方认同，其要么引起地方政治的结构性重组，要么表现出强烈的敌对态度。

解放政治同生活政治构成了现实主义乌托邦的另一条线索。在我们的观念中，解放首先便是要从传统与宗教的教条专制中解放出来。人们认为，通过把理性运用到科学和技术领域以及人的社会生活中，人的活动就会从先前存在的束缚中解脱出来。吉登斯认为，解放政治就是一种力图将个体和群体从其对生活机遇有不良影响的束缚中解放出来的观点。他说，解放政治包含了两个主要的因素，一个是力图打破过去的枷锁，因而，也是一种面向未来的改造态度；另一个是力图克服某些个人或群体的非合法性统治。依据这种观点，马克思主义者把阶级作为解放的代理人和推动力，人性的普遍解放要通过无产阶级秩序的实现来获得。而对于非马克思主义者来说，解放政治对于其他的区分有着影响深远的重要性。但有一点他们是相同的，即解放政治的目标，都是把无特权群体从他们不幸的状况中解脱出去，或者是要消除他们之间相对的差别。

那么，解放政治将如何过渡到生活政治呢？二者之间的连接纽带又是什么呢？吉登斯得到了马克思的启发。马克思主张，那些为把犹太人从宗教压迫与残害中解放出来而作的斗争，都纯粹是为争取获得局部的利益而作的斗争。因为在把犹太人从这种压迫中解放出来的过程中，它们也将会使全人类获得解放。吉登斯认为，马克思已经含蓄地指出了解放政治与生活政治之间的连接模式。从马克思的讨论来看，这是一种从宗教的束缚中摆脱出来的普遍性自由，但还可以进一步概括这一原则，凭借倡导相互容忍的态度最终能够使每一个人受益的做法，使这种解放受压迫群体的斗争能够有助于使他人获得自由。

事实上，在吉登斯对未来社会的勾画中，生活政治是其总的构想和归宿。生活政治的提出正是这种自我选择的尝试，它是一种生活方式。吉登斯将生活政治定义为：它关涉的是来自于后传统背景下，在自我实现过程中所引发的政治问题。在那里全球化的影响深深地侵入到自我的反思性投射中，反过来自我实现的过程又会影响到全球化的策略。具体来讲，生活政治包含：第一，从选择的自由和产生式权力作为转换性能力的权力中得来的政治决策；第二，在全球化背景下创造能够促进自我实现的道德上无可厚非的生活方式；第三，在一种后传统秩序中提出有关"我们应该怎样生活"这样的伦理问题，并抗拒存在性问题的背景。生活政治关心的是，从自我认同的反思性投射中产生出来的争论和角逐。他们想要表明的，就是靠日常生活方式的转变，来反抗和影响国家权力的行为。需要补充的是，解放政治并不仅仅是为生活政治作铺垫的，因为解放政治并不能代表全部。同时，解放政治也没有完全失去效用，甚至还很重要。在这方面，吉登斯提出了女权主义和第一、第三世界之间的区分。有不平等的地方，就有斗争和反抗，因此，解放政治仍然是一个重要的话题。

四、小结

实现社会制度革新的新人道主义思维是英国新马克思主义思维逻辑的自然结果，是它在对资本主义批判和对社会主义的思考过程中形成的思维方式上的重大变革，其人本思维、民权思维和合作思维集中反映了社会主义制度下人的存在与实践的解放的政治、启蒙的政治和和谐的政治意识，把人本、民权与合作凝练到社会主义制度的核心价值理念和社会制度的思想基础的高度，从而尝试科学地回答社会主义制度建设和秩序规范面临的一些重大主题，不仅在思维方式上发生了突破，更在思想理念方面有了革命性的进展。

作为实现社会制度革新的新人道主义思维的起点，英国新马克思主义的人本思维包含了如何夯实社会制度革新的政治基础、实现社会制度变革必须强化政治批判、塑造有尊严的社会主体是政治解放的基本要求和在生存和社会斗争中获得人的政治解放等基本问题，其核心思想和观点得到系统的阐释。

英国新马克思主义的人本思维是对经典马克思主义以人为本哲学思想的继承和在新的历史与现实条件下的充分的运用。人本思维的哲学探索，从政治的视角出发，强调实现社会制度变革必须强化政治批判，强调社会主义获得人类解放的政治意义，把社会主义看作是人类求得政治解放、获得自由的根本力量。

英国新马克思主义者有特别强调政治批判对于实现社会制度变革和实现社会主义的重要性，他们以马克思主义为主要的指导思想和方法论基础，尤其把辩证法的思想和方法作为理论研究和社会实践的主要坐标。辩证的思想和方法在诸多学者的政治批判中得到了全方位的运用和展现，从而在一定意义上使他们的政治批判达到辩证理性的高度。

英国新马克思主义者特别重视社会主义主体的培育，在他们看来，要使社会主义的政治力量充分发挥出来，必须依靠无产阶级和人民大众。汤普森、霍布斯鲍姆、威廉斯等人做了许多研究，阐释了许多重要的思想。在这一方面，阐释最充分的是伊格尔顿。伊格尔顿所提出的培育社会主体，是指作为社会主义新人的主体，是具有集体意识的能动个体，只有通过这样的主体，才能汇聚起冲破一切精神和物质封闭的力量，在现在与过去碰撞的灿烂星河中书写未来之诗，最终释放感性特殊和个体力量的全部丰富性。

英国新马克思主义突出实现人的政治解放必须同阻碍人的自由全面发展的各种力量进行斗争的思想，强调要对现实社会进行批判的同时，还必须使人摆脱经济上的贫困、获得民族解放、改善人的生存环境，建设一个生态文明的社会，在持续不断的革命斗争中获得人的政治解放。

我们看到，梅格纳德·德赛从历史上出现过的资本主义和社会主义两方面进行了反思，深刻指出对于社会关系的调整是提升生产力水平、克服资本主义弊端的动力储备。中国自改革开放以来，短时间内将西方发达国家的发展历程压缩到了极致，社会阶级阶层变化剧烈。德赛关于阶级合作共生的思想，主张将经济不平等的负面影响消弭在发展过程中，这对中国现阶段整合各阶层共同利益，调整社会矛盾冲突，保障社会主义经济继续向前发展具有很好的启发意义。处理好发展过程中的阶级或阶层关系，并最终消除资本主义剥削，这是社会主义理想的重要内容之一，也是中国当前形势下实现和谐社会理念的紧迫问题。

德赛从历史和理论的双重角度说明了社会主义与市场相结合、不断推进市场自由度、推进与全球市场在各个层次上的接轨，可以充分发挥市场的手段和场所作用，从而增进社会财富积累，为社会制度转型提供通道，这些思想对于我们深化改革，更大程度地释放市场能量，活跃社会主义市场经济，促进社会和谐发展，使人获得政治解放，均具有一定的理论意义和实践价值。

奈恩"民族解放"的社会主义思想是英国新马克思主义探索解释民族主义、民族独立和人类解放的重要理论创新。民族主义是人类历史发展的重要意识形态和运动，然而由于不同民族国家发展水平、历史状况、偶然事件等多方面差异，使得各民族国家在民族主义的意识形态和运动上表现出不同的面向。对于民族主义所呈现出的多样性与病态性，众多学者从人类学、社会学、政治经济学等不同角度做出了解读。作为当代颇具时代感和创新性的思想家，奈恩从马克思主义视角来剖释民族主义，将经典的唯物史观、人民群众观、革命论浇筑到民族主义的理论结构中，提倡以新民族主义意识形态和运动来对抗资本主义、帝国主义的剥削侵略，这一具有创造性的理论方法，对于正确认识马克思主义、社会主义与民族主义的结合，具有不可多得的理论价值和实践意义。

佩珀的生态社会主义思想强调我们生存的环境必须是绿色的和可持续的，它建立在对每个人的物质需要的自然限制这一准则基础上，社会主义发展过程中人们持续地把他们的需要发展到更加复杂的水平，但不一定违反这个准则。在这样的社会中，人们吃更加多样和巧妙精美的食物，使用更加艺术化建构的技术，接受更好的教育，正如佩珀所想的，拥有更加多样性的休闲消遣，更多的追求和具有更加实现性的关系等，并且，它可能需要更少而不是更多的地球承载能力。所以，生态社会主义是人类获得自由的一个过程，在这个过程中，人们会逐渐体会到美与善。

英国新马克思主义者的政治追求在于在英国这样被认为早已成为现代化的国家实现社会主义，这既是他们的政治理想，也是现实的革命行动。他们坚持马克思主义的基本立场，把唯物史观作为分析问题和阐述思想的认识论与方法论，有着内在较为一致的思想特点。他们始终不以社会批判作为目的，而是以它作为手段，以理性作为研究活动和科学思维的基础，以在高度发达的英国实现社会主义为崇高目标，以人的解放为终结目的。这是一种精神气质，是一种基于英国传统科学主义的深厚底蕴和恪守马克思主义的内在力量。因此，在诸多形式的英国新马克思主义的框架形式中，蕴含了对未来理想的社会主义社会的多种式样的预设，包含了一些关于社会主义的基本特征的认识，充满了理想主义的情调，但也不失为一种严肃的理性的认识。

作为实现社会制度革新的新人道主义思维的转变，英国新马克思主义突出了民权思维的功能在于规范社会制度革新的核心理念，包括领导权问题是社会制度革新的核心问题、平等是社会主义的核心价值观、民主是社会主义掌控领导权的唯一形式，以及社会主义的民权基础是全体人民的意志等问题，集中反映了英国新马思主义者关于社会主义民众权利的思维方式和思想理念。

英国新马克思主义者基于科学社会主义的基本原则，形成了民权思维的一般形式，并把它贯彻于对社会主义政治制度的理论思考和深入研究之中。他们首先把新马克思主义的主要任务确定为基于科学社会主义的新政治启蒙，从而复兴社会主义理论，形成社会主义共同体观念，改变人民的价值观和态度，发起无产阶级的革命运动，为掌握国家和社会权力而斗争，把对工人阶级和人民大众进行新的马克思主义的启蒙看作一项现实的历史的政治使命。

英国新马克思主义者认为，国家和社会权力是经济、政治和文化的整体表现，因此，掌控国家和社会的"领导权"是决定社会制度革新和社会主义胜败的关键。他们关于当代资本主义和未来社会主义的权力思想的"类型学"深层解读和诠释，值得我们认真思考和分析。

在英国的新社会主义理论中，把建立平等的自由社会看作是社会主义的根本所在，看作是实现民权思想的核心价值观。作为新马克思主义的最新成果，柯亨关于平等问题的研究是值得关注的。他运用分析哲学（牛津学派）的方法，批判当代自由主义平等观的荒谬和虚伪，力图澄清马克思主义者信奉的美好社会制度的规范性基础，致力于挖掘马克思主义本有的政治哲学资源，延伸了对马克思社会历史理论重构的领域：第一，在平等问题上，我们不仅应寄希望于社会生产力的客观发展，也需要厘清各种竞争的平等理论，将平等的理想安置于不平等的此岸世界。作为人类理想的平等观念，其演变和传承的动力在于它能够展现出不同的含义，适用于不同的群体利益。与物质领域广泛存在的平等和不平等的斗争相伴的，是不同的平等观之间的抉择。在特定时代得到赞同的某种平等观，往往是社会抉择的结果。第二，我们之所以没有设想出一种建立在市场经济基础上高效的、民主的社会制度以替代传统意义上的社会主义，是因为社会主义实践一再受挫，而且英美式的自由资本主义套路在我们的想象空间里早已根深蒂固。以巨大的勇气进行理论创新，走出"适应性偏好"的思维误区，在实践中探索适应当代社会、构建以马克思平等思想为基本价值诉求的社会制度，是我们的历史任务。第三，在现行政策论证中，马克思主义者必须以批判的态度对待罗尔斯等人的左翼自由主义思想，防止被其正义原则（特别是差异原则）所迷惑，认为差异原则可以用以指导、构建一个正义的和谐社会。因为罗尔斯的根本错误在于，他把正义的终极性的首要原则等同于那些我们为了管理社会而采用的调节原则。调解原则是修补性的，不论事实上还是价值上都缺乏终极性，不可能告诉我们如何从根本上评价各种不平等现象，如何建构一个平等的和谐社会。

柯亨的平等思想又与马克思的思想存在着明显不同。不论是对资本主义的批判还是对未来社会的展望，马克思主张平等总是以一定的历史条件为前提，以特定的社会制度为基础，确立了从历史的、阶级的、生产力发展的角度来把握平等的历史唯物主义路线，指出了实现平等的现实道路和主体力量。尽管时代发生了变化，马克思的平等理论对实现社会公平正义仍然具有指导意义，而非像柯亨所说：马克思消极地消解了平等问题。柯亨过分倚重分析哲学的语言力量，放弃了历史唯物主义的基本原则。尽管他也像马克思一样深入到资本主义的经济结构中寻找不平等的根本原因，并以新的语言形式恢复了社会权利平等问题，但是，规范式的平等主义框架终因放弃了对社会物质基础的探寻而蒙上了道德理想主义色彩，致使其最终无力承载实质平等的真实意蕴。

英国新马克思主义把社会民主看作是掌控国家和社会领导权的唯一形式，在这一方面，密里本德做了十分深入的研究。密里本德的社会主义思想强调尊重客观历史规律，坚定社会主义信念，积极投身追求社会主义的革命之中。密里本德认为，马克思主义者对资本主义应该拥有清晰的认识，尽管资本主义创造了巨大的财富，推动了人类社会的发展，但是其剥削本质并未改变，深刻的社会矛盾将阻碍生产力的进一步发展。社会主义在成长阶段，道路是曲折的，但是前途是光明的。密里本德相信"社会主义是一个跨代的项目。正是由于这个原因，他一直把社会主义看作是长期的事业，但从不怀疑它必将最终胜利"①。

密里本德着重强调了思想文化教育和培养社会主义共识的积极作

---

① Michael Newman，*Ralph Miliband and the Politics of the New Left*，London：The Merlin Press，2002，p. 353.

用，倡导勇于践行社会主义理想的实践。在他看来，社会主义文化能够为社会主义建设提供意识形态支持。"社会主义共同文化是一种民主的、公民广泛参与的文化。"①大众传媒应该做社会主义的"布道者"，宣传社会主义思想，创造条件，让更广大的群众接受社会主义教育，促进教育的大众化。

密里本德秉持马克思主义的思想传统，注重工人阶级的作用，号召团结社会各个阶层的人民，广泛凝聚社会主义力量。密里本德认为，"工人运动的成员从来不仅仅来自工人阶级"②，他将工人阶级概念扩大到包括绝大多数的知识分子、工会和政党。阶级斗争也是双向互动的，包括"来自下层的阶级斗争"和"来自上层的阶级斗争"。虽说工人阶级是社会变革的核心力量，但是我们应该团结社会各个阶层，凝聚更广泛的社会主义力量。密里本德把建设社会主义民主、营造社会民主氛围，提升社会民主建设形象看作社会主义的根本，强调应辩证理性地看待资本主义民主，突出社会主义民主的公平与正义本质，③不仅从理论上尝试构建社会主义民主体系，而且身体力行，积极参与各种针对资本主义的民主运动，产生了积极的影响。

英国新马克思主义推崇"最科学的社会主义"思想，把科学社会主义看作是一种最深刻、最彻底的社会主义。我们看到，在安德森的视野

---

① 乔瑞金，孙军英：《拉尔夫·密里本德：走向辩证理性的政治批判》，6 页，载《学习与探索》，2015(5)。

② Ralph Miliband, *Divided Societies*, *Class*, *Struggle in Contemporary Capitalism*, Oxford: Clarendon Press, 1989, p. 58.

③ 孙军英：《密里本德对英国资本主义民主制的批判及其启示》，73 页，载《理论探索》，2014(3)。

中，所谓科学的社会主义，也是一种理性的社会主义，它与道德的社会主义不同，它不是从道德和欲求的角度对资本主义进行道义的批判，而是从历史和知识角度对资本主义进行理性的批判，从而使人们确信社会主义是可以欲求的更加美好的社会，它将比资本主义更加自由、民主和平等。另一方面，安德森并没有完全拒绝道德主义，他在与汤普森等英国马克思主义者的争论中认为，任何一种可行的社会主义都需要道德的想象，应在其中加入道德的现实主义，从而使革命的社会主义思想获得工人阶级的真正接受和认同，因而，它也是道德的社会主义；同样，科学的社会主义需要现实的物质基础，是现实的社会主义。总之，在安德森看来，这种科学的和理性的社会主义是可行的，并提供了推翻资本主义国家机器的政治革命策略，尽管这一策略依旧停留于理想而没有变为现实，仍是一种理念的乌托邦。

不难看出，英国新马克思主义的民权思维在于把国家和社会的一切权力都归于人民，其思想旨趣在于为普通群众提供一个美好的社会主义社会，即正义、平等和自由的社会，它服务于国际范围内的人民群众。

作为实现社会制度革新的新人道主义思维的落脚点，英国新马克思主义把合作思维看作是成就社会主义和谐政治的根本举措，并通过共同体文化与合作意识是社会主义具有活力的基础、民族国家解放与社会主义制度建设期盼人民的合作共赢、技术批判促工业进步为人类合作发展利器和权力监控建设社会主义合作共赢的人道主义机制等问题和思想表现出来。

英国新马克思主义关于社会主义是和谐政治的论断，以打造共同体文化与合作意识为基础，以共同体成员之间的互惠、团结和合作来共同建设社会主义为共同价值理念，以实现社会的政治、经济和文化的协调发展和正义、平等与自由的社会主义制度为目标，这是一种内涵丰富的合作思维的思维方式，是新人道主义思维方式的根本体现，是整体思维方式的具体化。基于合作思维的思维方式，英国新马克思主义强调社会主体之间的合作、社会发展动力的协调一致、民族国家中各种构成要素的密切配合以及人道主义的彻底实现，从而使人的生活真正成为自由自在的，人真正成为全面发展的人，社会真正成为和谐的社会。

英国新马克思主义的民族国家理论坚持了马克思国家观的基本立场，并在此基础上把民族国家作为剖析资本主义工业社会的关键政治单位，勾勒出了民族国家的主要特征，并对未来进行了科学预测。这些思想对于建设民族国家，科学地发挥国家的作用，抵制极端民族主义，破除新帝国主义的渗透，均有不可估量的意义。在霍布斯鲍姆看来，民族国家的解放和社会主义革命与建设，是一项伟大的工程，只有充分发挥人民群众参与社会主义革命和建设的积极性，强化人民合作的价值意义，才能实现人类解放的目标。

英国新马克思主义对技术、工业、工业关系、工业社会以及根本社会制度及其相互之间动态关系的辩证理性思考，为人们进一步认识技术的本质和社会功能打开了新的思路，也为在现代性背景下如何开展有效的技术批判，促进工业进步，使科学技术成为人类合作共赢的有力武器提供了新的、值得进一步深思的解释路径。在马克思主义看来，"物质生活的生产方式制约着整个社会生活、政治生活和精神生活的过程"①。

---

① 《马克思恩格斯选集》第 2 卷，32 页，北京，人民出版社，1995。

英国新马克思主义以真实的社会发展史、生产发展史为基础，深入分析工业、资本、技术发展对现代民族国家的作用，阐释了现代民族国家成型的技术、工业的根本属性，从而深化了人们对民族、民族国家、民族主义内涵的深刻理解，对于正确认识和解决当前人类发展过程中面对的诸多问题，不失启迪意义。

英国新马克思主义者主张社会主义的人道主义理念，他们不是把希望寄托于未来，而是强调现实的社会行动，主张通过消灭现存状况实现社会主义的预期，在人的异化过程中完成人的本质的回归，从抽象的人回到现实的人，从虚构的历史回到真正的历史，发挥主体的主观能动性，改变不合理的现实，建立自由、平等、团结合作和有利于人的全面发展的社会制度，恢复人的真正本质。基于马克思主义的人道主义的一般理念，英国新马克思主义对影响人与人合作的民族国家权力思想做了系统分析，阐释了英国新马克思主义为了实现社会主义的人道主义而对民族国家权力给予控制的思想，为我们进一步研究民族国家权力问题，尤其是社会主义的民主国家权力思想，提供了重要启示。英国新马克思主义已经充分地认识到了现代社会运动在对抗和超越权力危机方面的重要作用，并进行了重点分析，为进一步深入研究开辟了新的思想路径，对构建未来社会的发展模式进行了大胆且有益的尝试，这是一种对人类社会发展的人道主义的理性思考，其关于权力监控的内涵和方式的思想，尤为珍贵。

英国新马克思主义强调，社会主义的基本特征是"民主、人人平等和合作"①，必须形成新的具有社会主义规范的社会秩序，这是与资本

---

① Ralph Miliband, *Socialism for a Sceptical Age*, Cambridge: Polity Press, 1994, p. 195.

主义社会秩序完全不同的、一种崭新的社会秩序。在这个崭新的社会中，人与人之间实现了真正的平等，除了基于性别、身体条件等不可避免的差别外，不再存在其他人为的、不合理的差别；各种必要的权力仍将存在，但却受到了广泛的监督和制约，确保权力真正为人民服务；人与人之间是真正的互补和合作关系，能够充分发挥人的主观能动性和积极作用。真正的社会主义必然是人道的社会主义，它的主体是现实的、具体的人，社会主义关怀的对象也是现实中的"男人和女人"。社会主义之所以是人道的，"是因为它再一次将现实的男人和女人，而不是那些抽象概念置于社会主义理论和抱负的中心位置"①。正是基于对这个处在中心位置的具体的、现实的人的人本、民权和合作的系统分析和认识，使得英国新马克思主义者们深信，在科学社会主义的旗帜下，人道主义的社会主义制度的革新，一定能够实现。

① 乔瑞金：《英国新左派的社会主义政治至善思想》，23 页，载《中国社会科学》，2014(9)。

结　语

　　肇始于历史和文化，深入于社会秩序，落脚于制度革新，这或许就是英国新马克思主义变革社会秩序的思维逻辑。在英国新马克思主义者看来，任何社会制度，从本质上看，都是一种政治建设，国家就是政治共同体的表现形式，而社会主义的政治所追求的是人的根本性的解放。人的解放必须以提升人的政治意识为基础，缺乏拥有高度社会主义政治意识的人的参与和斗争，社会主义革命和制度实现就是一句空话，因此，必须对工人阶级和人民大众进行政治启蒙，通过革命斗争的过程，实现从资本主义向社会主义的制度转换，从而建立一个和谐政治的社会。就此而言，英国新马克思主义的关于社会主义制度实现的政治似乎可以概括为解放的政治、启蒙的政治与和谐的政治的统一体，体现为对人的新的人道主义的关怀。

英国新马克思主义是在 1956 年恶劣的国际政治和社会背景下产生的。英国新马克思主义者对英法悍然出兵苏伊士运河，侵占别国领土和无端占领国际航道的帝国主义行径深恶痛绝，对斯大林主义泯灭人性，以及苏联出兵匈牙利在布拉格广场镇压人民的恶劣行径，表示极大的愤慨。在他们看来，资本主义的帝国主义本性是非人道的，苏联式的社会主义在本性上亦是非人道的，因此，当今世界并不存在一个人道的社会。现实的社会制度都应该从根本上被彻底铲除，需要重建一个真正尊重人、为了人和发展人类事业的社会，而这样的社会只能是马克思所主张的以科学社会主义为基础建立起来的社会，是人道主义的社会。英国新马克思主义所主张的人道主义的社会是以马克思的思想、以科学社会主义为基础的社会，这是一种新人道主义的思想，是一种新人道主义的思维方式，它以人为本，以此对抗霸权主义和极权主义，追求人民的权利，号召聚合全社会的力量形成合力，铲除一切腐朽的、压迫人的和非正义的社会疾瘤，实现社会主义的美好理想。正是在这一时代背景、学术思想和思维方式的共同作用下，形成了英国新马克思主义在思维方式方面的根本性变革和新的思维范式的产生。

英国新马克思主义以总体性的社会历史观看待人类的过往、现实和未来，把唯物史观贯彻于对历史整体的发展过程与社会实践的认识之中，在他们看来，一切过往的历史都是现代史，一切人类的活动都是社会史的一部分，由此强调作为文化的历史的现实感、主体性和情感内涵，由文化是人的生活方式和生产方式的内在一致性，主张物质生产方式和精神生产方式的统一性，物质生活与精神生活的统一性，主体意识与社会实践的统一性，以此对抗自由主义的利益至上和无限贪婪的价值观，还人的美好自由生活于人本身，还人的自由劳动于人本身，还人的生命意义与生存意义于人本身。新历史主义思维方式把马克思所主张的要把属于人的东西全部还给人的思想贯彻于人的全部社会实践和社会生活中，从而展现出人的生命意义和社会实践的意义。

英国新马克思主义的新理性主义秉承马克思实践唯物主义的基本思想，不是从抽象的概念或超现实的人类出发来看待人与社会的关系，而是把现实的男人和女人作为思考的对象，把人的真实的实践活动作为理解的内容；不是为了解释世界，而是为了改造世界。因此，英国新马克思主义者是从分析现实的人的异化开始思考的。他们看到人的现实的异化，比之于马克思所说的人的异化要复杂得多。资本主义在现代的发展，把现代主义、工业主义和民族国家密切关联在一起，异化问题不仅仅是资本主义的问题，而且杂糅了其他多种社会因素，这些因素对人的现实生存都构成不可排除的异己力量，所以，现实的人是更加异化的存在，现实的社会关系有更加复杂的结构。这意味着今天的社会主义者应承担更重大的历史使命，肩负更重要的社会责任。为了人类的解放，理应创造全新的社会主义理论，开展更加伟大的社会主义实践，让人民可以在自己的地方自由表达自己的意志，不受资本及其代理人的约束，真正实现社会主义对资本主义的超越。新理性主义的思维方式以科学理性地认识世界为前提，以为了人的生存与发展来改造世界为目标，以此对抗经济决定论的绝对主义和各种非理性主义，追求社会的协调发展和不断进步。

英国新马克思主义者的社会主义思想和微观革命的实践，以其在思维方式上的变革与哲学思想的创新，表述了一系列有关变革社会秩序的新的认识和看法，他们以强烈地对资本主义的批判性话语，以坚定的解放政治、启蒙政治与和谐政治的统一立场，以辩证理性的逻辑分析和推理，着眼现实的人的未来希望与美好设想，尝试在经济高度发达的资本主义社会，扩展马克思所规划的社会主义制度的内涵，践行社会主义理想，为人类的解放和回归人的生命意义做出了艰难的探索，发出了革命者的声音，从而使马克思主义在新的人类走向现代文明的历史进程中展现出其解释力、生命力和可行性。正如英国学者莫顿所言，"英国的社会主义道路之所以意义重大，不仅在于它为共产党提供了最为重要的文献依据，而且它还为工人运动奠定了至关重要的经验基础"，这一评断是符合实际的。

在英国新马克思主义的思维逻辑中，唯物主义的本体论预设是其思考和认识人、文化、社会和一切存在的基本前提，无论关于文化本性的本真思维，社会本性的互存思维，还是实现社会制度革新的人本思维，都以研究对象的真实客观存在为前提和基础，这就把唯物主义一以贯之。然而，英国新马克思主义者所坚持的唯物主义并不是机械唯物主义、庸俗唯物主义或实证主义的唯物主义，而是以对象的总体的现实存在为特征的唯物主义，是从历史和现实中抽取出来的以观念形式存在并具有客观内涵的唯物主义，从这个意义上讲，是方法论的唯物主义，这对于在认识论上科学认识其存在的特征、在系统的思维方式中把握对象的内涵，有着创造性的意义。

同样重要的是，英国新马克思主义在认识论上也基于思维方式的创新有了重要的突破，无论是它关于文化发展的生长思维，社会发展的合法思维，还是实现制度革新的民权思维，都突出了自然生长过程、符合社会发展规律和规范性的基本要求，这就把科学理性贯彻到底，从而形成了以对对象存在的科学认识来指导社会实践的认识论思想，形成了新的理性主义的科学思维方式并使之在认识活动中发挥根本的作用。

英国新马克思主义在价值论上也同时形成了新的思维方式，无论它关于文化的价值在于"对话"、变革社会秩序的动力在于各种力量的聚合，还是推进社会主义和谐政治建设在于合作，都体现出在价值论上思维方式的一个全新的思考，把实现社会主义的核心价值置于展开各种文化之间的积极对话、有效聚合各种社会力量与形成社会整体的通力合作的场域之上，充分表达出社会主义是人民的社会、实现社会主义是全体人民和社会整体的事业的思想和思维。

英国新马克思主义在本体论、认识论和价值论上所实现的思维方式的整体创新以及思维逻辑的体系化，是人类变革社会秩序思维方式上的一次以马克思主义为基础的范式转换和思想意识的革命，对于推进社会主义的发展有着鲜明的理论意义和实践意义。

英国新马克思主义把社会主义看作是人类解放的积极的政治力量，使"社会主义"一词由描述性的符号转变为表达性的语词，由与个人或个人主义相对应的集体或集体主义的表达转变为一种政治诉求，一种立场，一种人类追求的真实存在的社会制度和社会目标。其内涵在于使人摆脱现实的奴役，去掉人身上的枷锁，从而在一个新的社会中自由地生活、自在地工作、自主地选择、自律地参与，具有一个完善的自我。社会主义是一种理念，是一种理论，也是一种制度设计，更是一种基于特定制度的人们的生活方式。作为理念，它彰显着人类一系列"善"的追求与判断；作为理论，它承载着人们在善的目标导引下对美好社会存在与发展的理性认识；作为制度设计，它体现人们对良性社会运行的规划和规范性要求；而作为生活方式，它预示着人们的真实存在感和行为特征。英国新马克思主义从人的存在的德性的至上性标准回答了这一系列问题，形成了一整套系统的解释与认识，其中所预设的多种形式的社会主义运行模式体现了它的复杂性和多样性，而把社会主义制度的内涵规约为共同体文化的形成和运行，并做了充分的论证，从而使社会主义制度与人的生存、生产、生活和生命意义的本质连贯在一起，所具有的理论价值和践行意义，是一种全新的探索，不仅表现出英国特色，而且蕴含了马克思主义不断创新的科学精神。

英国新马克思主义者的社会主义理论探索和社会主义革命运动是在资本主义体制下进行的，因而他们所作的工作离作为制度存在的社会主义还相差很远，这是不可避免的。与此同时，在其发展过程中，也存在诸多明显不足和错误，诸如新马克思主义者虽然在整体上强调要回到马克思的思想，但在完整性上对马克思的思想缺乏整体的把握，思想相对庞杂，并没有形成一个统一的马克思主义的理论体系，而是片面突出了个别著作的地位和价值，这是不足取的，如汤普森特别强调了马克思的《1844年经济学哲学手稿》，威廉斯特别突出了《德意志意识形态》、霍布斯鲍姆则特别突出了《共产党宣言》、哈维等人则强调了《政治经济学批判》和《资本论》等，这就使得原本意欲从整体上准确理解马克思思想的愿望在很大程度上没有实现，还进一步割裂了马克思思想的内在统一性，他们对斯大林的错误和英国共产党的问题，基本上给予全盘否定，绝大多数人采取了脱离共产党的做法，基本上退回到学院式的马克思主义的研究状态，尽管他们很重视工人阶级的解放运动，很重视微观革命的意义，并做了大量微观革命的工作，但终究势单力薄，形不成强有力的政治力量，因而，也不能真正实现在英国进行社会主义革命的理想，不可能实现马克思主义的政治理想和政治抱负。

英国新马克思主义者基本来说都是结合特殊的专业来运用马克思主义，这方面给了我们一些重要的启示，但也正因为如此，他们对马克思主义经典作家思想的系统研究不深入，整体的理论修养不充分，因而，在对马克思、恩格斯思想的评价方面，存在一些明显的失误和不准确，例如，尽管安德森一再强调，他在坚持马克思和恩格斯所创立的历史唯物主义并把它运用于对历史和现实的分析和研究中，但他却错误地认为，马克思从未对历史唯物主义本身作过广泛而概括的论述，这对于当代人来说是更为明显的漏洞，这显然是一个错误的论断。再如，安德森认为，马克思在身后留下了分析资本主义生产方式的严谨而成熟的经济理论，这在《资本论》中已经得到了阐述，但没有留下有关资产阶级国家结构的同等的政治理论，或有关工人阶级政党为推翻资产阶级国家而进行革命的社会主义斗争的战略、战术的政治理论，这一论断，同样也是错误的。对于这样一些不准确甚至错误的论断或表述，我们在学习和研究英国新马克思主义的过程中，需要高度重视，要采取去其糟粕，吸收其精华的科学态度。

参考文献

一、中文

1. 马克思，恩格斯. 马克思恩格斯全集（第 1 卷）. 北京：人民出版社. 1956

2. 马克思，恩格斯. 马克思恩格斯全集（第 4 卷）. 北京：人民出版社. 1972

3. 马克思，恩格斯. 马克思恩格斯全集（第 11 卷）. 北京：人民出版社. 1995

4. 马克思，恩格斯. 马克思恩格斯全集（第 13 卷）. 北京：人民出版社. 1962

5. 马克思，恩格斯. 马克思恩格斯全集（第 22 卷）. 北京：人民出版社. 1965

6. 马克思，恩格斯. 马克思恩格斯全集（第 23 卷）. 北京：人民出版社. 1972

7. 马克思，恩格斯. 马克思恩格斯全集(第 25 卷). 北京：人民出版社. 1974

8. 马克思，恩格斯. 马克思恩格斯全集(第 31 卷). 北京：人民出版社. 1998

9. 马克思，恩格斯. 马克思恩格斯全集(第 42 卷). 北京：人民出版社. 1979

10. 马克思，恩格斯. 马克思恩格斯全集(第 46 卷)(下). 北京：人民出版社. 1979

11. 马克思，恩格斯. 马克思恩格斯文集(第 1 卷). 北京：人民出版社. 2009

12. 马克思，恩格斯. 马克思恩格斯文集(第 2 卷). 北京：人民出版社. 2009

13. 马克思，恩格斯. 马克思恩格斯文集(第 8 卷). 北京：人民出版社. 2009

14. 马克思，恩格斯. 马克思恩格斯选集(第 1 卷). 北京：人民出版社. 1995

15. 马克思，恩格斯. 马克思恩格斯选集(第 2 卷). 北京：人民出版社. 1995

16. 马克思，恩格斯. 马克思恩格斯选集(第 3 卷). 北京：人民出版社. 1995

17. 马克思，恩格斯. 马克思恩格斯选集(第 4 卷). 北京：人民出版社. 1995

18. 马克思，恩格斯. 德意志意识形态节选本. 北京：人民出版社. 2003

19. 马克思，恩格斯. 共产党宣言. 北京：人民出版社. 1997

20. 马克思. 1844 年经济学哲学手稿. 北京：人民出版社. 2008

21. [法]阿尔都塞. 哲学与政治——阿尔都塞读本. 陈越译，长春：吉林人民出版社. 2011

22. [印]阿玛蒂亚·森. 论经济不平等·不平等之再考察. 王利文等译，北京：社会科学文献出版社. 2006

23. [加]埃伦·米克辛斯·伍德. 资本主义的起源：学术史视域下的长篇综述. 夏璐译，北京：中国人民大学出版社. 2016

24. [美]爱德华·W. 苏贾. 后现代地理学——重申批判社会理论中的空间. 王文斌译，北京：商务印书馆. 2004

25. [意]安琪楼·夸特罗奇，[英]汤姆·奈仁(奈恩). 法国 1968：终结的开始. 赵刚译，北京：生活·读书·新知三联书店. 2001

26. [法]保尔·芒图. 十八世纪产业革命. 杨人楩，陈希秦，吴绪译，北京：商务印书馆. 2009

27. [英]齐格蒙特·鲍曼. 作为实践的文化. 郑莉译，北京：北京大学出版社. 2009

28. [英]彼得·伯克. 历史学与社会理论. 姚朋等译，上海：上海人民出版社. 2010

29. [法]让·波德里亚. 象征交换与死亡. 车槿山译，南京：译林出版社. 2009

30. 陈炳辉. 西方马克思主义的国家理论. 北京，中央编译出版社. 2004

31. [英]大卫·哈维. 地理学中的解释. 高泳源，刘立华，蔡运龙译，

北京：商务印书馆. 2011

32. [英]大卫·哈维. 后现代的状况——对文化变迁之缘起的探究. 阎嘉译，北京：商务印书馆. 2003

33. [英]大卫·哈维. 希望的空间. 胡大平译，南京：江苏人民出版社. 2005

34. [英]大卫·哈维. 新帝国主义. 初立忠，沈晓雷译，北京：社会科学文献出版社. 2009

35. [英]戴维·麦克莱伦. 马克思以后的马克思主义. 李贺译，北京：中国人民大学出版社. 2004

36. [英]戴维·佩珀. 论当代生态社会主义. 载《马克思主义与现实》. 2005 年第 4 期

37. [英]戴维·佩珀. 生态社会主义：从深生态学到社会正义. 刘颖译，济南：山东大学出版社. 2005

38. [英]戴维·佩珀. 生态乌托邦主义：张力、悖论和矛盾. 载《马克思主义与现实》. 2006 年第 2 期

39. [英]玛德琳·戴维斯. 资本主义新变化与新左派的"丰裕社会"之争：论英国新左派在社会主义论战中的思想贡献. 载《南京大学学报：哲学·人文科学·社会科学版》. 2014 年第 1 期

40. [美]丹尼斯·德沃金. 文化马克思主义在战后英国. 李凤丹译，北京：人民出版社. 2008

41. [美]杜赞奇. 从民族国家拯救历史：民族主义话语与中国现代史研究. 王宪明等译，南京：江苏人民出版社. 2009

42. [比利时]厄尔奈斯特·曼德尔. 晚期资本主义. 马清文译，哈尔

滨：黑龙江人民出版社. 1983

43. [法]埃哈尔·费埃德伯格. 权力与规则：组织行动的动力. 张月等译，上海：上海人民出版社. 2005

44. [美]罗伯特·威廉·福格尔. 第四次大觉醒及平等主义的未来. 王中华，刘红译，北京：首都经济贸易大学出版社. 2003

45. 甘琦. 向右的时代向左的人. 载《读书》. 2005 年第 6 期

46. [德]哈贝马斯. 交往与社会进化. 张博树译，重庆：重庆出版社. 1989

47. [德]汉斯－乌尔里希·维勒. 民族主义：历史、形式、后果. 赵宏译，北京：中国法制出版社. 2013

48. 何兆武等. 当代西方史学理论. 上海：上海社会科学院出版社. 2003

49. [比]亨利·皮朗. 中世纪欧洲经济社会史. 乐文译，上海：上海人民出版社. 1986

50. [西]胡安·诺格. 民族主义与领土. 徐鹤林，朱伦译，北京：中央民族大学出版社. 2009

51. [英]艾瑞克·霍布斯鲍姆，[意]安东尼奥·波立陶. 霍布斯鲍姆：新千年访谈录. 殷雄，田培义译，北京：新华出版社. 2001

52. [英]霍布斯鲍姆. 摆脱困境——社会主义仍然富有生命力. 载《现代外国哲学社会科学文摘》. 1992 年第 1 期

53. [英]艾瑞克·霍布斯鲍姆. 帝国的年代. 郑明萱译，南京：江苏人民出版社. 1999

54. [英]艾瑞克·霍布斯鲍姆. 革命的年代. 王章辉译，南京：江苏人

民出版社. 1999

55. [英]艾瑞克·霍布斯鲍姆. 霍布斯鲍姆看 21 世纪. 吴莉群译，北京：中信出版社. 2010

56. [英]艾瑞克·霍布斯鲍姆. 极端的年代. 郑明萱译，南京：江苏人民出版社. 1998

57. [英]埃里克·霍布斯鲍姆. 马克思和历史. 易克信译，载《第欧根尼》. 1985 年第 1 期

58. [英]艾瑞克·霍布斯鲍姆. 民族与民族主义. 李金梅译，上海：上海人民出版社. 2006

59. [英]艾瑞克·霍布斯鲍姆. 趣味横生的时光——我的 20 世纪人生. 周全译，北京：中信出版社. 2010

60. [英]埃里克·霍布斯鲍姆. 史学家—历史神话的终结者. 马俊亚，郭英剑译，上海：上海人民出版社. 2002

61. [英]艾瑞克·霍布斯鲍姆. 资本的年代. 王章辉译，南京：江苏人民出版社. 1999

62. [英]约翰·基恩. 公共生活与晚期资本主义. 马音等译，北京：社会科学文献出版社. 1999

63. [英]安东尼·吉登斯. 民族—国家与暴力. 胡宗泽等译，北京：生活·读书·新知三联书店. 1998

64. [英]安东尼·吉登斯. 社会的构成. 李康等译，北京：生活·读书·新知三联书店. 1998

65. [英]安东尼·吉登斯. 社会学：批判的导论. 郭忠华译，上海：译文出版社. 2013

66. [英]安东尼·吉登斯. 现代性的后果. 田禾译, 南京: 译林出版社. 2000

67. [加]威尔·金里卡. 当代政治哲学(上册). 刘莘译, 上海: 上海三联书店. 2004

68. [英]柯亨. 卡尔·马克思的历史理论——一种辩护. 段忠桥译, 北京: 高等教育出版社. 2008

69. [英]柯亨·卡尔. 论平等主义正义的通货. 葛四友主编. 运气均等主义. 南京: 江苏人民出版社. 2006

70. [英]柯亨·卡尔. 马克思与诺齐克之间——G. A. 柯亨文选. 南京: 江苏人民出版社. 2007

71. [英]拉尔夫·密利本德. 马克思主义与政治学. 黄子都译, 北京: 商务印书馆. 1984

72. [英]拉尔夫·密利本德. 英国资本主义民主制. 博铨, 向东译, 北京: 商务印书馆. 1988

73. [英]拉尔夫·密里本德. 资本主义社会的国家. 沈汉, 陈祖洲, 蔡玲译, 北京: 商务印书馆. 1997

74. [英]雷蒙德·威廉斯. 关键词: 文化与社会的词汇. 刘建基译, 北京: 生活·读书·新知三联书店. 2005

75. [英]雷蒙德·威廉斯. 马克思主义和文学. 王尔勃, 周莉译, 开封: 河南大学出版社. 2008

76. [英]雷蒙德·威廉斯. 文化与社会. 吴淞江, 张文定译, 北京: 北京大学出版社. 1991

77. [英]雷蒙德·威廉斯. 希望的源泉: 文化、民主、社会主义. 祁阿

红等译，南京：译林出版社. 2014

78. 李华荣，乔瑞金. 柯亨平等观的实质及其对自由主义平等观的批判. 载《哲学研究》. 2008 年第 11 期

79. 梁民愫. 英国马克思主义史学及在中国的反响研究——以埃里克·霍布斯鲍姆史学研究为中心. 博士后研究工作报告. 2011

80. 列宁. 列宁全集(第 29 卷). 北京：人民出版社. 1985

81. 刘为. 有立必有破——访英国著名史学家 E. P. 汤普森. 载《史学理论研究》. 1992 年第 3 期

82. [匈]卢卡奇. 历史与阶级意识. 王伟光，张峰译，北京：华夏出版社. 1989

83. 陆扬，王毅. 大众文化与传媒. 北京：生活·读书·新知三联书店. 2000

84. [加]罗伯特·韦尔，凯·尼尔森. 分析马克思主义新论. 鲁克俭等译，北京：中国人民大学出版社. 2002

85. 罗纲，刘象愚. 文化研究读本. 北京：中国社会科学出版社. 2000

86. [美]马尔库塞. 单向度的人. 张峰等译，重庆：重庆出版社. 1988

87. 马海良. 文化政治美学——伊格尔顿批评理论研究. 北京：中国社会科学出版社. 2004

88. [英]马修·阿诺德. 文化无政府状态. 韩敏中译，北京：生活·读书·新知三联书店. 2002

89. [英]约翰·麦克里兰. 西方政治思想史. 彭淮栋译，海口：海南出版社. 2003

90. [英]梅格纳德·德赛. 马克思的复仇——资本主义的复苏和苏联集

权社会主义的灭亡. 汪澄清译，北京：中国人民大学出版社. 2006

91. ［英］约翰·穆勒. 政治经济学原理及其在社会哲学上的若干应用（上卷）. 赵荣潜等译，北京：商务印书馆. 1991

92. ［英］尼克·史蒂文森. 认识媒介文化. 王文斌译，北京：商务印书馆. 2001

93. ［英］佩里·安德森. 文明及其内涵. 载《读书》. 1997 年第 12 期

94. ［英］佩里·安德森. 从古代到封建主义的过渡. 郭方，刘健译，上海：上海人民出版社. 2001

95. ［英］佩里·安德森. 当代西方马克思主义. 余文烈译，北京：东方出版社. 1989

96. ［英］佩里·安德森. 绝对主义国家的系谱. 刘北成，龚晓庄译，上海：上海人民出版社. 2001

97. ［英］佩里·安德森等. 三种新的全球化国际关系理论. 载《读书》. 2002 年第 10 期

98. ［英］佩里·安德森著. 新自由主义的历史和教训. 费新录译，载《天涯》. 2002 年第 3 期

99. ［英］佩里·安德森. 当代西方马克思主义. 余文烈译，北京：东方出版社. 1989.

100. ［英］佩里·安德森. 交锋地带. 郭英剑，郝素玲等译，北京：中国社会科学出版社. 2008

101. ［英］佩里·安德森. 迈克尔·曼的权力社会学. 佩里·安德森. 交锋地带. 北京，中国社会科学出版社. 2008

102. ［英］佩里·安德森. 西方马克思主义探讨. 高铦等译，北京：人

民出版社. 1981

103. [英]迈克尔·佩罗曼. 资本主义的诞生. 裴大鹰译, 南宁: 广西师范大学出版社. 2001

104. 乔瑞金, 李瑞艳. 试论安德森的"类型学"唯物史观思想及其意义. 载《哲学研究》. 2011 年第 7 期

105. 乔瑞金, 师文兵. 从人的解放看马克思主义技术哲学传统的多重意蕴. 载《科学技术哲学研究》. 2011 年第 3 期

106. 乔瑞金, 孙军英. 拉尔夫·密里本德: 走向辩证理性的政治批判. 载《学习与探索》. 2015 年第 5 期

107. 乔瑞金. 马克思技术哲学纲要. 北京: 人民出版社. 2002

108. 乔瑞金. 现代整体论. 北京: 中国经济出版社. 1996

109. 乔瑞金. 英国新马克思主义对文化概念的哲学分析. 载《理论探索》. 2008 年第 3 期

110. 乔瑞金. 英国新左派的社会主义政治至善思想. 载《中国社会科学》. 2014 年第 9 期

111. 乔瑞金等著. 英国的新马克思主义. 北京: 人民出版社. 2013

112. [美]乔治·索罗斯. 开放社会: 改革全球资本主义. 王宇译, 北京: 商务印书馆. 2001

113. [美]乔治·萨拜因. 政治学说史(下卷). 邓正来译, 上海: 上海人民出版社. 2010

114. 施雨华, 杨子. 我们的支持和反对——对话安德森. 载《南方人物周刊》. 2007 年第 3 期

115. 史忠义. 20 世纪法国小说诗学. 天津: 百花文艺出版社. 2000

116. [英]斯图亚特·霍尔. 表征：文化表象与意指实践. 徐亮，陆兴华译，北京：商务印书馆. 2013

117. [英]斯图亚特·霍尔. 多元文化问题的三个层面与内在张力. 载《江西社会科学》. 2007 年第 3 期

118. [英]斯图亚特·霍尔. 文化研究：两种范式. 陶东风主编. 文化研究(第 14 辑). 北京：社会科学文献出版社. 2013

119. [英]斯图亚特·霍尔. 无阶级的观念. 张亮，熊婴编译，伦理文化和社会主义. 南京：江苏人民出版社. 2013

120. 孙军英. 密里本德对英国资本主义民主制的批判及其启示. 载《理论探索》. 2014 年第 3 期

121. [英]爱德华·汤普森. 共有的习惯. 沈汉，王加丰译，上海：上海人民出版社. 2002

122. [英]爱德华·汤普森. 论阿尔都塞的结构主义马克思主义. 张亮译，载《马克思主义美学研究》. 2008 年第 1 期

123. [英]E. p. 汤普森. 英国工人阶级的形成. 钱乘旦等译，南京：译林出版社. 2001

124. 陶东风. 文化研究：西方与中国. 北京：北京师范大学出版社. 2001

125. [英]特雷·伊格尔顿. 二十世纪西方文学理论. 伍晓明译，北京：北京大学出版社. 2007

126. [英]特里·伊格尔顿. 后现代主义的幻象. 华明译，北京：商务印书馆. 2000

127. [英]特里·伊格尔顿. 马克思为什么是对的. 李杨，任文科，郑

义译，北京：新星出版社. 2011

128. ［英］特里·伊格尔顿. 审美意识形态. 王杰，傅德根，麦永雄译，南宁：广西师范大学出版社. 2006

129. ［英］特瑞·伊格尔顿. 文化的观念. 方杰译，南京：南京大学出版社. 2003

130. ［英］特里·伊格尔顿. 文学原理引论. 刘峰译，北京：文化艺术出版社. 1987

131. ［英］特里·伊格尔顿. 纵论雷蒙德·威廉斯. 王尔勃译，刘纲纪主编.《马克思主义美学研究》. 南宁：广西师范大学出版社. 1998

132. ［美］特里·伊曼纽尔·沃勒斯坦. 现代世界体系(第1卷). 尤来寅等译，北京：高等教育出版社. 2000

133. ［德］马克斯·韦伯. 经济与社会(上卷). 林荣远译，北京：商务印书馆. 1997

134. 魏小萍. 分析的马克思主义怎样看社会主义市场经济——访 G. A. 柯亨教授. 载《哲学动态》. 1995 年第 12 期

135. 魏小萍. 契约原则是否带来了自由和平等，国外马克思主义者与自由主义者的论战——雅克·比岱的元结构与罗尔斯的正义理论. 载《哲学研究》. 2002 年第 3 期

136. 吴冶平. 雷蒙德·威廉斯的文化理论研究. 兰州：甘肃人民出版社. 2006

137. 徐迅. 民族主义. 北京：东方出版社. 2014

138. 衣俊卿. 西方马克思主义概论. 北京：北京大学出版社. 2008

139. 俞吾金，陈学明. 国外马克思主义哲学流派新编. 上海：复旦大

学出版社. 2002

140. ［英］约翰·麦克里兰著. 西方政治思想史. 彭淮栋译，海口：海南出版社. 2003

141. ［英］约翰·斯道雷. 文化理论与通俗文化导论. 杨竹山，郭发勇，周辉译，南京：南京大学出版社. 2006

142. 翟金秀. 解读西欧后民族主义：传统与后现代语境下的多维视角. 济南：山东大学出版社. 2012

143. 张亮. 汤普森视域中的民族性与马克思主义. 载《福建论坛（人文社会科学版）》. 2008 年第 7 期

144. 张亮. 英国新左派思想家. 南京：江苏人民出版社. 2010

145. 张亮等编. 伦理，文化与社会主义——英国新左派早期思想读本. 南京：江苏人民出版社. 2013

146. 张一兵，周嘉昕. 资本主义理解史（第 1 卷）. 南京：江苏人民出版社. 2009

147. 张云鹤. 关于地理大发现以前英国资本主义关系产生的两个周期. 吴于廑主编. 十五十六世纪东西方历史初学集. 武汉：武汉大学出版社. 2005

148. 赵剑英，陈晏清. 马克思主义政治哲学：阐释与创新. 北京：社会科学文献出版社. 2007

二、英文

1. A. L. Morton, *Socialism in Britain*. Great Britain：Hutchinson, 1963.

2. Antony Easthope, *British Post-Structuralism since 1968*. London

and New York: Routledge, 1988

3. Matthew Arnold, *Culture and Anarchy*. Cambridge: Cambridge University Press, 1960

4. Bill Schwartz, "Where Is Cultural Studies?". *Cultural Studies*, 1994(8)

5. Bryan S. Turner, "State, Civil Society and National Development: The Scottish Problem". *Journal of Sociology*, Vol. 20, 1984(2).

6. G. A. Cohen, *Karl Marx's Theory of History*. Expanded Edition, Princeton University Press, 2000

7. G. A. Cohen, *Self-ownership, Freedom and Equality*. Cambridge University Press, 1995.

8. G. A. Cohen, "Back to Socialist Basics" Jane Franklin (ed.), *Equality*, London: IPPR, 1997

9. G. A. Cohen, *If You're an Egalitarian, How Come You're So Rich?*. Harvard University Press, 2000.

10. Colin Sparks, Stuart Hall, "Cultural Studies and Marxism", David Morley and Kuan-Hsing Chen, Stuart Hall, *CriticalDialogues in Cultural Studies*. London: Rouledge, 1996

11. Colletti, L, *From Rousseau to Lenin*. New York: Monthly Review Press, 1972

12. David Harvey, Between Space and Time: Reflections on the Geographical Imagination. *Annals of the Associate of American Geography*, vol. 80, 1990(3)

13. David Harvey, *Spaces of Neoliberalization: Towards a Theory of Uneven Geographical Development*. Weisbaden: Franz Steiner Verlag, 2005

14. David Harvey, *The UrbanLization of Capital*. Oxford: Blackwell and Baltimore & MD: Johns Hopkins University Press, 1985

15. David Harvey, *Justice, Nature and the Geography of Difference*. Oxford: Blackwell Publishers, 1996

16. David Harvey, *Spaces of Capital: Towards a Critical Geography*. Edinburgh: Edinburgh University Press, 2001

17. David Morley, Kuan-Hsing Chen, Stuart Hall, *Critical Dialogues in Cultural Studies*. London: Rouledge, 1996

18. E. P. Thompson, *The Pecularity of the English*, in *The Poverty of Theory & Other Essays*. New York and London: Monthly Review Press, 1978

19. E. P. Thompson, "At the Point of Decay", *Out of Apathy*. London: Stevens & Sons Ltd, 1960

20. E. P. Thompson, "Socialist Humanism". *The New Reasoner*, 1957 (1)

21. E. P. Thompson. *The Poverty of Theory and Other Essays*. London: Merlin Press, 1978

22. Eagleton Terry, "The Hippest". *London Review of Books*, 1996 (7)

23. Edward Said, *Culture and Imperialism*. London, 1993

24. Edwin A. Roberts, "From the History of Science to the Science of History: Scientists and Historians in the Shaping of British Marxist Theory". *Science and Society*, no. 4, October, 2005

25. Eric Hobsbawm, *Politics for a Rational Left: Political Writing*, 1977-1988. London: Verso, 1989

26. Eric Hobsbawm, *How to Change the World*. London: Little, Brown Book Group, 2011

27. Georgy Plekhanov, *Fundamental Problem of Marxism*. London, 1969

28. Georgy Plekhanov, *The Development of the Monist View of History*. Moscow: Progress Pub, 1974

29. Gerand McCann, *Theory and History*. Ashgate Publishing Ltd, 1997

30. Giddens, *A Contemporary Critique of Historical Materialism*, Vol. 1. London: Macmillan Press Ltd. , 1981

31. Giddens, *Central Problems in Social Theory*. London: Macmillan Press, 1979.

32. S. M. Hall, "Preface", in Richard Hoggart, *Culture and Critique*. Critical, Cultural and Communications Press, 2011

33. Harvey J. Kaye, *The British Marxist Historian: An Introductory Analysis*. New York: ST. Martin's Press, 2007

34. Eric Hobsbawm, *Politics for a Rational Left*. New York: Verso Press, 1989

35. Eric Hobsbawm, *The History of Marxism*, *Brighton*. The Harvester Press, 1982

36. Eric Hobsbawm, "Communism in Britain". *London Review of Books*, 2007 (4)

37. Eric Hobsbawm, *Revolutionaries.* New York: Pantheon Books, 1973

38. H. R. Hoggart, *The Uses of Literacy: Aspects of Working-Class Life.* Chatto & Windus, 1967

39. H. R. Hoggart, *Contemporary Cultural Studies: An Approach to the Study of Literature and Society.* University of Birmingham, 1978

40. H. R. Hoggart, *The Way We Live Now.* Chatto & Windus, 1995.

41. Ioan Davies, "Cultural Theory in Britain: Narrative and Episteme. Theory", *Culture and Society*, 1993(10)

42. Johann Gottfried von Herdel, *Reflections on the Philosophy of the Philosophy or Mankind* (1784-1791). Reprinted, Chicago, 1968.

43. F. R. Leavis, and Thompson, D. , *Culture and Environment: The Training of Critical Awareness.* Greenwood Press, 1977

44. F. R. Leavis, "Fiction and the Reading Public". *Pilmlico*, 2000

45. F. R. Leavis, *Mass Civilisation and Minority.* Culture Minority Press, 1933

46. Leonard Jackson, *The Dematerizlization of Karl Marx: Literature and Marxist Theory.* London and New York, Longman, 1994

47. Lin Chun, *The British New Left.* Edinburgh: Edinburgh University Press Ltd. , 1993

48. Lisley Johnson, *The Cultural Critics: From Matthew Arnold to Raymond Williams.* London: Routledge & Kegan Paul, 1979

49. Madeline Davis, "The Marxism of the British New Left". *Journal of Political Ideologies*, 2006(11)

50. Marcus Roberts, *Analytical Marxism: A Critique*. London: Verso, 1996

51. Maurice Dobb, *Papers on capitalism, Development and Planning*. London: Routledge &.Kegan Paul, 1967

52. Meghnad Desai, "Rejuvenated capitalism and no longer existing socialism"in *Jan Toporowski, Political Economyand the New Capitalism*. London: Routlege, 2000

53. Meghnad Desai, *Lenin's Economic Writings*. London: Lawrence and Wishart, 1989

54. Meghnad Desai, *Marxian Economics*. Oxford: Blackwell, 1979.

55. Michael Merrill, "Interview with E. P. Thompson". *Radical History Review*, 1976(12)

56. Michael Newman, *Ralph Miliband and the Politics of the New Left*. London: The Merlin Press, 2002

57. Ralph Miliband, *Socialism for a Sceptical Age*. Cambridge : Polity Press, 1994

58. Ralph Miliband, *Class Power and State Power*. London: Verso, 1983

59. Ralph Miliband, *Divided Societies, Class Struggle in Contemporary Capitalism*. Oxford: Clarendon Press, 1989

60. Ralph Miliband, "Fukuyama and the Socialist Alternative". *New Left Rewview*, 1992(1)

61. Ralph Miliband, *Socialism for a Sceptical Age*. Cambridge: Polity Press, 1994

62. Ralph Miliband, "The New Revisionism in Britain". *New Left Review*, 1985

63. Ralph Miliband, "The Plausibility of Socialism". *New Left Review*, 1994, (206), 13

64. Nozick, R., *Anarchy, State, and Utopia*. New York: Basic Books, 1974

65. Paul Wetherly, Clyde W. Barrow, Peter Burnham. *Class, Power and the State in Capitalist Society Essays on Ralph Miliband*. London: Palgrave Macmillan, 2008

66. Perry Anderson, "Origins of the Present Crisis". *New Left Review*, 1964

67. Perry Anderson, "The Antinomies of Antonio Gramsci". *New Left Review*, 1976

68. Perry Anderson, *Arguments within English Marxism*. London: Verso, 1980

69. Perry Anderson, "Portugul and the End of Ultra-Colonialism III". *New Left Review*, 1962(17)

70. Perry Anderson, "Component of the National Culture". *New Left Review*, 1968

71. Perry Anderson, "Renewals". *New Left Review*, January/February, 2000

72. Perry Anderson, "Socialism and Pseudo-Empiricism". *New Left*

Review，1966

73. Perry Anderson，"A Culture in Contraflow". *New Left Review*，1990

74. R. Williams，*Culture and Society 1780-1950*. London：Chatto and Windus，1958

75. Ralph Miliband，"The Capitalist State：Reply to Nicos Poulantzas". *New Left Review*，1970

76. Rawls，J.，*A Theory of Justice*. Harvard University Press，1971

77. Raymond Williams，"Problems in Materislism and Culture"，*Selected Essays*. London：Verso，1980.

78. Raymond Williams，*The Long Revolution*. London：Chatto &Windus，1961

79. Raymond Williams，*Keywords：A Vocabulary of Culture and Society*. London：Fontana，1976.

80. Raymond Williams. *Politics and Letters：Inteviews with New Left Review*. London：New Left Books，1979

81. Richard Hoggart. *The Uses of Literacy*. London：Penguin，Harmondsworth，1990

82. Robert J. Holton，"Marxist Theories of Social Change and the Transition from Feudalism to Capitalism". *Theory & Society*，1981(10)

83. Shlomo Avineri. "Marxism and Nationalism". *Journal of Contemporary History*，1991(26)

84. Stuart Hall and Paddy Whannel，*The Popular Arts*. Hutchinson and Boston：Beacon Press，1964

85. Stuart Hall, "The Emergence of Cultural Studies and the Crisis of the Humanities". *The Humanities as Social Technology*, 1990(53).

86. Stuart Hall, "The State and Popular Culture"in *Popular Culture and the State*. Milton Keynes: Open University, 1982

87. Stuart Hall, Dorothy Hobson, Anthdrew Lowe, Paul Willis. *Culture, Media, Language*. London: Hutchinson, 1980

88. Stuart Hall, *The Hard Road to Renewal: Thatcherism and Crisis of the Left*. London: Verso, 1988

89. Stuart Hall, "Culture, Community, Nation". *Cultural Studies*, 1993(7)

90. Stuart Hall, "Life and Times of the First New Left". *New Left Review*, 2010(61)

91. Stuart Hall, "Richard Hoggart, The Uses of Literacy and the Cultural Turn," *Sue Owen, Richard Hoggart and CulturalStudies*. University of Sheffield: Palgrave Macmillan, 2008

92. Stuart Hall, *Cultural Studies: Two Paradigms, A Cultural Studies Reader, History, Theory, Practice.* Ed by Jessca Munns and Gita Ra-jan. London and New York, 1995

93. Terry Eagleton, *Criticism and Ideology*. London: Verso, 1978.

94. Terry Eagleton, *The Illusion of Postmodernism*. Oxford: Blackwell, 1996

95. Terry Eagleton, *Walter Benjamin, or Toward a Revolutionary Criticism*. London: Verso, 1981

96. Terry Eagleton, *The Illusions of Postmodernism*. Oxford: Blackwell, 1996

97. Tom Nairn and Paul James, *Global Matrix: Nationalism, Globalism and State-Terrorism*. London and New York: Pluto Press, 2005.

98. Tom Nairn, "British Nationalism and the EEC". *New Left Review*, September-October, 1971(69).

99. Tom Nairn, *Faces of Nationalism: Janus Revisited*. London: Verso, 1997

100. Tom Nairn, "Internationalism and the Second Coming". *Daedalus, Reconstructing Nations and States*, Vol. 122, 1993(3)

101. Tom Nairn, *The Break-up of Britain: Crisis and Neo-Nationalism*. London: NLB, 1977

102. Tom Nairn, "The British Political Elite". *New Left Review*, Vol. 23, January-February, 1964

103. Tom Nairn, "The Three Dreams of Scottish Nationalism". *New Left Review*, May-June, 1968(49)

104. Tom Nairn, "The Twilight of the British State". *New Left Review*, Vol. 101-102, January-April, 1977

105. Tom Nairn, *Faces of Nationalism: Janus Revisited*. London: Verso, 1997

106. Tom Nairn, "The Nature of the Labour Party". *New Left Review*, November-December, 1964(28)

后　记

　　通常来说，对相对定型的思维逻辑的反思，是开启哲学之门的一把精巧钥匙，是操练思维的一套智能体操，是提升智性能力的一种手段。显然，这样的思考总是能带给人轻松和滋润，愉悦和快乐，释怀和豁然。

　　然而，研究尚未得到充分阐释的英国新马克思主义的思维逻辑，情况就颇为复杂了。基于多年的思考和探索，人们已经充分认识到，英国新马克思主义作为一种学术思想倾向和理论建构，形成了具有自己内在特质的、不同于它者的思维逻辑，体现出一种新的思维方式、一种新的思想范式，甚至一种科学研究的纲领。可话虽这么说，大家对此似乎也能够认可，但却很难把它准确地表述出来、系统地书写出来。许多时候，我们面对一堆资料，面对一批世界顶尖的著名学者，面对他们的笑容和严肃、诙谐和晦涩、理性与吊诡，往往不知道落脚点，不知道如何下手。显然，研究者的窘迫或呆滞、迟疑或无助，不是个别场景中的个别现象，而几乎是一种常态。那种所谓行云流水、下笔如有神之类的描述，或许只是一种理想境界。

研究英国新马克思主义的思维逻辑是一项复杂工程。正如我们所知，英国新马克思主义是由一大批著名学者在诸多学科领域进行理论创造的集合体，它不同于传统意义上的学派，而是在多个学科的理论阐释中显现出来的共同的学术思想倾向，上百部经典名著、上千篇精心创作而成的论文，构成了一道别开生面的风景线。尝试在这千姿百态的风景中看到内在的思维特异，如果缺乏大量的阅读和提炼，缺失系统整体的把握，缺少触类旁通的领悟，是断不可能做到的。这部著作中描述的那些人物、作品以及思想，真实地表现出这项工程的繁杂与浩瀚。

研究英国新马克思主义的思维逻辑是与思想大师群体同时进行心灵的对话，是对一种学术思想和思维特质的剖析和概括，而不仅仅是对个别人物的研究。从近 70 年来的发展状况来看，英国新马克思主义学术群体中的那些代表人物，几乎都是人文社会科学领域中的领衔人物或颇有建树的学者，正像汤普森、霍布斯鲍姆在当代国际史学中位居马克思主义史学研究的领袖地位一样，威廉斯、伊格尔顿则领衔世界马克思主义文艺评论几十年，几乎无人能出其右，而安德森、吉登斯、科恩、密里本德这样的著名学者，则更是因其卓越的学术贡献和成就，成为自己学术领域中的标志性人物。他们都不是职业哲学家，而是拥有历史学家、文艺评论家、社会学家、政治学家等头衔，他们不仅是思想家、社会活动家或学术大师，而且都拥有一个共同的称谓，即马克思主义者。正是学术思想大师和马克思主义者这两个共同特点，把他们联系在一起，把看上去似乎毫不相关的学科和问题联系在一起，把事实上具有内在一致性的思想和看法联系在一起，把新产生于不同学科领域的思维规范和思想意识集合在一起，成为英国新马克思主义的思维逻辑！他们是发现者、对话者和建设者，而我们对于他们思维逻辑的研究，事实上也是一种心灵发现的工作，是一种不同式样的对话，是一种全新的思维方式和思想意识的建设，是从根本上发展马克思主义哲学和科学认识与改造世界的一种努力，同样也是同各种非马克思主义、非理性主义和非人道主义的批判与战斗。

研究英国新马克思主义的思维逻辑给人特别深刻的认识是：人类广博的心智创造力的、对人类美好生活的期望、马克思主义者乐观的斗争精神以及科学地改造这个世界的坚定意志。英国新马克思主义在整个世界历史进程、社会结构的历史和现实发展状况以及善的人道存在三位一体的体系中，破译人类的生存密码，尝试推进人类思维范式的格式塔转换，提升人类走出现实困境的能力，在掌控自我意识、影响社会走向、升华精神内涵方面，实现了思维逻辑的变革。

英国新马克思主义思维逻辑的聚焦点是保卫"主义"、重建理论、变革现实、改造世界，争取理论和实践的统一、手段和目的一致。诚如多布在其《资本主义发展研究》中指出的那样，对于马克思主义，我们要捍卫一种可信的、辩证的历史解读，反对那些经济简化论者。安德森在《50年代的左派》一文中认为，新左派所开展的关于重新认识马克思主义危机的必要性以及如何把社会主义变成适应于人类活动的整个范围的争论，吸引了大批学者加入到这次争论中。这次争论其实是一场运动，其最大成果就是英国马克思主义的理论重建，形成了英国新左派。安德森认为，新左派要对社会主义是否失败、如何改变资本主义实现社会主义、共产党代表谁的利益等重大问题做出明确回答。事实上，汤普森十分明确地回答了安德森提出的这些问题，认为他们主张一种新的社会主义，即使人的关系彻底改变，以尊重人来代替尊重财产，并且以公众福利来代替营利社会，以社会主义的人来代替作为资本主义象征的经济的人，远离基于经济的社会而迈向基于需要的社会。马克思主义的使命和抱负早在《共产党宣言》中就已经阐明，那就是为现实充分的政治实践提供基础，以便把现存的社会秩序变革为一种人们期望的、民众的未来。以上所列举的这些看法与论述，在英国新马克思主义者的作品中，几乎都可以看到清晰的表达，这是一种群体意识、群体立场、群体意志，是一种思维逻辑的群体思想基础。

今天，摆在我们面前的这部《英国新马克思主义思维逻辑研究》就要杀青和出版了，在此，我要特别感谢参与本书资料搜集，并且一起研读、撰写过部分初稿的同事和学生们，感谢国家社科基金的立项研究和经费支持，感谢各级管理部门的支持和帮助，感谢山西省和山西大学1331建设工程的支持，感谢北京师范大学出版社的领导和编辑们的支持和辛勤的工作，感谢学界诸多师长和朋友长期以来中肯的指导、鼓励和支持，感谢诸多杂志社的编辑们无私的帮助和良好的建议。

在即将完成这篇算不上后记的"后记"的时候（因为研究工作和科研活动还在继续），我们欣喜地发现，英国新马克思主义哲学思想以及思维逻辑的研究，犹如一片新开垦的土地，对于我国社会主义现代化建设和马克思主义哲学的学科发展，具有不可忽视的借鉴意义。我们确实感受到，学术研究的入口正像是"神殿"的门口，不是仅凭勇气和胆量就可以看到"神"或"上帝"，而是要依靠虔诚和智慧、修行和觉悟、净身和脱胎换骨。思维逻辑研究是升华人类理智的一种努力，是挖掘人类智能极限的一种理性活动，从某种意义上说，是在探寻人与"神"对话的方式方法，借此，我们得以安稳心灵，拓展视界，便利实践，实现大同。

乔瑞金

2020 年 2 月 29 日于山西大学

图书在版编目（CIP）数据

英国新马克思主义思维逻辑研究／乔瑞金著. —北京：
北京师范大学出版社，2020.9
　（英国新马克思主义哲学研究丛书）
　ISBN 978-7-303-25380-7

　Ⅰ.①英… Ⅱ.①乔… Ⅲ.①新马克思主义-研究-英国
Ⅳ.①D089

中国版本图书馆 CIP 数据核字（2019）第 281930 号

营 销 中 心 电 话 010-58805385
北 京 师 范 大 学 出 版 社
主题出版与重大项目策划部　http://xueda.bnup.com

YINGGUO XINMAKESI ZHUYI SIWEI LUOJI YANJIU

出版发行：北京师范大学出版社　www.bnup.com
　　　　　北京市西城区新街口外大街 12-3 号
　　　　　邮政编码：100088
印　　刷：北京盛通印刷股份有限公司
经　　销：全国新华书店
开　　本：730 mm×980 mm　1/16
印　　张：36
字　　数：398 千字
版　　次：2020 年 9 月第 1 版
印　　次：2020 年 9 月第 1 次印刷
定　　价：148.00 元

策划编辑：祁传华　郭　珍　　责任编辑：祁传华　郭　珍
美术编辑：王齐云　　　　　　　装帧设计：王齐云
责任校对：陈　民　　　　　　　责任印制：陈　涛